LAONIAN JIAOYUXUE

老年教育学

孙立新　等著

ZHEJIANG UNIVERSITY PRESS
浙江大学出版社

· 前　言 ·

当下，我国老龄化趋势不断加剧，老年人口不断增多，老年教育规模也在不断拓展。如何发展高质量的老年教育是该领域学者共同关心的问题。多年来，我们一直致力于老年教育实践与理论问题研究，坚持推进老年教育的学科建设。在此过程中，深刻体悟到老年教育学教材的匮乏，专业发展也备受制约，因此我的研究团队费时近一年时间，集聚各方力量，坚持突出本土化、系统性、高质量的撰写原则，编著《老年教育学》一书，目的在于为今后老年教育学学科建设、专业发展、人才培养提供具有普适性的教学教程。

本书特色主要有：

注重系统性。《老年教育学》在编写过程中始终以系统性原则构架教材体系，在全书的框架中既包括理论性的篇章，也包括实践性内容；既关注教育活动要素的完整融入，比如课程、教学、实施对象、教育管理、教育研究等方面，也注重以"大教育"视角展开跨学科结合，其中涉及老年学、心理学、管理学等学科知识。作为一本实用性强的教材，注重编写内容的系统性，不仅使篇章翔实丰富，还利于学习者掌握理解，让他们能够从整体布局上把握知识结构，培养系统性思维。

突出本土化。对老年教育的研究在我国已经开展近40年，在这近40年的理论与实践发展中，老年教育学已然融入本土教育中，体现出中国本土风格和地方特色。因此，在教材写作中始终结合本土老年教育学的发展进行编写，适时融入本土元素和素材。我们认为，在新时代的历史方位上，突显学科教材编写的中国风格是值得各界学者探求的。我国老年教育学学科的建设也必须在创建发展中积极融入学科特色，含蕴文化风气，让学生在教材学习中能够领略到真正属于民族、国家的东西，增长他们的学科自信和文化自信。

强调实践性。任何一门学科的发展都离不开学科实践的支撑，任何一本教材的编写都离不开实践内容的充实。《老年教育学》教材的编写应该以实践为引领，挖掘具有实践价值的教学内容，凸显出老年教育学的实践性特征。该教材在撰写过程中收集整理了上海、浙江、江西等多个省市地区的老年教育实践素材，将其融入知识点的阐释与案例拓展中，让教材更加能够"接地气"，更加符合学生的实践认知，并在学习过程中领悟"实践的味道"。

凸显理论性。《老年教育学》教材的编写离开实践是"无根之木"，脱离理论则是"无源之水"。老年教育在我国发展已有较长历史，老年教育研究业已得到丰富与发展，一大批优秀的理论研究成果涌现，这为老年教育学科建设奠定了理论基础。那么，在《老年教育学》教材撰写过程中，应一直秉持理论性导向，努力让教材体现出理论与实践的融合之新意。在书中，第一章"老年教育学概述"、第三章"老年教育的价值功能"等内容即是该特征的明显体现。此外，在各章节的内容中也适当结合主题，将一些概念、内涵、理论基础等相关知识融入其中，尽力让教材的写作不仅勾勒出"骨架"的系统完备，也凸显出内容的理论力量与"质感"。

本书不仅可以作为高等学院、研究机构科研人员的教材，也可以作为职业院校相关专业、从事专职兼职或志愿服务的老年教育教学与管理的教师、老年教育师资培训的学员的教材。

《老年教育学》由国内研究老年教育的优秀人员参与执笔，他们分别为：叶长胜、姚艳蓉、周士雨、宋雨昕、郑博文、乐传永、叶忠海、马丽华、赵文君、殷晓峰。全书共包括11章，分别为"老年教育学概述""老年教育的发展历程""老年教育的价值功能""老年教育教学""老年教育课程""老年教育模式""老年教育师资""老年学员""老年教育管理（宏观篇）""老年教育管理（微观篇）""老年教育研究概述、方法及问题和趋势"。

本书完成之时，正逢建党100周年之际，这使编写组人员倍感荣幸，同时也促使笔者进一步思考本教材的价值和创作意义在哪里？首先，本书的定位为老年教育相关学科的专业用书，其价值之一即为国家培养老龄事业、领域的专业人才提供学习载体，为国家老年教育人才培养提供支持。其次，老年教育学科建设是今后实践发展的趋势所在，而教材建设是支撑学科成型的条件之一，《老年教育学》教材的顺利编写将为我国老年教育学学科建设贡献一己之力。最后，在近40年的老年教育发展历程中，我国已经出版了一些相关教材，本书汲取前者精华，在传承借鉴中创新优化，进一步丰富了学科成果。

目 录

第一章
老年教育学概述

　　老年教育学是一门以老年人为研究对象，以揭示老年教育现象和规律的学科。本章主要从老年教育与老年教育学的内涵、老年教育的学科基础、老年教育的基本特征以及老年教育的主要目的四部分内容展开，以期勾勒出老年教育学的整体图景，让学习者对老年教育学学科有一个完整、系统的认识。

第一节 老年教育、老年教育学的内涵

厘清老年教育的基本概念是探索老年教育学学科建设的前提，是建立、开拓学科的基础，也是发展终身教育的根本问题之一。20世纪70年代以来，世界各国学者逐渐将老年教育视为一个新的研究领域，随着老年教育研究的逐渐深入，越来越多的研究者在老年学、教育学的基础上探讨老年教育及老年教育学的内涵。

一、老年教育

（一）基本概念

教育是人类社会最为重要的文明成果之一。所谓"教育"，是指有意识、有目的、有组织和较持久的学习活动，是以传授知识、技能或形成态度为目的的过程。联合国教科文组织将其定义为"有组织且持续性的教学以传授生活中的各种知识、技能和价值的活动"。随着社会变革的加剧，老年人也需要接受教育，"老年教育"一词也随之诞生。国外对老年教育的观点主要有以下四类：（1）老年教育是养老教育。为了解决老年人贫困问题，老年教育其实是对即将退休的或已退休人员所进行的养老教育。（2）老年教育是休闲教育。为了解决老年人退休后时间空闲的问题，老年教育被视为减轻边缘化、孤独感，对退休人员所进行的丰富生活的休闲教育。（3）老年教育是开发潜能的教育。老年人是丰富的社会资源，老年教育不仅是老年人获得丰富的和富有意义的生活的途径之一，同时也是帮助老年人发挥其潜力，使之成为改善社会资源配置的一种手段。（4）老年教育是参与适应教育。老年人有参与社会发展的权利，必须充分参与社会发展进程，享受社会进步的成果。老年教育被视为保障老年人接触、参与社会，适应技术和社会变革的教育活动。

我国《教育大辞典》指出，老年教育的宗旨是使大批干部、职工离休退休后老有所学、老有所为、老有所养、老有所乐，能在环境转变后从心理、生理上增强适应能力，并获得所需的知识技能，继续为社会主义物质文明和精神文明建设做适当贡献。

熊必俊和郑亚丽认为，"老年教育是以老年人为对象的教育体系，它融普通教育、高等教育与职工教育于一体，是成年教育的一个组成部分，是终身教育的最后阶段。老年教育的目的在于满足老年人的学习要求，使老年人通过学习提高身心健康水平、更新知识，从而达到健康长寿，发挥余热，为经济社会的发展继续做贡献的愿景"①。

《新编老年学词典》将老年教育表述为："由教育者按照一定的社会要求，向老年人施加有目的、有计划、有组织的影响，以使他们的身心发生预期变化的活动。"

叶忠海认为，"老年教育是按老年人和社会发展的需要，有目的、有组织地为所属社会承认的老年人所提供的非传统的、具有老年特色的终身教育活动。它是终身教育体系中老年阶段一切教育的总和，包括不同性质、不同类型、不同层次、不同形式的老年教育，是终身教育中的最后阶段。从其目的来看，老年教育是促进老年人积极老龄化，提高其生命质量，并推进社会和谐发展的终身教育活动过程"②。

老年教育有广义和狭义之分，广义上的老年教育是指老年人通过各种途径接受教育活动的总和；狭义上的老年教育是指教育机构对老年人实施的有组织、有计划的教育活动，如老年学校教育。本书特指狭义上的老年教育。老年教育与普通教育、成人教育等有着共同的特性，如教育领域的社会开放性、教育内容的丰富性以及教育组织方式的灵活性等。同时，它也具有其自身独特之处，例如老年教育的"老年性""课程性""多样性"等多方面特征。"老年性"是指教育对象都是五六十岁以上的老年人，他们的身心发展、学习需求、学习能力与青少年和成年人差距很大；"课程性"是指老年学校、老年大学的教学活动大多以课程教学、非学历教育为主，而不是以专业学习、学历教育为主；"多样性"则是指老年教育要面对多层次、多种需求的老年人，办学主体、办学形式、教学内容、教学方法等也呈现多样化③；以促进积极老龄化为教育宗旨，教育过程体现出学、乐、

① 熊必俊，郑亚丽.老年教育学与老年教育 [M].北京：科学技术文献出版社，1990：75.
② 叶忠海.老年教育若干基本理论问题 [J].现代远程教育研究，2013(6)：11-16，23.
③ 杨德广.建立老年教育学刍议 [J].教育研究，2018，39(6)：16-23.

为"三位一体"的整体化特征等①。

（二）老年教育的相关概念

老年教育在各国的称谓并不相同，常见的有高龄教育、乐龄教育、第三年龄教育、老人教育、银发族教育、长者教育等。

1. 乐龄教育

新加坡等国家多用"乐龄教育"指代"老年教育"。"乐龄"一词产生于 20 世纪 70 年代末，最初是对 60 岁以上年龄段的别称，其所表达的意义就是开心、快乐、愉悦、惬意、潇洒，甚至是幸福以至于"乐而忘龄"。"乐龄教育"是指对 60 岁以上的乐龄人士所进行的教育，目的是使乐龄人士通过教育了解有关老龄化的知识或生活技能等，为即将或正在进行的"活跃乐龄"生活做准备或做补充，使自己的乐龄生活更加充实而有意义，从而为家庭和社会做出更大的贡献。②

2. 第三年龄教育

澳大利亚等国家多习惯使用"第三年龄教育"来指代"老年教育"。在个体的成长过程中，如果将人生分为四个阶段，第三年龄即是第三阶段。其中第一阶段（第一年龄）为从出生到接受学校教育的学生时代，需要依赖别人如父母或监护人而生活；第二阶段（第二年龄）是毕业以后步入工作岗位，需要对工作、家庭以及社会承担相应责任的阶段；第三阶段（第三年龄）是退休后、有更多的时间和精力来享受美好人生的阶段；第四阶段（第四龄）即为身体机能出现衰退，需要依赖他人而生活的阶段。这几个阶段没有严格的年龄界限，即不同的阶段可能在人生的某一时期同时出现。第三年龄教育或老年教育都是希望老年人停留在第三年龄的时间延长，缩短第四年龄的时间或避免第四年龄的出现。"第三年龄教育"通常是指对处于退休期的、年龄在 60 岁至 75 岁之间的老年人进行教育，使他们学习新的知识和技能，从而提高老年人的生活质量和生命质量。

从以上各种称谓的诠释中可以看出，虽然不同国家对"老年教育"的表述有所差异，但是其内涵指向、目的、对象都基本一致，即突出以不同阶段的老年人为教育对象，以促进老年人终生而全面发展、促进社会可持

---

① 叶忠海.老年教育若干基本理论问题 [J].现代远程教育研究，2013(6)：11-16，23.

② 王冰.新加坡乐龄教育探析 [D].长春：东北师范大学，2012.

续发展为主要目的的教育实践活动。

（三）老年教育的基本属性

1. 老年教育是全民教育的重要组成部分

1990 年 3 月 5 日至 9 日在泰国宗迪恩召开了世界全民教育大会，并通过了《世界全民教育宣言》。该宣言提出了全民教育的目标，即"每一个人——无论他是儿童、青年还是成人——都应能获益于旨在满足其基本学习需要的受教育机会"①。全民教育在本质上涵盖了对老年人的教育。老年是人生的最后阶段，老年教育是全民教育不可或缺的重要组成部分。我国政府十分重视全民教育的发展，以此作为我国进行各项教育改革，促进教育与学习机会均等，提高整个中华民族素质的政策基础，也是我国保护全民生存与发展权的重要目标之一。1993 年 3 月 1 日至 4 日在北京和河南召开了中国全民教育国家级大会，大会通过的《中国全民教育行动纲领》重申，"受教育是每个公民的权利，决心竭尽全力，确保全民教育目标的实现"②。发展老年教育也是实现全民教育目标的具体举措，是公民教育中的重要环节。

2. 老年教育是终身教育的"最后一环"

终身教育是指人的一生所受教育的总和，强调生命的全过程都必须得到教育的支持和帮助。终身教育体系是对个人一生中所能获得的教育资源进行整合，保证人所受教育的连续性和灵活性，从而达到教育资源的一体化。人生发展的每个阶段都有其特定的价值，并且有其具体内容，因而每一个发展阶段上的教育都有其特色。老年阶段是人一生中的最后阶段，老年人接受教育也是实施终身教育的"终端"。由此看来，老年教育并非终身教育的"附加"，而是终身教育体系不可或缺的环节。缺失了老年教育的终身教育便是不彻底、不完全的，因此也不能称之为真正意义上的终身教育。③

---

① 吴德刚 . 中国全民教育问题研究——兼论教育机会平等问题 [M]. 北京：教育科学出版社，1998：371.

② 吴德刚 . 中国全民教育问题研究——兼论教育机会平等问题 [M]. 北京：教育科学出版社，1998：416.

③ 司荫贞 . 简论老年教育的性质与特点 [J]. 北京成人教育，1999(8)：32–34.

3. 老年教育是老年人继续社会化的重要途径

广义上的社会化是指个体不断适应社会要求的过程。狭义上的社会化是指一个人获得社会的基本价值标准、社会规范，成为一个独立的社会成员的过程。也就是说，个体在与社会的相互作用中，将社会所期望的价值观、行为规范内化，获得社会生活所需要的知识和技能，以适应社会变迁的过程。

个体社会化是人一生的变化过程，根据年龄分期的不同而呈现出阶段性的差异。人在一生不同时期的社会化内容之所以不同，主要是社会对人的期望不同，面临的任务、角色、地位也不同。老年期意味着一个人从社会中坚角色变成边缘角色，老年人所面临的任务是如何适应迅速的社会、家庭以及个人角色地位的变化，适应外部环境与身心的种种变化。老年教育的目标之一，就是要使老年人更好地适应这些变化，顺利完成老年期社会化的过程。制约个体社会化的因素有家庭、社区、同辈群体、学校等等，对老年人来说，除了工作单位、传统的学校，其他一些因素仍然影响着他们的社会化过程，而教育和学习活动却可以将诸多影响因素加以协调统一。例如，儿童时期家庭是个体生长发育最初的社会环境，父母等长辈对儿童有深远影响，那么应当怎样看待家庭对于老年人的影响呢？从传统家庭来看，应看到"后喻文化"的作用。所谓后喻文化，指由年轻一代将知识文化传递给长辈。由于社会发展变化的迅速，老年人向年轻一代学习便越发重要。因此可见教育对老年人继续社会化的重要意义。

二、老年教育学的基本概念

从 20 世纪 70 年代起，各国学者开始涉足老年教育学研究领域，不断有老年教育学方面的成果问世。1976 年 1 月，《老年教育学》杂志在美国创刊，标志着老年教育学学科已成为新的独立学科。[①] 老年教育学是在老年学和教育学发展的基础上产生发展起来的，是老年学和教育学的分支学科，是研究培养老年人生存与发展能力及其规律的科学。目前，这一学科的不同表述出现在欧美和亚洲学者的研究成果中，相关的命名有老龄教育学、老年教育学和教育老年学等。

老年教育学的提出者克尔勒（F. A. Kehrer）将老年教育学描述为：老年

---

① 杨德广. 建立老年教育学刍议 [J]. 教育研究，2018，39(6)：16-23.

人应学会对自己的衰老过程有正确的动机和实践……如果他自己不能做到这一点，那他就需要进行充分的训练（老年教育）[①]；我国学者熊必俊、郑亚丽在《老年学与老龄问题》一书中指出，"老年教育学是老年学与教育学相互交融而产生的一种新型边缘学科，研究的对象是老年教育的特点与规律，老年教育的方针、意义与目的，具体探讨老年教育的形式、内容与方法，解决对老年人进行身心健康的训练、知识更新和职业再培训等问题"[②]。该书将老年教育学定义为：老年教育学是研究提高老年人素质的规律以及方法的科学，研究老年教育与人类社会经济持续发展的本质联系，研究老年教育的基本现状和特点，以及对老年群体和个体生活质量和生命质量影响过程，研究老年教育政策对老年教育发展的影响和作用的科学。

近年来，随着老年教育的实践发展和学术推进，有些国内学者再次将"老年教育学"的学科构建提上议程。例如，杨德广在《建立老年教育学刍议》一文中指出，"老年教育学"就是研究老年教育实践活动的科学，是一门独立的学科，应将老年教育学列入教育学的一个分支学科。作为老年教育学学科的知识体系，主要包括：老年教育与老年教育学（内涵、历史进程），老年教育的重要性和必要性，老年教育的目的、目标、功能，老年教育的指导思想和理论基础，老年教育对象的身心特点，老年教育的教学特点、内容和方式方法，老年教育教师的职责和素养，老年教育机构的体制和管理等方面。[③]

本书认为，"老年教育学"是一门研究老年教育的实践活动，致力于揭示老年教育的发展规律，并指导老年教育活动开展的新兴学科，是教育学的分支学科。与其他学科一样，老年教育学也有其子类学科，如老年教育哲学、老年教育经济学、老年教育社会学、老年教育管理学、老年教育法学、老年教育文化学等。

---

① F. A. Kehrer. About Mental Aging[M]. München：Aschendorffsche Verlagsbuchhandlung, 1952：128.

② 熊必俊，郑亚丽. 老年学与老龄问题 [M]. 北京：科学技术文献出版社，1989：75.

③ 杨德广. 建立老年教育学刍议 [J]. 教育研究，2018，39(6)：16-23.

第二节 老年教育的学科基础

发达国家从 20 世纪 40 年代起，我国从 20 世纪 80 年代起，先后开展了针对老年教育的理论和应用研究，形成了较为系统的老年教育体系，涌现出许多老年教育理论，其中包括关注个体的内在动力的生命理论以及"选择—优化—补偿"理论等，从而推动了老年教育的纵深发展。目前，来自国内外的一些学者采用教育学、老年学、社会学、心理学、伦理学等多个学科的视角研究老年教育学。我国自 2009 年董之鹰主编的《老年教育学》专著问世起，至今已有数十部有关老年教育的专著，发表的论文也有数千篇，涉及老年教育理论的多个方面。[1]

一、建立老年教育学的必要性

（一）人口老龄化问题的倒逼

21 世纪以来，世界各国逐渐步入老龄社会，老龄化趋势愈加明显。我国的人口状况也是如此，截至 2019 年底，我国 60 岁及以上的老年人高达 2.5 亿人，占我国总人口的 17.9%。人口老龄化给社会发展带来了诸多困境，老年教育作为破解人口老龄化困境的重要"利器"，可以帮助老年人以健康的状态面对生活，提高老年人的社会参与度，保障老年人的生存发展权益，促进老年人健康养老和积极养老。老年教育实践的发展离不开科学的理论指导，老年教育学是推动老年教育实践得以长远发展的根本，是积极应对人口老龄化，提高老年人生活质量，促进社会和谐的重要途径。[2] 随着我国经济社会的发展、老龄化程度的提高，老年教育的重要性也愈发凸显。联合国第二届老龄问题世界大会通过的《政治宣言》提出，老年人的潜力是未来发展的强有力基础。老年人在构建和谐家庭、和谐社会中具有举足轻重的作用，通过发展老年教育，提高老年人的综合素质和参与能力，可以

---

① 杨德广. 建立老年教育学刍议 [J]. 教育研究，2018，39(6)：16-23.
② 丁红玲，宋谱. 关于建立老年教育学的思考建议 [J]. 当代继续教育，2019，37(4)：4-9.

促进家庭和社会的和谐从而助力国家发展。

（二）老年教育学自身具有特殊性

老年教育学是以老年教育为研究对象，研究老年教育的目的、任务、特点，探索老年教育的规律，并致力于培养从事老年教育的教师、管理人员的学科。老年教育学研究的内容有老年教育的本质、性质和规律及其同政治、经济、文化的关系，老年教育的结构和功能，老年教育的任务和职能，老年教育的专业建设、课程建设和教材建设，以及教师队伍建设，老年学员的身心发展特征，老年教育教学内容和方法等。从本质上说，老年教育是教育活动的特殊形式，是从事老年教育的实践活动，具有与普通教育等其他各级各类教育完全不同的特殊性。老年教育学的概念最早出现在德国，自从这一概念生成后，西方多位学者为辨识老年教育学的独特性提出不同的见解[1]：威尔肯（L. Veelken）提出，老年教育学应该分析老年人的社会化过程，帮助他们找到适合自己的角色；博洛诺（O. F. Bollnow）强调，老年教育学的主要任务是使老年人对抗他们的衰老过程，并说服他们利用自己潜在的机会等，这些精妙的言语阐释充分说明了老年教育学具有自身的特殊性。

（三）老年群体具有独特的身心特征

与处于其他发展阶段的个体相比，老年人无论在生理、心理方面都呈现出较多差异。例如，老年人的感知觉、记忆力、思维和想象力等生理机能在逐步衰退，心理上则表现出依赖性、利他性和自我完善性等特点。因此，需要采用特殊的教育教学方式促进老年人的发展，进而也就需要建立相应的老年教育学。随着经济社会的发展、人民生活水平的提高，尤其在知识经济、信息科技快速发展的时代，老年人对学习的需求也越来越迫切。因此，需要构建老年教育学来适应老年人独特的身心发展特征，满足老年人的自我需求，开发老年人的潜能，从而促进老年人的全面发展。

（四）建立老年教育学是其"母学科"发展的必然要求

我国以教育学为一级学科的分支学科体系，包括教育学原理、教育史、课程与教学论、学前教育学、高等教育学、成人教育学等分支学科，众多

---

[1] 李洁 . 西方老年教育学科思想：发展、争鸣与特色 [J]. 比较教育研究 ,2021,43(6)：105-112.

分支学科至今得到了不同程度的发展。老年教育学具有独特的研究对象和研究领域，是一门针对老年人身心发展的特点，研究老年人学习与教育现象和揭示老年人学习与教育规律，帮助老年人提高生活质量，促进老年人生命成长和自我完善的学科，其研究领域主要涉及老年教育课程论、老年教育教学论、老年教育德育论、老年学习论等方面的内容。随着我国教育学的发展成熟、相关学科的完善丰富，老年教育学的学科建设也正逐渐被学界重视。老年教育学学科的建立能够进一步丰富、完善我国教育学学科体系，同时也是教育学发展的必然诉求。

（五）建立老年教育学是推进终身教育发展之所需

终身教育已然成为世界潮流和国际社会推崇的价值理念，我国政府也非常重视终身教育的推进工作，并陆续制定了一系列政策。党的几次全国代表大会都强调，要推进国家教育现代化，积极推动终身教育和学习型社会建设。老年教育作为终身教育的最后环节，是终身教育体系不可或缺的重要组成部分。终身教育的落实则源自老年教育工作的有效开展。终身教育包括普通教育、职业教育和继续教育等教育类型，我国普通教育的发展已经基本完善，继续教育中的成人教育板块也正在走向成熟，而老年教育却是一个短板。我国老年教育起步晚，虽然目前已基本形成学校老年教育、社区老年教育、远程老年教育等多位一体的老年教育发展格局，但整体的发展取向不够明晰，且老年教育的质量水平有待提升。其主要原因在于我国老年教育理论滞后于实践，老年教育实践缺乏系统科学的理论指导。老年教育学的学科建设是推动老年教育理论发展的动力，可以进一步推动老年教育实践的发展。换言之，老年教育学学科建设是推动老年教育事业向前发展的基石，是解决老年教育实践问题的根本，是丰富和完善终身教育体系的有力支撑。

二、建立老年教育学的可行性

学科是科学研究发展到一定阶段的必然产物，但是能否成为一门独立的学科往往有相应的衡量标准，只有达到相应的标准，才能意味着学科建立具有一定的学科基础。对于建立一门学科是否可行，是否达到相应的学科标准，国内外学者有较为广泛的探讨。学科独立的四个标准包括内容的专门性、对象的成熟性、研究方法的科学性以及基本观点的理论性。① 评判一门学科或分支学科是否成熟，要看理论和实践两个方面，理论方面要看其对象方法及理论体系的成熟程度，实践方面要看其是否有代表人物、代表论著、学术组织、学术刊物等。② 一门学科成熟的标志在于学科建制的完善。学科建制包括内在建制和外在建制。所谓"内在建制"，即催生一门学科生成发展的内在条件，主要包括学科概念、范畴、基本原理、理论体系、研究范式；所谓"外在建制"，即一门学科成熟发展的外在文化生态，即外在条件，包括学科社会组织、研究机构、学术文化交流平台、研究队伍以及研究学派。③ 德国波库大学教授黑克豪森（H. Heckhausen）认为，判定学科独立性与成熟度的标准应该有七项：学科的"材料域"，即根据常识可以理解的一组研究对象；学科的"题材"，即从"材料域"中划分出来的可观察现象的范围；学科的"理论一体化水平"，即学科理论体系的建树，这是衡量学科的最重要标准；学科的独特方法；学科的"分析工具"；学科在实验领域中的应用；学科的"历史偶然性"。④ 费孝通认为，一门学科的社会建制大体上应该包括五个部分：一是学会，这是群众性的组织，不仅包括专业人员，还要包括支持这门学科的人员；二是专业研究机构，它应在这门学科中起带头、协调、交流的作用；三是各所大学的学系，这是培养这门学科人才的场所，为了实现教学与研究的结合，不仅要在大学建立专业和学系，而且要设立与之相联系的研究机构；四是图书资料中心，为教学研究工作服务，收集、储藏、流通学科的研究成果、有关的书籍、报刊及其他资料；五是学科的专门出版机构，包括专业刊物、丛书、教材和通俗读物。⑤

从老年教育发展概况来看，我国老年教育学科存在的建设条件具备内外两方面。

（一）老年教育学科建设的"内在建制"

1. 研究对象

任何一门学科的成立，首先是因为其具有与其他学科不同的特定的研

---

① 陈波. 社会科学方法论 [M]. 北京：中国人民大学出版社，1989：36-37.
② 唐莹，瞿葆奎. 教育科学分类：问题与框架 [J]. 华东师范大学学报 (教育科学版)，1993(2)：1-14.
③ 丁红玲，宋谱. 关于建立老年教育学的思考建议 [J]. 当代继续教育，2019，37(4)：4-9.
④ 转引自：刘仲林. 跨学科学导论 [J]. 杭州：浙江教育出版社，1990：34-38.
⑤ 费孝通. 略谈中国的社会学 [J]. 高等教育研究，1993(4)：3-9.

究对象。对研究对象的科学界定，不仅是学科研究的起点，规定学科研究的方向，同样也是衡量一门学科是否真正独立、是否真正达到科学化水平的主要尺度之一。① 那么，老年教育学的研究对象是什么？有学者认为，老年教育学研究的是以老年人为对象、以中国文化为底蕴的中国老年教育的发展历程和现状；老年教育的本质、功能、特征与规律，老年教育的方针、政策与意义，具体探讨老年教育的课程设置、教学方法等。② 也有学者认为，老年教育学以老年教育为研究对象，探索老年教育的性质、目标、特点、规律，不同类别、层次的老年人对教育、学习的需求；研究和探索老年教育的体制等；研究和探索如何培养老年工作人才、老年教育的教师等。③ 研究者们对老年教育学的研究对象各抒己见，都指向老年教育学拥有区别于其他学科的、独特的研究对象，这一点是老年教育学学科建设的"基点"。

2. 学术论文

从期刊类发表的学术研究成果来看，通过在知网上以"老年教育""老年学习""老年大学"以及"老年学校"等为主题进行检索发现，自1949年至今，共检索到8500余篇学术论文，研究涉及的内容包括老年教育基本理论问题研究、老年教育政策研究、社区老年教育研究、老年远程教育研究、老年教育发展模式研究、老年教育问题与策略研究、老年教育国外比较研究，这些研究成果在一定程度上丰富了老年教育的理论研究体系。

3. 课题立项

从课题立项数目来看，自1980年以来，我国开始关注老年教育类的相关课题项目，获批的各级各类课题数量不断增加。较为典型的课题项目有：2001年马超主持的"中国大中城市老年教育组织实施"、2001年姚远峰主持的"人口老龄化过程中的中国老年教育研究"、2010年杨守吉主持的"以高等院校为主体老年教育服务模式探析"、2011年毛建茹主持的"发展老年教育的社会载体及其运行机制研究"、2012年杨晨主持的"中国新时期老年教育史研究"、2015年胡忠英主持的"老龄化背景下老年教育供需矛盾及对策研究"、2016年国卉男主持的"中国普惠性老年教育推进路径及策略研究"、2017年姜柏成主持的"城乡统筹背景下老年教育资源供给的

① 杜以德，等.中国成人教育学科体系结构及其分类研究[M].北京：高等教育出版社，2006：8.
② 王清爽，等.中国老年教育学[M].石家庄：河北人民出版社，2018：4-6.
③ 杨德广.建立老年教育学刍议[J].教育研究，2018，39(6)：16-23.

第三空间路径研究"、2018 年孙立新主持的"教育溢价视角下老年人的幸福测度与实证研究"、2018 年徐旭东主持的"老龄化背景下我国老年教育体系的构建研究"、2019 年虞红主持的"新时代城市老年人自主学习的现实困境与优化路径研究"、2020 年欧阳忠明主持的"老年教育助推积极老龄化实现的作用机理与实现路径"等，这些课题项目的立项与研究的开展有效推动了国内老年教育的实践探索与理论丰富。

4. 专门的图书资料

老年教育方面的教材、专著陆续出版，说明老年教育的研究日趋丰富。自 1985 年以来公开出版的老年教育类图书达到 114 部，涵盖了老年教育基础理论研究、课程论研究、老年教学论研究、学习者研究、老年教育管理模式研究、老年教育中外比较研究、老年教育实践研究，以及交叉学科的研究，包括老年教育心理学、老年教育社会学、老年教育经济学、老年教育管理学等。出现了一批具有代表性的著作：熊必俊、郑亚丽的《老年学与老龄问题》1990 年由科技文献出版社出版，对老年教育与老年教育学进行了阐述，是我国较早提出"老年教育学"概念的专著；北京大学老龄问题研究中心于 2008 年编写出版了《老年学书序》，明确提出"老年教育学是在老年学和教育学发展的基础上诞生的，是老年学和教育学的分支学科，是研究培养老年人生存与发展能力及其规律的科学"，这是我国较早给老年教育学下的定义；中国社会出版社 2009 年出版了《老年教育学》；黄河出版传媒集团 2012 年出版了《中国老年教育学若干问题研究》；上海市终身教育研究会于 2014 年编写了一套"老年教育理论丛书"，包括《老年教育学》《老年教育管理学》《老年教育心理学》《老年教育经济学》《海外老年教育》等。此外，近几年的著作有熊仿杰的《老年大学课程建设要略》，钱源伟的《老年教育教学论》，顾秀莲的《社区老年教育与老年人学习心理研究》，上海老年大学课题组的《老年教育领导管理方式研究》，陆剑杰和杜英杰的《基层老年教育的繁花似锦：11 所县（市）老年大学纪实》，张东平和叶忠海的《老年教育社会学》，金德琅和叶忠海的《老年教育经济学》，张少波、李维民和叶忠海的《老年教育管理学》等。这些理论研究成果标志着我国老年教育的研究取得了较大进展，进入新的发展阶段。

（二）老年教育学科建设的"外在建制"

1. 学会组织

1982 年 3 月，中国老龄协会成立，原名为"老龄问题世界大会中国委员会"，1995 年 2 月改名为"中国老龄协会"。该协会的主要职责和任务是：对我国老龄事业发展的方针、政策、规划等重大问题和老龄工作中的问题，进行调查研究，提出建议；开展信息交流、咨询服务等与老年问题有关的社会活动，参与有关国际活动等。在中国老龄协会推动下，中国老年教育协会于 1984 年成立。1988 年中国老年大学协会成立，其职能是组织校际的经验交流、信息沟通、资料交流，培训老年教育工作者，组织科研和教研活动，开展国家间的经验与学术交流。自 20 世纪 80 年代以来，北京、上海等大城市先后成立了老年教育协会，这些协会机构在老年教育方面做了大量工作，积累了丰富经验，为老年教育、老年教育学的发展奠定了很好的基础。

2. 研究机构

当前，中国老年教育协会、中国老年大学协会、各地老年教育协会比较注重研究、探索老年教育理论问题和实践问题，包括老年教育办学问题，老年教育的目的、特点、内容、方法，老年教育教师队伍建设、管理模式、老年学员的特点等。中国老年大学协会组织了全国性课题组，对老年教育现代化、老年教育规范化、社区老年教育、农村老年教育、老年教育学等若干问题进行研究，在老年教育领域产出了多项重要成果，出版了诸多学术专著。上海市老年教育组织在"十二五"规划的引领下已编撰一批适合老年学习者需求的教材和课程。首批"上海市老年教育普及教材"共 58 种已正式出版，可供老年学校选用，以满足不同层次的老年学习者的需求；2014 年，上海市终身教育研究会组织编写的"老年教育理论丛书"一套五本，由同济大学出版社出版；2016 年，人民教育出版社出版的一套"全国老年教育师资培训教材"，包括老年教育学、老年心理学、老年教育教学论。这些研究成果为老年教育学的学科建设奠定了较好的基础。此外，一些高等院校的成人教育研究所、终身教育研究中心（比如上海师范大学的老年大学、华东师范大学职业教育与成人教育研究所、宁波大学成人教育研究所等专门研究机构也在致力于老年教育研究，研究主题涉及老年学习者幸福感、祖孙隔辈教养以及代际学习等）。

3. 研究队伍

影响成人教育学科成长的因素是多方面的，其中物质性支撑要素的保证是不容忽视的重要方面，这主要包括专业化的研究者等。[①] 一个学科的建立离不开研究人员的推动，只有研究队伍的不断扩大与专业化发展，才能产出更多丰富的理论研究成果，进而奠定学科构建的理论基础。随着国家的逐渐重视、人民的需求增加，一些相关学科（如成人教育学、高等教育学、社会学等）的研究者开始专注老年教育，成为老年教育研究的重要力量。在这些研究者的引导下，相关学科的研究生也逐渐涉及该学科领域，成为学科理论研究的后备军。研究生专业素养的不断提高，为专业化研究队伍的建设打下了基础，也为学科建设奠定了人才基石。

4. 老年教育机构

目前，国内共有超过 7.6 万所老年学校（老年大学），包括参与远程教育在内的老年学员共有超过 1300 万人（截至 2018 年底）。[②] 随着我国老年人口的增加，以及物质生活水平的提高，越来越多的老年人愿意参与到学习之中。因而我国的老年大学、老年学校以及老年教学点也在不断增加。此外，由于互联网的快速普及，远程教育也逐渐渗透到老年教育领域，老年远程教育也有了较大发展。上海、江苏等开放大学已启动老年高等教育学历教育试点，其中上海老年大学与上海开放大学合作，开设了四个专业的学历班，包括钢琴独奏、声乐、体育保健、摄影摄像，这为老年学历教育开创了先河。老年学校的建立以及老年学习者的增加促进了老年教育学的学科发展，并为其蓄积了深厚的实践资源。

5. 相关学科已有成果

首先，伴随着社会人文科学的发展，近年来与老年教育学相关的学科如教育学、心理学、成人教育学、社会学、伦理学等也得到迅速发展，并取得了一定的研究成果，可以为老年教育学的产生提供一定的借鉴。[③] 教育学中出现的以梅伊曼（E. Meumann）和拉伊（W. A. Lay）等为代表的实验主

---

① 杜以德，等.中国成人教育学科体系结构及其分类研究 [M].北京：高等教育出版社，2006：13.

② 王俊岭，杨帆.老年大学"一座难求"[EB/OL].(2019-11-12)[2021-10-10].https://www.jiemian.com/article/3673643.html.

③ 丁红玲，宋谱.关于建立老年教育学的思考建议 [J].当代继续教育，2019，37(4)：4-9.

义教育学、以狄尔泰（W. Dilthey）等为代表的文化主义教育学、以杜威（J. Dewey）和克伯屈（W. H. Kilpatrick）等为代表的实用主义教育学、以鲍尔斯（S. Bowles）和金蒂斯（H. Gintis）等为代表的批判主义教育学等众多教育流派，对于老年教育学价值理念的确立提供了理论基础；心理学中的社会心理学、人格心理学、人生发展心理学、学习心理学等研究成果，为研究不同背景的老年学习者的心理特点提供了借鉴；成人教育学的相关研究成果如成人发展心理学、成人学习论、成人教育哲学、成人教育伦理学、成人教育社会学、成人教育经济学、成人教育管理学等，也为老年教育学的研究提供了借鉴；社会学的主要理论如结构功能论、社会冲突论、社会交换论等，对老年教育社会学的研究起到了借鉴作用；伦理学中的经验主义伦理学、进化论伦理学以及精神分析伦理学等研究成果，为老年教育德育论和老年教育伦理学的建立提供了可靠依据。[①] 其次，老年学学科体系基本形成，相关研究成果不断丰富。老年教育学属于老年学和教育学的交叉学科，老年教育学的研究必须建立在老年学的基础理论之上。老年学是对人衰老过程中生理、心理和社会等方面进行研究的学科，目前，以老年学为主干的老年科学体系基本形成，老年哲学、老年社会学、老年医学、老年生物学、老年心理学、老年经济学等老年学分支学科均得到了很大发展，并取得了一定的理论研究成果。其中，著作类的研究成果颇为丰硕，如有：杨友吾的《老年哲学简论》，陈涛的《老年社会学》，郭云良、刘克为和戚其华的《老年生物学》，高云鹏和胡军生的《老年心理学》，郭云良、金丽英和刘天蔚的《老年医学》等等。期刊类的研究成果也颇丰硕，如以"老年学""老年医学""老年生物学""老年心理学""老年社会学"为主题，在知网共检索到期刊论文数千篇。老年学相关研究成果为老年教育学的建立提供了可供借鉴的基础。[②]

6. 出版机构

全国专门期刊，包括由中国老年大学协会和山东老年大学主办的《老年教育》杂志、江苏开放大学主办的《终身教育研究》，以及上海等地创办的老年教育研究杂志，对交流老年教育经验、探索老年教育规律、推动

---

① 丁红玲，宋谱. 关于建立老年教育学的思考建议 [J]. 当代继续教育，2019，37(4)：4–9.
② 丁红玲，宋谱. 关于建立老年教育学的思考建议 [J]. 当代继续教育，2019，37(4)：4–9.

老年教育发展发挥了重要作用。

　　总之，我国老年教育学学科的建立既有其必要性也有其可行性，必要性在于老年教育学科本体成长的需要和社会发展的要求。在其学科建立的可行性上，老年教育学内部的标准基本达到，如清晰的研究对象、明确的研究主题、可界定的研究范围等。学科形成的外在条件已经满足，如相对应的研究机构、合理的研究队伍、丰富的研究成果以及相关学科的发展等，这都表明了老年教育学有着较为扎实的学科基础。

第三节　老年教育的基本特征

老年教育作为终身教育的最后一环，与学前教育、基础教育、高等教育、职业教育等教育类型有着诸多不同之处，存在着自身固有的基本特征，主要表现在：教育参与的自主性、教育内容的多样性、教育对象的老龄性、教育机构的开放性、教育实施的公益性、教育受众的广泛性、教育过程的灵活性、教育实践的特色化等多个方面。

一、教育参与的自主性

老年人学习参与的自主性是老年教育的基本特征之一，是指在老年阶段，个体参与老年教育是一种非强制性的活动，老年人根据自己的学习意愿自主参加，并在学习过程中表现出较为积极的学习状态，体现出老年人的主体性与自主性，"参不参加"不受社会法律所规制和约束，老年人可以完全自由地入学、退学、休学和复学，没有条件和手续的限制。正是这种高度自由开放符合了老年阶段的身心特点，才使老年教育更具有吸引力和生命力，这与基础教育（九年义务教育）有着根本的区别。义务教育是国家统一实施的所有适龄儿童、少年必须接受的教育，是国家必须予以保障的公益性事业，其实质是国家依照法律的规定对适龄儿童和青少年实施的一定年限的强制教育的制度，具有明显的强制性特点。然而，老年教育是国家积极提倡而非强制实行的教育，学不学、学什么皆由老年人自己决定。同时，参与的自主性不仅表现在"参不参加"方面，也表现在"愿不愿学"方面。有学者立足老年教育参与的自主性，研究老年远程教育中老年人自主学习问题，并指出这些问题源于自主学习相关理论，与"自我教育""自我监控学习"一样，强调学习者主动的、建构的学习过程。[①] 在此学习过程中，学习者应为自己确定目标，监视、调节、控制由目标和情感特征引导约束的认知、动机

---

① 曹颖.主动学习视角：老年远程教育推进策略研究 [J]. 中国成人教育，2020(6)：3-6.

和行为①，学习者要具有高度的自我控制能力和高度的学习责任感②。

当前，已有上千万的老年学员通过老年大学、远程教育等各种形式参与学习，这表明国内老年人参与老年教育的自主性较高。此外，国家充分尊重老年人教育参与的自主性。国务院办公厅颁布的《老年教育发展规划（2016—2020年）》（国办发〔2016〕74号）指出，"保障权益、机会均等。保障老年人受教育权利，努力让不同年龄层次、文化程度、收入水平、健康状况的老年人均有接受教育的机会。充分利用各种资源，统筹加强组织管理，实现资源共享和协调发展，提高老年教育的可及性，最大限度满足各类老年群体学习需求"，"各类老年教育机构服务能力进一步提升，全社会关注支持老年教育、参与举办老年教育的积极性显著提高。以各种形式经常性参与教育活动的老年人占老年人口总数的比例达到20%以上"。这集中体现出国家、政府对于老年人参与学习的行为以"保障""鼓励""支持""引导"为主，而非强制化，充分尊重老年人参与教育的自主性。随着老年教育规模的不断扩大，高质量教育发展会不断促使老年教育走向规范化、法治化，但是这并不影响老年教育参与的自主性特征。

二、教育内容的多样性

老年群体是一个具有多样化特征的复杂群体，该群体对学习内容和方式的需求是多种多样的，因此老年教育内容的供给常常以老年人的个体需求为导向，遵循老年人身心特征与认知规律，注重满足学习者的个体需要，迎合受教育者的学习兴趣，进而呈现出多样性的特点。"衰老仅是人类个别化的自然更替过程，而老龄群体所独有的可供自由支配的时间宽裕、对学习的兴趣高度浓厚等整体特点，决定了老年教育内容的多样化。"③我国老年教育内容涉及面广、区域差异性强，涵盖文化知识、医疗卫生、体育保健、技能训练、家庭生活、情趣培养、娱乐休闲、社会服务以及人文关怀等各个方面，并且各区域的老年教育机构（老年大学、社区学院等）也因地制宜地提供了具有地方特色的教育教学内容。在国家层面，政府也积

---

① 庞维国. 论学生的自主学习 [J]. 华东师范大学学报 (教育科学版)，2001(2)：78-83.
② 吴本连. 自主学习方式影响大学生体育学习效果的实验研究 [D]. 上海：华东师范大学，2010.
③ 齐伟钧. 海外老年教育 [M]. 上海：同济大学出版社，2014：213.

极提倡老年教育内容要注重多样化与丰富性，相关政策文件如《老年教育发展规划（2016—2020 年）》指出，"积极开展老年人思想道德、科学文化、养生保健、心理健康、职业技能、法律法规、家庭理财、闲暇生活、代际沟通、生命尊严等方面的教育，帮助老年人提高生活品质，实现人生价值"。但是目前来看，大部分老年教育内容较为侧重于体育保健、娱乐休闲等内容。以某县级老年大学为例，2019 学年共开设教育课程（专业）95 门（类），其中涉及老年人养生保健、闲暇娱乐的达 78 门（类），占 82.10%。[①]

本书参照董之鹰在《老年教育学》一书中对老年教育内容的归纳整理，把老年教育的内容分为基本理论教育、普及知识教育、社会实践教育和文化休闲教育等几个部分。老年人基本理论教育包括老年人发展教育理论、老年健康理论、老年保障理论；普及知识教育主要包括老年生理知识、老年心理知识、老年智力文化知识、个人兴趣活动等；社会实践教育包括农业科技知识、互联网运用知识、高科技的电子产品、多功能的家用电器以及电子商务的消费方式等常识；文化休闲教育包括养生保健、传统文化、法律法规、社会交往等诸多内容。此外，本书认为，生命教育（在一些国家称为人文关怀教育）也是老年教育内容中不可或缺的一部分，是老年人个体高层次的教育需求。生命教育是"舶来品"，最早源于 20 世纪初在西方兴起的死亡学和之后发展起来的死亡教育、生死教育。1968 年，美国学者杰·唐纳·华特士（J. D. Walters）首次提出生命教育思想。[②] 生命教育就是指在个体从出生到死亡的整个过程中，有目的、有计划、有组织地进行生存意识熏陶、生存能力培养和生命价值升华，最终使其生命质量充分展现的过程，其宗旨是珍惜生命，注重生命质量，凸现生命价值。[③] 在老年阶段，生命教育对于老年人尤为重要，能够帮助老年学习者树立积极的生活观念和正确的死亡认知。为此，有不少国家成立相关的教育组织，比如韩国成立了由医疗善终机构专家、民俗学研究者、宗教学者、神学者以及其他社会福祉领域专家所组成的死亡学会等。而在我国，老年人生命教育开展得不多，是今后老年教育内容亟须发展的一个"板块"。

---

① 程仙平 . 面向 2035：老年教育现代化发展审视与路向——以浙江省为例 [J]. 教育理论与实践，2020, 40(31)：9–13.

② 冯建军 . 生命教育的内涵与实施 [J]. 思想·理论·教育，2006(21)：25–29.

③ 许世平 . 生命教育及层次分析 [J]. 中国教育学刊，2002(4)：7–10.

可见，老年教育内容不仅仅局限于休闲娱乐，而是根据老年人个体不同层次的实际需求进行设置，进而呈现出与普通教育相区别的多样性特征。

三、教育对象的老龄性

成人教育的对象范围甚广，包括成年早期、中期、后期（晚期）所有的成年人，而老年教育的对象聚焦于准老年人和老年人。在我们的传统认识中，往往存在着"人到老年就没啥用"的刻板印象，认为老年人在记忆力、思维能力、智力、肢体反应能力等各个方面皆在逐渐衰弱，很难从事教育与学习活动。但是，近年来心理学、教育心理学等学科的研究表明，老年人的各方面能力虽然有所下降，但是老年群体依然有接受教育的能力。如，美国学者夏埃（K. W. Schaie）主持的西雅图成人研究，追踪比较了 20 ~ 89 岁不同年龄段成年人的智力变化，结果发现，不同方面的智力能力具有不同的发展轨迹。与文化知识经验、人生阅历的积累有关的智力方面，随年龄增长，减退较晚，直到将近 70 岁才有所下降，而且减退缓慢，有的则保持稳定甚至还有所提高，比如，词语流畅性、词汇等。这表明老年人依然能够从事学习活动，也是教育对象老龄性特征存在的前提与条件。

在"教育对象的老龄性"这一基本特征的认识中，我们应该进一步明确何为老年人？老年人是参与老年学习的主体，是老年教育（学习）的关键因素。研究者们曾从生理学、心理学、社会学等多个角度和标准来界定老年人。最早以年龄时序来界定老年人的是瑞典学者 G. 桑德巴格（G. Sundbarg），他在 1900 年提出人口再生产类型的标准时，以 50 岁的界限来划定老年人。[1]随后，许多国家规定 50 岁或 55 岁为老年人的年龄界限。从目前来看，国际上通用的老年人年龄划分标准为年满 60 周岁，我国相关政策法规也规定老年人为年满 60 周岁的公民；也有人认为，55 岁及以上不再从事社会生产劳动即退休的人即为老年人。[2]根据我国国情，结合老年教育学校招生要求，将年满 60 周岁的男性、年满 55 周岁的女性并能正常参与学习活动的老年个体称为老年人。此外，综合叶忠海、黄富顺、牧野笃以及西方学者的诸多观点，将 55 ~ 64 周岁、65 ~ 74 周岁、75 ~ 84 周岁、85 周岁及以上的老年人分别称为低龄老年人、中龄老年人、高龄老年人以及长寿老年人。目前老年

---

① 王英. 中国社区老年教育研究 [D]. 天津：南开大学，2009.
② 唐玉春. 上海隔代抚育中老年人学习需求影响因素研究 [D]. 上海：上海师范大学，2019.

教育的对象就是这些退出社会生产生活的老年个体，这也是老年教育的典型特征，即教育对象的老龄性。

四、教育机构的开放性

老年教育机构特指有计划、有组织地对老年人进行系统的教育活动的组织机构。老年教育机构的开放性意味着办学主体即教育机构的多样化以及教育教学资源的开放性。

首先，教育机构的多样化。当前，我国老年教育的发展还在起步阶段，实施老年教育的机构尚未统一。比如，主要包括老年大学、老年学校、老年教学点、老年活动中心、老干部活动站、老年之家、老年开放大学等。另外，国家积极鼓励社会力量参与老年办学，并颁布诸多政策予以支持。比如，《老年教育发展规划（2016—2020年）》提出，要激发社会活力，继续探索和完善政府购买服务机制，引导社会力量积极参与，带动相关产业发展。《"十三五"国家老龄事业发展和养老体系建设规划》（国发〔2017〕13号）强调"促进各级各类学校开展老年教育，部门、行业企业、高校举办的老年大学要进一步提高面向社会办学开放度，支持鼓励各类社会力量举办或参与老年教育"。这使一些非公办老年教育机构也相继兴起，如蓝驰创投投资建设的"红松课堂"，长岭资本创建的"乐退族""退休俱乐部""银发一族"，浙大友创的"家游学院"等，不同目标、不同类型的老年教育办学机构得以迅猛发展。国外老年教育机构也呈现出类似的特征。例如，日本老年教育的办学机构大体分为以下三类：第一类是教育行政部门举办老年大学；第二类是福利部门开办的老年俱乐部、NPO法人的老人寄宿所；第三类是高等教育机构提供的公开讲座和放送大学，这些成为日本开展老年教育的重要阵地。美国老年教育办学机构呈现多样化特点，其中包括国家和地区性大学及社区学院、由各地社区管理委员会领导的非营利性机构（如美国老年中心）、独立的非营利性组织（如老年游学营）和私营的非营利性组织（如美国退休协会）等。此外，韩国、法国、英国等国家和地区的老年教育也由不同类型和性质的办学主体承担（见表1.1）。

其次，教育机构教学资源的开放性。一些教育机构往往会将所拥有的教学资源，包括场地、图书等免费提供给老年人使用，比如一些高校、社区学院对周围老年人免费开放，供其学习。此外，随着互联网的发展，在线教育也在老年教育领域得以应用，这使很多教育机构将免费的课程、教学视频等资源通过网站、App 等渠道向老年人开放，让他们能够自由获取教育资源。

表1.1　老年教育办学主体（机构）一览[①]

序号	可结合的教育	结合形式	代表性国家	结合特点
1	直接融合正规学校	高等院校	瑞典、德国、美国	正规学校教育，减免学费
		职业院校	澳大利亚	
2	大学院校内设	内设高龄者学习中心	美国	正规老年学校教育优惠，免费或只收少量资料费
		社区学院内设	美国	
		内设终身教育学院	韩国	
		第三年龄大学、自由时间大学	法国	
3	政府单独办学	老年大学、老年学校	中国	正规老年学校教育，康乐休闲
		美国高龄者中心	美国	帮助弱势群体
		日本高龄者教师、长寿学院、日本老年大学	日本	正规老年学校教育
4	社团、老人会、宗教团体办学	韩国老年大学、老年学校	韩国	正规老年学校教育 具有较多部分的学校课程
		牧山中心	美国	
		义工组织	英国	
5	远程教育（政府、社团组织、非营利企业）	电视老年大学、网络大学、广播、博客	各国	非正规老年教育

① 黄燕东.老年教育：福利、救济与投资[D].杭州：浙江大学，2013.

序号	可结合的教育	结合形式	代表性国家	结合特点
6	非营利企业办学	老年寄宿学校、美国高龄者服务与咨询	美国	以市场需求为导向，收费，但收支不平衡
7	自组织学习团体	英国、新西兰、澳大利亚的第三老龄大学；美国退休学院	英国、新西兰、澳大利亚、美国	与大学院校合作或利用大学资源
8	自组织娱乐团体	老年人自己组织的活动，如晨练队、武术队、腰鼓队等	中国	街道、居委会等基层组织

五、教育实施的公益性

公益性是指某一公共产品具有为社会公共大众带来共同利益福祉的属性，它具有消费上的共享性、公平性、机会均等性，供给上的普惠性，以及生产目的上的非营利性。[1]教育的公益性是指教育活动应当尊重社会整体成员的共同利益，教育为全社会、全人类服务，社会的全体成员都享有受教育的权利。教育的公益性同时也体现在性质公益、主体公益、产品公益这三个方面。教育的公益性源自因人受教育而给社会发展带来的好处，它是教育活动的天然属性。[2]事实上，教育具有公益性，并不是指提供公共产品的教育单位才具有公益性，而是说整个教育无论是什么产品形式，其本质上和实际结果都给全社会带来巨大的公共社会利益，即无论其过程如何、是否营利，教育都是公益性产品。[3]总之，人们认识教育公益性一般有两套逻辑：第一套逻辑是从教育的客观属性出发，即从客观方面来理解教育的公益性。这种理解不看教育的提供形式，也不看教育所处的时代，只要教育存在，其公益性就存在。第二套逻辑是从教育的社会属性出发来理解教

---

① 丁红玲，宋谱 . 老年教育公益性及实现路径研究 [J]. 职教论坛，2019(7)：98-102.

② 邬大光 . 从民办教育看教育的公益性与营利性 [N]. 光明日报，2016-12-06(014).

③ 如何理解盈利性教育的公益性 [EB/OL]. https://www.sohu.com/a/120704894_372464.

育的公益性，是从教育的提供形式来考虑。如果由政府或其他组织和个人无偿提供或低于成本提供教育，那么这种教育就具有公益性质，反之就不具有公益性。在教育发展的早期，两者之间泾渭分明。但随着教育普及程度的提高，两者之间出现了模糊现象。①

终身教育的公益性的主要特征有：受众和教育机会的全民性与平等性、教育产品供给上一定的非排他性和非竞争性、教育服务提供上的无偿性与有偿性的统一。②老年教育作为终身教育的最终环节，也具有相应的公益性特征，主要表现在两方面：一方面，在消费上，老年教育也具有一定的非排他性和有限的非竞争性。所谓一定的非排他性意味着有些老年教育产品具有非排他性，如社区面向老年人开展的一些活动和提供的一些服务，人人皆可以享用，无须付费；而有些老年教育产品具有排他性，如老年大学提供的产品，受教育者在消费该产品时需遵循"谁付款谁受益"的原则，必须支付一定的费用，尽管费用低廉，自然会将非付费的群体排除在外。所谓有限的非竞争性是指当供给方的资源供给充足，存在着过剩的供给能力，增加消费者的边际成本为零时，消费者之间不存在产品的争夺；当供给方资源供给不足，供给规模有限，供给能力对消费者的容纳有限时，增加消费者的边际成本大于零时，消费者之间存在着产品争夺，即所谓的"僧多粥少"。另一方面，在供给上，要求全社会（包括政府、企事业单位、社会组织、个人等）共同参与，形成合力，共同担当起扶弱助老的神圣使命，行使起责任义务，服务于老年教育事业。③老年教育在世界各国大多作为社会福利政策的重要内容，得到政府在社会政策和财力方面的支持。此外，许多非政府组织、民间机构、社会公益机构和慈善基金会等也都为老年人的教育活动提供人、财、物等多方面的公益性支持。比如在英国、澳大利亚、法国、日本、美国等国家，大部分经费都由开办老年教育的组织机构向政府或者民间的公益慈善基金会募集而来，参与学习活动的老年人只需要缴纳很少的费用。我国老年教育的发展也得益于政府的引导和扶持，政府除了对老年大学直接进行人、财、物的投入和政策支持外，还将老年教育纳入

---

① 邬大光. 从民办教育看教育的公益性与营利性 [N]. 光明日报，2016-12-06(014).
② 丁红玲. 终身教育公益性及其有效实现 [J]. 中国职业技术教育，2015(9)：74-78.
③ 丁红玲，宋谱. 老年教育公益性及实现路径研究 [J]. 职教论坛，2019(7)：98-102.

社区教育建设发展的大框架之下给予支持[①]，从而确保社会老年人群对老年教育产品需求的充分满足，提高老年人的生活质量，使老年人群真正进入"老有所学、老有所为、老有所乐"的"理想王国"，怡享生命的福祉[②]。

六、教育受众的广泛性

在我国，老年教育的发展经历了一个由"小众"到"大众"的拓展过程。20 世纪 80 年代，我国老年教育的受教育者多数为退休的干部职工，随着社会的发展和居民生活水平的提高，越来越多的老年人产生学习需求。当下，保障社会全体老年人受教育的权利已经成为共识，实施普惠式、全员性的老年教育成为明显的发展趋势，这反映出老年教育受众群体在不断增加，辐射范围越来越广。根据国家统计局发布的数据显示，截至 2019 年末，全国 60 周岁及以上人口 25388 万人，占比达 18.1%。其中 65 周岁及以上人口 17603 万人，占比达 12.6%，"十四五"期间，全国老年人口将突破 3 亿人，将从轻度老龄化社会迈入中度老龄化社会。因此，随着人口老龄化的加剧，老年人数量不断增加，这一特征将愈加突出。

此外，教育受众广泛性的特点还体现在老年学习者内部结构上。老年教育面向所有的老年人，年龄跨度较大；从文化程度上看，学员可以是本科甚至是研究生学历，也可以是小学、中学文化程度。从职业类型上说，它既面向离退休干部，也开始向从事其他工作的老年人开放，城乡老年人也都能够参与。不同学习者内部的差异性和广泛性，也形成了文化、职业、年龄、经济条件、兴趣爱好等方面明显不同的独特景象。[③] 同时，随着老年教育办学主体的多元与开放，各类型教育机构的出现，使更多的老年人有接受教育的机会，参与学习的"门槛"得以降低，老年学习者参与数量也在逐年增加。据易观千帆数据，2020 年第一季度，糖豆 App 活跃人数已达 1706.8 万人；红松学堂用户数量目前已突破 100 万人；据 Quest Mobile 的数据，2020 年春节前后教育学习行业新增用户中，中老年用户群体 41～45 岁用户增长了 27.9%，46 岁以上用户增长了 33%。这进一步表明随着教育机构开放程度的加大，老年教育的受众也愈加活跃。

---

① 王英 . 中国社区老年教育研究 [D]. 天津：南开大学，2009.

② 丁红玲，宋谱 . 老年教育公益性及实现路径研究 [J]. 职教论坛，2019(7)：98–102.

③ 王卫丽 . 河南省农村老年教育的问题与对策研究 [D]. 开封：河南大学，2015.

七、教育过程的灵活性

教育过程是指教育者和受教育者共同参与，通过运用各种教育方式实现教育目标的进程；是教育者有目的、有计划地运用教育影响，引导或促进受教育者身心向教育者预期的目标转化的过程，其中存在着教育者代表社会需要所提出的教育要求与受教育者身心发展的需要及发展特点、水平之间的矛盾。这种矛盾是推动教育过程向前发展的基本动力。[①] 老年人在教育参与过程中有其自身的独特要求，需要采取灵活多样的形式、松散可变的结构和机动弹性的过程，以适应老年人的不同情况和需求。因此，老年人参与教育过程中具有较强的灵活性。这主要表现在活动空间、教学组织方式、师资队伍、课程内容、进退机制、学习方式等方面。

首先，由于老年教育是开放性的教育，因此在进入和退出学习过程以及教育内容的选择上应由老年人自主决定，而无须采取考核、选拔的方式以及一系列硬性规定。其次，在老年人学习方式上，与社会隔离而产生的孤独感和失去工作机会的失落感是困扰老年人的主要问题。针对这种情况，老年教育在教学组织形式上应以群体性活动为主，要处理好动与静、群体交往与个体独处的关系，既要增加老年人人际交往的机会，又能适应老年人个体喜动或喜静的特点，使他们在得到所需知识的同时，最大限度地获得身心放松和愉悦。再次，在教学安排上，不能像学校教育一样严格执行教学计划，而要根据老年学员的具体情况做出切合实际的安排和调整，既要保证教学内容的完整性，又要体现机动灵活的特点，以提高教学的针对性和适应性。[②] 最后，老年教育的活动空间不应仅限于教室或者学校场所，他们还可以通过人文行走等形式来实现教育活动空间参与的变化，同时有能力的老年学习者还可以不受物理空间的限制，能够通过网络参加老年教育活动，比如在线课堂、老年学习 App、老年人网上交流空间（微信等社交软件）。在老年教育师资队伍的聘任过程中，灵活性也愈加突出。一般来说，普通学校教育对教师的聘任、师资队伍的构成都有着严格的选拔与考核条件，而对于老年教育的师资队伍来说，其招聘、构成、管理等各个方面具有较好的弹性和灵活性，其中既包括老年大学的教师、管理人员、社区专干、

---

① 顾明远 . 教育大辞典 [M]. 上海：上海教育出版社，1998：751.

② 付兵 . 老年教育的特点及组织实施 [J]. 中国成人教育，2001(8)：38.

地方能人，也可以聘请退休教师、高校兼职专家以及各类志愿者参与其中。

八、教育实践的特色化

教育实践的特色化是我国老年教育的又一基本特征，这一特征受老年教育自身灵活性、区域差异性等影响，主要表现在各地老年学校的特色教育实践项目上。一方面，老年教育自身具有灵活性，特色项目的实施能够因地制宜、因需设置；另一方面，我国地大物博，幅员辽阔，各地特色资源丰富多样，同时，五千年来的优秀传统文化更是博大精深，各类非物质文化遗产亦是弥足珍贵、精彩纷呈，各类丰富的资源为老年教育特色项目建设提供了重要的现实基础。

《老年教育发展规划（2016—2020年）》提出"整合一批优秀传统文化、非物质文化遗产、地方特色老年教育资源"[1]，明确了老年教育特色项目建设的方向。老年教育特色项目建设是指以优秀传统文化、非物质文化遗产、地方特色资源等具有鲜明独特性的资源为核心要素，确定特色定位，以老年办学机构为主体的多部门协同开展各类相关特色资源整合建设，并形成独具特色的老年教育产品和服务。其内涵主要包括以下五个方面：一是特色项目建设需以"传统文化、非物质文化遗产、地方特色资源"为核心，深入挖掘和运用区域优质特色资源；二是特色项目建设以充分的科学论证为前提，明确特色化定位和建设目标；三是特色项目建设需综合运用多维立体化资源，形成包含课程、教学、实践、体验、传承、发展等多元内容的体系化教育资源；四是特色项目建设涉及多个部门资源的整合建设，需构建协同发展机制，充分调动各部门的参与度与执行力，为项目建设提供制度保障；五是特色项目建设需以老年教育办学机构为实施主体，确保项目建设的教育属性，为广大老年学习者提供老年教育公共服务。[2]

以宁波市为例，宁波市作为国家重要的沿海发达城市，老年教育的发展具有先进性、典型性，各个区域的老年教育实践具有明显的特色化、差异性倾向。比如，慈溪横河镇社区教育中心基于中国杨梅之乡，与镇农技站合作开设杨梅技术实用课程，共同组成了示范项目实验团队。根据梅农

① 国务院办公厅. 国务院办公厅关于印发老年教育发展规划 (2016—2020年) 的通知 [EB/OL].（2019-11-12）[2016-10-05].http://www.gov.cn/zhengce/content/20116-0/19/content_5121344.ht[M].
② 谢宇. 老年教育特色项目建设路径构建策略 [J]. 宁波广播电视大学学报, 2020, 18(4): 1-4.

进行年龄分层，60岁及以上的分为老人组。基于老年人掌握知识较慢，接受知识能力较弱的特性，针对性地开展适合老年人的培训，同时根据老年人掌握的技术再进行分层，使普通老农接受实用技术培训，技术型老农接受农林局的绿色证书培训，收到较佳的效果。余姚市泗门镇成人文化技术学校通过移植"九九红学吧"精品项目和开设菜单式教育项目相结合，努力满足农村老年人精神文化生活的基本需求，扶植了一批如太极拳、柔力球、老年门球及腰鼓等基层教学点的学习社团，并通过社团活动的开展将农村教学点的自主学习真正组织起来，扩大了农村老年群体受教育者的规模和辐射面。余姚黄家埠镇成人中等文化技术学校尝试老年教育"连点成圆"模式，为构建乡镇老年学校提供一种积极有益的新思维，孵化典型学习社团，培育自养型学习社团、养教结合型社团、以文养文型社团等，分散布点，连点成圆，统筹规划，统一管理，并与班级自我实践相结合，建立"校村联动制度"和教师联点制度，形成了"成校教师—村级联络员—村组长—村民"组织网络和"校长—教师—教育点"塔式管理模式，极大提高了老年教育参与率。各个老年教育机构利用地方的教育资源因地制宜开展老年教育实践活动，宁波市老年教育这些案例仅是全国老年教育特色化开展、差异性发展的一个个小小缩影。

第四节　老年教育的主要目的

教育目的是对教育预期结果的价值取向，是教育的出发点和归宿。它是制定教育目标、确定教育内容、选择教育方法、评价教育效果的根本依据。可以说，教育目的从根本上规定着教育活动，是教育各类研究的总纲和基础。[①] 老年教育的目的是指老年教育对所造就的老年个体的质量规格的总的设想或规定，即要回答老年教育"干什么"的问题。[②] 发展老年教育的目的绝对不只是为老年人养老服务提供场所，也绝非不追求教育的质量与效益，否则就抹杀了老年教育的价值。只有构建一个科学合理的老年教育目标，才能引导老年教育走向可持续发展的道路。[③]

一、教育目的

（一）教育目的基本概念

教育目的是对教育活动所要培养的人的个体素质的总预期与设想，是对社会历史活动主体的个体素质的规定，它体现一定社会对受教育者质量、规格的界定和要求，也体现人自身发展所应该达到的水准和高度。教育目的的概念有广义和狭义之分，广义的教育目的是指存在于广泛的人民群众头脑之中的对受教育者的期望和要求，在这个意义上，不管是否教育工作者，只要是对受教育的发展怀着某种期望和向往，都是教育目的的表现。狭义的教育目的是指在社会里占主流地位的，或由国家提出的教育总目的。[④] 教育目的对教育的实施具有定向作用、调控作用和评价作用。教育作为培育人的社会活动，植根于特定的时空背景之中。从时间角度来讲，一定历

---

① 叶忠海.老年教育若干基本理论问题 [J].现代远程教育研究，2013(6)：11-16，23.

② 岳瑛.教育学视阈中的老年教育 [M].武汉：湖北科学技术出版社，2012：37.

③ 李洁.老年教育目标的现实建构——基于老年学习者需求的阐释 [J].继续教育研究，2019(3)：25-31.

④ 王道俊，郭文安.教育学 [M].北京：人民出版社，2016：80.

史时期教育的目的，是该时期社会和人的发展对教育客观要求的集中反映，并随之发生变化。从空间角度来看，不同国家和地区教育的目的，具有空间分异性的特点。这是地域间社会和自然的空间系统不平衡的反映，对政府行为的选择导向性起着重要的作用。尽管教育目的的具体提法随时空条件的变化而动态地发生变化，但是总的来看，教育预期结果的价值取向有两个方面：一是以推进社会可持续发展为价值取向；二是以促进人的自由而全面发展为价值取向。老年教育作为教育的分支系统，上述的教育目的理论，同样适用于老年教育。[①]

（二）教育目的的价值取向

在教育活动中，人们往往通过选择不同的教育目的来实现对教育的价值追求，体现了人的能动性本质。所谓教育目的的价值取向，是指教育目的的提出者或从事教育活动的主体，依据自身对人的发展和社会发展的需要的理解，而对教育价值做出选择时所持有的一种倾向。[②] 在教育目的价值取向的争论上，争论最多、最具根本性的问题是，教育活动究竟是应当满足人的个性发展需要，还是应当满足社会发展需要，由此形成了两种不同的价值取向，即个人本位论和社会本位论。

持个人本位论的人认为，教育的根本目的就是充分发展个人的潜能和个性，至于社会的要求则是无关紧要的；教育目的是根据个人发展的需要而定的，不是根据社会的需要而定的；个人价值高于社会价值，只有在有助于个人发展时才有价值，否则单纯的关注社会价值的实现，就会压抑和排斥个人价值；人生来就有健全的潜在本能，教育的基本职能就是在于使这种潜能得以开发、得以发展。

秉持社会本位论的学者，如涂尔干、凯兴斯泰纳等人，他们认为，教育的根本目的是由社会发展的需要所决定的，至于人的潜能和个性的发展并不重要。其基本观点包括：个人的一切发展都有赖于社会，人的身心发展的各个方面都依赖于社会，都会受到社会的制约；人的一切发展也是为了满足社会需要，依赖于社会；教育除了满足社会需要以外，并无其他目的，

---

① 叶忠海. 老年教育若干基本理论问题 [J]. 现代远程教育研究，2013(6)：11–16，23.
② 王道俊，郭文安. 教育学 [M]. 北京：人民出版社，2016：83.

教育的结果和效果是以其社会功能发挥的程度来度量的。[1]

本书在理解教育目的的价值取向时，坚持以马克思主义关于人的全面发展学说为指导，注重个人发展与社会发展的辩证关系。作为一种培养人的活动，教育不仅要满足社会发展需要，也要满足个人发展需要，两者是对立统一的，是教育目的中不可或缺的两个方面。

二、老年教育目的

从个人本位论看，确定老年教育目的，要充分考虑老年人的特点、需要。老年教育的目的可以大致概括为满足老年人健康长寿，不断改善、提高生活水平，自我完善、自我发展等各方面的需要。把老年人的聪明才智充分开发出来，是 21 世纪教育的最终目标。[2]1997 年，中国老年大学协会第二次代表大会提出了"增长知识、丰富生活、陶冶情操、促进健康、服务社会"的 20 字老年教育方针等。

从社会本位论看，老年教育的目的在于通过老年教育增强老年人的参与意识和社会责任感，提升老年人为社会可持续发展服务的能力，开发社会人力资源，推进社会可持续发展。

老年教育的目的包括内外两个方面，应兼顾个体本位论和社会本位论两种教育的价值取向。一是老年教育的内在目的指向老年人本身。老年期是人一生的后期阶段；老年教育，是人的一生教育的最后阶段。进入老年阶段后，老年人离开了原来的工作岗位，有了自由选择和探索的机会和条件，可以凭借一生积累的知识和智慧来完善、实现自我发展的终极目标。针对老年人完善自我的需求，老年教育应理所当然地为满足老年人这种需求服务。根据全面发展的公民素质的要求，针对老年人身心发展的特点，老年教育通过促进老年人积极老龄化，从而促进老年人终身而全面的发展。[3]二是老年教育的外在目的指向个体自身以外的发展。老年教育对社会可持续发展具有积极的推进作用。通过老年人素质的提高，可以推进社会可持续发展。唯物史观告诉我们，人对环境既有依存性一面，又有促进性一面。人是社会发展诸因素中唯一能起到主导性作用的因素。其中，老年人特别是老年

---

① 王道俊，郭文安. 教育学 [M]. 北京：人民出版社，2016：85-86.

② 陈福星，等. 老年教育概论 [M]. 济南：山东人民出版社，2004：34.

③ 叶忠海. 老年教育若干基本理论问题 [J]. 现代远程教育研究，2013(6)：11-16，23.

人才在社会发展中又发挥着中、青年达不到的效果。成熟是老年人的典型特征，尊老是社会传统文化，在社会发展的认同性整合中，老年人在其中起着举足轻重的关键作用。老年人有效的认同性整合，也有赖于老年教育。可见，老年教育能够推进社会可持续发展。而且，老年教育本身就是社会可持续发展的内涵和标志。①

（一）老年教育的内在目的

1982年，在维也纳召开的老年问题世界大会把老年教育纳入了老龄问题和人道主义范畴，提出教育目的是"维持和改善个人的生活质量，以适应生活急剧变化和科学技术不断革新的需要"②。大会报告指出，"与全世界越来越多的个人达到更高龄长寿的同时，世界正经历着科学技术革命，在大多数老年人的生活中，生活环境的性质和含义也都已改变了。现代社会中的老年人所处的窘境，可以被描述为知识的过时，而这又影响到社会的过时。这些变化表明，社会教育必须予以扩充，以及包括所谓终身教育这样的内容"③。大会通过的《维也纳老年问题国际行为计划》建议："扩大社会的教育结构以解决人们在整个生命期间对教育的需要问题"，"老年人应当和其他年龄组的人们一样，能够得到基本文化教育"。④基于以上论述，本书将老年教育的内在目的概括为使老年人"老有所学""老有所乐""老有所为"。

1. 使老年人"老有所学"

"老有所学"是老年教育的基本目的之一，强调老年教育应该让老年人能够获得个体所需要的、与时俱进的知识与技能。客观世界发展变化迅速，尤其是进入21世纪后世界日新月异，人们特别是老年人的思想认识往往落后于客观现实。要解决主客观之间的矛盾，使主观不断接近和符合客观，根本的途径就是学习。善于学习，这是人与动物的重大区别。老年人继续坚持学习，一是有助于跟上时代前进的步伐，提高思想境界修养，转变陈旧观念，保持良好心态；二是有助于了解世界变化和人间百态，在社会

---

① 叶忠海.老年教育若干基本理论问题 [J].现代远程教育研究，2013(6)：11-16，23.
② 保罗·朗格朗.终身教育引论 [M].周南照，等译.北京：中国对外翻译出版公司，1985：89-99.
③ 熊必俊，郑亚丽.老年学和老龄问题 [M].北京：科学文献出版社，1989：76.
④ 王荣纲，曹洪顺.老年心理与教育 [M].青岛：青岛海洋大学出版社，1994：196.

转型中提高辨别是非的能力；三是有助于增长知识，丰富生活，增进身心健康。①

2. 使老年人"老有所乐"

当下，随着全面小康社会的逐步实现，物质层面的需求逐渐得到满足但人们对精神世界的追求越来越高。害怕孤独、渴望亲情与沟通，是老年人精神需求的核心目标。离开工作岗位后，老年人面临着角色转变的不适，他们对受关注度、受认同度、融入社会等的心理需求会更加强烈。如果长期无法缓解这种心理落差，不仅影响老年人正常的家居生活，还可能引起他们免疫功能降低、器官机能减退、衰老过程加快等一系列不良后果。② 老年教育能够让老年人在学习中获取良好的人际关系，促进老年人社会角色的调适与转换，精神文化需求得以满足，从而使老年人生拥有快乐体验，成为与时俱进的现代健康老年人，晚年生活更有尊严，更加充实、快乐和美好。

3. 使老年人"老有所为"

"老有所为"是老年教育内在目的的最高定位，意味着老年人在获取知识、保持健康以及乐观心态的基础上能够有所作为。"老有所为"中包括达到退休年龄，以及再就业的离退休职工和其他形式的再就业活动后工作，而且还包括参与社会公益活动和社会志愿服务。③1996年我国颁布的《中华人民共和国老年人权益保障法》将"有所作为"作为老年人的基本权利写入法律法规，也将发挥"老有所为"的范围涵盖了整个社会，从而标志"老有所为"从高知老年人群需求已经成为整个老年群体的普遍性需求。《中国老龄事业发展"十一五"规划》首次明确提出要努力在全社会"老有所为"，这标志着我国在政策方面对"老有所为"所应取得新成效的探索。《老年教育发展规划（2016—2020年）》（国办发〔2016〕74号）积极提倡实施"老有所为行动计划"，强调"组织引导离退休老干部、老同志讲好中国故事、弘扬中国精神、传播中国好声音。积极搭建服务平台，建立由离退休干部、

---

① 罗金才，王信泰 . 终身学习益己利国——兼谈老有所学 [J]. 成人教育，2013，33(10)：122–123.

② 李若晶 . 老有所学·老有所乐·老有所为 [N]. 山西日报，2018-10-30(009).

③ 张鉴 . 老龄化社会低龄退休老年人实现"老有所为"对策研究 [D]. 天津：天津大学，2016.

专业技术人员及其他有所专长的老同志组成的老年教育兼职教师队伍。推动各类老年社会团体与大中小学校合作，发挥老年人在教育引导青少年继承优良传统、培育科学精神等方面的积极作用"。"老有所为"目标定位是符合老年人身心发展的实际规律，同时符合国家教育治理、社会治理的新要求。

（二）老年教育的外在目的

1. 开发人力资源，促进社会可持续发展

老年教育的外在目的之一是开发人力资源，促进社会可持续发展。美国社会活动家霍华德·麦克拉斯（H. Mackerras）在白宫举行的老龄问题会议上提出："教育是一项基本权利，它是持续进行的，而且今后将成为老年人获得丰富的和富有意义的生活途径之一，是帮助他们发挥其潜力，使之成为改善社会源泉的一种手段。"[1]《老年教育发展规划（2016—2020年）》强调要积极开发老年人力资源，并指出"用好老年人这一宝贵财富，充分发挥老年人的智力优势、经验优势、技能优势，为其参与经济社会活动搭建平台、提供教育支持。发挥老年人在传承中华优秀传统文化、引导全社会特别是青少年培育和践行社会主义核心价值观等方面的积极作用，彰显长者风范。鼓励老年人利用所学所长，在科学普及、环境保护、社区服务、治安维稳等方面积极服务社会、奉献社会"。通过老年教育活动的开展，提升老年人的能力，使老年人积极参与家庭活动、社会活动。一方面，使老年人在家庭中建立起协调的家庭关系，维护向好向上的社会风气和家庭关系；另一方面，积极参与到社会发展中，增加社会效益，促进社会可持续发展。

2. 推进终身教育，促进学习型社会建设

老年教育作为终身教育过程中的重要一环，推进终身教育的完善与发展自然而然成为其重要的价值定位。在助力终身教育发展的过程中，不能不谈及学习型社会建设。老年人参与学习是完善终身教育的过程，同时也是推进学习型社会建设的过程。学习型社会有两个明显标志：一是参与学习的普遍性，即教育面向每个社会成员，建立人人皆学之邦；二是学习者的终身性，即活到老，学到老，学习如同呼吸一样贯穿于每个社会成员的

---

[1]　熊必俊，郑亚丽. 老年学和老龄问题 [M]. 北京：科学文献出版社，1989：75.

生命始终。生存的最好空间是学习型社会，发展的最好模式是学习型组织，人人皆成为学习之人，处处皆成为学习之场所，事事皆能成为学习之内容，时时皆成为学习之机会。当今时代是一个大发展、大变革、大调整的时代，新事物、新情况、新创造、新发明层出不穷，知识和信息总量呈几何级数增长。面对这种新形势，对老年人来说，要使思想常新、理想永存，就必须重视对党的创新理论和时事政策的学习，还应根据晚年健康生活和自身知识结构的实际状况，坚持缺什么就补什么，提高生活质量需要什么就学什么，不断增强学习的针对性和实效性。[①] 广大老年人积极参加老年教育是学习型社会的一个重要标志。我国老年教育从创办到现在，经历了 30 多年的积极探索和实践，各地通过大力兴办各种类型的老年教育，使广大老年人融入社会、融入时代、融入群体，在科学、文明、健康的生活方式和学习环境中，提高了生活、生命质量，展现了当代老年人的人生价值和新的生命力。[②]

总之，对教育目的的理解是认识、探讨老年教育目的的前提，同时老年教育目的也具有特殊性，与普通学校教育的目的定向也各有侧重。教育的价值取向即个人本位论、社会本位论也适用于老年教育，但是本书中强调老年教育的目的兼顾两种教育价值取向，认为老年教育既要注重老年人个体的内在完善，也关注其对社会发展等外在事物的促进。"对内完善"即意味着老年教育的内在目的，立足于老年人本身，促进老年人自身的发展；"对外促进"即意味着老年教育的外在目的，着眼于社会事务，推动社会的持续发展。

回顾思考

1. 老年教育的含义是什么？
2. 老年教育学的含义是什么？
3. 老年教育的特征有哪些？
4. 为何要建立老年教育学？
5. 建立老年教育学的条件有哪些？

---

① 王清爽，等 . 中国老年教育学 [M]. 石家庄：河北人民出版社，2018：56-57.
② 王清爽，等 . 中国老年教育学 [M]. 石家庄：河北人民出版社，2018：56-57.

6. 如何理解老年教育学与教育学、成人教育学之间的关系?

7. 老年教育的基本特点有哪些?

8. 你认为老年教育除了这些基本特征之外,还有哪些特点? 请根据实际谈一谈。

9. 你认为个人本位论与社会本位论之争对于老年教育的发展有什么影响?

10. 你如何理解老年教育的内在与外在目的?

第二章
老年教育的发展历程

　　自 20 世纪 70 年代终身教育、学习型社会理念被提出以来，越来越多的国家将其作为教育的发展目标。随着老年教育实践活动在西方国家的兴起，老年教育逐渐成为终身教育的重要实践内容。国外老年教育最初兴起于医学领域，用来对老年护理中的教育与干预进行研究，进而拓展至专门的教育领域，对老年教育的观念、学习需求、数字化学习等具体问题进行探讨。我国老年教育在 80 年代也逐渐发展起来，在 40 多年的发展进程中，呈现出明显的阶段性变化。本章就国内外老年教育的发展演变进行研究，从而了解、掌握国内外老年教育的发展趋势与变化。

第一节　国外老年教育的发展演变

19 世纪上半叶以前，各个国家 60 岁及以上的老年人人口都保持在人口总数的 10% 以下。[①] 这一状态在 19 世纪 50—60 年代被打破，随着生育率的下降和老年人更加长寿，法国、瑞典人口老化日渐严重。一战后，德国、英国也开始步入老龄化社会的行列。二战后，全球老龄型国家越来越多，有 50 多个国家和地区成为老龄型国家（地区）。按现有人口年龄结构测算，到 21 世纪中叶，整个世界将成为老龄型世界。在此社会背景下，老年教育应运而生，逐渐成为许多国家备受关注的话题。[②]

一、国外老年教育的发展演变

（一）英国老年教育的发展演变

1. 起　源

1930 年，英国成为最早进入老龄化的国家之一，这也促使其成为世界老年教育发展的"领头雁"。英国教育资源来源于地方教育系统、高等教育系统、志愿团体组织系统和当局政府系统。在高等教育系统和地方教育系统中，老年人的角色是以普通成人的身份，与其他年龄段的成人接受教育；而志愿团体组织则是具有针对性的，其主要承担的职能是以第三年龄大学的办学形式为主而开展特殊的老年教育。英国社会学者彼得·拉斯里特（P. Laslett）提出了"第三年龄理论"。该理论认为，人生的第一年龄是通过接受教育而不断社会化的阶段；第二年龄是成家立业、生儿育女和赡养老人的阶段；第三年龄是指人生积累了丰富阅历，发挥潜能，实现自身价值的阶段。该理论肯定了老年人的地位和作用激发了其参与社会的积极性，从而改变人们对老年人的偏见。第三年龄理论推动了世界第一所第三年龄老年大学的诞

---

① 天津经济课题组，虞冬青，田生，等．老龄化社会的机遇与挑战 [J]．天津经济，2013(2)：27-34．

② 岳瑛．外国老年教育发展现状及趋势 [J]．外国教育研究，2003(10)：61-64．

生和第三年龄大学国际协会的成立。①

2. 发　展

人口老龄化现象是包括英国在内的所有发达国家共同面临的问题。根据"经济合作及发展组织"（OECD）的统计，年逾 65 岁老年人口所占比率将有急剧增加的趋势，1980 年至 2025 年间，老年人口的增加率将高达 50%，即由原来的 11.5% 增至 18%。② 老龄化问题的加剧客观上影响了英国老年教育的发展，英国老年教育也走上了正轨。

（1）20 世纪 80 年代前：以"文雅"教育为主的成人教育

在英国早期所谓的成人教育，是指在强制义务教育之外，为成人提供非职业性课程，旨在将成年人教育为有教养的公民。这种教育内容界定在"文雅"教育的范畴，直到 1973 年，英国的成人教育课程才开始侧重职业技术培训。③ 在 1980 年以前，几乎没有专门以老年人为对象的学校，也没有适合老年人学习的课程。

（2）20 世纪 80 年代—21 世纪初：英国老年教育逐渐走上正轨

1982 年，联合国召开第一次老龄问题世界大会④，日趋明显的人口结构老龄化，对老年人施以相应的教育在英国逐渐成为重要议题。政府关心老年人的教育问题，部分原因是基于政治选票的考虑。现在的老年人比以往的老年人更健康，更具活力；受教育程度也有明显的提高，且经济上较为富裕；具有参与社会活动的意愿，也懂得安排自己的退休生活。因此，与欧洲其他工业化国家相同，英国的老年教育重点并非职业技能等知识的传授，而是帮助老年人寻找自身的社会价值。

在这一阶段，英国老年教育不仅局限于对老年人进行基本知识的灌输，也强调发挥或传递老年人本身的知识和经验，以及向他们提供相关资讯，包括老年人开展活动时所需了解的事物或程序、可用的资源、应注意的事项。因此，这种教育活动是老年人在退休后对角色、地位的重新确定，旨在提

① 李学书.中外老年教育发展和研究的反思与借鉴 [J]. 比较教育研究，2014，36(11)：54-59，68.

② 岳瑛.英国的老年教育概况 [J]. 中国老年学杂志，2009，29(15)：1993-1995.

③ 朱敏，高志敏.终身教育、终身学习与学习型社会的全球发展回溯与未来思考 [J]. 开放教育研究，2014，20(1)：50-66.

④ 董香君.国际老年教育：演进逻辑、演进特征与价值向度——基于联合国老年教育文本的审视 [J]. 现代远距离教育，2020(1)：3-10.

升老年人的自信及自尊心。除此之外，英国的老年教育方案，并非统一的
或全国性的计划，而是通常以配合地区居民的需要为主，并据此进行活动
内容的设计。这些教育活动方案大多以鼓励老年人主动参与为原则，从而
提升老年人参与的兴趣及意愿。

在经费方面，对于文化层次不高或经济条件较差的居民，一般是以政
府资助为主；在富裕地区，则以民间团体募集部分款项为主。这种由政府
与民间团体共同合作的方式，更能够使地方资源得到有效运用。

英国的老年教育属于成人教育范畴，针对老年群体的教育内容广泛，
包括退休前的准备和退休后生活的调适。同时，为了缩短老年人与年轻人
之间的距离，相关部门也开展系列的代际活动，这种做法可以增进两代之
间的了解与容忍，也使老年人不至于产生被社会隔离的孤单落寞感。

（3）1992 年至今：老年教育走向专业化和特色化

从 20 世纪 90 年代开始，英国各种老年教育机构的职能划分逐渐明确，
向老年人提供的教育包含普通成人教育和老年教育两大类。普通成人教育
是指不分年龄向所有成年人提供的教育；老年人作为成人的一部分，也可
以像普通成人一样参与相关学习活动。而老年教育则有年龄限制，是专门
针对老年人实施的教育。这两种教育由四类教育机构提供：高等教育机构、
继续教育机构、地方当局培训机构和志愿团体举办的教育机构。

英国高等教育主要通过传统大学的全日制教学提供服务，以年轻人为
主要对象，课程设置并不适合老年人特殊的学习需要，因此，就读高等教
育机构的老年人很少。据 1996 年 7 月的统计，50 岁及以上的学生只占高等
教育学生的 4.55%（占所有全日制学生的 0.5%，业余制学生的 12.6%）[1]，
仅占总人数的 0.28%。虽然老年人就读高等教育的人数很少，但传统大学也
都以各种方式支持老年教育，包括：提供校外成人教育，供老年学员长期
或短期就读；让老年学员以非注册学生身份旁听课程；从英国高等教育基
金会取得拨款，开办以老年人为对象的非学历继续教育机构；为本地区第
三年龄大学提供支持，如教师、场地等。

英国的继续教育系统既庞大又复杂，吸引了众多的成年学习者。不过，
从 1992 年起，继续教育机构便将其发展的重点集中在了由继续教育拨款委

---

[1]　宋其辉 . 英国老年教育研究 [J]. 比较教育研究，2008(5)：82–85.

员会拨款的课程上。① 这些课程多以职业训练为主，在职成人对其欢迎程度远远大于老年人。由于继续教育委员会的拨款机制并不鼓励学院开办非职业培训性质的成人课程，因此，继续教育机构提供的进修课程对老年学员没有多少吸引力，他们的就读率亦保持在较低水平。1996—1997 年，在继续教育拨款委员会资助的学生中，年龄超过 60 岁的只占 3%。②

在英国，地方当局在维持和提升老年人生活品质方面，扮演着多重角色。除社会服务、房屋和交通等诸多方面，教育也是社区支持老年人的一个极其重要的手段。一般来说，地方教育局会通过以下途径来履行其提供成人教育的责任：直接开办课程；外包课程给进修学院或社区学校；以上两种方式的混合。地方教育局提供的课程吸引了大量的老年人就读，据英国教育就业部数据，1997—1998 年，就读地方教育局提供课程的人数为 106 万，其中老年人约占三分之二。

志愿团体包括了各种正规或非正规的活动组织，其中一部分是大型的全国性组织，另一部分则是专注地区的小规模组织。不同的志愿团体均提供教育和培训课程。在提供老年教育方面，最具代表性的志愿团体是以老年学员为服务对象而建立的第三年龄大学。目前，全英国有 450 多所地区第三年龄大学，学员人数超过 10 万。这些地区第三年龄大学具有以下特点：第三年龄大学的课程为非正规的自主学习，不能衔接正规课程；每所第三年龄大学的课程种类和数量均有不同，视该所大学的规模和学员的学习动机而定；第三年龄大学无任何学历要求，也不颁发任何学历证书；第三年龄大学是自主组织，每项学习活动均根据学员的喜好来计划和进行。学员可决定学习活动的性质（例如课程、工作坊、小组探讨）及有关的安排（例如主题、题目、导师及地点）来选择相应的课程；每个地区第三年龄大学的行政和研习小组活动完全由义工负责。

每所第三年龄大学都有自己的学习小组体系。根据学员的意愿或新学员的加入情况，每个学期都会组织学习小组，讨论新的学习和活动内容。每个月都会举行一次例会，邀请一些客人举行各种类型的演讲，通过发行新闻简报保持学员之间的沟通和联系，使他们及时获得活动信息。老年人

---

① 岳瑛. 英国的老年教育概况 [J]. 中国老年学杂志，2009，29(15)：1993-1995.
② 岳瑛. 英国的老年教育概况 [J]. 中国老年学杂志，2009，29(15)：1993-1995.

还可以通过网络大学接受老年教育、参与老年活动。学员既可以是学习者，同时也可以是教授者，学员与教授者之间没有明确的教师与学员的角色界限。学习小组的人数控制上以能在其中某一个学员家中开展学习活动为限。

（二）美国老年教育的发展演变

美国是最早进行老年教育实践的国家，在 20 世纪 50 年代，美国就将老年教育实践内容列入社区教育范围内。此后，佛罗里达州开设了第一门老年人课程，芝加哥大学和密歇根大学也相继开设了适合老年人的课程。自此，老年教育在美国得以发展，相应的老年教育理论也日趋完善。1961年白宫老龄大会的成功召开直接推动了《社会保障法修正案》（1961）、《老年人住房法案》（1962）、《社区卫生服务和设施法》（1961）、《老年医疗看护制度》（1964）、《老年医疗补助制度》以及《美国老年人法》等多项涉及老年人法律的出台。[①]1971 年，美国召开了第二届白宫老龄大会，为当时老龄事业的发展提出了诸多建议，这对社区学院明确老年教育办学目的具有重要意义。1976 年，《教育老年学》（*Educational Gerontology*）杂志创刊，标志着老年教育学学科的初步形成。

1. 起 源

美国老年教育随着美国经济社会不断发展而得以发展，主要源于老年人个体对学习的迫切需求。两次世界大战后，美国出现了两次生育高峰，尤其是第二次世界大战后的 1946—1966 年，美国有 7000 多万新生人口，美国老年人口也迅速增加。早在 20 世纪 40—50 年代，美国高等教育已实现大众化，接受高等教育的适龄青年人口比率在 40% 以上；20 世纪 90 年代，这一比率已达到 80% 以上。由于老年人素质较高，他们到了晚年并不满足于一般的休闲和娱乐，而要求获取新的知识，退休后仍希望能够重返工作岗位，从事力所能及的工作，发挥余热。这些都促进美国政府、教育机构和民间组织积极发展老年教育。[②]

2. 发 展

（1）20 世纪 50 年代：美国老年教育的萌生

20 世纪五六十年代是战后美国社会发展的"黄金时代"。随着第三次

---

① 罗志强. 二十世纪六七十年代美国社区学院老年教育研究 [J]. 当代继续教育，2019，37(1)：36—41.

② 杨德广. 美国老年教育的发展及启示 [J]. 世界教育信息，2017，30(4)：34—38.

科技革命的兴起，美国社会进入新的技术革命时期。社会经济发展越来越依赖于科学技术知识，并且与生产劳动的结合也日益紧密。由于科学技术革命造成的技术与产品的淘汰速度越来越快，教育也越来越靠智力开发和智力投资。小斯蒂尔·古尔（S. Gul Jr）等在《经济的社会和政治的力量》一书中这样描述："由于学校不仅是给民众提供普通教育的机关，而且它还是选择人才，甚至是通过授予学位在现代社会里具有非同小可的意义而给予人们较高的社会地位的机关，所以，学校发现自己在美国社会结构中居于举足轻重的地位。"[①]因此，教育成为发展经济和培养人才的重要因素。

20世纪50年代，美国教育都是围绕人力资本理论展开研究。人力资本理论的代表人物西奥多·舒尔茨（Th. W. Schultz）认为，人力资本主要包括智力投资——正规和非正规的教育，以及健康投资。智力投资主要是提高就业人口的科学文化水平，健康投资是提供人口的健康素质。但是在该时期，社会对老年人充满了歧视，对老年教育采取抗拒的态度。因为工业社会的主流价值是"成长""改变"和"进步"，但老年人却是"停滞""有限"和"终结"的代表，这使得老年人在社会上处于劣势地位，导致老年人受到社会排挤，而逐渐边缘化，还得不到公平的社会对待和公正的发展机会。然而，老年人拥有学习参与的权利，也有发展、完善自身的渴求，因此他们对教育的需求与日俱增，使得老年教育在逆境中能够逐渐得以发展。

这一时期，政府机构否认老年人有其学习的需求，不愿意承担组织老年教育活动的责任。因此，极少数的老年教育活动都是由一些非政府组织、私人的基金会、宗教团体以及各种慈善机构来承办。

（2）20世纪60年代：缓慢发展阶段

美国老龄化的出现与美国进入后工业化阶段的时间几乎同步。在工业社会，老年人退出劳动力大军，他们对社会生产发展的贡献逐步减小，在后工业化社会中，老年人在国民生产进程中扮演着消费者的角色。"如果发给老年人口的社会保险形式是以退休收入出现，他们便会成为很稳定的消费者，因而不断地刺激经济发展。"因此，在后工业化社会中，老年人口发挥着一种崭新的经济功能。即使退休的老年人不再积极参与经济生产活动，但是他们在平衡经济生产和消费方面充当了消费者的基本角色。在

---

① 陆有铨，躁动的百年 [M]. 济南：山东教育出版社，1997：96.

政策方面，自罗斯福"新政"以来，美国联邦政府的权限不断扩大，它不只在经济领域进行干预，而且在社会、教育、医疗和环境等领域大举介入，推行所谓的"福利国家"纲领，试图以此来解决社会中存在的贫穷、失业、种族、家庭等一系列问题。老年人作为弱势群体，是国家需要帮助的对象。因此，开展老年教育是"福利国家"的待遇之一。美国立法部门制定了针对老年人的法案，例如1965年的《医疗保险方案》，1965年制定的《医疗补助方案》和1965年的《美国老年人法》，尤其是《美国老年人法》，标志着美国老年教育的第一次大发展。

在国家福利方面，美国政府启动许多老年项目，给予老年人以税收和价格补贴等优惠。联邦政府规定，只要老年人达到政府规定的年龄，就可以享受到相应的服务，而这并不依据老年人是否有"需要"。例如《美国老年人法》就是基于以年龄为标准的联邦补助金项目。受国家福利政策的影响，人们认为政府各个部门和各种专业人员，如护士、社会工作者或者物理治疗师等，应该给老年人提供各种各样的服务，例如营养、娱乐、保健和家事协助等。为了完成教育计划项目，需要训练专门人员；制订新的计划或扩大原有的计划，包括建立新的或扩大现有的老年中心，为老年人提供娱乐，闲暇活动的场所应提供信息、健康和福利、咨询以及转介服务，并协助老年人从事社区志愿工作或公民服务；所划拨的款项除小规模扩建和修缮外，不得用于建筑费用；建立多用途的老年中心，作为发展和进行社会与营养服务的集中场所；有计划地设置美国老年人营养中心和社团服务职业。1975年，美国差不多有18000个这样的中心，其中仅有17%是在《美国老年人法》通过之前建立的。因此，该法案推进了全国各地老年中心的建立。[①]

（3）20世纪70年代：调整优化阶段

1971年，美国白宫老年会议激发了社会对老年教育重要性的认知。会议提出，对于所有年龄组的一切人来说，教育是一项基本权利；它是持续进行的，而且今后将成为老年人获得丰富的和富有意义的生活的途径之一；是帮助他们发挥潜力，并将潜力用于改善社会的一种手段。白宫老年会议强调，个体潜能的发展与年龄无关，教育对人所起的作用是积极的，包括对老年人同样如此。此次会议对老年教育的发展产生了相当大的影响。

---

① 张一晓. 美国老年教育之演进 [D]. 西安：陕西师范大学，2009.

在白宫老年会议之前，与老年人的相关会议与立法都是关注如何帮助老年人处理基本事务和他们对医疗的需要，公共政策没有注重老年人继续进步的需求，且不认为老年人能继续为社会做出贡献，因此，对老年人的研究更多关注在福利层面上。美国老年教育也是社会服务性质的，老年人被动接受教育。1971 年之后的研究强调帮助老年人完成自我价值的实现，继续做对社会有帮助的事情。因此，学者开始关注老年人自身教育发展，着重对老年人进行潜力的开发。会议鼓励私人和公共机构建立和扩大教育项目，让老年人为退休后做好准备。可以看出，白宫老年会议提出的政策为老年教育机构的设立与发展铺平了道路，并且提供了老年教育的政策依据，对老年教育的发展有着重大的意义。此后，各大学、学术团体或老人中心等各个组织也陆续通过研究会、教育培训或出版老年教育刊物等多种途径，宣传老年教育理念，促进学术研究活动的进一步开展。

这一时期的美国老年教育在正规学校教育以及非正规教育中都有了很大的发展。首先，是社区学院为老年人提供教育。20 世纪 70 年代初，美国老龄委员会授权给美国初级学院及社区学院联合会，并提供两年的经费补助，使得公立社区学院拥有足够的经费来提高老年教育质量。美国初级学院及社区学院联合会的研究包括调查当前老年教育的活动、指导会议、讨论会和文件的出版以帮助社区学院老年教育项目的组织者了解老年人的需求，以及帮助他们改进老年人教育方法。因此，在 70 年代中期，社区学院和初级学院的老年教育项目都有很大的发展。

其次，是大学对老年人开放。美国的社区学院可以给传统学生提供两年正式的、相当于大学等级的内容，学生以此通过转学进入大学就读。1970 年，美国社区学院学生数大幅度增长，由最初的 50 多万，增长至 200 多万，相对来说传统大学生就会减少。传统大学生的减少对大学最直接的影响就是收入减少，尤其对私立学校的冲击更大。大学为了生存，不得不开始招收非传统学生（年龄在 24 岁及以上），这部分学生中老年人占比很少。这是因为大部分老年人的收入除了维系正常的生活开销之外，没有能力承担高等教育的费用。1972 年，美国联邦政府颁布《美国老年高等教育法》，提出为老年人"减少或免除学费政策"，州政府要求一些国立高等教育机构允许老年人参加大学课程的学习，且减免学费，当然前提通常是传统学生入学率没有达到大学预定入学率时，将产生的差额入学率提供给老年人。

在该法案中，地方高等教育机构协助美国政府完成特定的工作，即帮助联邦政府承担一部分老年教育费用。到了 1993 年，美国除了 11 个州（其中 6 个州的个别机构）实行免学费政策，其余州都实行了"减少或免除学费政策"。①

最后，老年寄宿教育也发展起来。老年寄宿所是寄宿教育的典型代表，它成立于 1975 年，当年参与老年人就达到 220 人，以后每年都有超过 300000 的登记人数，在以后的 20 年里翻了 1400 倍。在这些参与者中，235000 人参加国内项目，65000 人参加国外项目。截至 1997 年，美国有 1500 个学院、大学和学习机构参与老年寄宿所。②学院和大学在全国范围内都会给老年人提供寄宿教育、对一周课程进行讨论或者组织一系列的娱乐活动。这些项目在 20 世纪 70 年代发展很快，吸引了数千老年人的参与。例如，包括著名的斯坦福大学和爱阿华大学、弗吉尼亚大学在内多所公立、私立学校拟定出一份史无前例的计划，准备在学校内和学校附近成立一批"寄宿学校"，供老年人居住，方便老年人的学习。斯坦福大学首先拨款建设了拥有套房的"寄宿学校"，申请"寄宿"的老年人已逾千人。这样的寄宿教育对老年人、学校和社会都是有利之事，老年人可以更加方便地学习、讨论。

（4）20 世纪 80 年代至 21 世纪初：日趋成熟阶段

美国终身教育的思想由来已久，并为老年教育发展提供了理论基础。终身教育认为，学习在时间上是持续人一生的活动，学习将从胎儿时期开始，伴随人的一生，直至个体走向坟墓的全过程，老年教育是终身教育的构成部分。该思想从殖民地时期就奠定了良好的基础，只是当时的对象是针对一般成人。例如，1901 年社区学院的产生，成为美国成人学习最重要的机构之一；1965 年，第一个退休人员学习协会成立，老年教育已经开始发展起来；到 1975 年，老人寄宿所成立时，社会已经累积了相当丰富的终身教育的经验。随着 1976 年美国联邦政府颁布《终身教育法》，终身教育就迅速蔓延起来，最初的政策制定者、教育家和老年人都不清楚终身教育到底对老年人意味着什么，人们只是认识到终身教育给所有人都提供了学习机会，但因联邦

---

① 张一晓. 美国老年教育之演进 [D]. 西安：陕西师范大学，2009.
② 张一晓. 美国老年教育之演进 [D]. 西安：陕西师范大学，2009.

政府缺少具体政策和行动，所以终身教育没有对老年教育产生多大的影响。随着老年教育的发展，社会各界逐渐发现，终身教育的理论其实给老年人提供了一个目标和结构，使他们能保持足够的能量去生产、学习和创造。要达到这一目标就要给予老年人所需要的帮助，让他们持续地接受新思想、新知识和新的行为方式，以维持生存和圆满生活的需要，保持肉体和精神的功能健全，确保老年人重新获得高度的自我价值。

1981年的白宫老龄会议强调，"老年人要自立自强；社会的各个部分应该发挥自己的能力解决问题，而不要遇到问题就期望通过政府帮助和资金援助来解决"，实际上就是强调老年教育项目的发展会提高老年人解决相关问题的能力，鼓励老年人继续参与劳动而不是早早退休。人们开始相信，到了退休年龄的老年人继续参与劳动可以帮助老年人提升自我价值并且继续为社会服务；强调人的潜能的发展是终身的事情，而教育在其中发挥着重要作用。教育提供老年人新观念、新经验、新技能，使老年人认识到"老"并不是病，不是生命的结束，而是另一段生命旅程的开始，让他们更有信心地面对社会。1995年的美国白宫老龄会议强化了美国老年人的独立性，希望老年人运用其智慧、经验以及技能，将老年人视为重要的资源，重视各世代间的相互照顾。老年教育应从促进人的全面发展的终身教育目标出发，从学习新的科学文化知识和各种新的职业技能，到学习社会的伦理道德规范、发展学习者的身体和心理健康；从学习如何建立良好的人际和社群关系，到学习各种艺术和在生活中体现的文化；从学习如何对待工作和生活，到学习如何面对困境和死亡等等。

事实上，终身教育使人们认识到终身学习确实对于个体的持续成长与发展有着重要的影响。老年人的确可以持续地学习，且不只限定于学校内的课堂而已，多元且具有弹性的老年教育机构得以不断涌现。美国老年教育体系涵盖正式教育、非正式教育和非正规教育，并全面整合教育资源，将家庭、社会和学校教育统一起来。许多美国社会机构和组织，如教会、图书馆、小区中心、大学等，纷纷开展各种各样的老年教育活动。到1990年，美国联邦政府取消了用以监督和支持老年教育活动的中心系统，各地机构及社区根据他们自己的喜好和当地老年人的需求而建立老年教育机构，设置相应的项目。联邦政府雇员和社区组织为老年人提供教育机会，帮助老年人在社会中扮演相应的角色，老年人参与教育的热情愈发高涨，实施老年教育的机构也趋于多样化。

20世纪80年代之前的社区学院被动提供老年教育，而80年代之后，社区学院开始主动开放并且倡导人性化的老年教育。很多老年教育项目都是在成人教育机构、社区服务组织之下展开的，部分学院允许60岁及以上的老年人免费听课，近二分之一的社区学院都有为老年人专门设置的课程，近四分之三的学院都有为老年人提供的非学分课程学分。许多社区学院为了吸引老年入学都采取一些特殊的策略，例如减免学费、专门为老年人设计课程、提供学习帮助等。随着老年人对教育需求的持续增长，社区学院会通过继续开发新的教育项目来满足老年人的需求。

终身教育提倡自我导向性学习，在自我导向学习中，学习不再是成员外部施加的产物，而是学习者自主选择的活动。学习者在学习的过程中逐渐养成良好的学习态度、学习动机和方法，要能够根据自己的兴趣和发展可能性设定学习目标、学习策略，安排学习活动甚至自己进行学习评估。老年教育不仅强调自我导向学习，同时也强调以教学为主的学习。老年人可以依据自己的特点、兴趣以及具体的环境来确定学习目标，选择机构与项目，还可以同时学习艺术、音乐等不同主题的课程。

（三）日本老年教育的发展

1. 起　源

日本的老年教育经历了半个多世纪的发展历程，早期的老年教育主要是由各类民间组织创立和提供，通过开设各类学校和课程为老年人提供各种学习和娱乐的机会。进入20世纪70年代，面对严峻的老龄化趋势，日本政府把老年教育作为应对老龄社会的重要手段，以终身教育理念为指导，开始介入和主导老年教育，实施主体呈现多元化的特征。教育行政部门、政府福利部门、高等教育机构、各类民间组织都通过各种形式参与老年教育，满足了老年人多层次、多样化的学习需求。在教育政策方面，从战后到现在，日本政府都非常尊重和保护高龄者的受教育权利，制定了各种政策保障老年教育的进行。

2. 发　展

从时间上看，日本的老年教育的相关政策、法律的发展经历了以下四个阶段。

（1）二战后到 1965 年：以福祉教育为主

二战后，日本老年人丧失以前的权威和地位，在家庭和社会中受排斥的现象日渐严重。为了救济弱势老人，帮助高龄体弱者，日本政府制定了一系列针对高龄者的福祉政策，高龄者教育是其福祉政策中重要的一部分。1951 年，中央社会福祉协议会组建"老年俱乐部"，这是以娱乐、学习、运动、做义工等活动为主要内容的高龄者自主活动组织。1955 年，厚生省通过了"社会保障五年规划"，提出了"老年人年金制度"，用来支持老年俱乐部的发展。紧接着出台的《老年俱乐部助成事业纲要》明确规定国家、都道府县和市町村要对老年俱乐部发展提供财政补助。该规定促进了老年俱乐部在全国的快速推广。1963 年，日本政府制定了《老人福祉法》，该法保障老年人参与工作的权利，旨在为老年人创造更多的就业机会，并对地方政府在保障老年福祉的权利和职责等方面做出明确规定。在《老人福祉法》指导下，厚生省成立了老年事业专门管理机构——老人福祉课。[①]

（2）1965—1980 年：老年教育机构快速发展

1965 年后，老年人平均寿命延长，劳动时间减少，使得老年人对教育的需求不断提高。这一时期，文部省作为推动老年教育的主力，发布了一系列政策，侧重于用教育的手段满足老年人学习需求，帮助他们幸福地生活。

1965 年，文部省开始推动老年教育，在各市町村设置"高龄者教室"。高龄者教室以 60 岁及以上的高龄者为对象，开展了一系列讲座，学习的形式和内容十分多样。1970 年，文部省提出"社会教育应对之道"。第二年召开的日本社会教育审议会上通过报告《关于社会结构巨变下社会教育的存在方式》。该报告指出，面对人口结构、家庭生活等方面的巨变，今后的社会教育必须从生涯教育的理念出发重新构建。该报告首次将高龄者的学习定义为社会教育事业的一环。1971—1972 年，文部省委托市町村围绕高龄者学习活动的政策方案进行了实证研究，考察了高龄者学习活动的各种形式，提出了针对老年教育工作的改进意见，并依照调查的结果从 1973 年开始在市町村设立了"高龄者教室"。1972 年，文部省在全国选取了两所高龄者的模范学校，并于 1973 年制作完成纪录电影《改变老年生活——某高龄者的记录》，无偿发送到各都道府县的教育委员会。1973 年，开始为"高

---

① 齐伟钧，马丽华. 海外老年教育 [M]. 上海：同济大学出版社，2014：79-94.

龄者教室"提供国库补助。1978 年，鼓励各地区推展"高龄者人才活用事业"编列专款预算。

这一时期，日本逐渐用"高龄者"这一称谓来代替"老年人"。老年人有陈旧、无法适应社会巨变的意味，而高龄者则较为中性，这一称谓的转变体现了对高龄者的尊重和教育理念的革新。同时，成立了旨在帮助老年通过就业，实现自身价值的"高龄者事业团""银发人才中心"等机构。

（3）1980—1990 年：法律体系不断完善

1980 年后，联合国教科文组织大力提倡终身教育，受此影响，日本政府开始以终身教育的思想来指导教育改革，作为终身教育体系的重要组成部分，老年教育被纳入教育改革之中。

1981 年，中央教育审议会咨询报告首次提出"终身教育"的概念，认为终身教育以每个国民度过充实人生为目标。1984 年，在临时教育审议会提出的 4 次咨询报告中，涉及老年教育的主要内容有：①尊重个人尊严和个性；②因生活方式的变化，要求考虑闲暇生活、文化、体育、职业能力开发、继续教育等多种多样的学习和教育；③日本已步入长寿化社会；④吸纳联合国教科文组织"学习权宣言的理念"。

1988 年，文部省废除"社会教育局"，改设"终身教育局"，增设"终身学习振兴课"。1989 年创办了"长寿学园"，定位为培养社区的领导者，在学园中实行了学分互认制度，自此，课程和教学的质量和水平大大提升。1990 年，日本颁布了《终身学习振兴法》，标志着终身学习成为日本政府的一项基本国策。其中涉及的老年教育内容有：在国家层面设置"长寿社会开发中心"，促进高等教育机构的开放，建设光明长寿社会的推进机构等。

（4）1990 年至今：日本老龄化教育全面兴起

20 世纪 90 年代后，日本进入"超老龄化社会"。1995 年，政府通过了《高龄社会对策基本法》。该法作为日本高龄社会政策措施的法律基础，意义深远。1996 年制定颁布《高龄社会对策大纲》，每五年修订一次。在2012 年的大纲修订版中，提出重新认识"高龄者"，"高龄者"有根据自己意愿发挥自己作用的权利和要求，在此之前，"高龄者"往往被认为是需要帮助的人。大纲还提出了促进高龄者参与社会活动、促进老年人与青年一代的交流、推动学校在内的教育机构以及民间组织等社会团体之间的合作等。2000 年，日本政府重新制定《今后五年的高龄者保健福利政策方向》，又称"黄金计划21",主要内容包括:重建高龄者形象;建设维护高龄者尊严的社会;构建互助的地区社会;对高龄者自立行为提供资助等。

进入21世纪,以"融合时代"为背景,日本文部省提倡学校教育与社会教育互相融合,开展学校与社会密切合作,共同实施教育学习活动,"学校开放"逐渐成为老年教育的重要形式。

二、小 结

世界各国的老年教育模式因政治、经济、文化、社会的不同而形式多样,本节通过梳理英国、美国、日本等国家老年教育的发展历程,我们发现,国外老年教育是多元主体运营模式,构建了由政府主导与多方参与相结合的体系。政府在宏观层面健全和完善老年教育的法律、法规,明确老年教育的实施主体、组织运行、经费保障等问题,比如日本的《终身教育振兴法》《社会教育法》。除此之外,政府还提供教育养老政策与总体方向上的支持与引导,赋予教育运营机构足够的自主权。如英国自治自助型模式培养了老年人主动参与教育的意识。欧美国家的高校、志愿者团体、老年中心、退休者协会等诸多民间组织参与养老教育并成为主要力量。在老年教育经费投入方面,通过拓展资金来源渠道,鼓励民间资本与企业投资、社会捐赠、当地政府少量资助、个人支持等多种形式并举,为老年教育不断注入新鲜活力。

第二节　国内老年教育的发展演变

按照老年人和社会发展的需要，有目的、有组织为所属社会承认的老年人所提供的非传统的、具有老年特色的终身教育活动[①]，具有完善老年人的自由、自主、自我的终生发展属性。我国是世界上老年人口最多的国家，也是世界上较早进入老龄化社会的发展中国家之一，从古代起我国就有"活到老，学到老"的优良传统，许多文人学家都推崇和鼓励晚年勤学。

老年人的需求是老年教育发展的前提。一方面，改革开放以来，中国社会发生了翻天覆地的变化，一些国外的先进教育理论传入国内，如终身教育思想、成人教育理念等，为老年教育的建立奠定了坚实的理论基础。另一方面，随着物质条件的改善和充裕，精神生活成为老年人更高层次的追求目标，老年教育是满足老年人精神生活的最佳方式之一。在老年大学出现之初，就得了中央与地方的支持，国家把"老有所学，老有所乐，老有所医，老有所为，老有所养"列入我国老龄工作方针中，在老年教育的经费、师资等方面，国家积极出谋划策，保障老年教育的正常开办与发展。从20世纪70年代末以来，我国的老年教育大概经历了初创期、推广期、发展期、繁盛期四个阶段。

一、我国老年教育的发展历程

基于我国老年教育实践动态（如第一所老年大学的建立），结合《中国老龄工作七年发展纲要（1994—2000）》《中华人民共和国老年人权益保障法》以及《老年教育发展规划（2016—2020年）》等重要政策文件，可将我国老年教育的发展历程分为：初创期、推广期、发展期、繁盛期四个阶段。

[①]　叶忠海. 老年教育若干基本理论问题 [J]. 现代远程教育研究，2013，4(6)：11-16，23.

（一）老年教育开展的初创期（20世纪70年代末80年代初至1995年）

我国干部制度改革是老年教育兴起的直接原因。1982年，国家颁布《关于建立老干部退休制度的决定》，我国开始实行干部制度改革，废除了职务终身制，全面实行按年龄强制离退休制度。离退休政策导致短时间内大量老年人从原有的工作岗位退出，为了充实退休老干部的晚年生活，推动老干部的角色转变与适应，老年大学应运而生。1983年我国第一所老年大学"山东红十字会大学"成立，国家对老年大学这一新生事物给予了充分肯定。之后，在长沙、哈尔滨、贵阳、南京、北京、广州等许多城市，一批离退休人士相继创办了老年大学，并得到了各级党委、政府及社会各界的扶持和支援。在初创期，老年大学的基本特点为以老干部为中心、教育规模较小。多数老年大学虽处于无固定校舍、无经费、无编制人员的"三无"状态，对老年教育的发展目标、组织运行等内容也没有系统、完整的规定，但发展规模迅速。联合国教科文组织与原中国国家教委、中国老年大学协会于1989年11月在武汉联合举办的"老年教育国际研讨会"上通过了《武汉宣言》。《武汉宣言》指出："老年人是知识、技能、经验和智慧的宝库，各国政府组织和非政府组织充分认识这一点并做出承诺，社区生活将因老年人的参与而丰富起来，社会的发展、文化和普及识字都将因此而受益。"此后，北京和武汉先后举行了第三年龄学习国际研究会（TALIS）的国际研讨会，与会代表还参观了中国京、鄂两地的老年大学，会议交流的办学经验迅速传播到全国各地。老年教育组织纷纷举办老年教育的展览、观摩、评比、经验交流等活动，推动了老年教育广泛深入的发展。[①]1994年12月，由原国家计委、民政部、劳动部等中央国家机关十个部委联合制定的《中国老龄工作七年发展纲要（1994—2000）》，提出了在全国开展老年教育的预定目标，强调"老年大学、老年学校是老年教育的重要形式……要进一步巩固和提高"。1995年3月颁布的《中华人民共和国教育法》中第十一条规定"完善现代国民教育体系，健全终身教育体系，提高教育现代化水平"，在中央国家机关多部委制定的发展纲要及教育法中，强调老年教育的重要性，为老年教育的发展做了政策上的准备。据不完全统计，到1995年，我

---

① 董之鹰. 试析我国改革开放以来老年教育的发展历程 [J]. 社会科学管理与评论，2009(1)：77-82.

国的老年学校已经发展到 6000 多所，在校学员达到 50 万人。

从理论研究来看，涌现出一批学术研究成果，如熊必俊编著的《老年学和老龄问题》（1990）、中国老年学学会编著的《迎接人口老龄化的挑战》（1991）等，进一步推动了老年教育理论的发展，老年教育学开始萌芽。

可见，我国老年教育发展的初始阶段，是民间自发的、以老干部为中心的、还未成规模的老年教育阶段。其中，离退休的领导干部对推动我国的老年教育起到了重要作用。除老干部大学外，在政府的推动下如雨后春笋般迅速发展起来的其他老年教育机构，受各地方经济发展水平的制约，呈现出规模小、管理单一、操作难的问题。

（二）1996—2001 年：重视老年"受教育权"，办学规模逐渐扩大

20 世纪 90 年代中后期，我国在经济上形成了全方位、多层次、宽领域的对外开放格局。同时，60 岁及以上的老年人口比例持续增长，如何积极应对人口老龄化涉及政治、经济、文化等领域，关系到国计民生。全国人大于 1996 年 8 月颁布《中华人民共和国老年人权益保障法》，这是第一部涉及老年人的法律，其影响深远，对老年教育的发展来说是一次新的机遇，促进了老年大学数量的增长，并向基层老年教育辐射。该法第三十一条强调老年人有继续受教育的权利，鼓励社会办好各类老年学校，标志着我国老年教育发展初步到了依法办学的新阶段。1999 年，在全国老龄工作委员会成立大会上，李岚清指出，"要大力发展老年教育，动员社会力量兴办各类老年大学和老年学校"[①]。进而，北京、上海等大城市相继开办空中老年大学，尝试建立网络交流平台。1999 年 1 月，教育部提出，我国要逐步建立和完善终身教育体系。2000 年 8 月，《中共中央、国务院关于加强老龄工作的决定》中明确要求基本实现"老有所养、老有所医、老有所为、老有所学、老有所乐"等五个目标。2001 年，中组部等五部门联合下发《关于做好老年教育工作的通知》和《中国老龄事业发展"十五"计划纲要（2001—2005）》，其中强调培育"老年大学示范校"，提出"大力发展老年教育"和"建立老年教育网络"等措施。老年大学的办学数量和老年学员的需求得到了拓展。

---

① 李岚清 . 全国老龄工作委员会成立　李岚清出席第一次全体会议并讲话 [N]. 人民日报，1999-10-23（001）.

同时，老年教育的理论有了新的探索。我国开始出现了系统论述老年学学科的著作，代表性著作有中国老年大学协会教育研究组编著的《老年学校教育学》、邬沧萍的《社会老年学》等。同时，2001年全国教育科学"十五"规划教育部重点课题中也出现了有关老年教育的研究，如马超的"中国大中城市老年教育组织实施的实验性研究"，姚远的"人口老龄化过程中的中国老年教育研究"等。

在此期间，从对象上来看，我国的老年教育由离退休干部向全体社会老年人转变；从性质上来看，由福利型教育向赋能型教育转变，并初步形成了政府、企业、社团组织以及个人等多渠道、多层次、多方合作等形式的办学格局。但存在老年教育管理体制和机制分割现象明显、缺少顶层设计、形式较为单一等问题，同时老年教育的学科设置、学时安排及课程内容等尚不够规范。

（三）2002—2011年：强调终身"教育性"、提升办学规范化的发展期

21世纪初，是我国全面建成小康社会的关键时期。随着人口老龄化加剧、老年人学习需求的增大，老年教育的发展体制有待增强。

2002年联合国第二届世界老龄大会通过的《政治宣言》和《老龄问题马德里国际行动计划》等重要文件，对老年教育提出更具体的要求和行动计划。针对社会上存在老年人被边缘化、产生孤独感和代际隔阂的问题，大会提出老年人参与社会、融入社会的前提是接受教育，强调老年人在参与社会中应获得受教育的权利和机会。《老龄问题马德里国际行动计划》在"老年人与发展"行动建议中强调："老年人必须成为发展进程的充分参与者，而且还应该公平享有发展进程的种种好处，包括获取知识、教育和培训的机会的权利。"[①]党的十六大提出了"全面建成小康社会"的目标，明确指出"构建终身教育体系"，推动了我国社区老年教育的发展。老年教育作为终身教育的最后阶段，是构筑终身教育体系和学习型社会的有力支撑，需要在全面建成小康社会进程中加快老年教育步伐。十六届三中全会强调"以人为本"，2004年中共中央再次强调提出"营造全民学习、终身学习的浓

---

① 董之鹰．试析我国改革开放以来老年教育的发展历程 [J]．社会科学管理与评论，2009(1)：77-82.

厚氛围，推动建立学习型社会"。2006 年国务院提出"各级政府要加大对老年教育的资金投入"，对老年教育的发展起到更大的促进作用。2007 年《国家教育事业"十一五"规划纲要》中将老年教育首次列入国家教育发展规划。继而，《国家中长期教育改革和发展规划纲要（2010—2020）》进一步要求"重视老年教育"，我国老年教育第一次被写入国家教育改革和发展纲要，标志着老年教育的"教育性"得到党和国家的正式承认。《中国老龄事业发展"十二五"规划（2010—2015）》提出，加强老年事业"体系化"建设，使老年大学办学规模进一步扩大。在国家"老有所教、老有所学"的发展理念下，全国很多地方陆续提出将老年教育纳入终身教育体系，各级政府、有关部门和企事业单位创办了一批示范性老年大学。一些地区（如广东省等）颁布了加强农村老龄工作的实施意见，加紧建设农村老年教育网络，一些城市内（如上海、北京）老年大学的报名火爆，出现"一座难求""老面孔"的现象。此外，信息化和城镇化的发展，加速教育信息对"新市民"的教育，数字化的老年教育成为完善老年教育网络的新课题。

老年教育的理论研究在这一时期得到了进一步发展，与中国的社会变革结合更加紧密，郑令德《和谐社会与老年教育》、董之鹰《老年教育学》等理论性研究也初现端倪。此外，出现了与实践挂钩紧密的课题，如中国成人教育协会"十一五"成人教育科研规划课题中的"老年远程教育研究"、"社区老年教育研究"等。

在建设学习型社会的背景和倡导终身学习的理念下，该阶段强调以人为本，将老年教育作为终身教育体系的一部分，重视老年教育的"教育性"。政府着力加强老年大学的规范化和规模化建设。与此同时，老年教育的模式得到创新，远程教育和数字化教育的发展开始被关注，初步形成"多层次、多形式、多学制、多学科的老年教育体系"。

（四）2012 年至今：构建"现代化教育体系"，尝试办学战略转型的繁盛期

经济社会的发展强调让每一个老年人都能安享晚年，从弥补老年人生活空虚的低层次，到提高老年人素质，开发其潜能价值的高层次。党的十八大为中国老年教育发展指明了方向，老年教育的发展蒸蒸日上，并进入了新的发展阶段。同年，《关于进一步加强老年文化建设的意见》提出，"文化教育部将老年教育纳入终身教育和社区教育体系，加强领导，统一规划"。

2015 年 4 月 24 日修订的《中华人民共和国老年人权益保障法》，强调各级政府应"加大投入"，鼓励社会"办好各类老年学校"。之后，2016 年提出了"发展老年教育""构建人口老龄化应对体系"。国务院办公厅印发的《老年教育发展规划（2016—2020 年）》是我国第一部老年教育专项规划，进一步明确了最大限度满足各类老年群体的学习需求，将我国老年教育事业带入一个逐渐快速发展和品质提升的新时代方位。2017 年，《国家教育事业发展"十三五"规划》提出，"推进老年教育机构逐步纳入地方公共服务体系。完善老年人学习服务体系，办好老年大学，有效扩大老年教育资源供给"。教育部办公厅印发《2017 年教育信息化工作要点》，力主构建"网络化、数字化、个性化、终身化"的现代化教育体系。2017 年国务院发布的我国第一部老龄事业规划《"十三五"国家老龄事业发展和养老体系建设规划》，要求"牢固树立和贯彻落实创新、协调、绿色、开放、共享的发展理念"，表明到 2020 年基本形成"老年教育新格局"。2017 年党的十九大继续强调了继续教育和老龄工作。

为了充分响应政策的号召，建设现代化的教育体系，老年教育的研究内容愈加丰富，如一批包括老年生命系列教育、老年素质教育，甚至老年人的临终关怀等研究；同时也出现了与老年教育心理学、经济学、社会学以及海外老年教育等相关的理论深化研究，呈现较之以前未有的繁盛局面。例如，由叶忠海主编的"老年教育理论丛书"填补了我国老年教育学科体系研究的空白，崔丽娟的《老年心理学》、杨德广的《老年教育学》等研究成果对老年教育的目标、内容等基本理论问题进行了反思与重构。

这一时期，伴随着信息化和智能化的发展，老年学校努力构建现代化教育体系，办学战略逐步转型。老年远程教育将会成为开展老年教育的有生力量和重要载体。各地开展老年远程教育"三个一"行动计划，成立远程教育工作委员会，组建老年远程教育实验区指导中心，有序开展老年远程教育工作。

综上，改革开放 40 多年来，党和国家积极推动老年教育事业的发展，我国老年教育虽总体仍处于发展的初级阶段，但在这短短的时间内亦取得了丰硕的成果。首先，初步形成了由组织部、教育部、文化和旅游部、民政部、老龄委等多部委共同推进老年教育发展的格局。其次，国家专门就我国老年教育第一次制定了详细的发展规划，开始尝试从以前老年人的需求为出发点的思考模式，转向现在以维护老年人权利为主的角度。再次，全国部分省市利用信息化手段，通过建立社区教育实验区、老年远程教育实验区和先进典型的评选活动，扩大了老年教育城乡、区域间的覆盖面。此外，对农村老年教育、丰富农村老年人的文化生活逐步重视，强调农村老年教育成为我国教育事业不可或缺的一部分，我国老年教育进入蓬勃发展阶段。

二、我国老年教育的演变趋势

我国老年教育发展历程有着明显的嬗变逻辑，以下分别从老年教育的发展理念、运行机制、推进策略、办学模式、保障措施五个维度进行分析。

（一）发展理念：以人为本，创新服务模式

教育改革的价值诉求应在追求国家利益和功利目的的同时，更体现以人为本的精神。[1] 以人为本，是我国老年教育发展的基本理念和不可或缺的衡量尺度。从实现老年人的根本利益出发谋求发展一直是我国老年教育秉持的发展理念和落脚点，进一步体现了"人是目的"的思想。

我国的老年教育在"未富先老""未备先老"的双重挑战下，逐步从过去"物质养老型"向"精神养老型"转变，教育活动致力于"以学习者为中心"的创新模式。将老年人对老年教育、老年人的"知晓度、认同度、参与度、满意度"[2] 作为评价指标，以老年人的需求为导向，为老年人创造学习条件、做好学习服务，力求满足老年人的内在需求。各地在改革老年教育的过程中，基于老年教育自身的人本属性，重视通过对"以学习者为中心"的深入认识，根据老年人的生理认知特征以及社会性发展，创新服务模式。老年学校引领老年人不断实现自我、超越自我，力求为更多的老年人提供教育机会。例如，为解决"一座难求"的局面，发展老年学习社团；为满足健康状况和经济条件不太好的老年人的学习需求，开展"养教结合""送教上门"；为提高老年教育的参与率，推出办好"家门口的学校"以及实施"学习场所倍增计划"等老年教育工作重心下移的地方性政策。

（二）运行机制：政府主导，增强多力合一

伴随着国家经济社会的大发展和改革开放大潮应运而生的老年教育事业，在运行机制上逐步形成了党政主导、多部门协作、社会参与的"多力

---

[1]　石中英.教育哲学的责任和追求[M].合肥：安徽教育出版社，2007：360.
[2]　叶忠海.创建学习型城市的理论和实践[M].上海：上海三联书店，2005：29.

合一"、多形式发展的良好格局,这成为我国老年教育发展的基本特点和运行优势。反之,由于老年教育的非营利性、社会福祉性,需要政府的大力支持。

我国老年教育的运行机制是由各级政府负责本区域内工作,确定牵头负责部门,制定总体规划。当前正在进一步建立健全政府主导,老龄部门牵头,民政、教育、文化、财政等部门参加,整合各方力量参与建设活动的老年教育工作运行机制,并通过政府购买服务、项目合作等形式激发社会组织活力。另外,正在逐步健全政府公共财政投入与其他多渠道投入机制相结合的老年教育经费机制,鼓励社会企事业单位和个人捐资助学、建设基层老年教育专用设施等,社会力量参与老年教育事业得到了各地财政部门的政策支持。

(三)推进策略:实验先导,实现示范辐射

在我国,参与基层社区教育的群体主要是老年群体,社区教育实验工作通过示范区发挥引领作用。在部分地区,通过实验的方式,已经形成了"社区—小区—楼组—家庭"的老年教育创建链,把老年教育向个人延伸,起到示范和带动作用。很多地方提出了"一街一品""一地一品"的目标,开展各类老年教育和学习活动。社区教育实验区和示范区也充分发挥先进典型的示范引领和辐射带动作用,鼓励、支持老年教育发展较为滞后的区县到实验区、示范区等学习当地的先进经验。这种通过"实验区—实验街镇—实验项目",选出示范、逐步推广的以点带面的推进策略,形成了一种可复制、可推广的经验,然后自上而下、由城到乡逐渐扩展。"实验先导"的推进策略,促进了社区老年教育的深入发展和内涵建设,同时也使老年教育的制度化、规范化建设迈上了新台阶。

(四)办学模式:五位一体,注重多元发展

为了扩大老年教育供给,最大限度满足各类老年群体学习需求,我国正在着力建立和完善老年人自主教育、基层社区老年教育、学校老年教育、远程老年教育、社会老年教育"五位一体"的老年教育发展新模式[1],并取得了一定的成效。为了"充分发挥老年人的智力优势、经验优势、技能优势",

---

[1]　叶忠海.中国老年教育发展的若干基本问题[J].河北师范大学学报(教育科学版),2017,19(5):47-50.

鼓励老年人发挥主体作用，强化其"自主学习"的理念。发展多元的基层老年教育，促进老年大学的规范化发展，推进远程老年教育，重视数字化老年教育，扩大老年教育的受众范围。目前，正在逐步建立和完善远程老年教育系统，通过信息技术的融入，将"老年收视点"延伸至基层社区，提高了老年人学习的便捷性。通过"开放大学"建立远程老年教育系统，提倡"养教一体化"着力开展社会老年教育，激发老年人学习的内在动力，引导其自主开展学习活动，可见"五位一体"老年教育发展新格局正在逐步形成。同时，对积极老龄化目标基本达成共识，通过建构、调整老年教育结构和空间布局，基本健全了老年教育组织网络，起到了"服务一个老人，幸福一个家庭，和谐一个社区"的巨大作用。

（五）保障措施：制度先行，强化体系建设

起源于社会救济福利事业的老年教育，带有较强的社会福祉属性，其相关制度当属社会福利制度。社会福利制度是和谐社会的基本要求，也是政府改革的重要基础。但是，一个国家采取什么样的教育福利制度是由其独特的历史观、价值观、国情及社会结构等诸多因素决定的。实际上，我国老年教育在发展的过程中，在各地所出现的不同创建、起点、规模和质量，均有其存在和发展的合法性与合理性。例如，在国家层面从法律上就规定了老年教育是老龄事业发展总目标的重要组成部分，在此基础上，老年教育与养老服务产业在互动中发展，通过有效实施养教结合，科学而全面地开展养老服务，提升老年人生活质量。从整个历程来看，我国老年教育事业的发展，在制度的保障下，其体系化建设是重心所在。

我国老年教育的发展过程中，强调制度建设的重要性，注重政策法律体系的保障和各项规范化的制度建设。我国在不断积极完善以各级老年大学为骨干、社区教育机构为依托、远程网络教育为载体的老年教育体系。近年来，在各市的积极推动下，市、县（市、区）、乡镇（街道）、居村委（社区）级老年教育机构的设立取得了重大突破，形成了老年教育的四级网络。同时，由学校、行业、社区、网络四大体系组成的老年学习服务体系也有了一定的发展。可以说，我国老年教育保障措施的特点体现为：以老年人为本，以资源供给为重点，以制度建设为核心，以服务体系为关键。

无论是回望历史进行梳理，还是立足现实，我国老年教育秉持以老年人为本的理念；由政府自上而下高度引领，多力合一共同推进；通过实验区和示范区的建设在规模上由点到面，逐步普及；在制度的保障下，初步构建了多元体制、四级网络和五位一体的办学模式。老年教育的发展态势正由宏观到微观，逐渐深入；老年教育的内涵正由单一到多元，趋于丰富。

三、我国老年教育发展走向

经过改革开放 40 多年的快速发展，中国特色社会主义进入新时代，发展不平衡不充分的问题成为满足人民日益增长的美好生活需要的主要制约因素。主要矛盾发生关系全局的历史性变化，老年教育的发展还有不少短板弱项，只有精准把握其主要矛盾的内涵和外延，具备面向未来的前瞻性，才能大力提升老年教育发展的质量和效益。

（一）进一步解决老年教育发展不平衡、不充分的问题

党的十九大报告提出，人民日益增长的美好生活需要和不平衡不充分的发展之间的矛盾成为我国当前社会的主要矛盾。主要矛盾转化体现了时代发展的节奏和脉搏。我国老年教育也面临制度体系不健全，各地发展不平衡、不充分的问题。老年教育发展不平衡包括城乡、地区、人群的不平衡，其本质是社会供给与老年人对教育的需求不匹配。即老年人对"美好生活"的追求日益多样化的需求与目前老年人的各种教育服务不平衡。老年教育发展不充分，既体现在发展质量和效益不高，也体现在对各个老年群体的针对性和普惠性不强。

要解决好老年教育发展不平衡、不充分的问题，需大力提升发展质量和效益；需以供给侧结构性改革为主线，推动老年教育的质量、动力变革；需坚持以老年人为中心的发展思想，着眼于促进老年人全面发展创造良好的教育条件；需有政策的保障，建立健全老年教育制度体系。为了解决老年教育发展不充分的问题，还需注重老年教育的内涵建设，如学科体系建设、理论建设、团队建设等。在文化自信和学术自信的影响下，建设老年教育的学科体系，发展不同层次的、符合老年人身心发展规律的老年教育系列课程；加强老年教育的基础理论研究；建立老年教育共同体，打造志愿者平台、建立合作式的服务共同体等方式；鼓励老年人发挥主体作用，支持老年人自主开展老年学习活动。具体来说，即加强政府对老年教育的支持力度，打破区域发展差异的藩篱，制定有利于老年教育政策目标实现的配套措施，提出老年教育的横向和纵向合作、效益评估要求和措施，制定配套的监督

制度，提升老年教育的内涵式发展。

（二）进一步坚持老年教育公益性、民本性原则

尽管我国老年教育的发展过程中坚持城乡一体、以人为本的原则，努力实现老年教育的公平性，但是，老年教育发展不均衡，以及老年教育与当地历史、文化元素未能有效结合的现状，需要在老年教育制度设计和实践中进一步坚守公益性和民本性的原则。

坚持以公益性为主体，以社会办学为补充。对老年教育的资金加大投入，实行政府与市场相结合的投入机制，最大限度地开放社会公共教育资源。在老龄事业大局中发展老年教育，老年教育资源向弱势群体倾斜理应成为老年教育制度的核心伦理。对经济欠发达地区、城乡社区、超高龄、经济条件差、低学历、健康状况不好的老年人予以支援，缩小不同地区和群体间老年教育的差距。坚持民本原则，充分利用地方特色的文化资源，使教学内容与地方元素有效结合，有针对性地开展富有特色的活动。坚持区域分异性，承认区域的不同与差异，尊重差异，善待差异，因地制宜、因材施教、有的放矢，以保障每位老年人都可依法享有受教育的权利。推进老年教育向基层延伸，同时积极发展高层次老年教育。

（三）进一步加强老年教育法制、政策体系建设

我国老年教育是涉及民生的社会公益事业，为了科学有效的发展，需要各部门通力合作和社会各界的广泛参与。改革开放40多年来，制定颁布的一些教育法律在老年教育的发展上还未发挥出很大的实效。目前，我国老年教育面临组建政府统筹协调机构、增加经费、提高老年参与率等挑战。在这种情况下，需要提升老年教育法制和政策建设。

我国老年教育40年来发展的实践证明，制度建设是我国老年教育发展的内在要素。特别是老年教育实践"自上而下"规则、标准和政策促进了初期老年教育的生长和发展。今后需要进一步夯实老年教育的法制和政策的建设，建立顶层统筹协调机构，整合社会老年教育资源。此外，根据诺尔斯的理论，成年人有独立的自我概念并能指导自己学习，他们的生活经验是他们学习的丰富资源。具有丰富的智慧、经验和技能的老年人理应是知识的积极建构者，具备自我导向学习的能力，且有明显的学习主动性。所以，在审视现行教育政策的基础上，需要兼顾国家利益，构建能够满足每个老年人的学习特点和需求、注重提高老年社会参与主体性的老年教育

法律与政策体系，以便更好地保障、维护每位老年人的个性和尊严。

（四）进一步推进老年教育的数字化、智能化发展

人类社会已经进入信息化时代，互联网技术的发展给人们特别是老年人在学习观念、学习方式和学习行为等方面带来了深刻的变化，老年教育手段创新势在必行。尽管学习需求随着时代的变化在不断增强，但老年人中缺乏网络知识的非网民人数仍较为可观。《第41次中国互联网络发展状况统计报告》指出，截至2017年12月，中国网民达到7.72亿，其中60岁及以上的网民仅占5.2%左右。可见，老年人对信息技术的疏离形成了一种由年龄构筑的数字落差。推进老年教育的信息化、智能化建设，可帮助缩小新兴科技与老年生活的"数字鸿沟"（digital divide），加快信息技术与老年人学习的深度融合，从而保障"互联网+"时代中老年人的学习权，促进教育公平。

回顾思考

1. 英国、美国、日本的老年教育经历了哪些发展阶段？

2. 综合本章所学知识，你认为国外老年教育的发展历程对我国老年教育的发展有什么借鉴意义？

3. 我国老年教育的发展经历了哪几个阶段？

4. 你认为今后我国老年教育的发展趋势是什么？

第三章

老年教育的价值功能

　　在马克思主义政治经济学中，价值是指"商品中凝结的一般人类劳动"。在日常生活中所说的"价值"通常是指该产品的功能和作用，与经济学中所说的"使用价值"较为相似。教育功能既是教育学的一个基本理论问题，也是关系到教育成效的一个实际问题。学习老年教育，需要认识老年教育有哪些价值，有哪些功能，怎样有效发挥老年教育的功能。本章在追溯马克思主义理论关于老年教育的价值功能的基础上，重点分析了老年教育的个体功能和老年教育的社会功能。

第一节　马克思主义理论关于老年教育的价值追溯

马克思主义关于人的学说，涵盖了哲学、社会学、经济学、历史学等多个学科领域，其中，关于人的全面发展学说，关于制定社会主义教育方针、教育目的的理论基础和指引方向，关于教育的思想和认识，作为中国马克思主义教育学传统的精髓而被继承和发扬。马克思关于共产主义理想社会的阐述，以"每个人的全面而自由的发展"为目的，重视开发人"自身的自然中沉睡者的潜力"，强调实践和教育使人的体力、智力和各种能力都得到发展，这在老年教育领域同样有着很强的指导意义。随着人口老龄化趋势的日益严峻，老年人的生存与发展已经成为中国社会改革与发展不能回避的重要问题，为老年人提供各种所需的教育资源也已成为国家和政府的重要议题。老年教育是提高老年人生活质量的重要手段，在马克思主义关于教育的基本理论框架下探讨老年人的全面发展也为老年教育的发展提供了科学的理论依据。

一、马克思主义关于人的全面发展学说的观点

19世纪末，马克思主义教育思想被引入中国，经历了中国本土化的选择、融合与发展，逐步形成了中国马克思主义教育学的理论体系。马克思主义认为，人是社会的产物，是一切社会关系的总和，社会生产力的发展和社会分工的不断细化，对人的全面发展提出了更高的要求。在此之前，国内外一些思想家和教育家对人的发展提出了众多的理论假设。由于历史和时代的局限，关于人的发展的理论无法科学全面地阐释人的发展规律。马克思主义继承了前人关于人的发展的思想精华，并论证了社会生产方式制约着人的发展的原因，揭示了人的发展与社会生产和社会生活之间的必然联系，从而为人的全面发展学说提供了科学的理论依据。

（一）社会分工的细化

马克思从一开始就将社会分工看作一个具体的、历史的范畴，将社会

分工的历史与人类社会生活实践的历史相联系。[①] 马克思立足唯物史观考察了社会分工发展的历史并预测了社会分工未来的发展趋势。社会分工是以生产效率的提高、人口的增多以及人们需要的增长为前提条件，在生产劳动过程中从自然分工和与之相联系的原始交换的基础上发展起来的，其中，"分工的阶段依赖于当时生产力的发展水平"。因此，各个阶段社会分工的水平和特点皆由它所处历史时代的生产力水平来决定。从原始社会开始就产生了社会分工，但是当时的分工属于自然分工。随着社会生产力的发展，农林牧业、手工业的出现强化了社会分工，私有制逐渐形成，并有了阶级的划分。进入资本主义时代后，脑力劳动和体力劳动的分工逐渐将生产过程精细化，许多特定领域的工作被分配给个别或某一类工种。马克思表示："三次社会大分工，形成了农业、手工业、商业等产业部门，与此相应，人类群体也分化为相对固定的农民、手工业者、商人等社会职业，并出现了城市和乡村的分离。"[②] 为了谋生，从事社会生产领域的劳动者被迫牺牲自己的时间和其他劳动能力，从事某一专门领域的劳作。由于知识和技术仅为少数人所占有，后者成为支配体力劳动者的统治阶级。体力劳动者处于被统治阶级，不仅智力得不到发展，并且丧失了全面发展的条件与能力。因此，马克思认为，要解决人的发展的片面化，必须消灭旧的劳动分工，消灭私有制，建立科学的劳动分工方式。[③]

（二）科学技术的进步为人的全面发展提供了物质基础

社会生产力的发展改变了过去落后的生产方式，人们劳作的技术装备和工具不断得以更新，现代工人的劳动职能和劳动过程随着生产力的发展而不断变化，劳动的内部分工也随之发生改变。为了适应不断变化的劳动要求，从事简单劳动工作的劳动者逐渐被社会所淘汰，因而需要雇佣那些能够适应不断变化着的劳动、社会分工的全面发展的人来代替从事单一劳动的劳动者。科学技术的发展不仅对人的全面发展提出了更高水平的要求，同时也为人的全面发展带来了诸多可能。首先，劳动者的发展也表现为劳

---

① 徐黎丽，韩静茹.社会分工与民族[J].思想战线，2018，44(2)：1−10.

② 马克思，恩格斯.马克思恩格斯选集第1卷[M].中共中央马克思恩格斯列宁斯大林著作编译局，译.北京：人民出版社，1995：37.

③ 朱进进.马克思主义人的全面发展理论及其当代价值[J].重庆理工大学学报(社会科学版)，2019，33(2)：125−131.

动者社会关系的发展，生产力是交往关系、生产关系以及全部社会关系的基础，生产力的发展变化引起了交往关系、生产关系进而全部社会关系的变化。其次，大工业生产离不开对自然科学技术的应用。不论现代工业所使用的机器设备有多么复杂，其本质都是在遵循生产过程的基本运作方式，劳动者只有掌握生产技术方面的基本原理，才能够获得从一个部门转换到另一个部门或者过渡到另一项生产岗位的可能性。最后，随着科学技术的不断进步，社会生产力水平的提高，使得劳动时间不断缩短，劳动者拥有更多的空余时间从事自己喜欢的工作和活动，进而使得个人的才能得到全方位的发展。

（三）教育是实现人的全面发展的基本途径

人的全面发展是我国全面建成小康社会，加快推进现代化建设，构建社会主义和谐社会的重大课题。建设中国特色社会主义事业，既要着眼于人民现实的物质文化生活需要，又要着眼于人民素质的整体提高，从而努力促进人的全面发展。把促进人的全面发展确定为社会主义的本质要求，这是对马克思主义人的全面发展思想的重大突破，具有深远的理论意义和实践意义。实现人的全面发展，也是贯彻落实科学发展观，坚持以人为本、立德树人的根本体现。在新的历史时期，加快促进人的全面发展，需要在大力发展社会生产力、发展先进文化、增强人与自然的和谐发展、加强法治建设等方面采取新举措，进而不断巩固人的全面发展的物质基础、文化基础、社会环境基础以及法制基础。教育与人的全面发展有着极为密切的联系，对于坚持以人为本，促进人的全面发展，担负着重要的历史使命。[①]因此，必须努力遵循教育规律，正确处理面向全体受教育者的全面发展与个性发展的关系；坚持因材施教的原则，既面向受教育者的全面发展，又注意受教育者的个性发展，要努力使受教育者在基本素质普遍提高的同时，使每个人自身特点得到发展；坚持统筹兼顾，正确处理好教育发展过程中诸方面的关系，努力实现教育的全面、协调、持续、健康发展，努力为全社会提供更加公平的教育。

---

① 吴德刚. 关于马克思主义人的全面发展学说的再认识 [J]. 教育研究，2008(4)：3–8.

二、人的全面发展的基本内涵

人的全面发展理论是马克思主义学说的核心组成部分，是指人以一种全面的方式，占有自己的全面的本质。[①] 马克思指出，私有财产使我们变得如此愚蠢而片面，以致任何一个对象，只有当我们拥有或消费它时，它才是我们的。人们对这些东西的拥有欲使人的发展变得片面。马克思认为，完整的人是对私有财产的扬弃，是人的一切感觉和天性的彻底解放。在自然层面，人的本质是自由自觉的活动，即实践活动，最集中的表现是劳动。在社会层面，人的本质在其现实性上是一切社会关系的总和；在个人层面，人是自然因素、社会因素和精神因素的统一体，人的本质就是人的个性。在马克思主义看来，人的全面发展表现出多方面的特征，人的全面发展与人的片面发展是相互对应的。人的片面发展是指劳动者从事单一劳动，一个人只隶属于一个生产部门，并受生产部门的统治。这种单一的生产方式会造成人的"智力的荒废"和"生产力的丧失"。相对于片面发展，马克思主义关于人的全面发展的学说指的是人以一种全面的方式，作为一个完整的人与他的能力素质结构相统一的发展。

首先，"人的全面发展"指人的"完整发展"，即人的各种最基本或最基础的素质必须得到完整的发展，可以有程度上的差异，但缺一不可，否则就是片面发展。这些必须获得完整发展的基本素质可以理解为"做人"与"做事"两个方面的完整发展；可以理解为"身"与"心"两个方面的完整发展；可以理解为我们通常所说的德、智、体、美诸方面的完整发展；可以理解为真、善、美的完整发展。"完整发展"强调的是人的发展偏移不可逾越的底线，即可偏移而不可偏废，也即不能只发展人的能力的一方面而偏废了其他各方面。

其次，"人的全面发展"指人的"和谐发展"，即人的各种基本素质必须获得协调的发展，人的各种基本素质处于相互依存、相互协调、相互促进的状态。人的和谐发展主要有两层意思：一是人身心的统一，每个人都是独立完整的人，人是身心的统一体。二是人与客观外在的统一。而人与客观外在的统一又包含两层含义：一是人与自然的统一；二是人的类本

---

① 马克思，恩格斯．马克思恩格斯全集第 42 卷 [M]．中共中央马克思恩格斯列宁斯大林著作编译局，译．北京：人民出版社，1979：123．

质与个体本质的统一，即人与社会的统一。坚持以人为本的科学发展观是构建社会主义和谐社会的重要内容，其最终目的是实现人的全面、自由、和谐发展。人的和谐发展的主要内容可以从人与自然、人与社会和人类自身的发展三个方面加以考虑。

最后，人的全面发展还指人的个性的发展。资本主义条件下的个人自由，既以牺牲自己丰富的个性为代价，同时以牺牲大多数人的自由发展为前提。而马克思主义从本体论的角度探讨自由的个人，全面发展的个人。而这个个人不是自然的产物，而是历史的产物。人的全面发展与人的个性发展是并驾齐驱的，前者主要是就人的发展的完整性、统一性和和谐性而言的，而后者主要是就人的发展的自主性和特殊性而言的。

三、老年教育与人的全面发展

（一）老年生活方式的特点

随着社会老龄化的日益加重，老年人面临着养老、医疗以及精神赡养等诸多问题，引起社会各界的关注。20 世纪 70 年代初开始实行的计划生育与社会经济发展政策，带来的低生育率和与之相伴随的少子老龄化以及出生人口性别比例失调等问题，在当代社会不断暴露出其缺陷。此外，随着年龄的增长，老年人生理、心理的老化，必然导致其产生各种不同于其他年龄群体的特殊需求，满足其需求的生活模式随之发生变化，从而形成老年生活方式的特点。

1. 逐渐从劳动市场中退出

这是老年人晚年最突出的特点，也是影响老年人晚年生活方式和心理状态的重要原因。一方面，从劳动市场的退出带来的是劳动收入来源的减少，结构单一，需要依靠年金、保险、社会救济或个人资产等作为自己的收入保障；另一方面，退出劳动市场意味着自身劳动价值的降低，导致老年人容易产生空虚和焦虑的情绪。

2. 社会化活动明显减少

退出职业圈后，老年人的活动范围主要在家庭与社区，与职业社会的接触开始逐渐减少，人际交往的频率显著降低，严重的甚至可能与社会脱离。很多退休的老年人活动范围小，活动种类少，容易产生孤独感和失落感。

3. 精神文化生活的内容发生明显的变化

首先，随着老年人退出职场生活，劳动职业活动和参与社会活动减少，闲暇时间增多，为了满足自己的兴趣和爱好，增进社会交往，许多在年轻时未曾尝试过的事物在老年阶段希望有所接触。随着年龄的增长加上身体条件所限制，老年人的心态会发生变化，他们更倾向于养花、养鱼、欣赏音乐、集邮、绘画、写作等较为静态的活动。

4. 家庭生活成为活动的主要内容

由于老年人晚年的生活目标单一，家庭便成为老年人退休之后活动的主要场所，家庭成员成为老年人生活的主要伙伴。因此，家庭生活的好坏，直接影响着老年人生活的质量。

（二）老年人全面发展的可能性

马克思认为，劳动源于人自身发展的需要，并非谋生手段，由于谋生带来劳动者的社会分工导致了人的片面发展。虽然老年人由于年老体衰、劳动能力减弱退出了正式的劳动力队伍，不再直接参加经济生产活动，但是，这并不意味着他们对社会和家庭就失去了价值。相反，一方面，由于医疗技术与生活条件的改善，老年人口的寿命日益延长。就经验和技能而言，老年人具有比较优势和积累优势，是劳动力市场中"市场价值"很高的优秀人力资源。[①] 另一方面，老年人退出劳动市场后，可以自由选择自己喜欢的劳动，在某种程度上走出了对人、物的制约，完全占有了自身，因此，具备全面发展的潜质。因此，老年人可以通过进一步接受老年教育实现全面发展。

1. 老年人的"完整"发展

完整发展是人的全面发展的一个重要指征，建立在现实的实践活动基础上，马克思希望形成的人，是一个"完整的人"的概念，既包含着人自我扬弃的过程性，即历史性，又包含着人的本质的全面占有，其中包含着体力、智力等这些对象性的能力，也包含着人的生命、理智等等。[②] 从青少年到成年人，都能不同程度地感受到来自竞争和拥有欲的压迫，而在老年阶段，老年人的身体和精神从人与物的压迫中走了出来，获得"做人"与"做

---

① 原新.21 世纪我国老年人口规模与老年人力资源开发 [J]. 南方人口，2000(1)：36–39，55.
② 孙迎光 . 马克思"完整的人"的思想对当代教育的启示 [J]. 南京社会科学，2011(5)：102–105.

事"的完整发展。一些在年轻时候不能完成的爱好和兴趣可以在晚年有选择地完成；由于工作原因没有时间认识的新鲜事物也可以在晚年进行钻研，完整的教育过程是由逻辑—认知与情感—体验共同构成的[1]，老年人在晚年能够有充足的时间和精力从事逻辑、认知与情感提升等方面的活动，实现自身的完整性发展。这意味着老年教育为老年人的完整发展提供了可能。

2. 老年人的"和谐"发展

"和谐"发展即人的各种基本素质及其要素和具体能力在主客观条件允许的范围内多方面地发展。人的素质指以人的先天禀赋为基础，在与社会环境相互作用的过程中形成和发展起来的相对稳定的身心素质系统，包括生理素质、心理素质、社会素质、能力素质等内容，其中生理素质是心理素质、社会素质和能力素质形成和发展的基础，社会素质和能力素质是人的本质的体现。人的基本素质内部各要素之间都是相互牵连、相互制约和相互促进的，社会对个人素质的要求也具有不同程度的多方面性。[2] 人的素质的和谐发展不仅是人生存和发展的载体和前提条件，同时也体现和推动着人的全面发展。随着社会分工的发展和社会关系的丰富发展，劳动者必须通过不断改造自身，提高自身的综合素质和专业能力，根据个人发展的需要和社会生活的要求，尽可能地追求个人素质和能力的和谐发展，以避免人的发展的单一性。因此，到了老年阶段，老年人已经经历过层层社会分工和社会生产力的改造，在各个素质方面实现了多重发展，各方面基本达到一个平衡的状态，为老年人的全面发展奠定了基础。值得注意的是，老年人的和谐发展只是一个尽可能的追求，因为"和谐"是没有界限的，也具有很大的个别差异性，与主客观需要和主客观条件直接相关，就每一个个体来讲"和谐"具有很大的相对性，在现实生活中实际上是很有限的。

3. 老年人的"个性"发展

每个人都是独特的个体，都具有社会属性之外的自我价值体系和特质。尽管每个人的发展要经历的基本阶段大致相同，但个体之间的差异仍然非常明显。"全面发展"并不是指平均发展和人的发展的一律化，更不是指

---

① 刘慧，刘次林，王玉娟，等．指向生命完整发展的情感教育研究（笔谈）[J]．教育科学，2020，36(5)：1-10.
② 石书臣．人的全面发展的本质涵义和时代特征 [J]．河北大学学报（哲学社会科学版），2002(2)：10-14.

所有个人的发展都必须遵从一个相同的模式。马克思主义关于人的全面发展学说认为人的"全面"和"个性"发展是息息相关的，并且把"每个人的全面而自由的发展"作为未来社会的基本原则，特别强调"个人独创的和自由的发展"，极力提倡人的"自由个性"。在老年群体中，老年人的自由个性主要表现为兴趣、爱好、性格、心理、气质、行为特点等等。每个人的发展优势、发展速度、达到的水平都是有所差异的，这些差异正是老年人个性发展的主要影响因素，也正是因为老年人的个性发展才形成了老年群体的多样性特征。到了晚年，老年人的学习兴趣和需求发生了变化，教育应该紧密结合老年人身体条件、兴趣爱好、文化层次、经济收入等的差异和学习诉求，以及老年人的具体实际，按需设课，精心设计和开发个性化的课程内容。

老年人的全面发展的教育是坚持文化知识学习与思想品德修养的统一、理论学习与社会实践的统一、全面发展与个性发展的统一，它由多种相互联系而又各具特点的老年教育活动组成。[①]1958 年中共中央国务院《关于教育的指示》第一次正式提出人的全面发展教育，此后我国学者针对人的全面发展围绕"德""智""体""美""劳"进行了一系列的分析和研究，致力于各方面相互渗透，协调发展。在老年人身上，他们体现价值的方式与年轻人并没有本质的区别，只存在时间的前后差异。在学习型社会全面推行的背景下，人的全面发展的教育不应该孤立老年人，更不能忽视老年人的价值和作用。

---

① 国家中长期教育改革和发展规划纲要 (2010—2020 年)[N]. 人民日报，2010−07−30(013).

第二节 老年教育与老年人的发展

一、老年人身心发展的特征

教育的任务是促进人的全面发展。作为终身教育的最后一环，老年教育是从人的生命历程角度加以界定的老年阶段的教育，是继儿童时期的启蒙教育、青少年时期的素质教育、成年人时期的职业教育之后的又一生命阶段的教育。老年人的身心发展包括两个方面：生理（结构形态、生理机能）的发展和心理（认识能力、心理特征、知识技能与思想品德）的发展，二者是紧密相连的，生理发展是心理发展的物质基础，心理发展也影响着生理发展。要正确认识老年人教育与老年人之间的关系，必须充分了解老年人的身心发展规律。

（一）独立性与依赖性

独立性是指独立地寻找解决问题的方式并实施解决问题的行为所反映出来的个性品质。老年人有着独立的思想、行动能力和个性，在人际交往以及其他各类活动中能够运用自己的能动性，他们经历了青少年的学习和知识积累时期，中青年的实践、知识深化阶段，处在思想最成熟、知识最渊博、经验最丰富的时期，独立性较强。这也正是"家有一老，如有一宝"所代表的含义：老年人所具有的一些独特的经历和感悟，会给年轻晚辈带来许多的人生感触和启示。首先，对于晚辈来说，老年人就是家，是一个家庭的向心力所在，更是晚辈身边的智者和指路明灯。其次，老年人有多年的实践经验，在生活处事方面能够比年轻人想得更加周到，决定事情更加果断。

老年人同时又具备依赖性的特征。依赖性指的是个体需要通过外界的人和物来证实自己的价值，从而满足自己的需求。在晚年，随着家庭权威和主导地位的指挥棒转交给下一代，老年人逐渐失去了生活中很多方面的话语权，再加上身体机能的下降，也需要依赖于子孙辈的照顾。现代社会的家庭规模变小，以及我国独生子女政策的实施，一对夫妻的核心家庭在承担抚养下一代的重担之外很难再顾及家中老人的养老问题,这又引发了老年人对提高经济收入、自我照管、建立其他社会支持关系的需求与依赖。这种情况随着老年人年龄的增长而表现得更加明显,年龄越大,对家庭、社区、社会的依赖也越大。

(二)普遍性和差异性

普遍性是指老年人身心发展过程中身心会呈现普遍性的特征,老年人身心发展的普遍性由人发展的先后顺序所决定。首先,几乎所有的生物都有老化的过程,同种生物在大致相同的时间范围内都会表现出老化的现象。其次,老年人身心发展的普遍性既包含年龄特征,也有文化和社会特征。例如,随着年龄的增长,老年人的身体机能会逐渐减退,躯体疾病逐渐增多;在同一时代背景下出生的老年人会携带那个时代特有的烙印,例如,喜欢讨论历史经典人物和经典事件,将"老师"称之为"先生","重男轻女"的思想等;此外,随着社交圈子的缩小,很多老年人参与社会意识的逐渐降低,接触社会的机会减少,他们会退出社会活动圈子或丧失原有社会性角色。

除了普遍性特征以外,老年人的身心发展也表现出差异性特征,这主要是由于遗传、环境、教育等因素的不同所导致的结果。一方面,同一年龄阶段的老年人在不同方面发展的不均衡性。例如,同一年龄阶段的老年人性格特点、行为处事风格各不相同,有的在晚年容易出现焦虑紧张的精神状态,有的则表现出轻松自在的状态。有的老年人语言表达能力强,有的老年人理解能力强,有的老年人艺术素养较高,有的老年人操作能力较好等等。另一方面,不同年龄段的老年人在同一方面发展上也呈现不平衡的特点,他们在能力结构上还表现出各因素组合方面的差异,例如两个语言表达能力较强的老年人,一个人可能身体素质较好,另一个则可能记忆力较强。这些发展过程中的差异性也为老年人接受教育奠定了基础。

(三)稳定性和可变性

稳定性是指在相同的社会条件下,人的发展顺序及每个阶段变化的过程与程度基本上是相似和稳定的。从心理学的角度来说,人类必然存在着某些人格特征或普遍的情感,它们具有跨情境一致性,不会因地理环境的变化、社会的变迁而发生改变。老年人经过漫长的成年期之后,其心理变得较为沉稳和冷静,并且其心理发展和社会化活动已经趋向于稳定,出于身体条件的考虑,老年人一般情况下不会参加过于惊险刺激和不可控的活动，并且行动范围也比较小，老年人的发展也较为稳定。

同时，老年人的发展又具备可变性，进入老年期后，由于衰老进程的不可逆性，他们的体力、心理和健康状况每况愈下，对此必须做出相应的调整和适应。不同的老年人应对不同的晚年变故会做出不同的反应，即使是同一年龄段的老年人，在不同的社会生活条件下，他们的发展水平也是不尽相同。老年人身心发展的稳定性和可变性是相互对应的，教育者应该利用老年人身心发展的稳定性，注意老年人身心发展的可变性，及时开展针对性教育。

二、老年人身心发展特点对教育的要求

由于老年人身心发展的特殊性，应该根据老年人身心发展的特性，有针对性地开展教育。

（一）教育内容要兼顾全面性和针对性

现代心理学研究表明，老年人在学习过程中表现出来的个体差异是多方面的，既包括智力、性格、兴趣和动机等个性方面的不同，也包括由此所导致的学习方式或学习风格的不同。有的老年人能创作出优美的视觉艺术作品，有的老年人能轻松完成优雅而复杂的体育动作；有的老年人能演奏出动人心弦的乐曲；有的老年人可能具有杰出的领导能力。因此，教育内容必须有针对性，遵循由具体到抽象，由浅入深，由简入繁，由低级到高级，根据老年人在青年和中年时期所积累的社会经验有目的性和针对性地开展一些适合老年人的教育活动，根据老年人学习状态、课堂氛围、兴趣爱好、教学内容、能力差异等因素制定针对不同老年人的差异化的课程。

（二）教育方法要多样化

老年人发展的稳定性要求教育方法要适当，在可控的范围内选用多样化的教学方法丰富老年人的学习生活，贴近老年人的生活实际。同时，个体在某一方面的成熟程度，表明他在客观上具备了接受教育的可能性。不同老年人身心发展的个性化和差异化要求老年教育要运用多样化的教学方法开展教学课程，丰富教育形式，使得不同阶段和不同水平的老年人根据恰当的教学方法进行有意义的学习。传统课堂教学方法中，教育者只注重知识的直接传授，而这种教学方法缺乏新颖性，教学设计无创新，达不到良好的教学效果，因此，必须优化和创新老年教育的教授方法。教育方法

要体现发展性和真实性，符合老年人身心发展基本规律，开展交流的互动学习平台，变传统课堂教学模式为"互动型"的课堂模式。运用多媒体技术，使课堂教学活动多元化、情景化和生动化。多样化的教学模式能够丰富老年教育课堂，激发老年人的主观能动性，探索知识、培养兴趣，教师与老年人互动式交流也能活跃课堂气氛，实现教学相长。随着社会信息技术的不断发展，网络化辅助教学和计算机在教学中的应用已越来越广泛，为老年教育提供了新的技术和发展的机遇，这对促进老年教育工作具有重要作用和影响。

（三）教育对象要面向全体老年人

不同阶段的老年人的身体发展、性格特征和兴趣爱好差异较大。低龄老年人重视自己的经济能力，更加希望可以经济独立、自给自足，而且他们身体健康状况相对较好，由于刚退休不久，很多低龄老年人对于工作仍有很高的热情，也希望可以发挥余热，实现自身价值。因此，对低龄老年人，应从开发老年人力资源的视角开展职业相关的培训，为他们继续工作提供便利条件。中龄丧偶老年人心理健康状况较差，与低龄老年人相比，他们对配偶的依赖性更强，配偶去世对其心理状态影响大。因此，老年教育需要特别关注中龄老年人在丧偶初期的心理状态和生活状态，开展社区老年教育活动，鼓励他们培养、坚持自己的兴趣爱好，更多参与社区老年活动，寻找生活乐趣，拓展人际交往圈。高龄老年人生理机能迅速衰退，生活自理能力减弱，对家人的依赖性增强，因此，对于他们来说，主要赡养人的经济状况、社会保障水平对其心理状态以及生活满意度的影响已经并不像中低龄老年人那么重要，他们更加重视家人的照顾和陪伴，更加希望自己养育的子女能够反哺回报，享受真正的天伦之乐。[1]针对这个群体的老年教育可以适当地开展代际课程和生命类、情感价值类课程。

三、影响老年人身心发展的因素

关于影响人身心发展的因素，国内外的学者们进行了大量的研究，代表人物有英国生物学家弗朗西斯·高尔顿（F. Galton）的"遗传决定论"、美国心理学家约翰·B. 华生（J. B.Watson）的"环境决定论"、法国启蒙思

---

① 付双乐. 不同年龄段老年人心理健康自评及其影响因素探析 [J]. 社会工作与管理，2016，16(3)：20-26.

想家克洛德·阿德里安·爱尔维修（C. A. Helvétius）的"教育万能论"等等。马克思主义突破了这些理论的片面性，明确了遗传、环境、教育在人的发展上所发挥的作用。

（一）社区与家庭环境

人类发展生态学的研究显示，人的发展过程是个体与其直接生长于其中的变化着的环境之间渐进的、双向的、互动的过程。人从出生到死亡，都处在一定的自然和社会环境之中，并且承受着自然和社会环境对个人的影响。老年人的发展受到自然环境的影响，例如空气污染、日照时间、地区地貌等都同样会在一定程度上影响老年人的身体健康和个性特质。对老年人的发展具有决定性影响的是社会环境，社会环境的变化构成人发展的巨大动力，影响人发展的价值方向，影响人的发展内容，对人的发展具有广义的教育作用。[①] 社会环境，包括个体周围的各种人、物、场所、活动、风俗习惯、人际关系以及社会所形成的政治、经济、文化等。离开了社会环境，影响老年人发展的任何因素都无法单独发生作用，其中，影响老年人最主要的社会环境分别是家庭和社区。人在一定社会环境的影响下形成一定的社会意识、社会经验、社会技能、道德观点和行为习惯，同时也在改造着社会环境。

在养老方面，无论是生活质量、医疗救助，老年人能够获得一定的家庭支持，这与我国的"敬老、爱老"传统美德相符。研究表明，家庭支持对老年人的生活质量、心理健康及老年患者的疾病治疗和康复等至关重要。但是，社会转型及家庭结构的改变对传统家庭养老模式产生了巨大冲击。随着家庭规模的缩小，快速的人口老龄化给家庭养老带来挑战，家庭对外部支持的依赖程度越来越高，使得老年人获得家庭支持的力度，特别是生活照料和精神慰藉上的支持力度受到巨大影响，造成空巢老人、留守老人特别是身患疾病、失能老人日常生活得不到保障，他们容易产生孤独感、精神抑郁，且意外伤害发生率高，突发疾病事件不能得到及时救治，甚至发生老年人孤独离世的悲剧。事实上，家庭中子女、孙辈的照顾和支持对老年人的身心健康起着重要作用，良好的家庭关系也能为老年人在多个领域的健康发展提供支持。

---

① 全国十二所重点师范大学联合编写. 教育学基础 [M]. 北京：教育科学出版社，2014：12.

社区是老年人活动的主要场地，社区工作的宗旨是促进社区内居民的全面发展。社区社会工作的核心理念是增权，是协助社区中的弱势群体增强能力，从而令个人或群体能够开展行动以至于改善生活处境。[①] 社区内的养老院、托老所、老人公寓、老人新村以及社区老年活动中心等社会福利机构让老年人在经济有了保障的同时，能够进行丰富的文化娱乐活动，增进生活情趣，扩大社交范围，使精神生活得到充实。老年人在这里看电视、听音乐、下象棋、读书看报，开展多种文化娱乐活动以丰富他们的生活，增加他们的乐趣，使其晚年生活幸福快乐。同时，在社区内开展各种适宜老年人的体育活动，通过体育锻炼，促进他们的身体健康，有助于老年人延年益寿。社区也为方便老年人就诊和康复保健提供帮助，在社区内开设老年门诊、家庭病床、保健中心或兴建老人医院、老年康复保健站等，能够减轻老年人在病中挤车、排队、耽误治疗和日常健康保健等无人指导的压力，有利于老年人的身心健康。老年人在所生活的社区建立的社会关系，都会影响老年人的衣、食、住、行等行为方式和生活习惯。

（二）老年人主观能动性

主观能动性又叫自觉能动性、意识的能动性，是马克思主义的一个重要概念，指人的主观意识和实践活动对于客观世界的反作用或能动作用。主观能动性的含义，一是指人们能动地认识客观世界，二是指在认识的指导下能动地改造客观世界，在实践的基础上使二者统一起来，即表现出人区别于物的主观能动性。环境对人的发展影响虽大，但人是有自觉意识的，人受环境的影响并不是被动的，而是个体在主观能动性的作用下积极选择的结果。两个禀赋相同的人，其成就除了后天社会环境的影响之外，还受个人主观努力的制约。在养老、再就业意愿、生活方式选择、被照顾需求等方面，老年人都能够根据自己的需求选择个性化的生活方式，并且能够用自身的行动影响周围的人和事。

"主观能动性"具有充满无限可能的力量，是人类所特有的能力和活动，以及在活动中所具有的精神状态。在教学活动中，老年人主观能动性的发挥包括相互联系又相互作用的三个方面：第一，学习过程中的"知"，

---

① 王英. 社区老年教育问题研究：社区社会工作视角的分析 [J]. 成人教育，2009，29(2)：44-45.

即老年人在学习过程中的自主思考能力，以及对所要接受知识的认知程度。老年人在学习过程中能动地、自觉地认识所需学习知识的能力和活动是老年人主观能动性发挥的第一个层次。第二，学习过程中的"行"，即实际行动能力，指老年人在学习过程中的参与程度，为获得预定的学习目标所采取的行动，这是老年人主观能动性发挥的具体表现。第三，在学习过程中的"意"，即通常所说的决心、意志、干劲等。老年人对所要掌握的知识有没有积极的热情和浓厚的兴趣，这是老年人主观能动性发挥程度的重要表现。[1]信息化时代向人们提供了许多生活的便利，但是，对老年人却造成了很多的障碍，很多老年人不懂计算机知识，在生活中很容易遇到一些难以解决的问题，例如上银行时不知如何使用柜员机、银行卡，如何交水、电、煤气、电话费，如何收发电子邮件等。在此背景下，老年人产生了学习相应的现代信息技术等知识的诉求。

（三）老年教育

教育作为特殊的环境因素，对人的发展具有特殊的主导意义，它是有目的、有计划、有组织地对人的身心发展施加影响的过程。学校教育承担着培养人才的任务，由受过专门训练的教师负责，有精心选择安排的课程、固有的场所和规定的时间，按照培养目标和规格，系统地进行培养人才的活动。学校教育对老年人发展的主导作用也在于它能够按照受教育者身心发展的规律、年龄特征和个性差异有针对性地进行教育，能够有效地组织并利用校内外各种环境中的有利因素对受教育者施加更有效的、促进受教育者身心向更高水平发展的教育。[2]

老年教育对老年人的影响体现在物质生活和精神文化生活两个方面。在物质生活方面，通过老年教育活动所取得的知识对老年人的实践具有重要的指导作用。老年人通过学习获得知识，能够帮助有余力的老年人实现二次就业，老年人可以依据丰富的生活阅历和实践经验以及结合当下面临的问题重新架构已有的知识体系，指导实践，进行创造性活动。在精神层面，老年人在经过成年期的职业生涯奋斗阶段后，伴随着社会的进步生活

---

[1] 杨兰．学生的主观能动性：一种无形的教学载体 [J]．当代教育论坛，2013(5)：39-43.

[2] 注：教育既不能超越它所依存的社会条件，也不能违背老年人身心发展的客观规律，任意决定人的发展。教育对老年人的主导作用并不是万能的，老化过程带来的是身体机能的逐渐下降和认知能力的逐渐减弱，教育对老年人发展所发挥的作用也会随之不断减少。

水平逐步提高，社会保障制度逐步完善，不必再为基本的物质生活而担忧，精神方面的追求对他们来说更为迫切。自我发展与完善是一种层次更高的需求，教育具有满足个体这方面需求的功能。老年人进入学校后，可以按照预定的方向接受教育，满足增长知识、增添快乐、抗衰益寿、陶冶情操、完善人格、学以致用、服务社会的需要，成为健康、上进、适应社会发展需要的老年人，展现现代老年人的新形象，继续在老龄化阶段发挥余热。

四、老年教育在老年人身心发展中的作用

埃里克森（E. H. Erikson）提出，老年人发展的可塑性仍然存在，但是它所能达到的最高限度仍是未知数，而且它本身也具有变化性或可塑性。在现代长寿社会里，老年个体的寿命差异是很大的。不同老年人在老年期的年龄跨度最大可达到 30 ~ 40 年，超过了人生历程中的儿童、少年、青年、中年任何一个阶段，因此，对老年人开展教育，具备可行性和必要性。老年教育对老年人身心发展的作用主要体现在以下几个方面。

（一）保持或促进老年人身体健康

健康长寿是所有人特别是老年人追求的目标，是老年人生活质量最基础的保证。老年人在家庭、朋友和社会上的受尊重程度，同个人的经济地位、文化水平、工作能力和健康状况有关，而随着年龄的增长，健康状况是越来越重要的"砝码"。由于年迈体衰和各种疾病的困扰，老年人非常容易出现各种生理疾病，加上很多老年人文化程度相对较低，缺乏必要的预防疾病的常识。另外，不良习惯，如吸烟、酗酒、营养失调、滥用多种药物等也都会对机体产生损伤。我国老年人口的健康状况整体较差，据统计，60 ~ 70 岁年龄组患病率上升到 64.7%，完全自理率降低到 76.3%，70 岁以后患病率达 77.2%，完全自理率只有 21.8%。[①]

在保持老年学员个体的身心健康，维护其良好精神形象，获得尊严和尊重等方面，老年教育功不可没。我国以老年大学为主要形式的老年教育开展了近 30 年，为了满足广大老年学员的热切需求，健康教育始终是主要内容和重点课程。据统计，几乎大部分老年大学都开设了诸如中西医基础理论、卫生保健、营养烹饪等与维护健康有关的课程，普及和推广医疗保健的知识。

---

① 苏琳，苗懿德.老年抑郁症 [J].全科医学杂志，1998，3(1)：42.

学习保健或营养学知识，有利于老年人科学预防各种疾病，注重健康饮食与身体锻炼，合理安排作息时间，从而保证身心健康。因此，老年教育的课程在设计与实施时，需要传授给老年人一些基本的保健知识，以求老年人能在此方面学以致用。从我国很多老年大学里择课情况看，反响最好的课程就是医疗保健课。例如，很多老年大学课程中开设的"老年保健""高血压病的预防和药物治疗"等，由于讲授内容针对性强，深受学员欢迎。[①]

除此之外，在老年大学里，各种文艺、体育的课堂教学和课外活动，使广大老年学员的身体素质普遍得到了改善和提高。为此，许多学员盛赞老年大学"给了第二次生命""焕发了第二次青春""是老年人的乐园和健康基地"。[②]

（二）丰富老年人的精神世界

老年期最重要的生活目标，不外是追求健康幸福的生活。我国在《老年教育发展规划（2016—2020）》中也提出，要让老年人"老有所乐"，形成有中国特色的老年教育健康发展新格局，健康是身体层面的，幸福则为情绪及精神层面，两者互为因果，相辅相成。

年龄的增长、生理的不断老化都会直接或间接地影响老年人的情绪变化。进入老年期，老年人在社会舞台上的角色发生了很大变化，活动范围缩小，生活内容由社会领域为主转变为以家庭和社区为主，老年人的生活常常处于孤独、寂寞、无聊、压抑的状态，严重地影响了老年人的生理、心理和社会生活。[③]参与音乐、绘画、书法、文学等学习活动能够提高老年人的生活趣味性，通过主观幸福感的增强，帮助老年人发展正向的情绪、避免负向情绪的产生，进而实现老年生活的豁达、悠然状态。此外，通过接受心理健康教育的培训，老年人可以直接了解心理认知的基础常识，掌握处理心理问题的基本方法，在面对身心疾病、家庭变故、生活方式改变甚至"空巢""失独"等老年生活中常见问题时，能够平静、理智地对待一切，用平和的心理解决生活、家庭中遇到的问题。[④]

---

① 潘澜.我国老年教育的功能及其实现机制新探 [J].成人教育，2010，30(2)：78-80.

② 岳瑛.教育学视阈中的老年教育 [M].武汉：湖北科学技术出版社，2012：7.

③ 杨玉娟.人口老龄化与社区健康教育 [J].护理研究，2003(17)：1005-1006.

④ 倪永侃.农村老年心理教育：现状、困境及对策探析——基于象山县西周镇的实践案例 [J].当代继续教育，2021，39(1)：46-52.

只有老年人掌握了心理问题的解决技能，才有可能促进晚年生活质量的提升。在参与学习的活动中，通过与其他老年人的交往活动，可以帮助老年人维持正常的人际关系，加强与其他群体、社会的互动以及情感的依附，这些都有利于老年人维持良好的情绪，保持积极主动的生活态度，从而实现老年生涯的最终目标——老有所乐。[①]

（三）提高老年人的认知能力

有的观点认为，老年人离退休后只要吃好玩好就行，没必要费时费力再学习新知识，这种认识明显是片面的。无论是适应新角色，还是适应社会发展，他们都需要掌握新的知识、技能，而这些只有通过学习方可实现。

研究表明，老年人认知功能的下降可以通过学习活动而得到延缓，如记忆、智力、注意力、理解力等许多能力，通过经常参与学习活动可以得到持续增长。戈登（A. Coldenweise）等人的研究也证明，健康和教育可以在一定程度上修复老年人的认知能力，可以阻止老年人大脑内部结构的生理变化，即阻止神经元密集的存储信息的灰质体向纤维性质的白质体转化。[②]人老脑先衰，人的脑力和体力是一个整体，老年人的学习过程，实际是延缓大脑和身体功能衰退的过程。参与学习训练有助于认知和记忆，学习可以减缓或阻止心智能力的下降，甚至能将其延缓到 80 岁以后。大脑受到的信息刺激越多，脑力就越强。老年人在学习各种知识和技能时，需要积极思考，这是激活脑细胞、促进脑运动的直接途径。由此可见，老年人参与学习，借助老年人的自身抽象能力和理解能力较强的特点，继续学习新知识，提高认知能力，总结新经验，不断开发自身的智慧[③]，有利于提高老年人的认知能力，保障老年人的正常生活。

（四）拓宽社会参与的内容和形式

处于老年期的个体不仅面临着社会环境的变化，还面临自己原有角色的转变。随着子女逐渐成熟，老年人家庭地位、父母角色逐渐弱化，不仅要继续扮演父母的角色，还要扮演祖父母的角色以及适应自己在家庭主要

---

① 乐传永，夏现伟. 老年教育提升老年人主观幸福感的功能与策略 [J]. 当代继续教育，2016, 34(1)：4-8.

② 李银银. 体育锻炼对中老年人身心健康效应的研究 [J]. 当代体育科技，2014，4(34)：135-136.

③ 黄燕东. 老年教育与老年福利 [M]. 杭州：浙江工商大学出版社，2016：6.

地位的丧失。在职场上，退休制度迫使老年人从职场中退出，导致老年人职业角色的丧失、改变，导致老年人学习的动机降低，对时代变化与发展敏感度降低，逐渐落后于社会发展的步伐，这对老年人的发展都会产生不利影响。

老年教育强调需要根据老年人的需要和可能性，鼓励其继续积极参与政治、经济、文化、社会等方面的活动和服务，尊重老年人发展的权利和生命价值，成为国家稳定发展的积极因素。未来老年教育在促进老年人参与社会、融入社会的行动中，还将发挥更大的优势。参与社会不仅是老年人的愿望和权利，同时也是社会的需要。老年学员通过参与社会活动，融入社会、适应社会、服务社会，能够提高自身价值和社会价值，并从此过程中获得更多的社会资源。老年学校则可以通过多层次、多内容、多形式的社会活动，提高老年人的社会地位，扩大老年教育的影响，增强老年学校的吸引力和凝聚力，形成老年教育与社会各方面良性互动、可持续发展的良好局面。

第三节　老年教育与社会的发展

　　唯物史观表明，教育的性质为政治、经济所决定，并随政治、经济变革而发生相应的变化，任何历史时代的教育总是从属于该时代的政治、经济，并受其制约和为其服务，老年教育亦是如此，都不能离开时代的政治、经济、文化背景，它必须以人类社会的政治、经济以及文化生活的发展状况为条件，并受其影响制约。老年教育作为一项社会实践活动，是社会生产生活的重要组成部分，对我国社会的发展具有十分重要的社会意义，当然，社会的发展与演进也会对老年教育的内容、形式和方法产生较大的影响。下面将从老年教育与社会治理、老年教育与学习型社会、老年教育与现代信息技术以及老年教育与人口四个方面探讨老年教育与社会发展的关系。

一、老年教育与社会治理

（一）社会治理

　　治理理论始于 20 世纪 90 年代初期，在西方国家兴起，现已逐渐成为社会管理的一个重要理念。治理理论作为新公共管理的研究成果，重在寻求政府、社会与市场三者之间的合作和互动，通过调动各种力量和资源，建立善治的社会体制，达到社会的和谐与可持续发展的目的。[1] 作为实现一定社会政治目标的手段，相对于国家的统治体制而言，治理体制更多体现工具理性，它以实现和维护群众权利为核心，发挥多元治理主体的作用，针对国家治理中的社会问题完善社会福利，保障改善民生，化解社会矛盾，促进社会公平，推动社会有序和谐发展。党的十八届三中全会提出，"全面深化改革的总目标是完善和发展中国特色社会主义制度，推进国家治理体系和治理能力现代化"，其中将社会治理体制创新概括为，改进社会治理方式、激发社会组织活力、创新有效预防和化解社会矛盾体制、健全公

---

[1]　俞可平. 推进国家治理体系和治理能力现代化 [J]. 前线，2014(1)：5-8，13.

共安全体系四个方面，为深刻理解社会治理体制创新在国家治理现代化中的功能定位提供了导航作用。①

（二）社会治理为老年教育的发展提供了新思路

社会治理，就是在特定的社会基础之上，由自上而下的社会管理以及自下而上的社会自治共同构成，它是政府、社会组织以及公民个人多方对公共事务和公共生活的合作管理。②③与社会管理不同，社会治理主张多元主体参与，协商共治。在社会治理视角下，老年教育发展要依靠政府、市场、社会组织和公民等多方主体的力量。社会治理过程中，各方主体积极互动，充分进行民主协商，朝着维护和保障老年人接受教育的基本权利、共建共治老年教育、共享老年教育发展成果的目标迈进。④

从社会治理共建共治共享的价值追求与老年教育的精神内涵要求来看，以人为本，促进人的发展、提高人的生活质量和维护社会稳定是老年教育与社会治理共同的出发点，两者在价值追求、目标达成、运作过程上具有一致性，因此，二者之间是高度契合的。老年教育作为社会治理的重要内容之一，必须运用社会治理理论加以研究，探讨如何通过政府、市场、社会组织和公民等多方主体的协商合作，突破老年教育发展的瓶颈，保障老年人接受教育的权利，促进老年教育健康持续发展。

（三）老年教育在社会治理中的重要价值

社会治理进程会影响老年教育的发展，老年教育的发展也在一定程度上推动了社会治理内生力量的增长。老年教育要主动适应社会发展，增加老年教育供给，在更深层次和更高水平上，注重老年教育与经济社会发展相适应。⑤

1. 作为老年人养老的重要依据和保障

我国庞大的人口基数意味着需要着重强调社会保障问题，同时也引发了社会对老年教育的养老保障功能的思考。养老保障的内容包括养老资源的供给和养老方式的构建。养老资源包括物质资源、服务资源和精神慰藉；

---

① 姜晓萍. 国家治理现代化进程中的社会治理体制创新 [J]. 中国行政管理，2014(2)：24-28.
② 殷昭举. 社会治理学 [M]. 广州：广东高等教育出版社，2014：104-126.
③ 俞可平. 走向善治 [M]. 北京：中国文史出版社，2016：103-113.
④ 陈芸. 社会治理视角下广州市老年教育发展研究 [D]. 广州：华南理工大学，2018.
⑤ 焦辰. 老年教育的经济学研究 [J]. 天津职业院校联合学报，2019，21(4)：89-92.

养老方式是指养老资源的提供方式和供养模式以及供养体系的运转等，其中，供养模式分为社会、家庭和个人。我国现阶段提倡采取以家庭养老为主结合社会养老的多种养老形式。我国的养老保障制度不是仅仅让老年人单纯追求长寿，而是让老年人活得健康，有尊严、有价值。

30多年来，老年教育已经在事实上承担了多项养老的功效。如在养老资源方面，为老年人提供了精神慰藉；在养老内容上，为老年人提供了教育、文化、科学等内容；在供养模式上，属于社会养老的一种模式。很多的老年人已经形成了一种共识，即把上学作为退休后新的生活方式和行为方式。因此，未来我国的老年教育不仅仅具有教育的性质，是终身教育的最后阶段，是学习化社会的组成部分，还应该成为老龄化社会中养老保障的重要形式。

中国是一个未富先老的老龄化国家，养老供养体系不同于西方发达国家，应与中国当前经济、社会实际相结合，充分反映当前国情的老年供养体系。建立有中国特色的老年供养体系是我国养老保障制度追求的目标。依据我国国情，在一个相当长的时期内，中国仍将采取以家庭养老为主、社会养老为补充的养老形式。不论社会养老或家庭养老，都需要对老年人精神状态加以重视，都需要以教育养老、文化养老、科学养老为内容。因此，老年教育将以其"以教促养、以学促养"的独具特色的方式，为广大的低龄老人、健康老人、居家养老的老人所接受、追捧，为负有养老责任的社会所认可。

2. 催生老年教育相关产业

老年教育推动社会治理的根本动力还是来源于老年教育本身。作为社会治理的推动力量，老年教育可以通过老年教育产业作为推动经济增长新的契机。老年教育产业是老龄化产业的组成部分，如果把老龄化产业划分为满足老年人生存需求、精神需求和发展需求三种类型，那么老年教育产业则兼顾精神需求和发展需求。老年教育产业是指以老年人口为对象开展的教学、娱乐、服务机构及其他相关机构所开展的生产、制造、教育、销售及服务等一系列活动，目的在于维护老年人继续接受教育的权利，满足老年人不断增长的精神需求、文化需求和老年教育产品的市场需求，改善老年人生活品质，实现老年人的社会价值和个人价值，推动个人、家庭和社会的相互融洽与和谐发展。

随着我国老年人口数量的逐步加大，老年市场也蕴含着巨大的发展潜力。从老年教育产业中寻找新的经济增长点，通过老年职业教育强化劳动力人口的职业技术培训，可以加快培养老年产业职业经理人、经营主体带头人等，应特别关注区域内高学历高技能老年人才的培养，邀请他们加入老年教育产业的发展中来，推动老年教育结构的优化。尽管目前老年教育产业的发展已初露端倪，但毕竟仅仅是处于一种萌芽状态。虽然现有的老年教育产业仍不能以营利为主要目的，但其自身特点及社会发展趋势决定了老年教育产业具有极大的发展空间。[①] 通过老年教育与市场携手对老年教育产业的发展展开深入研究，以促进老年教育产业的发展很有必要。

3. 化解社区矛盾

改革开放以后，伴随着单位制改革和市场化的推进，城市的基本单位——社区发生了分化，复杂的矛盾导致社区冲突的类型增多，主要表现为以下四种类型：第一，社区居民与各级管理者之间存在矛盾与冲突。当社区管理者忽视居民的正当、合理的需求时，后者会把不满情绪反馈于社会，如果各级政府处理不当就会很容易激化社区居民与各级管理者之间的矛盾。第二，社区公共权力与公民权利的冲突，主要表现为社区居委会与社区居民之间的权利冲突，如某些社区居委会在选举中的不规范或履行工作职责时存在缺欠导致社区居民法定权利与实际行使权力不符合。第三，社区之间的文化冲突。这一冲突首先表现在失业下岗人员身上，他们在由单位人变成社区人的过程中，心理、情绪、习惯、行为方式等方面陷入了严重的矛盾境地。第四，社区文化冲突还表现在外来流动人口身上。农民工常常陷入自我身份认同困境，把自己定位为"外地来的"，形成本群体内部的一种内卷化的关系认同，成为游离于城市和农村之间的双重边缘人。[②] 社区内的多重社会矛盾发生在社区各个群体中，严重威胁了社区内的安定和多边群体的利益。老年人作为社区活动的重要群体，容易被社区的各种矛盾纠纷卷入其中。

目前很多大中型城市社区建设了社区学校、文化活动中心、老年活动室以及办学点等场所，通过这些场所开展各式各样的教育活动，尤其是向

---

① 徐小明，佟杰.老年教育产业发展可行性分析及建议——以辽宁省沈阳市苏家屯区为例 [J].当代继续教育，2017，35(3)：50−55.
② 卜长莉.当前中国城市社区矛盾冲突的新特点 [J].河北学刊，2009，29(1)：128−131，144.

老年人提供学习、活动和交流的场所。社区开展老年教育活动，向老年人提供相应平台及公共空间，使其积极参与到社区活动中，通过自我组织来解决社区中存在的矛盾以及问题。此外，通过老年教育能够加强老年法律维权工作，可保证老龄事业可持续发展，提升老年人生命以及生活质量，促进其家庭和睦，对于社区治理也有重要意义。

二、老年教育与学习型社会

（一）学习型社会的起源

最早提出学习型社会这一概念的是美国学者赫钦斯（R. H.Hutchins）。1968 年，时任芝加哥大学校长的赫钦斯出版了一本名为《学习化社会》（*The Learning Society*）的著作。自此以后，学习化社会这一概念就逐渐地流行于国际教育与发展领域。在他看来，"学习化社会就是除了能够为每个人在其成年以后的每个阶段提供部分时间制的成人教育之外，还成功地实现了价值转换的社会。成功的价值转换即指学习、自我实现和成为真正意义上的人已经变成了社会目标，并且所有的社会制度均以这个目标为指向"。他坚信，"学习社会的美好前景一定能够实现。一个经由教育而走向文明、人得以成为人的世界共同体最终是有可能的"[1]。学习型社会的理念引入中国后，普遍被认为其应该具有以下几方面的特征：学习作为社会的核心理念已经渗透到社会每个成员的心中；在全社会终身学习文化的氛围下，学习成为全体社会成员的自觉行为和终生行动；每个人所接受到的学习机会平等；学习不再局限于传统的学校系统而扩充到整个社会范围内；每一个成员可以在理想的环境中得到可持续发展。[2]

（二）学习型社会背景下老年教育发展的新机遇

学习型社会所提倡的终身学习理念要求通过全民学习、终身学习，促进人的全面发展。老年教育是终身教育的重要切入点，是社区教育的主要任务，因此，建设学习型社会，实现终身教育，必然以发展老年教育为依托，不断丰富完善社区教育的内容、制度，促进社区教育的全面发展。

学习型社会背景下，全民终身学习成为趋势，为老年教育的发展提供

---

[1]　顾明远，石中英 . 学习型社会：以学习求发展 [J]. 北京师范大学学报 (社会科学版)，2006(1)：5–14.

[2]　朱新均 . 学习型社会建设的理念、路径和对策 [J]. 现代远程教育研究，2011(1)：3–11.

了契机。首先，学习型社会背景下终身教育的普遍开展，丰富了老年教育的内容。如娱乐文化学习范围扩大，包括中青年人喜爱的舞蹈、刺绣等，老年人喜爱的戏曲、棋类、大秧歌等；社区体育运动项目不断增多，既有中青年人喜爱的篮球、排球等，也有老年人喜爱的门球等。老年人在娱乐及锻炼身体过程中接受教育，学习新知识、开拓新视野。其次，学习型社会改善了老年人的学习条件。在学习型社会构建过程中，社区学院、成人学校逐步发展壮大，社区学院、成人学校是社区教育的重要场所，同时也是发展老年教育的重要平台。老年人可利用社区其他资源，如学校包括大学的教育资源来扩大自己学习的范围和层次。可见，在学习型社会背景下，社区老年教育内容不断丰富，教育条件不断得到改善，为老年教育的发展提供了契机。

（三）老年教育能够有效推动学习型社会建设

学习型社会的基本特征主要有：学校的终身性、教育的整合性、资源的开放性、管理的自主性、组织的服务性、功能的全面性等。学习型社会的基本特征与老年教育的基本特征具有许多相通之处，体现了人本主义思想中对发展个性的诉求。作为人生最后阶段的教育，老年教育实现了学习型社会提倡的"人人皆学、处处能学、时时可学"的学习理念在时间上的闭环，学习也开始成为老年人的自觉行动和长期行为；通过学习，老年人可以弥补青少年和成人阶段的遗憾，有利于进一步促进教育公平；学习的范围也从青少年、成年人进一步覆盖到老年人，社会上的每一个成员，包括老年人都可以在良好的学习环境中得到发展，从而实现全民终身学习，大大推动学习型社会的内涵式发展。

1. 拓展学习型社会的受众群体

老年人作为社会群体的重要组成部分，培养老年人才能够为学习型社会的建设增添后备力量。在老年阶段的学习，拓展了学习型社会的受众群体，老年人可以不再依赖子女，不再成为社会的负担，他们也同年轻人一样在学习、在进步，很多老年人因此重新走上工作岗位。比如在澳大利亚的职业技术学院，60 岁的老年人和 20 岁的年轻人在同一间教室共同学习一项岗位技能，是很寻常的事情，许多老年人也因此得到新的工作岗位。由此可见，老年教育帮助老年人就业和提高收入在西方发达国家已是相当普遍的现象。此外，寿命的延长增加了可工作的年限，而且随着第三产业和知识经济的发展，也极大地减轻了工作对于体力的要求，而现代网络技术的发展也使得许多老年人在家即可以完成多种工作,许多老年人在达到退休年龄以后至少还可以再工作 10～15 年。老年人继续工作的最大障碍是原有的知识和技术已经变得过时和老化,而教育可以帮助他们获得新知识与新技能。所以在美国的许多州立大学,只要有空位,均对老年人开放,老年人享有减免学费的政策。[①] 我国教育历来重视知识的传承,把教育看作传授或传递前人知识和经验的活动,教育对现代老年人力资本的有效投入,使传统社会中视老年人为负担的观念有了很大改变,使"人人可学,时时可学,处处可学"的学习理念深入老年群体。"第三年龄阶段"的创造力在知识界和智力劳动中有了更多的体现,老年群体为社会继续奉献的精神将使世界变得更有生气。[②]

2. 构建完整的终身教育体系

在当前我国老龄化程度不断加深的社会背景下,如何解决部分老年人学习愿望不强、学习能力不足、接受新鲜事物动力不足等困境,如何推动学习型社会建设来促进老年人的自我发展,推动老有所养、老有所用的新时代养老体系的形成,已是摆在研究者面前的重大课题。[③] 知识增长和扩展的无限性,决定了"学无止境"成为社会的基本生存状态和运行准则,老年人理所当然成为教育对象之一。老年教育的发展传承了终身学习文化,拓展了学习型社会建设的内涵。根据学习型社会的建设要求,我国需要构建纵向衔接、横向沟通、纵横整合、内外协调、整体优化的终身教育体系;社会信息网络学习工程中,社会成员的网络学习的参与率达到相当的比例;图书馆、文化馆、博物馆、科技馆、媒体等高度发达和完善,各类学习材料丰富多彩,能够不断进行更新补充;为社会成员时时、处处的终身自主学习提供便捷的学习平台和资源。社会学习活动的参与者不再局限于儿童、青少年,社会中广大的成年人、老年人也开始要求提供学习机会并参与学习活动,整个社会就是学习者的学习场所。在学习型社会里,学习不仅成为一种社会时尚,而且会发展成一项事业,并成为公民的法定权利和义务,成为从那种狭隘、功利行为转变为主动的、贯穿生命全过程的自觉意识和生

---

① 黄燕东.老年教育:福利、救济与投资 [D].杭州:浙江大学,2013.
② 潘静静,程承坪.中国低龄老年人力资源开发研究 [J].当代经济管理,2013,35(3):65-71.
③ 侯怀银,尚瑞茜.学习型社会研究的现实图景与中国特色 [J].现代远程教育研究,2020,32(6):52-59,103.

活需求，老年人在这种学习活动的最后一环，也构成了完整的终身教育体系。

3. 推动学习型团队的创建

学习型机关、学习型社区、学习型企事业单位、学习型团体、学习型家庭构成学习型社会的基本单位，是衡量学习型社会是否建立的重要标志。随着全民学习、终身学习理念的不断深入，组建学习团队已经成为受市民喜爱的一种组团式学习方式。

叶忠海认为，当学习团队生成和发展覆盖全社会之时，必然是学习型社会基本形成之日。学习团队是指社区成员基于共同的学习兴趣爱好，为达到共同的学习目标，相互协作而自发形成的社会群体。学习团队是充满活力和富有生命力的"社会学习基因"，是构成学习型社会的基石和社会基础。学习团队的表述，明确了几个问题：社区学习团队是一种有着共同目标的学习群体；学习团队是以"学习"为核心理念和主要实践活动的社会群体；学习团队是以"自主""协商""开放""共享"为基本特征的学习群体；学习团队是主要由社区成员自发形成的自组织。[①]老年人在接受教育的过程中能够逐渐培养自己的喜好，并根据自己的喜好和特征组成一定特色的学习团队，其在本质上是自发的和非正式的，主要特征有组织内部结构扁平，信息多样且开放化，各个成员之间关系平等，并且组织能够不断调整内部结构关系等。老年教育为组建学习团队提供了平台和契机，老年学习组织在构建学习型社会过程中具有重要作用，以有效的老年群体组织为媒介和平台，才能有助于学习型社会向着良性循环的方向发展。老年学习团队的最大特点在于所有团队成员因为共同的兴趣爱好组建学习群体，为了相同的目标而一致前行。在此过程中，各成员追求的目标不仅仅在于提高技能，而更多追求的是一种情感的体验和分享，在协商交流中找到集体的归属感，从而培养每一位居民对于自己社区的认同，加强学习活动的参与，从而提升终身学习意识。

三、老年教育与现代信息技术

（一）现代信息技术教育

教育的发展不仅受到一定时期政治、经济、文化的影响，同样也受到

---

① 叶忠海. 学习型城市建设研究 [M]. 上海：同济大学出版社，2011：11.

信息技术的影响。信息化是人类社会发展进步到一定阶段的必然结果，是在信息技术、数字化技术和生物工程技术等先进技术基础上发展起来的。教育信息化是教育现代化的基础，是我国教育现代化的鲜明标志和重要内容，以教育信息化驱动教育现代化是当前世界教育改革发展的一大趋势。党的十九大报告做出中国特色社会主义进入新时代的重大判断，开启了加快教育现代化、建设教育强国的新征程。现代信息技术的发展以及广泛应用，使人类以更快、更便捷的方式获得并传递人类创造的一切文明成果，它提供给人类非常有效的交往手段促进全球各国人民之间的密切交往与对话，增进相互理解，有利于共同繁荣。① 现代信息技术使教育对象的视野和实践经验得以扩大，尤其在国家面对重大疫情或者各种突发状况之下，人们普遍接受了基于多媒体网络等为手段的学习方式和手段。随着科学技术的逐步发展，教育的内容、体系、学校类型和学校规模等都将受到现代信息技术的影响，并为教育资料的更新和发展提供各种必需的思想要素和技术条件，未来教育的重点也将是在信息技术的支持下增进学生主动参与学习活动并实现有效学习的真正变革。

纵观历史，现代信息技术与教育的发展，总体水平上是同步的，并且现代信息技术对教育的影响必须通过适宜的社会制度和文化传统才能起作用。

（二）现代信息技术对老年教育的影响

现代信息技术的发展，大大增加了人们接触信息和数据的可能性，从而进一步推动了教育领域的变革和创新。在老年教育领域，实现教学内容的创新，激发老年学习者探究式、创造性学习；实现学习者自主探索与合作交流结合，课堂教学与实践体验结合，传统课堂教学与远程学习、在线学习结合，必然会引发老年教育学习方式、教学组织的变革。

在老年教育对象方面，现代信息技术能够兼顾不同群体，关注各类老年学习需求。首先，从健康程度看，老年信息技术教育能够面向身体健康、行动方便的老年人，也包括行动不便、部分失能、患有认知障碍的老年人。相关供给机构能够针对不同健康程度老年人信息技术应用的需求和可能性，设计开发不同的培训内容和形式。从生活环境看，既包括居家生活的老年人，也包括住在安老院所、日间护理中心的老年人。从教育程度看，信息

---

① 徐影. 教育学考研应试宝典 [M]. 北京：北京理工大学出版社，2019：3.

技术教育的课程学员涵盖不同文化水平所有人群。从信息技术能力基础看，兼顾零基础或者具备一定信息技术能力老年人的不同需求，开发不同程度的课程，为老年人提供了更大的课程选择空间。

信息技术的发展改变了老年人的学习方式，学习空间的延伸扩大了老年教育对象和范围，使得老年教育缓解了"一票难求"的迫切度，越来越多的老年人能够通过在线学习平台获取教育信息，老年人与社会的连接也更加紧密。空中课堂打破了时空限制，针对老年学习者的个性化学习需求提供了多样化的学习活动选择和帮助，满足了老年人的学习愿望，促进了人人皆学、处处可学、时时能学的终身学习理念的实现。

信息技术进入老年大学课堂后，学习活动的开展形式也变得空前的丰富。线下课堂和在线学习平台的云互动成为新型课堂建设的主要模式。互联网开展的老年教育活动，具有更强的网络化和社会化特点，该模式能够将信息技术的发展与老年教育的课程充分融合，早期老年教育的课程内容可以是实用电脑操作、中文输入法等，近年的课程不仅可以涉及当下的主流媒体和应用，如平板电脑、智能手机、Facebook、微信等，还可以包括VR工作坊、云端工具、智能家居工作坊、智能安老新体验、无人机及航拍实验等信息技术发展和应用前沿领域的内容。[①]

（三）老年教育推动现代信息技术发展

老年教育作为一项有目的、有组织的教育活动，需要教师精心设计教学课程，选择教学工具，并根据一定的教学目标安排课程。随着我国老年受教群体的日趋广泛，老年课堂的表现形式也更加丰富多彩，除了课堂教学外，信息技术也以越来越多的教学形式被采用到老年学习群体中来，面对这一数量庞大的受众群体，信息技术本身必须做出相应调整，以适应老年学习群体的需要。目前，各老年大学所使用的学习载体内容不尽相同，其中，纸质媒介与电子媒介较为普遍。两种媒介的区别就在于，纸质媒介相对静止，符合老年人生活习惯；电子媒介相对动感，具有播放、自主性强等功能。一般来说，功能齐全、绚丽多彩的应用更容易吸引年轻人，对于老年人来说，这样的设计可能并不符合他们的认知、生理特征，所以研究设计多样化学习工具已成为众多学者关注的焦点之一。因此，老年教育也向现代信息技

---

① 刘述 . 香港老年信息技术教育的经验与启示 [J]. 终身教育研究，2021，32(2)：58-62.

术提出了众多的要求。

1. 教材多媒化

教材多媒化就是利用多媒体，特别是超媒体技术，使教学内容得以结构化、动态化、形象化地表达。随着信息技术的普及，在教育领域已经有越来越多的教材和工具书变成多媒体化，它们不但包含文字和图形，还能呈现声音、动画、录像以及模拟的三维景象，这样直观生动的教学方式契合老年人的学习特点。例如有一个关于英语词汇的多媒体学习软件，有一幅画面把常用的动作名词和图片汇编在一起，当你选择"chase"（追逐）一词，电脑会用声音告诉你"追逐"就是在某人或某物后面"run"（奔跑）的意思，如果你在两个小孩的画面上点一下，他们就会飞快奔跑起来；如果你还想知道奔跑的确切含义，你再在"run"上面点一下，电脑又会呈现关于"run"的声音解说和动画。在这样的多媒体学习材料中，各画面之间好像有无形的链条互相串联，这种无形的链条被称为超链，这种带超链的多媒体又称为超媒体。多媒体教材的设计丰富了老年人的学习形式，如何把老年教育知识融入现代信息技术中？如何让老年人高质量地通过现代信息技术学习？[①] 这是信息技术结合老年人学习面临的新问题。

2. 信息资源共享化

利用网络，可以使全世界的教育资源连成一个信息海洋，供广大教育用户共享。老年教育课程涉及休闲娱乐、生活保健、文化修养、职业技能等多个领域，不同的老年人在成年期积累的知识经验也较为丰富，要想在晚年期提高学习质量，依赖庞大的教育资源作为支撑，这就需要现代信息技术提供资源共享的支持。以前信息技术只是课堂上的一种辅助手段，现在已成为一种学习应用平台，老年人可以通过多信息源快速接收信息，通过网络快速沟通和交流是教与学方式不断创新的方向。网上的教育资源有许多类型，包括教育网站、电子书刊、虚拟图书馆、虚拟软件库、新闻组等，通过网络技术建立优质资源共享平台，能够使优质资源在不同的老年学校共享。

3. 教学个性化

由于老年受众群体的广泛性，不同的老年人对学习方式要求也不尽相

---

① 祝智庭. 教育信息化：教育技术的新高地 [J]. 中国电化教育，2001(2)：5—8.

同，学习者在年龄、智力、受教育背景、工作经历等方面情况不同，而在课堂中，教师很难做到个性化教学。习近平总书记指出，要加快建成适合每个人的教育，努力使不同性格禀赋、不同兴趣特长、不同素质潜力的学生都能接受符合自己成长需要的教育。[①] 那么，利用人工智能技术构建的智能导师系统，要能够根据老年人的不同个性特点和需求进行教学和提供帮助，在内容上要贴近老年人的生活，在形式上要生动活泼，多使用"大白话"而不追求冗长的学术性语言，内容组织上要简明扼要，并图文并茂，增强视听效果。针对不同学习特征的学习者设计特色化的学习程序，开展有效的个性化管理也是对当代信息技术提出的挑战。

4. 学习自主化

随着以受教育者为主体的教育思想得到越来越多人的认可，利用信息技术支持自主学习成为必然的发展趋向。如果老年学习者对媒介感兴趣，教师可以尝试探索这种教学方式。以美术课为例，传统的美术课程以现场教学为主要形式，老年人习惯了教师的伴友式教学方式和群聊式面对面的自由交流学习环境，直观的画作与教师直接地引导的课堂效果也比较明显。那么，当受制于社会环境和家庭因素的影响，当老年人无法参与到现场教学中，线上屏对屏教学环境和授课方式究竟怎样激发老年群体的主动性，以何种优势吸引老年群体，引导并推动老年学习者进行自主学习，从而开展更高质量的教学，是老年教育对现代信息技术提出的新要求。

四、老年教育与人口
（一）人口老龄化

中华人民共和国成立特别是改革开放以来，政府通过出台以及实施相关的人口生育和社会政策，极大地影响了我国家庭人口结构。据《中国统计年鉴》对全国人口的抽样调查显示，我国人口世代更替所需比例远超我国生育率，这也意味着我国的少子化现象将一直持续。预测显示，从2015—2035年的20年时间里，中国老年人口比例将会达到20%；此后一段时间，老年人口将占中国人口的五分之一到四分之一。整体而言，在21世纪，中国的人口老龄化程度将一直维持在一个较高的发展水平，中国人口老龄化

---

① 本报评论员.大力推进教育体制改革创新 [N].人民日报，2018-09-17(002).

速度之快令人惊讶。[①]

中国的人口老龄化是两方面力量作用的结果：一个是人口出生率持续、快速地下降；另一个是物质生活的富足、医疗水平的提高导致老年人平均寿命延长。但是，与发达国家不同，我国应对人口老龄化的经济实力较为薄弱，人力、物力、财力、观念和制度保障等方面都存在不足，很多老年人缺乏社会养老保障，即使有保障的也是低水平保障。我国人口老龄化的表现形式有：

人口老龄化使劳动年龄人口比重下降，人均老人赡养比重上升。

人口老龄化对投资、消费、储蓄和税收都带来相关影响。

人口老龄化使政府用于老年人的财政支出增加，财政负担加重。

人口老龄化、高龄化影响家庭结构和赡养功能。

人口老龄化致使完成脱贫任务的目标更加艰巨。

养老保障负担日益沉重，老年人医疗卫生消费支出的压力越来越大，老年人社会服务的需求迅速膨胀。

教育对现代社会既有重要的政治意义，也具有重要的经济意义，老年人由于社会环境、生理功能下降以及心理的转变，单纯地依靠自己的能力和劳动无法获得自身的满足，帮助他们实现自我价值，获得独立、有尊严的生活，共享社会文明，是我国老年教育的根本目标，也是公平、共享的核心价值理念的现实体现和内在要求。

（二）人口老龄化对老年教育提出了新要求

1.创建和谐社会的必然需要

和谐社会是民主法制、公平正义、诚信友爱、规范有序、人与自然和谐相处的社会；是全体人民各尽所能、各得其所而又和谐相处的社会。和谐社会需要包括老年教育事业的发展，这既是促进社会公平、正义，建设和谐社会主义、完善社会管理的重要体现，也是实现所有这些社会行动目标的重要途径。当前我国正处于经济发展的高速期，同时也是各种矛盾的交汇期，而老年人这个庞大的社会群体是稳定社会、构建和谐社会的重要力量。发展好老年教育，提高老年人的整体素质则是发挥老年人在构建和

[①] 穆光宗，张团.我国人口老龄化的发展趋势及其战略应对[J].华中师范大学学报(人文社会科学版)，2011，50(5)：29-36.

谐社会中重要作用的有效途径。可以说，发展老年教育，有利于促进家庭和谐、促进人与社会的和谐及人与人之间的和谐，能够加速推进社会主义和谐社会的进程。老年群体的和谐稳定是社会和谐的重要因素，老年群体不是社会的孤立群体，它与社会有着广泛而密切的联系。老年教育就是要通过相应的教育活动，培养造就一代身心健康、与时俱进的老年人，不断提高他们的思想素质，使他们保持一个良好的精神状态，使他们能够自觉地、乐观地为构建社会主义和谐社会而努力。

2. 实现积极老龄化的必然选择

"健康老龄化"（Healthy Aging）这一词最早出现于1987年举办的世界卫生大会，是指在老龄化社会中，绝大多数老年人处于生理、心理等方面健康的状态以及在社会层面上的积极参与和顺畅发展，其目标是整体提高老年群体的生命长度和生活质量。"健康"这一概念涵盖很多方面，包括：（1）老年人个体的健康（指身心健康和良好的社会适应能力）。（2）老年人群体的整体健康（指健康预期寿命的延长以及与社会整体相协调）。（3）老年人家庭健康（指有老年人的家庭代际和谐、老年人婚姻自由、家庭幸福）。（4）老年人较好的经济水平（指老有所养，不为养老发愁）。（5）社会环境健康（指发展健康的生活方式和健康的社会经济机制）。[①]我国的老年教育，从发展之初就体现出了为健康老龄化服务这一目标，具体表现为：（1）为老年人提供生活必需的知识技能。人口的老化会带来社会的冲击，其影响是整体的，老年人自身若要应对社会带来的挑战，就必须通过教育与学习。（2）满足老年人精神生活的需要。老年教育可以引导老年人从家庭小圈子走出来，克服孤独、寂寞与失落，重享集体的友情与欢乐。（3）提高老年人的医疗保健意识。个人在老年期如何做好身心的保健、延缓衰老，这是老年人生活中最重要的目标之一。（4）提高老年人的社会适应能力。社会结构的变化引起家庭结构的变化，老年人如何与中年子女相处，如何扮演好祖父母的角色，如何与老伴相处，如何结交老友，如何参与社会活动等，均成为老年期的重要课题，而这些知能则需要通过学习或教育的途径来获得。（5）启迪老年人体验生命的意义，不仅有利于

---

① 宋全成，崔瑞宁. 人口高速老龄化的理论应对——从健康老龄化到积极老龄化 [J]. 山东社会科学，2013(4)：36-41.

促进老年人的身心健康，还能够帮助老年人树立正确的老年观。[①]

3.开发老年人力资源的必要方式

老年人社会价值的延续和再创造的实现，仅有个人主观愿望是不行的，社会必须为他们继续参与社会发展提供更多的机会和活动空间，通过老年教育进行智力再开发是其中的一个重要方面。在现代社会中，科学技术的发展日新月异，知识更新的速度越来越快，原有的经验已经不能满足社会发展需求，老年人只有靠新知识、技能的补充与更新，才能不断实现自身的资源价值，得到社会的认可与尊重。老年教育作为传播知识、开发智能、培养能力的基本载体，必然要承担起开发老年人力资源这一历史重任，为其已有的经验和能力注入新的"血液"，使其继续服务于社会。开发老年人力资源是应对人口老龄化的一项非常有效的"储备机制"。老年人要再就业进入劳动力市场，应具有再工作或再就业所需要的新技能，而这些工作的新技能只有通过接受教育或进行学习才能获得。开发老年人力资源同时也是应对人口老龄化的一项"适应机制"，人力资本的增加往往带来劳动生产率的提高，加强老年人力资源开发可以缓解人口老龄化对劳动生产率的负面影响，真正把老年人口压力转变为社会发展动力。

（三）老年教育应对人口老龄化的价值意蕴

1.解决人口老龄化引起的社会问题

中国的老龄化与相对滞后的经济发展之间的矛盾，是老龄化社会的社会风险累积的直接原因。特别是在欠发达地区，逐渐加深加快的人口老龄化很可能使其落后的经济难以为继，从而在带来严重的地方财政危机的同时，引发公共安全危机。[②]此外，老龄化所导致的人口年龄结构变化，不可避免地使不同年龄群体之间产生利益冲突。老年人口的大幅度增加，也可能会导致社会管理的混乱。这些问题会随着老年人口的不断增多而比例不断上升。对于农村老年人来说，随着我国城镇化进程和农村劳动力向城市、发达地区的集聚，他们本已面临收入少、社保低的窘境以及"空巢"问题，这也势必造成农村人口老龄化问题的加剧。

在整体人口老龄化进程加快和老年人口不断增长的大背景下，老年教

---

① 段迎超.人口老龄化背景下我国老年教育推进策略研究 [D].曲阜：曲阜师范大学，2008.
② 彭希哲，胡湛.公共政策视角下的中国人口老龄化 [J].中国社会科学，2011(3)：121-138，222-223.

育的性质、地位、功能、形式等都发生了重大变化，我国老年教育逐渐被认为是老年人实现个人全面发展和幸福生活目标的有效方式，是维护社会公平正义与建设和谐社会的重要途径。通过老年教育，宣传党和国家的方针政策，使老年人时刻掌握国家和社会动态；教会老年人维护身体和心理健康的方法和途径，促进老年人健康，丰富老年人晚年生活；开发老年人的智慧和人力资源，使老年人宝贵的精神财富再次为社会所利用。从老年人的社会影响力来说，老年人作为长者，在群众中有较高的威信和影响，对社会发展稳定具有重要作用。因此，通过老年教育这个平台，把老年人组织起来，充分发挥优势，对于密切党群、干群关系，缓解社会矛盾、维护社会稳定和谐具有重要意义。

2. 提高人口整体素质

首先，受中国传统文化的影响，老年人的家庭本位观念深重，很多老年人仍然有极强的"无限责任"观念，以家庭为本位，希望将时间投入家庭劳务、孙辈抚养之中，继续为家庭服务。发展老年教育，不仅是提高老年人素质的有效方式，也能够影响到老年人的子辈、孙辈家庭关系以及邻里和谐，进而提高人口生活质量和人口整体素质。从人口的角度来说，对老年人实施的教育，直接影响年轻一代价值观的形成。老年人通过学习，可以学会如何与子女融洽相处，而且能够教授子女一些基本知识，例如，营养卫生、生育保健、人口政策等。

其次，老年人接受教育同样能够提高隔代教养的质量。所谓隔代教养，是相对于亲子教养而言，主要是由祖辈担当起对孩子实施教育、抚养的责任。[1] 隔代教养主要有以下优势：老年人有充裕的时间和精力、有丰富的养育经验和人生阅历、有平和宽容的心态等。如果能够正确运用这些优势，将对儿童的健康成长产生积极的促进作用。由老年人带大的孩子，身体素质好，在生活照料和安全保障方面要强于其他教养方式下的孩子。[2] 一方面能够减轻父辈家长的负担、促进家庭关系和谐，另一方面老年人能成为孙辈与父辈家长的沟通桥梁，隔代教育与亲子教育的作用在某种程度上互相补充。但是，隔代教育也存在一些明显的弊端，主要体现在老年人对孙辈

---

① 李晴霞. 试论幼儿教育中的隔代教养问题 [J]. 学前教育研究，2001(3)：16-17.
② 永娜. 农村隔代抚养现象及其对留守儿童性格和学业的影响 [D]. 北京：中央民族大学，2009.

的溺爱，这可能会对孙辈的成长产生较大的负面影响。同时，老年人部分知识面的不足，也会导致儿童在家庭中无法得到较好的教育，许多老年人凭借旧思想和过时的经验来教育孙辈，隔代教养质量可能因此下降。因此，老年教育质量的提高会直接影响代际教育的质量和儿童的家庭成长环境。

3. 老年教育开发老年人口红利的可行性

首先，老年人口寿命的延长是老年人力资源开发的前提，人口的健康状况是评价一个国家、地区经济和社会发展水平的重要依据。目前，中国社会处于经济快速、稳定、持续发展的轨道，人们的物质生活水平大幅度提高，社会保障日臻完善，各项医疗技术创新层出不穷，公共卫生服务不断改善，健康的生活方式日益普及。按目前的趋势和数据进行预算，到21世纪中叶，我国的平均寿命将接近80岁，假使我国的退休制度还是保持现在状况不变，那么占据近四分之一的人生阶段的晚年将会成为老年人轻松且赋闲的时光，开发老年人力资源将具备很大的潜力。

其次，我国老年人口规模巨大，将为老年人口红利开发提供重要的基础和保障。现代意义的人力资源首先需要具有劳动能力，因此，具有生产和竞争能力的所有人口，不应该受年龄和在业与否的限制。绝大多数低龄老年人和中龄老年人体能和智能依然良好，社会、家庭对老年人的需求为老年人施展才华提供了市场，这就为老年人再就业提供了客观的需求。中国一直以来都是人口大国，也是世界上拥有最多的老年人口的国家，庞大的人口总量造就了一个规模同样巨大的老年人群体，为我们开发老年人口红利提供了丰富的源泉和动力。

最后，老年人力资源优势是老年人口红利开发的价值所在。老年人虽然受到身体状况、心理状况、经济收入以及外在认同等诸多因素的限制，但他们不乏自己的相对优势，可以根据行业能力和知识水平对老年人进行相应的遴选，使之能够更好地服务社会发展。

回顾思考

1. 老年人的全面发展存在哪些基础和可能性？老年教育如何适应老年人发展的规律和特点？

2. 老年人的发展具备哪些方面的特征？

3. 有人说，作为统治阶级的服务工具，教育要体现出政治性，但同时，教育要为经济社会发展服务；又有人说，教育要以育人为中心。作为教育的重要组成部分，你怎么看待老年教育的地位？

4. 如何理解老年教育作为"人力资本"的再投资功能？

第四章

老年教育教学

　　教学是实施老年教育过程中的重要环节，对老年教育目的的达成、教学效果的优化有着重要作用。老年教育教学与普通教育教学有相通之处，也有差异。本章将从老年教育教学原则、教学方法以及教学存在的问题三个方面展开，从而了解、掌握老年教育教学相关的内容。

第一节 老年教育教学概念及原则

一、老年教育教学的概念

教学本质上是教师引导学生认识客观世界，进而促进学生身心发展的教育活动，是教师引导学生学习文化知识的教育过程，是学生在教师的指导下，掌握文化知识和技能，进而发展能力，增强体质，形成思想品德的过程，它的主要因素包括教师、学生、教学内容、教学手段等。[1] 老年教育的教学对象是老年人，从这一特殊对象出发，我们认为，老年教育教学是指老年教育教师通过指导老年人学习，促进他们在知识、技能、人生态度等方面获得发展的一种实践活动，其基本要素包括老年教师、老年学员、教学内容以及教学手段。下面给出了有关教学本质的其他几种说法。

关于教学本质的其他几种说法[2]

①特殊认识说。教学是一个认识过程，又有其特殊性，具体来说，教学是教师教学生认识世界获得发展的特殊认识形式，教育性、间接性是它区别于其他认识活动的主要特点。

②认识发展说。教学是促进学生身心全面发展的过程。

③传递说。教学是传授知识经验的过程。

④学习说。教学是学生在教师指导下的学习活动。

⑤实践说。教学是一种特殊的实践活动，具体来说，有的把教学视为教师的社会实践，是教师对学生进行指导、转变和塑造的活动；有的则将其视为师生共同的实践活动。

⑥交往说。教学是一种特殊的交往活动，具体而言，有的把交往视为教学背景，有的把交往视为教学手段和方法，也有的把交往视为教学内容乃

---

[1] 裴娣娜.教学论 [M].北京：教育科学出版社，2007：2-3.

[2] 李定仁，张广君.教学本质问题的比较研究 [J].华东师范大学学报(教育科学版)，1997(3)：12-21.

至教学目标的关联，认为教学是教师的教和学生的学的统一活动。

⑦认识实践说。教学是认识和实践统一的过程。

⑧层次类型说。教学是一个多层次、多方面、多形式、多序列和多矛盾的复杂过程，教学过程的本质应该是一个多层次、多类型的结构。

二、老年教育教学的基本原则

教学原则是根据教育教学目的，遵循教学规律而制定的指导教学工作的基本要求。[1] 教学原则是教学活动的出发点，也是教学过程的总调节器。[2] 老年教育教学原则是根据老年教育教学规律和教学目标而提出的，在教学过程中应该遵循的基本要求，其目的是引导老年教育教学工作者自觉按照教育教学规律施教，不断提高教学质量，促进老年教育健康发展，从而达成或实现老年教育的根本目标。[3] 教学原则的提出与确定是有效实施老年教育教学活动的前提和基本条件。它对老年教育教师选择教学方式、课程教学内容、教学组织形式等方面发挥着规制和导向作用。老年教育教学与普通教育教学的最大区别在于教学对象的差异。因此，在老年教育教学原则的确定过程中，既要考虑到普通教育教学中的"直观性""教学相长"等共性原则，还要关注老年教育教学的特殊之处，明确其"灵活弹性""差异施教""乐学为先""交流互动"等教学原则。

（一）直观性原则

直观性原则即在教学中引导学生直接感知事物图片、视频，或通过教师的形象、语言、动作描绘学习内容。运用直观性原则教学，能够使学生获得丰富的感性认识，让学生更加直观、深刻地掌握所学的知识要领。根据教学活动的需要，运用生动形象的直观手段，让学生直接感知学习对象，从而提高学习效果。一般来说，直观的具体手段包括三种：一是实物直观或教师的示范教学；二是直观图像，运用各种手段对事物的模拟，包括图片、图表、模型、幻灯片、录音、录像等；三是语言直观教学。[4] 贯彻老年教育教学的直观性原则，需要做到[5]：

---

① 长沙市老干部大学. 老年教育课堂教学论 [M]. 长沙：湖南教育出版社，2018：21.

② 李秉德. 教学论 [M]. 北京：人民教育出版社，2011：74-75.

③ 长沙市老干部大学. 老年教育课堂教学论 [M]. 长沙：湖南教育出版社，2018：22.

④ 叶瑞祥，卢璧锋. 老年大学教学论 [M]. 广州：广东高等教育出版社，2016：56.

⑤ 长沙市老干部大学. 老年教育课堂教学论 [M]. 长沙：湖南教育出版社，2018：38-39.

一是要注重教学内容图像化。随着现代科技的发展，老年教育机构也要充分利用现代化的教学手段，如多媒体录像、录影等图像化教学，能够使课堂的内容更加视觉化，进而充满趣味性。二是要发挥好教师的示范作用。教师的示范能增强学员的学习兴趣并取得实效。在一些技能型的课程，比如插花、手工、烹调等的教学中，教师的示范是最为直观有效的。比如，在插花的课程教学中，教师要注重进行完整的示范，又要注重分步讲解，将插花教学的重点和难点突出强调，或者进行反复示范。此外，还要选择恰当的直观手段，直观手段的选用要符合老年教育教学的具体目标和课程教学的基本特点，有时需要运用生动明确的描述语言，有时需要用灵活灵动的身体形象，比如舞蹈，从而达到更加直观的效果。①

（二）教学相长原则

"教学相长"出自《礼记·学记》，强调教与学两方面相互影响与促进，并逐渐演绎为教学过程中教师与学生双方互相促进、共同提高的过程。在老年教育教学过程中，"教学相长"原则更为适用。一方面，老年教育教学同样须遵循一般教育教学规律，有教师与老年学员两个主体，符合"教学相长"的基本条件。老年教育教学相长原则要求在教学中要正确处理好教的关系，既要发挥教师的主导作用，又要充分调动老年学员的积极性。教学活动是教与学的双边活动，是相互依存的。每一次有效的教学活动都有赖于教师的教与学员的学两个方面的相互配合。另一方面，在老年教育教学中，教师要知道老年学员在整个学习过程中，虽然是学习者身份，但是他们可能对某一部分内容、某个问题某一方面有更深的认识，要注意发挥他们的专长，引导他们发挥主动性。而且，老年学员一般年龄比较大，经历阅历较为丰富，甚至有些学员是退休教师等知识分子，他们有很多特长与优势可供教师学习，这就意味着教学过程不仅只是教师教学的过程，还是教师与学员互教互学的过程，这不仅可以活跃课堂气氛，还能够激发教学情绪。②

（三）灵活弹性原则

灵活弹性原则主要强调在老年教育教学过程中，教师在教学方法、组织形式、内容设计、时间安排等教学环节不如普通教育教学那般具有极强

---

① 长沙市老干部大学 . 老年教育课堂教学论 [M]. 长沙：湖南教育出版社，2018：37-39.
② 叶忠海 . 老年教育学通论 [M]. 上海：同济大学出版社，2014：83.

的计划性、一致性以及秩序化等特征，而是需要根据老年学员以及环境变化的实际情况开展富有灵活性、弹性的课堂教学活动。这是因为老年教育教学的对象是老年人，他们在生理、心理、行动、思维意识等方面不同于普通学校的学生。比如，在生理方面，老年学员的身体素质较差，大多数人无法参加活动强度较为剧烈的教学活动；在思维意识方面，老年人随着年龄增长，大脑机能退化，导致他们的思维反应较为"缓慢"，教师不能长时间采取讲授式的教学方式等。因而，面对这一特殊的教学对象，教师需要遵循灵活弹性原则。

首先，从灵活性角度来看，在教学内容上要注重安排适度，通过观察、提问、访谈调查等，了解学员的知识水平和接受能力，并在此基础上灵活确定教学内容。在教学节奏和课时安排上，也要具备灵活性。老年学员按个人的需求管理、支配自己的时间，选择方便、合适的时间进行学习，要求课堂教学的时间要灵活计划、紧凑有致、疏密恰当，既让老年人学习起来能够学有所获，又没有较大压力。此外，在教学方式上或者教学方法上要注重灵活原则，根据不同的教学群体和教学科目进行灵活施教，灵活运用。在教学环境上要注重它的弹性，可以转换不同的教学空间来提升教学效果。

其次，从教学的弹性角度来看，老年教育的教学活动要根据老年人的身心特点，体现出老年教育教学宽松的特点，具体体现为：学习规划弹性，老年学员可以自主规划学习进程；老年学员可以自行决定修读进度；选读科目弹性，老年学员按个人需求和兴趣可自主选读课程。总之，通过非学历性的老年人教育，既要使老年学员学有所获，又不能影响老年人正常生活，甚至损害老年人的健康。[①]

（四）差异施教原则

差异教学是指在班集体教学中立足学生差异，满足学生个别的需要，以促进学生在原有基础上得到充分发展的教学；在班集体教学中，利用和关照学生个体差异，建立在教育测查和诊断基础上，"保底不封顶"，以促进学生最大发展为教学目标，多元化、弹性组织与管理的教学。[②]

老年学员年龄、文化水平、身体状况的差异性，决定了其学习需求的

---

① 叶忠海. 社区教育学基础 [M]. 上海：上海大学出版社，2000：93.
② 姜智，华国栋. "差异教学"实质刍议 [J]. 中国教育学刊，2004(4)：54-57.

多样性。教师应实施差异化、分层化教学，把学员合理地分成水平相近的几个小组，教学过程中给予区别对待。差异化教学策略有：一是建立学习互助小组。教师应充分了解学员现有的知识水平、学习能力、求知倾向和合群意愿，让学习程度差异较大的学员分在一个活动小组中，以利于发挥小群体的力量，开展互帮互学。二是重视个别辅导，这是落实差异化教学原则的典型方式之一。教师应重视课堂现场的巡视、观察，及时掌握每个学员的学习状况，进行现场指导，及时纠正学员学习中的失误。三是提倡复式教学，其特点是教师直接教学和学员练习交替进行。比如，把一个班分为"作业—新课组""新课—作业组"两组。这样有计划地交替进行，既减少了相互间的干扰，又达到了差异化施教的目的。

（五）乐学为先原则

让老年人拥有健康快乐的晚年，是老年教育的目标之一。乐学为先原则强调老年教育教学要注重学乐结合、学中求乐、乐中融学、以乐促学。教师贯彻这一原则的要求是：

首先，注重课堂教学活动的合理化。课堂教学是老年教学的最基本组织形式，教师在教学中应当积极运用合理化的教学方法，如：选择课题从小处着手，删繁就简，贴近老年人的生活经历；授课内容注重实用，循序渐进、浅入深出；教学时间宜短，注意把握老年人的最佳学习状态；讲课速度宜慢，使老年学员跟得上、听得懂、记得住。教师应特别重视自己语言表达的艺术化，即语言要具有形象性和趣味性，做到抽象的概念具体化，枯燥的理论通俗化；用俗语、谚语来表述某些难以言传的知识和道理；以动作等肢体表现来传达教学内容和自己的思想感情；把握声调声音的变化，以形成鲜明的教学节奏，增强教学语言的魅力与吸引力。

其次，重视营造和谐的教学心理环境。教学活动实质上是一种教师和学员的心理交流过程，特别是针对老年人强烈的自尊心理，教师在教学中可采取不考试、不评分、不比较、不批评，完全有别于普通学校教育的教学方式，让学员感到学习气氛的宽松。同时，教师在课外要重视与学员建立起亦师亦友的关系，关心老年人，拉近彼此的心理距离。只有师生情感融洽，相互理解和尊重，他们的学习主动性和积极性才能被充分调动起来。

最后，确保老年教育教学的趣味性。老年教育课堂教学中要将知识技能的学习与美好的情感、愉悦的心情交融统一，使学员学得有滋味，乐在其中。可以从几个方面入手：一是激发学员对授课内容的兴趣，善于挖掘教学内容本身的趣味性。二是激发学员对授课老师的兴趣，老师的教学态度要开朗可亲，要激发学员对班级和学校的喜爱，保证学员之间交流的融洽、人际关系的和谐。此外，乐学为先，可以通过团队组织来带动个人的发展，学校应积极发展和支持团队的建设与发展。

（六）交流互动原则

教学过程的交流环节包括师生之间、生生之间的交流教学，双方的互动与交流体现了学员的主体性，有利于营造自由平等、轻松愉悦的教学氛围，从而提高老年教育教学效果，达到老年教育教学目标。

师生间的交流便于教师了解老年学员的学习基础、教学难点。教师可以采用提问、表演等方式与学员开展互动。教师基于交流的结果，可以选择与调试教学内容与教学方法，激发全体学员踊跃参与、积极思考的热情。具体而言，教师可在三个层面上落实交流互动原则：一般层面的互动是课堂教学，教师要树立以人为本的教学思想，营造民主氛围，营建和谐、平等、开放的师生关系，让学员真正成为课堂教学的主人、学习的主人。特色层面上的互动是"三个课堂"的互动，"第一课堂"即课堂教学，要规范、搞活、夯实；"第二课堂"是指学校内的课外活动和社团活动，这是课堂教学的自然延伸和必要补充，要通过拓展和丰富第二课堂活动，巩固课堂教学成果，并提高学员的学习兴趣；"第三课堂"是指参加社会活动，要组织学员融入社会，用所学的知识和技能为社会服务，实现"老有所为"。网络信息化层面的互动即虚拟与现实的互动，要充分发挥互联网的作用，如利用"百度"查资料，对照视频校正所学动作，通过QQ或微信群批改作业、交流学习体会、开展讨论等，把课内和课外、教师与学员、学员及学员有机联系起来，实现了人人可以学、处处可以学、时时可以学。

对于老年学员而言，老年大学既是老年人的学习场所，也是交友场所，老年朋友在退休后交际圈往往变窄，日常交往以亲人为主，易产生孤寂感。因此，老年大学学员会有比较强烈的互动需要，他们希望师生之间、同学之间在教学过程中形成良好的信息交流，满足老年人丰富人际关系的需求，结交爱好相同，年龄、经历相近的朋友，从而实现共识、共享、共进的目的，减少与社会交往不足的孤寂感，为晚年生活增添乐趣。[1]

---

[1]　马伟娜，等. 中国老年教育新论 [M]. 杭州：浙江大学出版社，2019：113-114.

第二节　老年教育教学方法

　　教学方法是为完成教学任务而采用的方法，包括教师教的方法和学生学的方法，是教师引导学生探讨与掌握知识技能，获得身心发展而共同活动的方法，它具有目的性、双边性以及多样性等特点。教学方法的选择需要遵循一定的教学标准，包括学科的任务内容和教学方法特点；课题或单元（课时）教学目的和任务；教学原则和班级上课的特点；学生的情绪水平、智能的发展和个别差异等；教师的思想与业务水平、实际经验与能力、教学的习惯与特长等。[①]教学方法是实现教学目的和传授教学内容的重要手段，直接关系到教学质量的提高。老年教育必须针对老年学员的特点，采取机动灵活的教学方法，做到有的放矢，真正适合老年人的"口味"。[②]本节主要从课堂讲授法、翻转课堂教学、小组互助教学法、读书指导法、游学参观法、示范练习法、成果展示法等方面进行阐述。

一、课堂讲授法

　　课堂讲授法是一种传统的教学方法，也是老年教育教学中常用方法之一。课堂讲授法是教师以口述的方法向学员描绘情境、叙述事实、解释概念、论证原理、阐明规律、传授知识和技能，使学员采纳接受的一种方法。该方法主要强调老年教育教师在课堂教学中的主导作用。老年学校开设的文学、历史、中医保健类等知识性较强的课程，多采用这种方法。

（一）具体内容

　　讲授法是指教学以学员能接受的简明语言，系统地讲述课程标准所规定的教材。由于教材内容和学员（教学对象）的不同，讲授法常区分为讲述法、讲解法、讲读法和讲演法。（1）讲述法。这是教师以讲故事的方式向老年学员叙述事实材料或描绘学习的对象，说明它的发生、发展的过程及结果。

---

① 　王道俊，等 . 教育学 [M]. 北京：人民教育出版社，2016：215-216.
② 　王清爽，邢文海 . 中国老年教育学 [M]. 石家庄：河北人民出版社，2018：141-142.

这种方法在理论性的课程中比较常用。（2）讲解法。教师用解释、论证来分析教学内容，如解释概念、语法规则、论证公式、定理等。这种方法在电器维修、农业种植等实践性较强的课程教学中也经常运用。（3）讲读法。由一系列较为复杂的教学活动构成，主要包括读、讲、练几个方面。如"书法"课程中的字词教学、"诗歌朗诵"课程中的朗读、默读训练、练习指导等。（4）讲演法。主要由教师对某一主题进行演说论证，演说过程以教师为主，可以穿插一些互动问答。在运用教学方法时，教师的语言表达十分重要，这就要求老年教育教师说话要简明易懂；表达要有生动性和感动性；要以表情、姿势辅助说话；要善于运用语音的高低和强弱；应限制持续讲授的时间。

讲授法的基本步骤包括: 课前组织准备、导入新课、讲授新课、课堂练习、总结、评价等环节。课前组织准备环节，主要目的在于吸引学员的注意力，通过设置若干活动例如呈现图片、音乐、视频、模型、案例等，使学员做好学习的心理准备。导入新课环节，主要目的在于引导学员注意力，在新旧知识之间搭建桥梁，使新旧知识的异同点明确显现，由原有认知推导到新的认知。导入新课的方法很多，例如复习导入、问题导入、故事导入等等。讲授法的导入应注意所呈现的材料具有较大的包容性（能涵盖即将要讲授的新课内容）。另外，导入的设计还要注意能引发老年学员进一步学习的兴趣。

新课讲授环节，主要通过讲述和讲解的方式，帮助老年学员改造和重组认知结构。新课讲解过程一定要注意命题、概念、原理等在推导过程中的一致性。虽然说是以老师讲解为主，并不排斥运用多媒体、模型、实物等认知工具辅助老年学员的认知。

课堂练习环节，主要是对新的认知联结进行巩固强化，同时加深老年学员对新旧知识之间联系的理解。

课堂小结是对认知结构改造和重组的确认、升华和反思。虽然课堂小结所花费的时间不过 1～2 分钟，但是其意义却非常重大。

（二）课堂教授法的优点

（1）能较好地发挥教师的主导作用，教师能够掌握课程进度；

（2）老年学员能够系统化学习，保证知识传授的系统性与连贯性；

（3）成本低，教师用口头语言向老年学员传授知识，不受条件、设备的限制，省时省力，便于广泛运用；

（4）效率高，能在短时间内向老年学员传授较多的知识。

（三）课堂教授法的缺点

（1）不易调动老年学员主动性、积极性，知识讲授过于枯燥；

（2）讲授不能代替自学和练习，讲授过多，会挤占老年学员自学和练习的时间，在某种程度上可能会影响教学质量；

（3）无法照顾老年学员的个别差异，不利于老年学员的个性化发展。

二、翻转课堂教学

翻转课堂将教学内容分解为课前、课堂和课后三步，即课前的微课学习、课堂翻转、课后拓展加深理解和掌握教学内容。翻转课堂使学习更加灵活和主动，能够提高老年学员的积极性和参与度。这种教学方法适用于老年教育的各类课程，比如生活技能类、书法艺术类课程等。在翻转课堂中，教师要改变"以教为主"的传统理念，由主导变为引导，通过引导老年学员学习，从而达到良好的教学效果；通过师生之间的交流谈论，进一步掌握老年学员的学习进度。翻转课堂要求教师具备一定程度的信息技术素养，教师不仅要掌握计算机基本技能，还要学会录制、编辑视频，并利用信息技术工具搜集、获取、传递、加工、处理有价值的信息，以供老年学员参考学习。教师要对学员进行持续的观察，对学习进程进行评估。在实践过程中，教师要及时对老年学员产生的问题进行反馈。一般来说，有效的翻转课堂会重点关注四个方面：师生角色互换、课前设计微课、翻转课堂时间分配、翻转课堂设计。[①]

（一）具体内容

1. 师生角色互换

互换教师与学员的传统角色是翻转课堂的特色之一。在该教学过程，学习的引导者不单只是教师，老年学员成为个性化的学习者，他们自己掌控学习时间、地点和内容。随着师生角色的互换，要求教师使用全新的教学策略构建知识体系，促进学员发展和成长。老年学员主动学习一段时间后，通过讨论、表演等呈现方式来保障学习质量。

2. 课前设计微课

首先，微课设计是翻转课堂教学中最重要的组成部分之一，有效的微

---

① 李学文 . 翻转课堂的教学特征及教学设计研究 [J]. 现代职业教育，2018(7)：29.

课设计关乎课前知识的获取和课堂翻转的质量。因此,微课内容要尽可能短小精干,以讲授和演示视频为主,课件案例、在线答疑、测试、调查和反馈系统等为辅。视频时间以不超过10分钟为宜。其次,教师要通过讨论板块及时和老年学员交流沟通,了解老年学员掌握程度和疑惑,解决他们的学习问题。

3. 翻转课堂时间分配

课前微课学习会有效节约教师课堂讲授时间,为老年学员课上学习节省时间。课堂教学设计基于真实案例会更加有效,让老年人学会团队协作。翻转课堂通过增加学员的课下自主学习时间,以及课后拓展等系列手段提高老年学员的学习效率。因此,翻转课堂时间的分配关系着学生对知识的理解程度以及课堂教学的效果。

4. 翻转课堂设计

翻转课堂教学设计中需要注意以下几点内容:(1)提出问题,教师根据学员课前练习中出现的问题,帮助后者制订学习计划,调动他们自主学习的积极性,提出有价值的问题供学员思考。教师要从指导逐渐转至引导学员自学,让老年人在自学中构建知识体系。(2)协作,在交互学习活动中,教师需要动态收集老年学员的学习状态并及时进行指导,可通过讨论、测试等形式开展,与同伴交流验证自己的想法,头脑风暴解决问题。(3)汇报,在自主学习和小组探讨后,将完成的成果在课堂上向大家汇报,展示作品,分享经验。(4)评价与反馈,评价主体由教师、小组成员、其他团队的同学共同完成。在此期间,不但要注重对学习结果的评价,还要评价学习过程课前、课堂和课后各流程。①

(二)翻转课堂教学的优点

(1)能够调动学员的积极性和自主性,提高老年学员自主学习的兴趣。相对于传统教学模式,翻转课堂教学方法能够突出学生的中心地位,课堂的主角是老年学员,而不是老师。教师在设计好教学计划后,其过程变得相对较短,教师更多的是引领学员讨论。因此,自主学习空间大,有利于提高老年学员的自主学习能力。

(2)增加了老年学员自主学习的时间。翻转课堂教学方法可以与老年

---

① 李学文 . 翻转课堂的教学特征及教学设计研究 [J]. 现代职业教育,2018(7):29.

学员的碎片时间相配合，能够让学员将一些空余时间利用起来，从而增加了他们的学习时间。

（3）增强了教学的互动性。大量使用现代信息技术和手段改变了传统的课堂教学方法。由于多媒体、微课、在线视频的广泛使用增加了教师与老年学员的互动频次，包括课前互动、课堂讨论和课下交流，让老年学员在与教师以及同学的互动中掌握知识与技能。

（4）凸显出个性化教学。这种教学方法把学习的主动性交给了老年学员，老年学员是学习的真正主体，他们需要对教学内容进行提前预习、自我学习、搜集学习资料，而每个学员关注的内容和兴趣爱好等相关，因此，会呈现出个体差异，最后的学习效果也就因人而异，进而凸显了老年学员学习的个性化。

为了更加清晰地了解该教学方法，以"插花"课程为例展开分析：

翻转课堂教材案例——以"插花"课程为例

第一，构建个性化的学习环境。首先可以构建老年大学"微信公众号课程库—班级群—即时通信"的个性化、自主学习网络环境。老年学员可以根据教学要求和老师提出的问题，利用老年大学微信公众号课程库（或者老年学习 App 等）的"插花"学习材料进行个性化学习，遇到"插花"技巧性问题时可通过班级群和老师、同学讨论，也可以直接向老师请教，老师就此进行个性化指导。在这个过程中，教师需要为老年学员自主在线学习的开展提供支持。

第二，课前提供"插花"教学资源。老年大学教师应该在教学前，把每一种插花的步骤、技巧、注意事项等内容制作成微视频，在课前推送给老年学员观看学习。每个微视频时长 5～15 分钟，时间不宜过长，可方便老年学员利用碎片时间进行学习。同时根据学习内容设计思考题、选择题、判断题等题型，通过测试让老年学员更好地掌握知识点，达到既定的学习目标。

第三，分组汇报与展示。课堂教学过程中应把老年学员按照每 3～7 人一组分成若干小组进行思考和准备；课堂上每组就插花视频学习过程中的问题和老师分配到的问题进行分组讨论，总结出答案和结论，然后推举老年学员代表进行汇报、交流和小组评价。教师在此过程中应保持"听众"角色，保证老年学员的"主导性"。在各小组展示交流完毕后，教师针对共性问题进行分析、总结。

第四，教学效果评价。翻转课堂教学效果评价融合形成性评价和总结性评价。根据老年学员们观看"插花"教学资源、问题回答、课堂表现等情况，记录学习过程；让老年学员对自己的表现、学习效果进行自我评价和同伴评价；采用调查问卷的方法，考查老年学员对"插花"课程的翻转课堂教学法的意见和建议，并进一步完善教学方法。

（三）翻转课堂教学的缺点

（1）对教师、学员的能力要求较高，不适合部分高龄老年学员。教师需要在备课以及设计教学计划过程中了解掌握许多新的知识，比如多媒体的使用、线上课程的运用，要熟悉制作各种视频和课件，以及在较短的时间内如何激发老年学员的积极性和潜力等。同理，老年学员也需要掌握基本的智能软件的运用，如智能手机（电脑）的使用、教学视频的播放等，这对部分老年学员来说"门槛"较高，他们不一定适应这种具有创新性的教学方法。

（2）对老年教育机构的软硬件设施要求较高。翻转课堂教学方法的应用需要大量的课前视频资料，这些资料的录制需要较多的时间和精力，而这些都需要老年教育机构投入大量的设施设备。在交互平台的建设中，还要对老年学员进行辅导，因此对其软件、硬件设施的要求都比较高。

（3）部分老年学员的自主学习时间、能力不足。在老年人群体中，有一部分老年学员时间不一定很充裕，能力不强，而翻转课堂教学方法需要保证学员拥有充足的课下学习时间以及自主学习能力，因此，可能会产生学习时间的冲突和自主学习能力的失衡。

三、小组互助教学法

（一）具体内容

小组互助教学是老年教育教师为了让老年学员达成课程学习目标，通过组建团队的形式让老年学员共同完成学习任务的一种教学方法。老年学员在小组学习活动中互相交流沟通、团结协作，从而提升他们的思维能力、沟通能力、协作能力以及团队精神。老年教师在该教学方法中起一定的指导作用，他们负责制定教学目标、分组并在过程中给予指导，从而确保教学效果的有效性。在小组划分时，教师应根据老年学员的文化程度、学习能力、知识基础等进行差异化分组，尽量将学习基础在相同的水平上的学员分到同一组别。不同的教学内容采取不同的教学组织形式，比如辩论、角色扮演、现场模拟等多样化的方式，组织老年学员进行学习，也可鼓励老年学员自己组织小组，如舞蹈小组、书法小组等进行自学。[①]

（二）小组互助教学的优点

（1）小组之间的竞争可以激发学员学习的积极性，这种良性的竞争形成的学习动力，胜过教师高压下学生的被动学习。

（2）小组内的互帮互助，有助于培养学员团结互助的精神和责任感。一个小组就是一个小集体。为了获得小组的进步，维护集体的利益，小组成员必须互相帮助，这样有利于培养他们团结互助的精神及责任感。

（3）小组人员合理搭配，有利于学员之间优势互补，也能依靠同伴力量共同提高学习效率。

（三）小组互助教学的缺点

（1）合作学习容易流于形式，不重实效。小组合作学习不是简单地让老年学员凑在一起，但是在有的教师下达了小组合作学习的指令后，全班学员只是按小组形式组合在一起，可小组成员之间没有明确的分工，学习目的性不强，没有实效性。

（2）学员的主动合作意识不强，合作参与不足。小组活动时，由于学员的参与度不均衡，造成了"优秀学员讲，部分学员听"的局面，这样导致的结果是，能力强的老年学员参与机会明显较多，在小组活动中起着支配的作用，而能力较弱的则显得消极被动，无法积极参与、体验获得知识的过程。

四、读书指导法

（一）具体内容

读书指导法是教师指导学生通过阅读教科书、参考书以获取或巩固知识的方法。对于老年学员来讲，虽然课堂学习有赖于教师的讲授，但终究还需靠他们自己去阅读领会，才能消化、巩固、加深和扩充知识。读书指导法主要包括指导预习、复习、阅读参考书、自学教材等具体环节。指导预习，要向学员提出要求进行启发，找出某些阅读障碍，使学员初步了解学习内容，为学习新课做准备。指导复习，要明确任务，通过布置一定的学习任务，以加深对知识的理解和巩固。指导阅读参考书，要精选合适的读物以及内

---

① 马伟娜，等 . 中国老年教育新论 [M]. 杭州：浙江大学出版社，2019：122.

容因人而异地给予指导。

读书指导法的基本要求，一是提出明确的目的与要求，列出思考内容，让学员自主掌握学习的方向；二是教给学员读书的方法，让他们学会朗读、默读，学会浏览与精读，学会记录读书笔记等；三是善于在读书中发现问题和解决问题；四是要适当组织老年学员交流读书心得，在个人阅读基础上适当组织学员们开展讨论等，以增进读书的收获，培养读书的兴趣爱好。[①]

老年教育教学运用这一方法，一是要选择内容适合老年人阅读的教材。教材是学员获得知识的一个主要渠道，它既要符合学员实际，又要是相关专业最基础的知识。教师要指导学员深入地阅读教材，如提示有关讲课内容在教材的页次以便查找，讲课时指出教材中的重点段落，碰到问题时帮助学员从教材中寻找答案等，这对教学任务的完成发挥着重要作用。二是指导学员学会使用工具书。学员在读书学习时，可能会遇到这样那样的问题，因此，指导学员掌握查找资料的基本方法，如使用工具书以及利用网络等，这是十分必要的。三是指导学员课外阅读。教师要帮助学员选择有关的课外读物，向学员介绍与本专业紧密相关、富有知识性、艺术性的好文章、好图书，扩大学员的知识面。四是指导学员养成好的读书习惯。要指导学员善于掌握所读图书或文章的中心内容，真正学会读懂，并和自己已有的知识联系起来。要学思结合，培养独立思考能力。在阅读时要精读和略读结合，学会拟定读书计划、记读书笔记、写读书心得等。[②]

（二）读书指导法的优点

（1）读书指导法不拘泥于特定课堂教学条件，而是以学员自主阅读、教师指导为主，老年学员拥有充分的学习自主权，能够较大程度上发挥学员学习主动性；

（2）阅读书目往往是教师根据学员的学习需求、学习兴趣而安排的，能够较大程度提高老年学员的学习满意度；

（3）学员能够有效掌握需要学习的内容，养成良好的阅读习惯；

（4）读书指导法具有较强的"黏合性"，可以运用于不同种类的课程之中，同时也可以与其他教学方法配合使用。

[①] 王道俊，等．教育学 [M]．北京：人民教育出版社，2016：220-221.

[②] 王清爽，邢文海．中国老年教育学 [M]．石家庄：河北人民出版社，2018：148.

（三）读书指导法的缺点

（1）由于读书指导法注重学员的自主学习，因此，老年学员所学习的知识不系统，难以起到应有的作用。

（2）读书指导法在老年教育教学中的运用具有一定的局限性。一些老年人因为身体衰弱、视力下降等生理问题，难以开展阅读行为。

（3）读书指导法的关键在于学习书目、学习材料的选择，而老年学员有其自身固有的特殊性，因此，对学习书目的选择具有较高要求。

五、游学参观法

（一）具体内容

游学参观法是指以旅游活动的形式，让老年学员离开常住地前往国内或国外某地，使认知、情感、技能等方面获得一定改变的教学方法。游学参观法是情境教学方式在老年教育教学中的特殊运用，该教学方法强调体验性，即教师要根据老年学员通过参与情境教学深化个体体验，并在体验中学习提高。[①] 开展具有教育性的旅游活动是老年教育的一个新趋势。老年旅游人口的增加和老年人短期技术学习所取得的成效，为开办游学结合的老年教育活动增加了可能性。美国等的高龄者旅游学习比较具有代表性[②]，我国也开设了类似的课程，比如宁波市锦屏街道社区开展的人文行走课程（如表4.1所示），以及上海市长宁区社区大学开展的自助旅游课程。

在教学过程的不同阶段，参观的目的和方式是不同的。（1）在开始学习某课题时，为了使学员积累一定的感性材料而组织参观；（2）在某一课题的学习达到阶段，为了用感性知识来验证或巩固学员所获得的知识而组织的总结性参观；（3）在学习某一课题的过程中，为了巩固和检查学员已获得的知识而组织的参观活动。参观可以理论联系实际。例如，参观工厂，使学员看到生产过程、科学原理在生产中的应用，也了解到工农的劳动生活。同时，还能激发学员对周围事物及科学的兴趣。

游学参观一般经过三个基本步骤：（1）准备。参观是否有效，在很大程度上取决于参观前的准备。（2）进行。在参观过程中，应要求学员注意听取介绍和解释，并做好记录。（3）总结。参观总结起着加深、巩固和扩

---

① 叶瑞祥，卢璧锋. 老年大学教学论 [M]. 广州：广东高等教育出版社，2016：66.

② 马伟娜，等. 中国老年教育新论 [M]. 杭州：浙江大学出版社，2019：123.

大学员知识的作用，参观结束后要指导学员整理好参观的资料。[1]

表4.1　宁波市锦屏街道成人学校开展的"人文行走"课程计划

《基于乡土的低龄老人"人文行走"课程开发的实验》活动安排					
序号	项目名称	具体路线	时间	开展模式	备注
1	开课仪式		2019.9	室内	
2	菩提的微笑之路（弥勒文化）	长汀溯源	2019.10	人文行走	
		馆藏艺术	2019.10	人文行走	
		追寻佛迹	2019.10	人文行走	
		应梦雪窦	2019.11	人文行走	
3	永远的缅怀之路（红色精神）	长征之路	2019.11	人文行走	
		振兴之路	2019.11	人文行走	
		信仰之路	2019.11	人文行走	
		先驱之路	2019.12	人文行走	
4	云端的茶聚之路（奉茶迎客）	云游山川	2020.3 -2020.5	抖音直播	
		云游南山		抖音直播	
5	舌尖的夜宴之路（寻味美食）		2020.6	直播＋人文行走	
			2020.6	直播＋人文行走	
			2020.7	直播＋人文行走	
6	山海的发现之路（枕山襟海）	一张渔网	2020.6	人文行走	
		一张古纸	2020.9	人文行走	

①　叶瑞祥，卢璧锋.老年大学教学论 [M].广州：广东高等教育出版社，2016：63-64.

（二）游学参观法的优点

（1）游学参观法的运用符合老年教育的基本规律，与老年学员的生理、心理以及时间安排等方面具有较强的协调性，能够调动老年学员的积极性，拓展老年人的视野等。

（2）游学参观法注重倡导"玩中学"，是一种较为开放的、自由的教学方法，老年学员能够在"组团"学习中进行交流、体验地方民俗风情，学习气氛较为轻松。

（三）游学参观法的缺点

（1）具有较高的教育成本和风险性。游学参观法需要离开原教学场所，需要一定的交通、食宿以及参观等费用；此外，老年学员的身体素质较差等，在实际教学中存在较大的风险。

（2）教学成效可能不高，易流于玩乐而忽略了学习。老年学员在游学过程中，容易专注于观景、聊天、吃喝、购物等，而容易忽视游学的真正目的，可能会致使学习目标难以达成。

（3）游学参观法的开展频次不高，难以形成体系化、连续性的老年教育教学实践。由于该方法的成本高、风险大、耗时长等，多数老年教育机构只会阶段性开展，实施频次较低，难以完成既定的教学任务。

六、示范练习法

（一）具体内容

示范练习教学法即教师言传身教示范，学员动口动手模仿练习。也就是教师通过对某一种技能或操作程序的示范，配合适当的讲述或现代化教学手段的展示，让学员跟着练习、实践，促使学员掌握技能和操作程序，深化对问题认识的教学方法。这一方法在老年大学的声乐、器乐、舞蹈、书画等学科教学中，被广为运用。在此过程中，学员在教师的指导下，自觉、反复地完成一定动作或活动方式，借以形成技能、技巧或行为习惯。从生理机制上说，它是通过练习使学员在神经系统中形成一定的动力定型，以便顺利、成功地完成某种活动。

（二）示范练习法的优点

（1）为学员提供直观的展示和示范，促使学员运用多种感官进行学习，有利于调动学员的学习积极性。

（2）缩短理论与实践的距离，促使学员更好地理解学习内容，从而举一反三，触类旁通，发展他们的实际操作能力和创造能力。

（3）有利于交流、互动，促进学员的知识迁移和技能训练。对巩固知识，引导学员把知识应用于实际，培养学员的能力具有重要的作用。

（三）示范练习法的注意事项

（1）要有充分的准备，制订详尽的计划，使示范尽量不出任何差错。

（2）尽可能让每一位学员都看清示范的全过程。示范时，教师要加以必要的说明，如操作的要点、难点，容易出现的错误等。

（3）示范要循序渐进，先整体示范，后分解示范，动作要放慢，待学员理解、掌握一个动作和技能后，再进行下一步示范。

（4）教师的示范演示应和学员的练习相结合，教师要通过指导练习，落实示范的教学效果。[①]

七、成果展示法

（一）具体内容

展示就是学员对预习的内容进行了认真深入的学习探究后，在课堂上把所学的知识技能通过操作和语言呈现出来。成果展示法是指在学校和教师的主导下，由学员展出各自作品或演示个人才艺，从而在自主参与和相互欣赏中受鼓励、受启发、受教育的一种教学方法。[②]学员不仅要展示对问题、知识的自我理解和解决问题的独到创新方法，还要展示规范的解说过程，展示学习中的困惑和疑难。常用的展示方式有口头展示、书面展示、行为展示、实物模型展示；展示交流方式有自主展演、现场讨论、知识竞赛、角色演绎等。成果展示法能极强地调动学员探求知识和训练技能的积极性。[③]这种方法符合老年教育的特殊规律，能够把课堂教学与学员兴趣有机结合起来，调动学员的积极性、主动性和创造性，促进学、乐、为协调发展和渐进提高。

运用这一方法的基本做法有以下三种：一是以学员作品为主的学习成果展示，如举办学员书法、绘画、摄影、根雕、剪纸、手工制品等展览；展出学员课堂笔记、家庭作业、生活日记、创作手稿及报刊发表的文章；

① 长沙市老干部大学.老年教育课堂教学论[M].长沙：湖南教育出版社，2018：57-58.
② 王清爽，邢文海.中国老年教育学[M].石家庄：河北人民出版社，2018：149-150.
③ 长沙市老干部大学.老年教育课堂教学论[M].长沙：湖南教育出版社，2018：60.

展示或展映学员参加活动的图片、剧照及音像资料等。二是以学员登台表演为主的才艺展示。内容包括戏曲名段演唱、主题演唱、诗词散文朗读等。三是以集体汇报演出为主的老年风采展示。包括老年健身秧歌、民族舞展演、健身操、功夫扇、太极拳、木兰拳、柔力球表演、乐器演奏、老年服装表演等。四是以回味人生为主的历史荣誉展示。内容包括学员在各个不同时期获得的奖状、奖牌、荣誉证书、奖章、立功喜报等；学员个人著作、专利发明、学术论文、回忆文章，以及具有人生转折意义的老照片、纪念物等。[①]

长沙市老干部大学剪纸成果展示法案例

例如，长沙市老干部大学剪纸班的马雪琴老师善于运用成果展示教学法，她在上一次下课时布置下一节课的教学内容，并给予指导提供资料，让老年学员回去以后通过预习、实践来摸索、创制出自己的作品。然后，在上课时，老年学员们开始进行成果的展示与交流。马老师特别强调鼓励学员在剪纸中做到百花齐放、推陈出新。成果展示中，课堂氛围热闹，讨论激烈，学员的作品丰富多彩，教师的点评精当，富于启发，师生、生生交流精彩。每学期马老师班上学员的剪纸作品都先在班上进行成果交流与评比，然后选出有创意的精品到学院橱窗进行展示，优秀的作品还被送到全市、全省去参赛，她的课堂教学效果深受好评。[②]

（二）成果展示法的优点

（1）能够有效发挥老年学员班级资源共享、合作交流和评价激励的作用。在成果展示教学活动中，老年学员的班集体学习目的较为明确，各自有明确的分工、具体的任务，促使每个老年人教学班能够想办法、用心用力地进行成果的展示准备，并把各自的学习成果展示给他人观赏。展示教学法的优势还表现在评价方面，安排和要求其他老年学员开展互相评价、随机评价，能够促进老年学员共同进步。

（2）成果展示教学能够助长老年人自信心。老年学员在人生最后阶段，通过自己所学将书法、舞蹈、音乐等展示给同学、家人、老师、邻居，无疑会给他们带来欢乐，同时也会给老年学员带来快乐体验，从而增长其学

---

① 王清爽，邢文海．中国老年教育学 [M]．石家庄：河北人民出版社，2018：149-150．
② 长沙市老干部大学．老年教育课堂教学论 [M]．长沙：湖南教育出版社，2018：60．

习参与的自信心。

（三）成果展示法的缺点

（1）如果成果展示法缺乏规范化教学的计划、步骤，整个教学过程以老年学员为主体，他们自主准备、自主展示的能力不一定满足教学需要，可能会导致教学效果较差。

（2）成果展示法的运用不一定契合教学目标，教学任务的达成度存在变数。成果展示法的关键在于学员的"展示"、他人的"欣赏"与"评价"，在这个缺乏规范化教学要求的过程中，老年学员的学习目标难以达成，同时，他人的欣赏与评价也是浅尝辄止，并不能给予老年学员针对性的反馈意见，难以促成教学目标的实现，因此会导致教学方法与教学目标的"失位"，契合度不够。

第三节　老年教育教学存在问题及解决策略

我国老年教育教学在多年的实践发展中已取得了不小的成绩，初步形成了一套具有中国特色的教学实践体系，极大提高了老年教育教学效果和影响力。然而，其在实践中产生的现实问题也依然存在。比如，老年教育教学目标定位不清晰、教学观念落后、教学组织形式缺乏多样性、教学方式单一、教学技术手段有待改进以及过于沿袭普通教育教学管理模式等。本节从教学理念与目标、教学主体（教师）、教学方法与形式、教学载体、教学管理、教学内容六个方面进行具体阐述。

一、老年教育教学存在的问题

（一）教学理念与目标层面

教学理念与教学目标是教育教学的"指南针"，引导教育教学实践，对教师教学起着积极的导向作用。而在老年教育教学实践中，教学理念与教学目标层面存在着教学理念的"失位"与"错位"、教学目标的"普教化"与"广泛化"问题。

1. 教学理念的"失位"与"错位"

教学理念是人们对教学和学习活动内在规律的认识的集中体现，同时也是人们对教学活动的看法和持有的基本态度和观念，是人们从事教学活动的信念。老年教育教学理念上存在的问题主要表现在两个方面：一是教学理念的"失位"。教学理念在老年教育教学中的导向主体是教师，教师秉持什么样的教学理念也就会实施什么样的教学行为。然而，很多老年教育教师缺失教学理念，有的教师虽然知道一些基本的教学理念却没有认识到其重要性，尚未将其运用到老年教育教学实践中，进而导致老年教育教学理念出现"失位"现象，即了解教学理念却没有产生教学行为。还有一部分老师是非教育专业出身，比如学校行政老师、社区工作人员、"手艺人"等，他们不了解、难以掌握教学理念，教学中缺乏教学理念的指导，从而导致教学理念的"失位"。二是教学理念的"错位"。一些教师了解、掌握了基本的老年教育教学理念，如"以人为本""有效教学""老有所学"等，但是教学理念的运用却出现"错位"现象，无法准确地将教学理念运用到教学实践。比如，贯彻"以人为本"的教学理念，以老年学员为根本，注重"老有所学"，但是将其极端化，要么教学流于形式，忽视知识技能的传授；要么过分注重娱乐休闲。有研究者表明，一些从事老年教育教学的工作人员认为老年人的学习就是打发时间而已，老年大学就是让老年人有个"老有所去"的地方。这些都是消极认识，阻碍了老年教育教学质量的提高，对完善老年人自身素养非常不利。因此，对老年教育的教学者而言，树立正确的老年教育教学观至关重要。[①]

2. 教学目标的"普教化"与"泛化"

在老年教育教学中，确定教学目标对其教学成效有着重要作用。然而，现实的老年教育教学实践却往往忽视了它的重要性，导致老年教育教学目标逐渐走向"普教化"与"广泛化"。

首先是老年教育教学目标的"普教化"。老年教育机构的教学者在设计、确定教学目标时，容易忽视老年教育的特殊性、老年学员群体的差异性，而常常以普通教育学的认知与技能、方法与能力、情感态度与价值观的"三维"目标体系来指导老年教育教学行为。生搬硬套"普教化"教学目标不易对老年学员学习结果（教学结果）进行科学有效的评价，难以在老年教育教学中发挥较好的作用。其次是教学目标的"广泛化"。长久以来，老年教育教学的推行缺乏相应的理论基础，老年人的教育教学、课程规划及心理需求等研究相对比较薄弱。当前国内老年教育仍是以福利取向和退休后的补偿教育为主，既有的老年教育教学论落后，无法满足我国积极老龄化发展目标的多元需求。老年教育的实施难以达到《国家中长期教育改革和发展规划纲要（2010—2020年）》中指出的提高老年人的生命和生活质量的目的。从麦克拉斯基（H. Y. McClusky）的需求幅度理论来看，老年教育教学目标仍偏向于老年人休闲生活的满足，老年人需求层次中贡献的需求、影响的需求与自我超越等需求并未得到满足。可见，当下老年教育教学目

---

① 周珍. 基于老年人学习需求的教学管理策略探究——以嵊州市老年教育为例 [J]. 山西广播电视大学学报，2019，24(2)：95-100.

标是不够完整的，同时也是缺乏理论支撑的。[①] 这就使我国老年教育学目标的确定失去较为扎实的"理论之基"，导致学者们对教学目标的理解与设计过于泛化与杂乱，难以形成较为明确、统一、完善的老年教育教学目标。

（二）教学主体层面（教学者）

在老年教育教学中，教师作为教学实施的承担者，是其主体之一，本节所指教学主体即老年教育教师。在老年教育领域，目前教师层面存在着诸多问题，较为明显的表现是：老年教育教师的数量匮乏、老年教育教师的质量有待提升。

1.老年教育教师的数量匮乏

老年教育师资匮乏是阻碍老年教育进一步发展的困境之一。由于体制、机制等多种原因，许多社区、街道老年大学（社区学院）缺少教师编制，造成老年教育的部分工作无法对个体产生吸引力，引进优秀的专业教师难度较大。专职教师的缺乏无法满足老年人的学习需求，再加上师资来源的结构不科学，难以完全适应老年教育教学的发展。

2.老年教育教师的质量不高

教师是老年教育教学的主体，也是影响老年教育教学质量提升的重要因素，教师队伍短缺且流动性较大，质量有待提高。目前来看，一是师范院校没有专门的老年教育专业，也没有从事老年教育的准入规范。老年大学的教师以外聘为主，本校师资队伍建设力度明显滞后。此外，学校对外聘教师的教学质量考核制度也尚未形成。[②] 这就导致教师教学能力、专业水平等良莠不齐，有些教师不了解老年教育的特点，耐心不够。因为学员构成、课程设置、管理方式、活动开展、校园文化的特殊性，从事老年教育教务和学生管理的工作人员也需要有相应培训和资质。二是当前的师资队伍来源、结构复杂，从而造成老年教育师资水平参差不齐，整体素质不高。

（三）教学方法与形式层面

1.教学方法单一，欠缺灵活性

我国当前老年教育的教学方式也相对滞后，大多数活动局限于课堂教学，教学方法较为单一。以山西省太原市杏花岭区为例，该地区常常开展

---

① 原艳.养教结合的城市社区老年教育模式构建研究 [D].福州：福建农林大学，2018.
② 周珍.基于老年人学习需求的教学管理策略探究——以嵊州市老年教育为例 [J].山西广播电视大学学报，2019，24(2)：95–100.

一些以"虎啸诗社"为主体的诗歌朗诵、吟诗比赛等丰富老年人的闲暇生活，同时社区也定期举办一些类似健身操、太极拳等活动，以增强老年人的身体素质，然而，基于老年教育长远发展来看，这种片面化的教育教学内容和单一化的教学方式必将成为我国未来老年教育教学发展中的一大障碍。①社区为老年人提供了教学场所，但教育活动较为枯燥，读报、聊天、下棋等娱乐性活动占据了主要地位，教学形式多以课堂教学和专题讲座为主，传统的广播、电视教育仍然是主要方式，导致部分老年人参与意愿和积极性较低。②

此外，由于教学环境的局限性，大班教学时组织一次实践活动或是讨论辩论比较困难，大部分教师心有余而力不足，采取的教学方法大多限于两三种。一些老年学校即使有多媒体辅助教学，教师也仅是将所讲内容搬上屏幕，其方式单一的实质没有多大变化，师生互动性差，问题得不到深入探讨，授课形式单一，教师授课缺乏吸引力和亲和力。③

2. 教学形式守旧，创新性不足

老年教育课堂教学形式一般可以分为三类：第一类是以学生活动为主的教学，第二类是以教师为主的教学，第三类是综合性教学。现在老年大学的教学仍多以第二类为主，这类教学强调教师的主导作用，关注的是系统知识的传授，重视课堂教学的规划，其优点在于学校对教师的教学工作能够进行统一管理，以及对学生学业进行整体评估，有利于组织更多的老年人参与老年大学，但是其缺点在于忽视了学生的主动性。而表演式、论坛式、开放式等新颖的教学形式，迎合老年人的性情、需求和自身兴趣，契合老年人记忆力差以及自主意识强的特点，受到老年人的喜欢④，但是教学实践中运用较少，并且缺乏一定的教学创新性。

（四）教学载体层面

1. 教材供给不足，缺乏专业性

老年教育教材是教师教学的主要载体，也是老年学员不可或缺的学习

---

① 翟洁. 我国老年教育推进策略研究 [D]. 太原：山西大学，2017.

② 阳家东，王旗，仲兰. 西部欠发达地区应依托社区推进老年教育 [J]. 湖北开放职业学院学报，2019，32(18)：125-126，130.

③ 高敬霞. 终身教育视野下老年教育问题研究 [D]. 昆明：云南师范大学，2013.

④ 杨庆芳. 我国老年教育发展探究——基于积极老龄化的视角 [M]. 北京：知识产权出版社，2014：69-70.

资料。高质量的教材对教学效果的提升起着重要作用。然而，目前的老年教育教学中，老年教育教材存在两个重要问题：一是教材供给不足，内容无法做到与时俱进。目前，有关老年教育的教材和专著有 60 余本，内容涉及美术、书法、计算机、英语、声乐等，从部分老年大学开设的课程来看，上述教材还无法满足课程的需要。由于出版时间较早，内容上可能比较陈旧，需要及时对教材的内容进行更新和调整。[①] 二是老年教育教材的编写缺乏专业性。我国老年教育教材尚无国家标准，多数教材是由老年教育机构自主编写，缺乏教材专家的指导；还有一部分教材是任课老师自己根据教学实践和教学经验自主编写，有的课程甚至没有教材，因此，教材缺乏规范性、科学性。此外，目前农村很多地方的老年教育还停留在初级阶段，老年教育教师教学缺少计划性、执行性、规范性。因此，老年教育教材专业性欠缺，难以满足今后我国老年教育教学的发展要求。

2. 智能媒体普及率待提高，学员自主参与率较低

随着现代科技的发展，信息化、网络化、智能化教学媒体与设备也逐渐在老年教育教学中尝试使用。这些智能媒体与设备的使用丰富了老年教育教学的手段与途径。然而，由于老年教育及老年学员的特殊性，其存在以下几点问题：一是智能教学设备价格昂贵，一些学校难以承担。老年教育机构自身各方面的经费有限，然而，智能媒体、设备的运用需要付出较多的财力资源。二是部分老年人不会使用智能设备，影响了在线教育功能的有效发挥。由于身体、生活方式以及学习习惯的影响，部分老年人不太适应智能媒体教学，比如在线课程等，从而降低了老年学员在线学习的自主性。

（五）教学管理层面

1. 教学终端评价缺乏，反馈机制尚待完善

老年教育教学管理不足，反馈机制待完善。在当前的老年教育课程体系下，课程结束也就意味着教学过程的结束，因此老年教育教学活动缺乏有效的、及时的互动、评价。而事实上，老年学员在学习中获得的教学成果评价应自始至终地贯穿于老年教育教学，而在这个过程中创造教学情景互动的环境，对老年学员的学习过程进行阶段评价和综合评价十分有必要。但是，老

---

① 杨庆芳.我国老年教育发展探究——基于积极老龄化的视角 [M].北京:知识产权出版社，2014：69-70.

年教育教学平台在老年人学习活动的教学评价和反馈方面的机制尚未健全，这也就间接导致了管理人员或者教师无法对自身的课程进行有效改进。[①]

2. 质量监控匮乏，老年教学管理待优化

老年教育教学过程管理薄弱，亟待质量监控管理。如何把控教学的过程管理，协调教学进程，实现教学目标；如何实现老年教育教学过程管理效率的最大化，落实"以人为本"的老年教育宗旨，这些都需要质量监控管理保驾护航。立足老年教育的长远发展，老年大学亟待建立起一套规范的质量监控管理体制。[②]

乡镇老年大学管理难度更大，缺少专职管理教师。比如，慈溪某街道各村级学校均未设置专职管理教师，只是由各村老年协会会长兼任。对老年教育的管理服务不够规范，虽然街道老年大学建有各类制度，但未能真正有效执行。各社区老年学校教学管理制度基本缺失，组织培训和活动经常是为了完成任务，老年教育教学的规范管理远远达不到要求，这就会影响老年教育的质量，影响老年教育对老年学员的吸引力。同时，乡镇老年学员长期从事农耕生活又导致行为相对较为散漫，缺乏时间和纪律观念，因而，迟到早退、直接旷课之类的事情屡见不鲜。这在一定的程度上造成了教学资源的浪费。

（六）教学内容层面

1. 教学内容单一，同质化现象严重

目前，老年教育教学内容以健身休闲类为主，如书法、戏曲、缝纫、烹调、健身操、太极拳、绘画、唱歌、舞蹈等课程居多，老年教育教学内容主要以活动型课程为导向，以娱乐休闲类和保健养生类内容为主体，为老年人开设诸如书法、戏曲、缝纫、烹调、健身操等活动课程，以增强老年人身体素质和培养老年人兴趣爱好为教学目标。总的来看，教学内容的种类相对单一，同质化严重，老年人力资源开发的相关职业技能类课程缺失，实用性功能欠缺。

[①] 金铭."互联网+"时代老年教育存在问题与对策 [J].内蒙古电大学刊，2020(1)：101-104.

[②] 周珍.基于老年人学习需求的教学管理策略探究——以嵊州市老年教育为例 [J].山西广播电视大学学报，2019，24(2)：95-100.

2. 教学内容片面化，创新性尚需提高

一是我国老年教育教学的内容比较片面。《2016—2020 年老年教育发展规划》对老年教育教学内容进行了科学概括："思想道德""科学文化""养生保健""心理健康""职业技能""法律法规""家庭理财""闲暇生活""代际沟通""生命尊严"等。而部分老年大学开设的课程只涉及其中一部分，缺乏科学化、特色化、高水平、系统化的课程体系，不能有效地满足老年人的多元化学习要求。[①]

二是缺乏针对不同年龄阶段的老年人实施的教学，如退休前的准备教育、继续社会化教育以及直面死亡教育，以促进老年人的身心健康发展。此外，教育教学的课程内容较为陈旧，对所教内容不能进行实时更新，适应时代变革的特征，从而真正契合老年人的身心发展规律[②]，许多内容与老年人的具体需求时有脱节，不能有针对性地开展提升生命质量等方面的教育等，难以真正调动老年人学习的自主性和积极性。导致这种情况出现的主要原因是目前开展的老年教育大多是政府自上而下组织实施的，政府主要考虑老年教育教学的资金、场地、人员的问题，老年人教育教学需求的多样性和差异性则被忽视。另一个原因是我们国家开展老年教育教学时间比较短，在教学内容、教学组织等方面还处于探索和实验阶段，教学内容上缺少系统规划，教学人员缺乏经验。[③]

二、老年教育教学问题的解决策略

（一）制定老年教育教学大纲，明确老年教育

教学旨归教学理念和目标层面存在着教学理念的"失位"与"错位"和教学目标的"普教化"与"泛化"的问题，那么，如何解决呢？笔者认为可以从以下两个方面入手：

（1）研制科学的教学大纲。教学大纲的科学性是提升老年教育教学质量的关键所在，是编写教材和教师进行教学的依据，是衡量教师教学质量和评定老年学员学业成效的标准。所以，教学大纲是教学的"法典"，对

---

① 周珍．基于老年人学习需求的教学管理策略探究——以嵊州市老年教育为例 [J]．山西广播电视大学学报，2019，24(2)：95-100．

② 翟洁．我国老年教育推进策略研究 [D]．太原：山西大学，2017．

③ 李向荣，杨雪红．社区老年教育问题研究 [J]．中国成人教育，2017(17)：132-135．

教学起着规范、引领和监督的作用，研究制定科学的教学大纲是提高老年教育教学效果的重心之一。[①]那么谁来制定老年教育教学大纲呢？应该由政府层面牵头，联合老年教育领域专家、一线实践者共同参与研讨制定。教学大纲的制定需要秉持的教学理念：一是公平民主理念。老年教育教学的实施需要面向区域内所有老年人，保证老年人的入学机会公平，让更多的老年人参与老年教育教学。同时，在老年教育教学中，应该尊重教师和老年人的主体地位，在教学方式的选择、教学时间的安排等方面要充分听取他们的意见，调动他们参与教学的积极性。二是以人为本理念，要凸显老年教育的宗旨和本质，使老年教育实现"人本位"的回归，尊重老年学员的人格，尊重教师和老年学员在教学过程中的主动性和自由选择性。三是教学开放理念，即老年教育教学需要积极沟通交流，了解、掌握国外先进教学理念，引以为鉴，在教学实践中加以灵活运用。

（2）明确老年教育教学的目标。我国老年教育教学目标存在"普教化"与"泛化"的问题，其原因在于没有结合老年教育教学的实际及其特有属性来明确老年教育教学的旨归。因此，加强老年教育教学理论研究是进一步掌握老年教育教学目标的重要途径之一。总结提炼老年教育教学实践的经验，形成较为规范的、科学的、具有时代性的教学目标，是当下老年教育教学研究的重要方向。老年教育教学目标不同于普通教育教学目标，其根本在于教学对象的不同，在教学目标厘定的过程中，要始终把握住"老年人"这一特征，注重将"老有所学""老有所乐""老有所为"的老年教育定位融入其中。

（二）拓展师资引进渠道，强化师资专业化发展

当下，我国老年教育教师队伍建设存在的主要问题是数量匮乏、质量有待提升，那么如何解决这一问题呢？可以从以下两方面入手：

（1）积极开拓教师培养与招收渠道，扩大师资规模。具体举措：一是老年大学可以积极与中职学校、社会文化机构等开展联合办学；职业院校也可以介入老年教育，实现师资共享。二是到传统文化、养生保健、体育运动等领域去遴选有一技之长又热爱老年教育的人才，充实老年大学师

[①] 周珍.基于老年人学习需求的教学管理策略探究——以嵊州市老年教育为例[J].山西广播电视大学学报，2019，24(2)：95-100.

资力量。三是鼓励综合类高校、师范类院校、职业院校开设老年教育相关专业，其他高校也要加强老年教育相关专业建设。支持有条件的高校开展老年教育方向的研究生教育，加快培养老年教育教学人才，定向为老年教育机构输送教师。

（2）强化师资专业化发展。具体举措有：一是规范教师聘用标准，制订合理的教师聘用计划，实施老年教育教师准入制。二是优化老年教育教师职称评定程序，打通职称评定的通道，为老年教育教师专业化发展提供空间。三是加强老年教育教育培训，开发教师培训核心课程，提高培训内容的针对性。老年教育教师培训内容应包括：老年教育心理学、老年教育课程设计、老年教育教学技能等。四是要重视教学团队的组织建设，设立教学团队建设工作小组，以校骨干教师为教学团队带头人，共同推进师资队伍建设工作，发挥团队成员在知识结构、工作阅历、专业背景、个性特点等方面的优势，互相学习，共同提高。

（三）创新教学方法，丰富教学形式

一是授课方式应多样化、多元化和有互动性。不同课程类型要求学生不同程度的参与，由此产生的效果也不同。例如教师在教授生活实用型课程时，对基础理论进行讲解的同时，也要注意联系生活实际，让学习者动手实践，营造生动活泼、有声有色的课堂氛围，学习者自己操作，乐在其中。此外，可以充分利用网络平台和移动终端进行微课、微视频教学，开展老年教育网络平台共享共建，实现数字化高效教学。课堂面授和在线学习也就可以相辅相成、协调互补，推动学习资源流动的时效性和共享性，提高学习结果反馈的及时性和科学性，让信息技术真正融入老年教育全过程。

二是丰富教学形式，拓展课外活动。老年大学不同于普通学校，它没有升学和考试的压力，许多老年人并不满足于单一的课堂教学，开展与课堂内容有密切联系的拓展课堂活动是深化课堂教学的有效手段。引导开展讲座、参观、展演、志愿服务等多种形式的老年教育活动。如国画班的学员们可以通过外出参观、采风、考察等活动寻找灵感、学习创作、陶冶情操等。

（四）加强专门教材开发，增强学员学习能力

当前，老年教育存在教材供给不足，智能媒体教学普及率较低的现实性问题，那么该如何解决呢？首先，针对教材供给不足的问题，可以从以下几个方面入手，一是国家层面需要积极投入人力物力，开发具有代表性、

普适性的统编教材，按照多数老年大学开设的课程，分门别类地开发一套教材，为老年学校的教学提供基础的教材保障。二是各级各类老年教育协会等社会组织、团体，应该动用行业的支持，联系社会力量对老年教育教材的开发进行投入，包括资金募集、刊印发行等工作。三是老年大学系统应该有所作为。老年大学作为老年教育实践的主要组织和机构，最能明确一线教学需要什么样的教材，既可以撰写咨询报告向政府部门建议，为其决策提供参考；也可以发挥自身力量，组织教师、高校专家、老年教育研究者一起编写适宜的老年教育教材，增加、丰富老年教育教材。四是各地老年教育机构还应加强交流与合作，围绕老年教育教材开展研讨，成立区域性的老年教育教材联盟，形成教材的交换交流机制，共同致力于老年教育教材的开发。其次，针对老年人使用智能设备普及率低的问题，相关的教学机构应该开设相应的课程，比如智能手机课程，让更多的老年人了解智能手机及其便利性，帮助老年人跨越"数字鸿沟"；同时，组建老年学员互助团队，让擅长智能设备技术的老年学员担任互助队长，为老年人提供一个互相交流、互相学习的专门平台等。

（五）树立质量意识，规范教学管理过程

教学质量监控管理对老年教育教学起着实时的动态监管作用，它决定着老年教育目标的实现程度和水平。当前，老年教育教学还存在教学终端评价缺乏，反馈机制尚待完善；质量监控匮乏，老年教学管理待优化等问题。那么如何解决这一问题呢？可以从以下四个方面着手：（1）要树立正确的老年教育教学质量观，逐步完善老年教育教学的质量因素。（2）要创设良好的老年教育教学氛围，建立实时的信息反馈网络。（3）要科学高效地执行老年教育教学活动的质量监控管理。其中科学高效地执行老年教育教学活动的质量监控管理是关键，包括动态跟踪管理、各种方式检查以及民主评议评价等。（4）完善教学评价机制。完善的教学评价机制是提高教师教育教学质量、稳定教师队伍建设的重要保障。老年教育相关单位和机构应建立健全教师教学评价指标体系，制定公平合理的评价指标，将教师待遇水平与其工作绩效、教学成效挂钩，鼓励他们专心教学。

（六）立足地域资源，丰富教学内容

在老年教育教学内容上存在教学内容单一，同质化现象严重；教学内容片面化，创新性尚需提高等不足，因此为了丰富教学内容，突出课程特色，

老年学校应该立足区域特有的物质、文化资源，不断更新丰富课程教学内容。

区域性教学资源是老年教育的生命力所在。老年教育资源应该努力适应多样化的需求，其中既要解决普适性的问题，也要面对特色化的矛盾。而区域特色化教育资源中所包含的一定的地缘文化及其一系列文化特征和文化惯习，是老年教育的特质和生命所在。解决区域特色化资源的供给是各区域的责任。要充分利用区域发展的历史文化资源，开发本土特色课程，结合需求导向原则，提供老年学员喜闻乐见、"接地气"的学习内容。具体而言，一是要了解区域内有哪些特色文化，需要组织人员展开广泛调研，梳理具有特色的文化遗产；二是根据特色文化的调研结果开展居民的教学内容需求调查，明确哪些特色文化是多数老年人喜欢的，并做出特色文化课程的开设方案；三是组织教学者、研究者围绕筛选的特色文化内容讨论老年教育课程设置的必要性、可行性，形成独有的课程实践项目，并着手编制相关教材等；四是正式实施具有区域文化特色的教学内容，并根据教学实践和老年人反馈，不断调整优化教学内容。

回顾思考

1. 老年教育教学的原则有哪些？

2. 与普通教育学教学原则相比，你认为老年教育教学原则的特殊性有哪些？

3. 请结合自身的调研学习经历，谈一谈老年教育教学"乐学为先"原则的实践意义？

4. 老年教育教学方法有哪些？你认为还有哪些教学方法可以运用于老年教学实践？

5. 你认为老年教学的"成果展示法"和"翻转课堂教学法"有何异同？

6. 老年教育教学模式有哪些？

7. 你可以具体谈谈何为"代际学习模式"吗？

8. 你认为我国老年教学还存在什么问题？请结合实际情况，提出相应的解决对策。

第五章

老年教育课程

　　课程是教育教学活动的核心，是教育事业的"心脏"，是教育得以运行的重要手段和媒介。在教育实践中，没有课程，那么教育活动就失去了依托，教育目的也就难以达成。因此，要充分认识到课程在教育活动中的重要作用。老年教育也是如此。重视老年教育课程的学习与探讨是了解、认识老年教育不可或缺的一个方面。本章将从老年教育课程的内涵与特征，老年教育课程的设置原则、类型与步骤，老年教育课程内容，老年教育课程评价等方面进行介绍。

第一节　老年教育课程的内涵与特征

一、课程的概念

"课程"一词的英文为"curriculum"，从拉丁语"currere"一词派生出来，意味着学习者的学习路线[①]，最早见于英国教育家斯宾塞（H. Spencer）《什么知识最有价值？》（1859）一文中。根据其词源"currere"的理解，最常见的"课程"定义是"学习的进程"（course of study），简称学程。

学术界对于课程概念的解读众说纷纭，课程一词从广义到狭义有不少于几十种的定义，广义的课程是指所有学科（教学科目）的总和，即课程总体，如小学课程、初中课程、高中课程等；狭义的课程概念指学校中某一门学科，甚至某一类型的课，如语文、数学、外语等。[②]课程是由一定的育人目标、特定的知识经验和预期的学习活动方式构成的蕴含着丰富、基本而又有创造性与潜质的一套计划与设定。[③]潘懋元在《高等教育学》中对"课程"的概念做出了明确界定，即"课程是指学校按照一定的教育目的所建构的各学科和各种教育教学活动的系统"，包括以下几个要素："第一，课程是有目的的，不是自然发生的；第二，它是一个有组织的体系，不是杂乱无章的，它既包括学科体系，也包括其他有目的的教育教学活动体系；第三，强调课程是教学活动中内容与实施过程或方式的统一，是实现教育目的的重要手段，课程的设置合理与否、课程的质量高低、实施是否有效等都关系到人才质量的培养。"课程的设置大体上包括确立目标和表述目标、选择和组织课程内容并形成体系、实施课程、课程评价等内容与环节。[④]

[①]　邓磊. 我国高师综合科学教育专业课程设置框架的建构研究 [D]. 重庆：西南大学，2011：19.

[②]　《中国大百科全书——教育》编辑委员会. 中国大百科全书——教育 [M]. 北京：中国大百科全书出版社，1985：207.

[③]　王道俊，郭文安. 教育学 [M]. 北京：人民教育出版社，2016：121.

[④]　潘懋元，王伟廉. 高等教育学 [M]. 福州：福建教育出版社，2018：107.

二、老年教育课程内涵

（一）老年教育课程概念

汪娟等人认为，老年教育课程是以社区内老年居民的教育需求为导向，为了实现社区老年教育的目标而制定的一系列有指导性的学习方案或学习计划。[①]

赵师敏指出，老年教育课程是指针对老年人，以促进老年人的终身发展和提高老年生活质量为目的，由不同的政府和民间老年教育机构开设的教育活动的总和。[②]

肖菲强调，老年大学开设的各种学科课程、活动课程以及显性课程和隐性课程都是构成老年大学课程必不可少的一部分。[③]老年人在老年教育机构中学习到的不仅仅是学科课程知识，班级及学校组织的活动、校园环境、学校的管理都是老年学员潜意识里学习的内容，是老年人学习的一部分。因此，活动课程和隐性课程也是课程的一部分。

本书认为，老年教育课程是老年教育机构在实现老年教育目标，满足老年人学习需求下安排的各类学习计划的总和，包括显性课程、隐性课程等各种课程类型。

（二）老年教育课程目标

拉尔夫·泰勒（R. Tyler）在《课程与教学的基本原理》一书中强调，在编制任何课程与教学计划时必须回答的四个基本问题是：应该达到哪些教育目标？提供哪些教育经验才能实现这些目标？怎样才能有效地组织这些教育经验？以及怎么才能确定这些目标正在得到实现？[④]查特斯（W. Charters）在《课程编制》中也指出，课程设置"首先必须制定目标，然后选择课程内容，在选择过程中，必须始终根据目标对课程内容进行评价"[⑤]。他们都强调了课程目标的确定对课程开发的重要性。施良方指出，课程目标是指导整个课程编制过程的最为关键的准则。除了对教学目标的制定有很大影响，课

---

① 汪娟，许丽英.不同类型社区老年教育课程建设研究 [J]. 当代继续教育，2017，35(3)：45-49.

② 赵师敏.老年教育课程设置与建设研究综述 [J]. 职教通讯，2017(13)：42-46.

③ 肖菲.老年大学课程与现代信息技术的融合研究 [D]. 昆明：云南大学，2018.

④ [美] 拉尔夫·泰勒.课程与教学的基本原理 [M]，施良方，译.北京：人民教育出版社，1994：2.

⑤ Charters，W. Curriculum Construction[M]. New York：Macmillan，1923：84.

程目标对课程编制也有重要的指导价值，是课程内容设计、课程实施、课程评价的重要依据。因此，在老年教育课程设置中，课程目标需要加以明确，这是开展老年教育教学活动的基础和前提。

叶忠海在《老年教育学通论》中指出："我国老年教育课程目标是最大限度地满足老年人的需要。从类别和层次角度而言，老年人的需要主要包括三大方面：一是生理健康需要。老年人学习健身舞、太极拳等课程，可有助于减缓老年人的生理功能衰退。二是心理健康需要。学习音乐、书法、绘画、插花、篆刻、文学创作等课程，可有助于帮助或促进老年人修身养性，让老年人拥有良好健康心理。三是'学以致用'需要。老年人学习外语、拼音、电脑、理财等课程，可有助于帮助老年人切实解决生活和工作问题，让老年人'学以致用'，实现老有所为。"[1] 因此，他将老年教育课程的目标定位在如何满足老年人的各种需求。此外，老年教育的课程目标还应该包括使老年人获取社会角色转变后所应具备的知识和技能，培养积极的生活态度、正向的情感体验以及正确的生死观念等方面。

三、老年教育课程特征

（一）课程内容上"休闲娱乐"倾向明显

老年教育课程凸显出的"休闲娱乐"倾向是我国老年学校课程一个典型的特征，这和我国长期的政策导向以及老年人的学习需求存在着较大关系。

自20世纪80年代以来，我国将老年教育定位于为老年人丰富生活、陶冶情操、提高身心健康而开展的休闲娱乐活动。《中国老龄工作七年发展纲要（1994—2000年）》是我国老龄事业发展进程中第一个全面规划老龄工作和老龄事业发展的重要指导性文件，在关于老年教育的论述中指出，要"因地制宜，多渠道、多层次、多形式地开展颐养康乐和进取有为相结合的老年教育"，要"实现老有所乐，丰富老年人的文化生活"，将丰富老年人的文化生活作为老年教育的目标，这使老年教育机构课程设置上突出了"休闲娱乐"色彩，强化了文化娱乐类课程在实际课程开发中的主导地位。

当然，休闲娱乐类课程也是最受老年人欢迎的课程，所以学校的课程仍是以休闲娱乐类为主。比如，上海静安区老年大学的课程分为国学系、

---

[1] 叶忠海.老年教育学通论 [M].上海：同济大学出版社，2014：79.

书画系、艺术系、家政系等九大系。其中画画、唱歌、跳舞类的课程就占了总课程的三分之一；南京金陵老年大学的课程分为文史语言系、书法系、美术系等八大系，休闲娱乐类课程就占了二分之一。[①] 在宁波市江北社区学院，针对老年人构建了"三大类学科，二十门课程"，其中"生活学科类""艺术学科类"两大类课程都以"休闲娱乐"为主，"人文学科类"课程也涉及较多休闲娱乐类内容。可以看出，老年教育课程的"休闲娱乐"倾向非常明显。

（二）课程结构上逐步科学合理化

课程结构是课程目标转化为教育成果的纽带，是课程实施活动顺利开展的依据，是课程体系的"骨架"。课程结构主要规定了组成课程体系的学科门类，以及各学科内容的比例关系、必修课与选修课、分科课程与综合课程的搭配等，体现出相应的课程理念和课程设置的价值取向。在老年教育课程结构的安排上，要注重遵循区域差异性、课程均衡性、内容综合性以及选择性等基本原则。

老年教育的课程是为满足老年人生存和发展需要而设立的系统的教学内容，按照不同层次老年人的需求，经过结构编排，易于老年人接受和掌握，使他们加深理解和记忆，并学会运用所学知识。[②] 我国老年教育课程在近 40 年的开发设计过程中，在课程结构上逐步走向科学、合理化。《老年教育发展规划（2016—2020 年）》强调，"研究制定老年人学习发展指南，为不同年龄层次的老年人提供包括学习规划在内的咨询服务。探索建立老年教育通用课程教学大纲"。从初始期注重老年教育教材的开发，到如今重视课程标准、课程大纲、编排结构以及课程时间安排等，都进一步表明我国愈加注重老年教育课程设置及其结构安排的科学化、合理化。同时，在老年教育课程结构的安排中，要考虑到我国的具体实情。我国幅员辽阔，沿海发达地区、中原地区、西部欠发达地区三大区域的经济发展、教育资源都有较大差异，因此应当允许各地根据本地经济发展的现实需要选择相应课程，以适应各区域老年教育的课程发展需求。注重地方、民族之间的文化差异，适应不同民族的文化认同需要，设置诸如民族文化、地域文化

---

① 谢菁. 基于老年人学习需求的老年教育课程体系建设研究 [D]. 昆明：云南大学，2017.
② 董之鹰. 老年教育学 [M]. 北京：中国社会出版社，2009：303-305.

等课程内容。

此外，县市区社区学院和乡镇成校需要探索适合本地老年人的课程内容，根据不同教学内容设置长短期课程，逐步优化课程结构和课程计划。长期课程按学期系统化教学，短期课程以短期培训和讲座等形式开展，从而使老年教育课程的结构更加合理化。

（三）课程种类上愈加丰富多样

多年来，我国老年教育在不断探索中前进，开发了各种各样的老年教育课程，课程体系建设逐渐完善，课程种类逐渐多样化。我国大多数老年教育机构能够充分考虑老年人的生活和社会实际情况，根据老年人学习需求以及教育实践开设一系列形式多样、寓教于乐、应用性强的教学课程，主要包括生活与休闲类、文化与素养类、艺术科学类等，具体而言有艺术、体育、保健、电子、语言、文史、家政技艺等。1987 年的 42 所老年大学开设 130 种课程，1992 年的 61 所学校开设课程增加到了 180 种；2002 年的 124 所学校开设课程增加到 202 种，2009 年开设课程更有 215 种之多。[1] 现今，我国老年教育课程总数已远远超过这一数据，仅上海的老年教育慕课就多达 104 门。[2]

我国老年教育课程开发大致经历了三个阶段，即探索尝试阶段、精细稳定阶段和科学发展阶段。20 世纪 80 年代，我国的老年教育处于初创期。此阶段开设的课程类别、数量相对来说比较少，并且课程设置比较零散，尚未形成体系。[3] 在课程开发的精细稳定阶段，老年教育机构根据老年人的健康、生活需要、兴趣爱好、社会服务以及自我完善等五方面的需要开设相应的课程。全国的老年大学普遍开设了保健类、书画类、文史类、外语类、家政类课程来满足老年人的普遍需求，各地老年大学开设的课程体系趋于稳定，形成了一定的课程分类标准。[4] 进入 21 世纪初期，我国老年教育经历了 20 多年的实践和探索后，在总结过去课程开发经验的基础上，既保留已形成的课程体系和框架，又根据时代的变化，拓展了一些新兴课程，如钢琴、

① 陈文沛 . 老年大学课程设置与建设初探 [J]. 北京宣武红旗业余大学学报，2015(2)：55-59.
② 上海学习网 . 五大类 100 余门老年教育慕课在线免费学 [EB/OL]. （2019-01-15）[2021-04-25]https：//www.sohu.com/a/289426088_120054520.
③ 马伟娜，等 . 中国老年教育新论 [M]. 杭州：浙江大学出版社，2019：79-84.
④ 马伟娜，等 . 中国老年教育新论 [M]. 杭州：浙江大学出版社，2019：79-84.

计算机应用、老年心理学等课程[①]，这一阶段可以视为课程开发的科学发展阶段，对老年教育课程开发进程的研究与梳理，能够更加直观、动态地反映出我国老年教育课程种类在发展历程中所呈现出的丰富多样化态势。

（四）课程开发的"自主性"

老年教育课程的开发与设置不同于普通教育类课程，后者需要遵循严谨、规范的程序，需要经过严格的审定流程。虽然老年教育机构的经费来源主要靠当地政府拨款，但政府并不限制老年大学的课程，课程开发的自主权基本交给学校。老年教育机构（老年大学、老年学校、社区学院等）在课程的开发上具有较强的自主性，他们会根据学校的师资力量、教学资源、区域内老年学习者需求等开设相应的课程。

当然，各个学校的自主开发方式也有所不同。比如上海静安区老年大学的课程开发通常结合学员需求、学校的软硬件设施以及必要的引导性课程等因素进行综合考虑。通过事先对学员发放调查问卷，了解学员的需求程度，再结合社会对老年人的期望，规避老年人选择课程的盲目性，引导他们选择一些更适合自己的课程。南京金陵老年大学则采取开校长办公会的形式，召集校内人员共同商讨新开课程的价值，决定开设之后，再通过期中教学检查的形式调查学员对新课程的满意度。[②]在政府鼓励支持下，"学校自主"开发课程比较注重挖掘地方特色文化课程。多数老年大学、社区学院等教育机构可以很大程度上发挥课程开发的"自主性"，开发与地方特色文化相契合的老年教学课程。例如，宁波慈溪横河镇社区教育中心与镇农技站合作开设杨梅技术实用课程，共同组成了示范项目实验团队。针对杨梅幼苗的培育，修剪（老杨梅树更新技术）、施肥、采摘、大棚杨梅、品牌建设、杨梅深加工等内容开发了各类课程资源，因地制宜编写读本《区域生态农业技术研究与应用》《横河特色农业栽培技术管理》等。宁波市鄞州区横溪镇成人学校结合"美丽乡村"创建工作，开设具有地方特色的"千年横溪""横溪地名故事"等课程传播当地乡风民俗；开发校本课程"宁波朱金漆木雕技艺"，传承非遗物质文化等。

---

① 马伟娜，等 . 中国老年教育新论 [M]. 杭州：浙江大学出版社，2019：79-84.
② 谢菁 . 基于老年人学习需求的老年教育课程体系建设研究 [D]. 昆明：云南大学，2017.

（五）课程突显实用性

"问题导向"是老年教育课程设置的重要原则，也反映出老年教育机构在课程开发中日趋注重解决老年人实际生活中各种问题，凸显出课程实施的实用性取向。这里所指出的课程取向的"实用性"并非指所学的课程知识、技能要与社会产业相适应，而是强调对退出劳动力市场的老年个体生活困境的解决，包括身体健康、社会交流障碍等问题。

从身心变化来看，老年人的身体出现衰老迹象，从而产生健康状态不佳、自我认同感降低、心理承受能力减弱等问题，这就需要老年教育机构开设相应的课程，比如生命教育课程、阿尔茨海默病预防课程、健康饮食课程、卫生教育课程等，以此缓解老年人因身心问题而引起的不适，并使老年人树立良好的生活观念，掌握健康的生活方式。

从社会性发展来看，老年人在社会关系、人际关系方面也会产生一些变化，进而出现一些因社会角色转变而引起的社会问题。这里涉及的相关课程有老年人际关系课程、休闲娱乐课程等。同时，随着社会的发展，老年人还会遇到诈骗、信息智能障碍以及"碰瓷"等问题，针对这一系列问题，许多老年大学等教育机构开设了预防老年人诈骗课程、基础法律法规课程以及老年人人文素养提升课程等。

另外，我国互联网、大数据、人工智能等信息技术快速发展，智能化服务得到广泛应用，深刻改变了人们的生产生活方式，提高了社会治理和服务效能。与此同时，我国老龄人口数量快速增长，不少老年人不会上网、不会使用智能手机，在出行、就医、消费等日常生活中遇到不便，无法充分享受智能化服务带来的便利，老年人面临的"数字鸿沟"问题日益凸显。2020年11月24日，《国务院办公厅印发关于切实解决老年人运用智能技术困难实施方案的通知》（国办发〔2020〕45号）强调，推动各类教育机构针对老年人研发全媒体课程体系，通过老年大学（学校）、养老服务机构、社区教育机构等，采取线上线下相结合的方式，帮助老年人提高运用智能技术的能力和水平，以解决老年人遇到的现实问题，这进一步凸显出老年教育课程的实用性特征。

第二节　老年教育课程的设置原则、类型

　　课程设置（设计）是以一定的课程观为指导，制定课程标准，选择和组织课程内容，预设学习活动方式的活动，是对课程目标、教育经验和预设学习活动方式的具体化过程。[①] 老年教育课程设置即以课程观为指导，并根据课程标准来筛选、组织课程内容，预设老年人学习活动方式的过程。老年教育课程设置（设计）原则是指根据老年教育目的、基本特性以及教学目标所制定的课程设计应遵循的基本准则。同时，根据不同的划分标准和课程属性，老年教育课程也有多种类型。课程设计是一个系统化、规范化、科学化的过程，老年教育课程设计包括课程的前期分析、内容设计、课程开发、课程评价等环节。

一、老年教育课程设置原则

（一）需求导向原则

　　老年教育课程的设计要遵循需求导向性原则，应从学习者学习需求出发，这有助于课程目标的实现、课程体系的完善。

　　基于老年群体本身的需求，课程设计应当符合老年群体的年龄特征，符合老年群体的生活需求，开设诸如保健性、生活性、健身性等课程，促进老年教育课程回归生活理念，走进丰富的老年群体生活世界。[②] 实际上，老年人的需求是多元的，需求的主体不仅包括个体，也包括社会组织、政府部门等；需求的时限不仅包括短期需求，也包括长时需求等等。这就要求我们把老年人的现实需求和长远需求、显性需求与隐性需求、个体需求与社会需求，以及学校本身的软硬件设施相结合，恰当地进行课程设置。[③]

---

① 王道俊，郭文安. 教育学 [M]. 北京：人民出版社，2016：132.
② 叶忠海. 老年教育学通论 [M]. 上海：同济大学出版社，2014：112.
③ 谢菁. 基于老年人学习需求的老年教育课程体系建设研究 [D]. 昆明：云南大学，2017.

老年教育之父麦克拉斯基提出老年群体的五种教育需求，即生存需求、表现需求、贡献需求、影响需求以及超越需求。老年大学在课程设置时可以考虑在丰富的课程设置基础上，拓展高层次的发展需要，将不同年龄段的老年人划分为退休准备时期、退休后时期以及临终时期三个阶段。针对退休前和退休后的老年人，可以借鉴美国老年教育的成功经验，开设"退休心理准备""老年角色转换""退休后生命规划""代际交往教育"等课程，帮助老年人顺利适应退休生活，积极面对由于多重角色转换而产生的心理不适；针对临终时期的老人，可以开展"老年死亡教育"课程，帮助临终老人正确科学地认识死亡，调适自我的心理，使老人更加积极地面对生命，提升生命的品质。[①] 因此，一些老年教育机构采取"订单式"或"课程超市"的形式让学员选择自己喜欢的课程，并据此开课。

（二）与时俱进原则

老年教育课程的设置要坚持与时俱进原则，不断拓展创新。老年教育的生命力在于不断适应社会发展。体现在课程建设上，既要关注因时代不断地进步而带来的学习需求变化，同时又要关注社会和谐发展与社区治理的要求，走出一条"从无到有、从有到优、从优到精"的内涵式、创新性的发展道路。

老年教育课程的设置要把拓展信息技术知识和个人的特性知识需求作为课程设置与拓展的发展方向。要与时俱进地充实适应时代发展的新知识、新观念、新内容，拓宽和延伸知识覆盖面，同现代科技知识相连接。老年教育要积极迎接信息化的挑战，开设相应课程，因为这将成为老年人提高生活质量的新手段。如西安老年大学采用优化组合的方法，将电脑专业和摄影专业逐步升级，开设了电脑初级班、网络班、数码摄影班、影像处理班、手机操作班等，自觉把现代化、信息化的手段运用到教学中去，作为课程资源优化组合的重要任务，将产生更多的相关课程，让更多的老年人学习，真正享受现代化、信息化的成果。[②]

伴随着我国"国际化""信息化"的发展趋势，老年大学在课程设置中需要扩充信息类科学知识以及适应社会形势的新兴知识来满足老年人多

---

① 谭冉，朱志远. 基于国外经验的安徽省老年大学课程设置优化策略 [J]. 安徽广播电视大学学报，2018(3)：68-71.

② 马叶. 把握老年大学课程设置的特性与原则性探析 [J]. 新西部，2010(12)：162，163.

样化、个性化、实用性的需求，例如"时政解读""探究数码相机"等课程。同时，随着学员结构的变化与素质的提高，对传统的老年教育内容与教学形式、教学方法也提出了新的挑战。在课程教学方式与手段上要考虑传统与新技术、新媒体的结合，在课程资源特别是教材呈现方式上要灵活、多样。老年教育要根据不同课程的特点，开发传统的纸质教材或先进的多媒体教材，或纸质与多媒体相结合的教材。在课堂教学上，考虑传统方式与现代化教学手段相结合，优化教学效果[1]；注重以课堂面授模式为主，以网络远程教育为辅，既能突破面授课程时间、地点的限制，又能弥补远程教育教学互动上的缺陷；既能避免传统与现代的矛盾，又能促进课程革新，吸引老年人的学习兴趣，激发求知欲望[2]。

（三）分层递进原则

课程设置的分层递进原则是指遵循老年教育的教学规律，在专业设置与课程安排等方面根据老年人的年龄、文化程度以及学习需求层次等进行相应设置。老年教育的课程层次是课程结构的主要内容，是根据学科知识体系和学员规模、学习内容、学习进度等设计的课程等级。老年教育的每一类课程都是一组单个课程组成的课程体系，需要根据老年学员的文化基础和学习接受能力来设计课程层次，将水平相同或相近的学员，划分为同一层次等级来编班，安排与其文化基础和学习接受能力相当的学习内容。[3]

课程设置的分层递进原则是教育公平的体现，可以使不同层次的老年群体都能享受到教育的机会，从而接受相应的课程学习。在课程的设置中，老年教育机构应该根据老年学员的实际情况提供具有差别化、层次化的课程，而不是"一刀切"。同时，递进原则主要侧重课程内容的供给，要求老年教育机构根据课程知识的难度、强度来提供教学，实现因材施教的目标。根据老年学习者所处的不同年龄层次的认知能力、反应能力以及学习能力等各个方面的差异，按照分层递进原则提供不同年龄层次老年人所需的"课程清单"。

---

① 陈春勉.老龄化背景下社区老年教育课程建设研究 [J].成人教育，2016，36(9)：69-72.

② 谭冉，朱志远.基于国外经验的安徽省老年大学课程设置优化策略 [J].安徽广播电视大学学报，2018(3)：68-71.

③ 王清爽，等.中国老年教育学 [M].石家庄：河北人民出版社，2018：177.

（四）遵循老年人身心发展规律原则

老年教育课程设计要充分考虑到老年学习者的身心发展规律。步入老年期，很多老年人呈现以下特点[①]：一是年龄增长带来的感官知觉衰退；二是记忆力下降；三是思维敏捷度降低，老年人思考问题思路转换比较困难，创造性、灵活性差；四是退休后社会角色的缺失也会带来一系列消极影响。刚刚退休不久的老年人往往容易处于茫然的状态，闲暇时间的突然增多反而让他们无法确定生活的目标，长期处于这种状态下的老年人情绪波动很大，不利于他们的身心健康。老年人在生活中和工作中已经形成了对人对事的约定俗成的看法，但是在政治经济迅速发展的社会背景下，新的价值观不断涌现，面对社会上那些标新立异的事情，他们会处于困惑和不安之中。[②]因此，老年教育课程在开发设置中要充分遵循老年人的身心发展规律，科学合理安排课程内容与结构等。

（五）适应性与引导性相结合原则

老年教育课程的设置应遵循适应性与引导性相结合的原则。适应性原则，即充分了解老年学员的实际需求并按适应要求来设置课程，这要求老年大学的课程设置要满足广大老年学员健康、快乐、求知的学习及生活适应要求。目前在老年大学的学员主要是一批年龄在 50～80 岁之间的群体。老年大学的课程设置要契合老年人进入老年大学学习的主要诉求，尽可能满足他们在精神上和物质上的需求。为此，老年大学在新课程开设时需要调查学员的生活及学习适应情况。在调查中，要了解学员的数量、年龄与知识结构，需求的课程，期望的知识内容与预期目标，为课程设置更好地适应学员需求提供依据。[③]引导性原则，即根据老年人的发展的需求，通过启发宣传，引导老年人参加某类课程的学习。发挥课程对老年人求知的主动性和积极引导作用，促进老年教育机构课程开设朝向高质量、高品位的现代化方向发展。目前老年教育开设的课程，大多与休闲和娱乐有关，能够一定程度上满足老年人身心健康发展的需要，通过引导多数老年人参与学习活动，从而提高老年学员晚年的生活质量。另外，"适应性"和"引导性"对老年学员来说是相对的。同一门课程对有些老年学员来说是"适应性"，

---

① 谢菁 . 基于老年人学习需求的老年教育课程体系建设研究 [D]. 昆明：云南大学，2017.
② 谢菁 . 基于老年人学习需求的老年教育课程体系建设研究 [D]. 昆明：云南大学，2017.
③ 陈文沛 . 老年大学课程设置与建设初探 [J]. 北京宣武红旗业余大学学报，2015(2)：55-59.

对另外有些人来说可能是"引导性"，对同一老年学员来说当下是"引导性"的，通过某阶段的学习可能就变成"适应性"的。因此，开设老年大学课程必须将引导性原则与适应性原则有机结合起来。

（六）坚持"普适性"与"本土性"相结合原则

老年教育课程建设应准确定位，实现普适性与本土性有机融合。这就要求老年教育课程的设置既安排一般性的课程，比如舞蹈、书法、歌唱等；也要根据区域差异性和老年人的个体需求安排具有"本土性"的课程；既能在较长时期内满足不同区域多数老年人的学习需求，使课程具有普遍的推广、应用价值，又要体现地域文化特色以及社区建设的需要，课程建设要"接地气"。[①] 开展地方特色课程不仅可以增强老年人对本土的热爱与归属感，还可以促进各地区间文化内涵的相互了解。因此，老年大学的课程内容应结合当地社会发展现状，具有本土特色和文化底蕴。例如，安徽蚌埠老年大学花鼓灯课程、安徽老年大学黄梅戏课程等，都受到老年学员的喜爱与欢迎。同时，老年大学还可吸取各地乃至世界的特色课程，实现多元文化的整合，增加老年人的世界认知度与学习新鲜感，如"旅游英语""日本茶道文化"等。[②]

二、老年教育课程的类型

课程类型，也称课程范型或课程模式，指课程设计者从不同的教育价值立场出发，依据不同的学科观点，在处理社会、学科和学习者等课程制约因素时所采用的不同设计方法，从而产生不同的课程分类。[③]

（一）按照课程知识需求划分

按照课程知识需求标准划分，老年教育课程包括"老有所养""老有所医""老有所乐"和"老有所为"四个类型。"老有所养"类课程主要有"适应新时代需要的课程""提高生活水平需要的课程""管理好家务进而实现家庭和谐需要的课程"三个亚类，每一个亚类下面各有若干课程；"老有所医"类课程，主要包括"预防疾病需要学习的课程""体育锻炼需要学习的课程"

---

① 陈春勉.老龄化背景下社区老年教育课程建设研究 [J].成人教育，2016，36(9)：69-72.

② 谭冉，朱志远.基于国外经验的安徽省老年大学课程设置优化策略 [J].安徽广播电视大学学报，2018(3)：68-71.

③ 叶忠海.老年教育学通论 [M].上海：同济大学出版社，2014：103.

及"生理保健和心理保健需要学习的课程"三个亚类；"老有所乐"类课程，主要包括"提升老有所乐水平的课程""提高学识需要的课程"两个亚类；"老有所为"类课程，主要包括参加各种公益事业方面的课程、参加各类公益性服务管理活动方面的课程，科技、法律、医学等咨询方面的课程，参加"关心下一代"工作、担任校外辅导员、著书立说、撰写回忆录等方面的课程，以及从事种植养殖等方面的讲座等等。①

（二）按照课程具体内容划分

按照课程教学内容标准，可以将老年教育课程归纳为生活休闲型、素养提升型、职业技能型、价值引导型。具体来看，生活休闲型，体现老年人求乐、求健、求知的需求，力求课程内容的兴趣性与实用性；知识更新与能力提升型，满足老年人提升个人素养的要求，力求内容的科学性与前沿性；生活与职业技能型，满足老年人生活能力提升及服务社会的价值再现需求，力求体现实践性与价值性；价值引导型，满足和谐家庭、和谐社区、和谐社会建设的要求，力求体现内容的时代性与教育性。以上四类课程的开发不是孤立的，而是有机统一的。应把社会主义核心价值观贯穿于整个社区老年教育课程建设中，培养快乐健康、知识时尚、服务奉献、道德理想的新时代老人。②

（三）按照课程表现形式划分

按照课程表现形式可以将老年教育课程分为显性课程与潜在课程（隐性课程）。"潜在课程"一词（latent curriculum）由美国学者杰克逊（P. W. Jackson）于 1968 年在其《教师的生活》一书中首次提出来。1972年，布卢姆也在《教育学的无知》一书中使用了显性课程和潜在课程的概念。潜在课程，即潜在形态的课程。这类课程大致有两类：一类是非预期或非计划的课程活动，他们会对学员产生潜移默化的教育影响，如校风、教风、学风等；另一类是有计划、有目的的课程，这类课程在教育条件不成熟的情况下，未被列入教学计划内，但依然会对学员产生一定的教育影响。老年教育的潜在课程主要是第一类，即老年学校的学习氛围、人际交往等。显性课程指的是为实现一定的教育目标而被正式列入学校教学计划的各门

---

① 陈文沛. 老年大学课程设置与建设初探 [J]. 北京宣武红旗业余大学学报，2015(2)：55-59.
② 陈春勉. 老龄化背景下社区老年教育课程建设研究 [J]. 成人教育，2016，36(9)：69-72.

学科以及有目的、有组织的课程活动。在老年教育中，显性课程主要指老年教育机构开设的各类课程活动。这两类课程对老年学员都会产生深刻的教育影响，如潜在课程中的"人际关系"对退出社会劳动的老年人产生的影响至关重要。

（四）按照课程实现方式划分

按照课程实现方式，老年教育课程可以划分为：嵌入式课程、整合式课程、自我导向式课程、游学式课程。[1]

嵌入式课程是指在某一课程中嵌入不同属性但有关联的单元。嵌入式课程比较适合老年教育，因为老年人不喜欢有压力的学习课程，而对有弹性和有趣味的融入式课程接受度较高，且不同层面主题的嵌入可以使老年人从自己的专长入手，更容易接受相关的学习内容。此外，老年人丰富的生活经验可以与主题结合，这样更容易激发老年人的学习兴趣。课外活动也是一种嵌入式课程，通过直接带领老年人完成某些户外活动，而不是在固定教室内完成教学。课外活动有多种形式，如歌唱团、舞蹈团等社团活动课程，可以在公园、广场、礼堂等公共场所结合校内、校际、社区节日等展开活动。

游学式课程即老年人以旅游度假的方式完成课程学习，旅游度假本身就是教学内容之一。在此方式下，学习课程往往和旅游景点结合在一起。比如，在"文化生态旅游"课程中，实地走访河流、山脉等，让学员了解河流山脉与人类生态的关系，以及前者对附近居民的生活环境及产业的影响。

整合式课程是指单一学科学习无法发挥作用，学科必须与其他领域互动，才能完全掌握所需知识。整合式课程以观念与问题为中心，探讨世界相互依存的复杂问题。以某一主题为中心设计多系列多阶段的课程，其内容应该体现出完整的经验、知识与社会。以"网络直播"课为例，可以让老年人学习掌握手机用法、摄影技术、口语表达，了解新的生活方式，以及学会使用电脑、App 等。

自我导向式课程是指学员自己制订学习计划并遵照执行。布鲁克菲尔德（S. Brookfield）认为，自我导向学习是独立学习或者自我学习，学员和教师互为独立。梅兹罗（J. Mezirow）认为，所有人都有自行选择学习方法、

---

[1] 黄燕东. 老年教育与老年福利 [M]. 杭州：浙江工商大学出版社，2015：172-175.

学习资源及自行评价的能力。一般认为，自我导向学习策略优于教师导向教学的效果，老年学员除了可以阅读书籍等，还可以通过学习网站、在线 App 进行视听学习。在当今信息网络时代，自学网站是老年人非常好的自我学习平台，而且通过网络可以形成网络社群，不仅能使老人们互相分享经验与智慧，也能够促使他们更加融入社会。

（五）按照课程目标划分

从课程目标来看，老年教育课程包括基础性课程、拓展性课程、研修性课程三种类型。基础性课程是指为学生继续学习提供基础知识与基本理论，培养学生基本能力与基本素质而设计安排的一组系列课程或一个课程群。基础性课程教学是老年教育机构最基本的教学工作，也是老年教育过程中传授基础知识、基本理论和培养老年人学习能力的最重要的环节。拓展性课程以培育老年人的主体意识、完善老年人的认知结构、提高老年人自我规划和自主选择能力为宗旨，着眼于培养、激发和发展学生的兴趣爱好，开发老年学员的潜能，促进其个性的发展，是体现不同基础要求、年龄层次，具有一定开放性的课程。研修性课程是针对少数具有较高文化程度和能力的老年学员而言的，强调老年学员在力所能及的情况下参与一些具有较大意义的研究性活动。研修性课程在内容上呈现出综合、开放、弹性大的特点；课程目标不仅指向某种知识内容，而且指向各种知识的综合探究过程。

三、老年教育课程设计步骤

课程设计需要根据相应的课程理论，按照一定的流程逐步完成，其最终目的是达成课程教学目标，满足学习者的学习需求，体现系统化、规范化、科学化的特点。课程设计常用的理论模型为美国佛罗里达州立大学于 1975 年开发的 ADDIE 课程设计模型，包括分析—设计—开发—实施—评价五个步骤。老年教育课程的设计也需按照以上五个步骤进行。

（一）前期分析

前期分析是课程设计的第一步，包括学习需求分析、学习对象分析以及学习环境分析。[①] 一般是通过问卷调查与访谈的方式了解、掌握老年学习者的实际学习需求，进而确定课程目标、课程内容、教学方式等。学习对

---

① 尤瑞. 生死取向的老年生命教育课程设计研究 [D]. 上海：上海外国语大学，2019.

象分析通常要了解老年学员的已有学习经历、老年人的生理特征、心理特征以及认知特征等方面的信息，从而更加精准地供给课程。老年人的学习环境分析要根据课程的内容以及学校的实际情况来合理选择学习环境。这里的学习环境主要是指教师讲座场所和主题活动场所，学习环境要考虑到老年学员的座位摆放方式、教学场所的开放时间、合适的地理位置等。

（二）老年教育课程内容设计

老年教育课程内容设计环节主要包括课程目标的确定、具体内容（知识框架）的构建、课程大纲的安排。老年教育课程目标是课程设计的前提，教学开始之前须明确老年学员应掌握的知识和技能。老年教育课程目标涉及认知目标、技能目标、素养目标（情感态度层面）。根据老年教育课程目标设计出的课程模块和内容主题更具有适切性，一般遵循由简单到复杂、由浅入深的原则开展。此外，还要考虑到课程学时的设置、学习对象的确定等。

"走遍天下美景"课程简介

1.课程名称：走遍天下美景

2.课程内容：旅游相关的知识；中国、日本、韩国、美国、澳大利亚、欧洲等国家和地区的政治、经济、历史、地理、人文、民俗以及当地最具代表性的地点或事件

3.课程目标：

（1）认知目标：了解各个国家和地区的政治、经济、历史、人文、民俗等，通过了解各个国家和地区有代表性的景点，加深对其文化的认识。

（2）技能目标：掌握旅游学习的方法，能够独立做好旅游规划。

（3）素养目标：拥有开阔的视野，保持健康、年轻、积极的心态

4.课程学时：48学时

5.学习对象：对旅游知识和旅游有一定兴趣的老年群体

（三）课程的开发与实施

本阶段主要是根据设计原则，确定课程内容、结构和功能等，然后按照设计流程进行开发制作，包括具体的课程内容制作。老年教育课程开发应强调老年人处于主导地位，密切关注老年人的学习需求和自身特征进行

整合的过程。在课程开发阶段应始终注重课程资源的开发与利用。课程资源指课程在设计、编制、实施和评价等整个课程发展过程中可资利用的一切人力、物力及自然资源的总和。[①] 结合学员的需求，根据课程资源的特点把可供利用的老年课程资源归纳为：平面资源、电子资源、人力资源及社会资源四大类别[②]，在开发与实施课程过程中应该灵活运用。

在老年课程开发与实施过程中，首先要组建科学、专业的老年教育课程开发团队，团队应包括课程专家、老年教育研究者、老年教育工作者等；其次要制定老年教育课程开发的具体标准等，并据此选择、组织合适的课程内容，编排课程方案、课时等；最后要充分挖掘地方特色课程资源，有效融入课程内容中。

（四）课程评价与修改

课程初步完成后，需要对老年教育课程进行试用，以确定其是否达到预期效果。课程设计者可以邀请老年学员，请他们参与该课程，并从课程内容、课程结构、教学设计以及是否满足学习需求等方面进行综合评价。之后，可以根据评分结果和反馈意见再对课程进行相应的修改。

此外，课程设计中还要注意以下几点：（1）老年教育课程设计应该以老年学员为核心，注意理清各个步骤之间的关系；（2）要根据各类不同的课程展开设计，不应生搬硬套，要灵活运用各种方法技术，有效利用现代化信息技术；（3）课程设计者要注重结合利用潜在课程，在课程设计过程中积极挖掘学校及其周围有利的隐性课程资源，调动可用的一切课程要素；（4）课程设计不是"闭门造车"的过程，因此课程设计者要注重与教师、专家以及其他院校沟通探讨，取长补短。

---

① 徐继存，段兆兵，陈琼.论课程资源及其开发与利用 [J].学科教育，2002(2)：1-5.
② 尤瑞.生死取向的老年生命教育课程设计研究 [D].上海：上海外国语大学，2019.

第三节　老年教育课程内容

　　课程内容是指各门学科中特定的事实、观点、原理和问题及其处理方式，是符合课程目标要求的一系列比较规范、由间接经验和直接经验组成用以构成学校课程的文化知识体系，是课程的主体部分。[①] 课程内容源于社会文化，并随着社会文化的发展而不断发展变化，包括关于自然、社会和人的发展规律的基础知识；关于一般智力技能和操作技能的知识经验；关于对待世界和他人的态度的知识经验。老年教育课程具有其自身的特点，本节根据课程具体内容的划分依据，结合诸多课程案例和研究成果，将从休闲娱乐类课程、健康教育类课程、生命关怀类课程、生活实用类课程、信息技术类课程以及文史知识类课程六个方面对老年教育课程内容展开介绍。

一、休闲娱乐类课程

　　休闲娱乐类课程是老年教育活动中比较受老年人欢迎的课程内容，这类课程设置的目的是让参与老年教育的老年人能够在轻松愉快的氛围中获取基本的知识，同时使老年学习者保持精神愉快，心情舒畅。该类课程主要有乐器弹奏、音乐演唱、美术书法、舞蹈形体以及插花茶艺等。具体来说，乐器弹唱方面主要有钢琴、电子琴、小提琴、吉他、口琴、手风琴、萨克斯、葫芦丝、古筝、二胡、笛子、琵琶、陶笛等；音乐演唱包括戏曲艺术、美声唱法、民族唱法、越剧教唱、越剧表演、通俗唱法以及乐理视唱等多种门类；美术书法主要包括工笔画、写意画、油画、水彩、彩铅、素描、硬笔书法、软笔书法、篆刻以及钢笔画等具体课程；舞蹈形体主要有现代舞、民族舞、古典舞、汉唐舞、形体舞以及广场舞等多个种类。此外，还有摄影、茶艺、插花、旅游等其他休闲娱乐类课程。表 5.1 以宁波市江北社区学院的"茶艺""摄影""国画""书法"等老年教育课程为例，呈现老年教育课程具体的实践计划。

---

① 靳玉乐．课程论 [M]．北京：人民教育出版社，2012：207.

表5.1　"茶艺"等课程简介

课程名称	课程内容	课程目标
茶艺	茶源、茶文化、茶具、饮茶、服务与礼仪、茶叶质量、泡茶用水等	（1）认知目标：了解茶叶基础知识和中国茶文化发展演变及其精神内涵。通过对有代表性的茶诗词的鉴赏了解中国茶文化的美学意蕴。 （2）技能目标：掌握各类常用茶的审评，简单鉴别技能，掌握品茗茶具选配，简单的茶艺表演，会演示多种茶品的冲泡、调制、品尝技艺。 （3）素养目标：准确运用茶艺礼仪，保持自然、得体、高雅的形象，具备平和、谦恭的处事心态。
摄影（初级）	摄影简史、摄影特点、相机种类和功能、摄影构图、摄影技巧等	（1）认知目标：了解摄影简史及摄影的特点、发展概况；认识手中的相机及附件；初步了解摄影构图和摄影用光等基本技法。 （2）技能目标：掌握风光摄影、人物摄影的要点，能较为熟练地进行摄影用光和摄影构图。 （3）素养目标：能够进行名作欣赏，丰富文体生活，陶冶情操，培养审美能力。
国画（花鸟）	花鸟画概述、工笔花鸟画临摹、写意花卉常用技巧、写意花鸟画临摹、写生与创作等	（1）认知目标：了解国画发展历史及特点，了解当前花鸟画的发展状况，总结花鸟画发展的一般规律。培养老年学员对国画的兴趣与欣赏能力。 （2）技能目标：掌握工笔花鸟画的作画过程，重点掌握写意花卉的常用技法和写意鸟类的画法，并能够根据写生的素材和已经掌握的笔墨技法进行花鸟画的小品创作。 （3）素养目标：保持平和、恬静的心态，在作画过程中耐心学习与创作。

续表

课程名称	课程内容	课程目标
软笔书法（下）（基础）	了解欧体，学习欧体的笔法、结构法和章法，欣赏欧体书法艺术	（1）认知目标：通过学习知晓欧体书法的特点，使学员了解欧体书法艺术的发展历程。 （2）技能目标：学习欧体书法基础知识，在熟练基本技能的同时，初步掌握欧体的书写方法、结构规律和篇章技巧，写字正确，符合书法有关规范。 （3）素养目标：加深书法美学知识研习、把握欣赏书法艺术的原则和方法，进而提高欣赏创作能力，达到陶冶性情、颐养身心的目标。

二、健康教育类课程

健康教育课程内容的选择要与老年学员的心理和生理发展规律相适应，与老年学员的生活经验相适应，更要与老年学员的需要相适应。老年教育的对象主要是即将退休或已经退休的中高龄人群，此类人群具备丰富的生活经验，所以在课程内容的选择上要根据学员的生活经验而定，选择适合他们的健康教育课程。此外，还要兼顾老年学员的需求，他们的需求就是教育开展的最好契机，根据老年人的需要进行内容的选择。在此基础上，将健康素养所要求的各项能力内化到课程内容当中，才会更有效地提升老年学员的健康素养。[1]

这类课程主要包括健康养生类、体育健身类以及卫生教育类。健康养生类通过讲授正确的养生方法、健康饮食等知识，引导学员健康地生活，保障他们身体的健康。这类课程主要包括中医养生、营养护理、老年心理学、老年生理学等具体课程；体育健身类课程主要有瑜伽、太极拳、中国武术、健身气功、健身操等具体课程；卫生教育类主要涵括了急救技能、慢性病管理、常见病的防治、家庭用药原则以及老年人个人卫生等方面的课程。表5.2中展示的是上海某老年大学健康教育类课程内容的具体构成，表5.3以宁波市江北区老年教育课程"中医养生与保健"课为例，展现具体实践教学中的课程安排。

---

① 王鹏飞. 基于健康素养的老年大学健康教育课程建设研究 [D]. 上海：华东师范大学，2020.

表5.2 上海某老年大学课程内容分类（节选）[①]

健康教育类课程	医学类	中医学	中医基础
			中医诊断
			推拿
			……
		西医学	西医基础
			疾病防治
			心理治疗
		养生	中医养生
			经络养生
		营养学	食疗
			营养保健
体育锻炼类		体育保健	瑜伽
			健康操
			太极拳
			……

表5.3 "中医养生与保健"课程简介

课程名称	课程内容	课程目标
中医养生与保健	利用中医原理辨识老年人体质、老年人的常见症状和保健要点，结合专业中医养生理论和常见疾病的预防和诊治，包括中医体质的诊断和保健、食疗、起居、运动疗法、四季养生等内容	（1）认知目标：了解自身中医体质，对老年常见疾病有大致的了解，大致了解中医食疗养生、运动养生、起居养生、四季养生等的主要内容，了解自身的健康状况和改善方法。（2）技能目标：将所学内容运用于自身生活，改善体质，提升生活质量，能够运用传统中医保健方法有效预防疾病的发生，提高其自我保健意识。（3）素养目标：形成健康、向上的生活态度，培养积极乐观的精神风貌。

[①] 王鹏飞.基于健康素养的老年大学健康教育课程建设研究[D].上海：华东师范大学，2020.

三、生命关怀类课程

生命关怀类课程的内容主要是指生命教育课程。20 世纪 20 年代，美国学者就开始探索"死亡教育"（death education），并于 50 年代末 60 年代初发展为教育的一门分支学科。随着研究工作的不断深入，后又发展成为"生死教育"（life and death education）。1968 年，美国教育学家杰·唐纳·华特士首次提出了"生命教育"概念，并在加利福尼亚州创建了"阿南达村"（Ananda Village）学校来倡导和践行生命教育。这一举动引起了人们的广泛关注与积极效仿，生命教育实践的热潮由此展开。

老年生命教育的内涵有广义和狭义之分。狭义的老年生命教育就是死亡教育，也就是通过生命教育，使老年人生时安然、幸福，死时无惧、无悔。[①]广义的生命教育则将传统的生理健康教育、社会教育等方面包括在内，内容涉及生命与健康、生命与成长、生命与价值以及生命与关怀等主题[②]，以倡导老年人的生命与自身、他人、社会以及自然和谐为目标，通过良好的教育方式，积极唤醒老年人的生命意识，激发他们的活力与潜能，构建科学的生活方式，全面提升老年人生命质量的一种教育活动[③]。国外生命教育课程主要开设身心休闲和健康教育、退休准备教育、死亡教育、生活调试教育等来满足老年群体独特的需求；在课程实施方面，考虑到老年人的个性化和差异性，采用了内容分层及水平分层的形式，内容分层即含必修课、选修课、学术研究课与校外活动课，水平分层包括普通班、提高班与研究班。[④]

我国开设老年生命教育相关课程的老年教育机构较为少见，只有部分老年大学尝试开设该类课程。比如，上海静安区老年大学现在已有的"生命画卷——快乐长者""生命画卷——心理养生"与"岁月留痕——回忆录撰写指导"课程可以说是生命教育课程的"领头羊"与"试验田"，相关内容在不断进行扩充和完善。上海虹口区老年大学把老年生命教育课程内容分为五个单元，分别属于基础知识类、情感态度类和行为技能类三个课程类别。每个单元根据单元课程目标设置相应的课程内容，课时量按照老年大学一学期 15 个有效教学周，安排 15 次课，由学员根据需要自行选择参与全部单元或

---

① 陈金香. 老年生命教育研究 [D]. 南昌：江西师范大学，2008.
② 陈世超. 我国"老义化"视域下的老年生命教育研究 [D]. 金华：浙江师范大学，2015.
③ 高峰. 对老年生命教育的思考 [N]. 中国老年报，2008-11-19（003）.
④ 李学书. 中外老年教育发展和研究的反思与借鉴 [J]. 比较教育研究，2014(11)：56-57.

者部分单元，该类课程实施的基本规划和课程大纲如表5.4、表5.5所示。

表5.4　生死取向生命教育的课程大纲（部分）[1]

课程类别	单元主题	具体课程主题	课程教学方法	具体课程目标
基础知识类	探索生死本质，揭开生命困惑	生命是什么——谱写我的生命之歌	讲授法、小组讨论	了解人类生命周期的过程、特点，理解生命的本质和基本属性
		走近生命终点	讲授法、小组讨论	了解死亡的本质属性和社会文化层面对于死亡的不同阐释
		生死态度面面观	讲授法、小组讨论、生命回顾法	了解生死态度的定义和分类，能够自选维度描述自己的生死态度
情感态度类	生命多彩，死亦何惧	生死观念大不同——分享交流会	小组讨论法	能够分享自己的生死观念，在交流中转变原有的消极态度，实现生死态度的改变

表5.5　生命教育课程目标规划（节选）[2]

课程名称	学习内容	学习活动	课程目标
生命是什么——谱写我的生命之歌	课程整体介绍	教师讲授提问答疑	了解课程的整体内容、目标、实施方式等相关介绍
	生命周期历程的介绍	观看视频教师讲解提问答疑	了解人类生命周期的过程和特点
	理解生命的本质和基本属性	观看寓言小组讨论教师总结	理解生命周期的本质和基本属性

---

① 尤瑞. 生死取向的老年生命教育课程设计研究 [D]. 上海：上海外国语大学，2019.
② 尤瑞. 生死取向的老年生命教育课程设计研究 [D]. 上海：上海外国语大学，2019.

续表

课程名称	学习内容	学习活动	课程目标
生命是什么——谱写我的生命之歌	分享自己对生命本质的观点	教师示范 小组讨论 观点分享 课程总结	分享自己对生命本质的观点

四、生活实用类课程

生活实用类课程主要关注老年人日常生活中的知识技能教授，这类课程主要包括烹饪、烘焙、家电维修、家庭种植养殖、育儿常识、花卉园艺以及照片处理等具体课程。表5.6以老年教育课程"烘焙"和"照片处理"为例，展示生活实用类课程教学的具体内容。

表5.6 "烘焙"和"照片处理"（初级）课程简介

课程名称	课程内容	课程目标
烘焙	烘焙原理、烘焙原料、手工饼干、面包、蛋糕、宁波糕点制作等	（1）认知目标：了解烘焙的基本原理，通过对宁波传统糕点的学习了解宁波糕点饮食文化的传播和发展 （2）技能目标：掌握烘焙常规工具的使用方法、基本原料的配比、和面方式、面团种类、简易西点和宁波特色糕点的制作、烘烤方法、存放技巧等 （3）素养目标：激发老年群体的生活热情，提高他们对健康、温馨的生活的追求，同时带动家庭烘焙发展，促进家庭和谐，缓解年轻人工作压力
照片处理（初级）	照片的输出与应用常识、照片的后期处理技巧、照片的色彩调整、人像的美化与修饰、边框处理等	（1）认知目标：知晓图片的输出与应用常识，了解图形后期处理的基本步骤、图形的多种风格效果。 （2）技能目标：掌握图形处理的多种方法，掌握图片校正、修饰、绘画、特殊效果等软件处理方法，能够进行照片的合成、色彩调整、人像的美化修饰与照片的边框处理 （3）素养目标：培养高尚的审美意识与审美情趣，拥有优雅的艺术欣赏态度

五、信息技术类课程

随着互联网的普及化发展，智能设备的广泛化运用，老年群体也应顺应信息科技发展的新趋势，自觉主动融入"年轻化"的生活。但是在老年人的实际生活中，这种"融入"往往出现一些"代沟"。老年教育作为弥合"代沟"的一种重要途径，老年教育课程内容也就成为其主要载体。其中，信息技术类课程主要解决老年人使用智能手机、平板电脑以及享受常见的智能化服务（如电子支付、扫码乘车等）等问题。曹志强等对国内 8 所省级示范老年大学的信息素养类课程开设情况进行调研，认为我国老年大学虽已基本普及了信息素养类课程，但仍存在课程内容同质化严重、课程结构未适应学员发展需求等不足。[①] 此类课程设置的内容主要有基本信息技术知识课程、网络技术的生活运用课程、智能手机操作课程等，如表 5.7、表 5.8 所示。

表5.7 "现代信息技术解读"课程简介

课程名称	课程主要内容	课程基本目标
现代信息技术解读	电子设备知识	讲解计算机、智能手机、平板电脑等电子设备的各组成部位功能与操作（如显示屏开关、音量调节开关等）、设备系统的特点与基本使用方法，掌握拼音输入或手写输入等输入方法，教授如何连接互联网、如何利用浏览器进行搜索以及下载各种常用程序
	网络知识	讲解数据、互联网、物联网等概念、发展历程以及在日常生活中的基本应用
	现代技术相关知识	对二维码、移动支付、GPS 定位、3D 打印技术、人工智能、区块链技术、云计算等现代技术的基本概念以及发展历程进行教学，简单介绍其在生活中的应用场景

---

① 曹志强，汤玲玲，王运彬 . 从普及到精准：移动互联时代老年大学信息素养类课程设置研究 [J]. 中国成人教育，2020(23)：49-54.

表5.8 "现代技术的生活应用"课程简介

课程名称	课程内容	课程基本目标
现代技术的生活应用	日常出行知识	介绍几款常用的打车软件;讲解地铁卡、公交卡等的申领、使用以及充值操作;讲解网上购买汽车票、火车票、飞机票等流程;教授几款常用的地图软件如百度地图、高德地图等的使用方法
	家居生活知识	介绍应用物联网技术的各种家具;讲解外卖软件的使用方法、需要注意的事项及如何网上充值水电费
	网络社交知识	介绍当下几款常用的聊天与社交软件,如QQ、微信、新浪微博、抖音等,并对网络社交存在的风险进行解析,教授学员如何辨别虚假信息、诈骗信息,同时结合案例,分析社交软件存在的优缺点,提升老年学员健康理性使用此类软件的能力,防止沉迷
	在线学习知识	介绍中国大学慕课等网上学习平台;讲解如何在图书馆中利用虚拟现实技术来提高阅读体验;介绍政务公开制度,讲解如何在网上查询政府的政策文件

六、文史知识类课程

我国老年教育机构开设文史知识类课程的目的在于提高老年人的文化素养、欣赏水平等。这类课程主要包括文学(中国古代文学、现代文学、当代文学以及外国文学等)、诗词(古典诗词、诗词鉴赏、诗歌朗诵等,参见表5.9)、历史(中国古代史、近代史、当代史以及外国历史等)、写作、法律(民法、刑法、婚姻法等)、文艺鉴赏、收藏鉴定以及影视评论等。

表5.9 "诗词研修"课程简介[①]

课程名称	课程主要内容	课程基本目标
诗词研修	诗词的基本认识	了解诗词的起源、格律、类型，初步了解诗词
	诗词的鉴赏分析	掌握诗词鉴赏的方法，能够分析诗词的写作背景、中心感情等
	诗词的写作	掌握诗词写作的基本格式和要领，能够领会诗词写作的基本意境，独自写符合基本要求的简单诗词

　　总体来看，我国老年教育课程内容丰富，不仅限于以上所概括的休闲娱乐类课程、健康教育类课程、生命关怀类课程、生活实用类课程、信息技术类课程以及文史知识类课程等六类课程。老年教育机构所供给的课程内容需要既满足各地老年学习者的学习需求，同时又可以根据地方特有的文化开发挖掘具有本土特色的课程内容，这又进一步拓展、丰富以及深化了我国老年教育课程的具体内容。

---

① 霍邱老年大学官网 . 诗词研修专业介绍 [EB/OL].（2015-03-25）[2020-10-17]. http：//www.hqlndx.cn/UserData/DocHtml/2092/2015/3/25/3115110032594.html.

第四节　老年教育课程评价

老年教育课程评价能够影响老年学员的参与积极性，决定着老年教育的质量与生命力。[①] 老年教育课程评价范围包括该课程是否拥有丰富优质的课程内容、专业良好的师资、和谐温暖的育人环境，同时关注课程对于老年人身心发展的教育效果，即课程是否回答了"培育什么样的老年人"，是否完成了"老年教育的应有之义"。[②] 本节将从老年教育课程评价内涵、老年教育课程评价原则、老年教育课程评价主体以及评价模式四个方面展开论述。

一、老年教育课程评价内涵

课程评价是运用一定的方法，对课程体系的社会价值和个人价值做出判断的过程。[③] 桑德斯（J. R. Sanders）在《国际课程百科全书》一书中，从要素、过程等方面指出，课程评价指的是研究课程某些方面或全部的优缺点和价值的过程，课程可以包括教育经验的设计、需要、过程、材料、目标、环境、政策、各类支持措施以及结果。[④] 课程评价一般包括三个方面：对课程本身的评价，如课程内容、形式、实施过程；对教师的评价，如教师的言语表达、教学方式；对学生学习效果的评估，如老年学员的收获与体会，这些可以较为客观地检验课程教学效果究竟如何。[⑤] 课程评价的作用包括：诊断课程，修正课程，比较各种课程的相对价值，预测教育的需求，确定课程目标达到的程度。[⑥] 老年教育课程作为课程体系建设中的一环，虽未达

[①] 王元. 老年教育课程质量评估框架构建研究 [J]. 高等继续教育学报，2020，33(2)：59-64.

[②] 王元. 老年教育课程质量评估框架构建研究 [J]. 高等继续教育学报，2020，33(2)：59-64.

[③] 谢菁. 基于老年人学习需求的老年教育课程体系建设研究 [D]. 昆明：云南大学，2017.

[④] J. R. Sanders. Curriculum Evaluation Research[C]//Lewy A. The International Encyclopedia of Curriculu. New York：Pergamon Press，1991：409.

[⑤] 赵师敏，陈鑫佳. 参与式老年教育课程开发模型构建研究——以"传家宝——隔代教育面面观"特色课程开发为例 [J]. 当代继续教育，2017，35(2)：58-62.

[⑥] 施良方. 课程理论课程的基础、原理与问题 [M]. 北京：教育科学出版社，1996：106.

到基础教育、高等教育等课程的规范化程度，但是课程评价依然是推动其自身完善、提升老年教育效果的必要步骤。本书认为，老年教育课程评价是对老年教育机构各类课程价值、质量开展有效评估的过程，包括对课程本身、教师教学以及学员成效的评估，能够发挥诊断、修正课程，并促进课程目标实现的功能。

二、老年教育课程评价原则

（一）坚持评价理念的科学性原则

科学的课程评价理念是实施课程评价的前提，是老年教育课程体系建设中的重要环节，也是实现老年教育课程目标的"助力器"，因此，我们要树立科学的课程评价理念，并以此为基本原则进一步推动老年教育课程的完善。发展科学的课程评价体系是老年教育的质量保障，是进一步促进老年教育多元化及体系化发展的有效路径。这一原则要求在老年教育课程评价的过程中要做到以下几点：一是以老年人为本，重视老年学员的学习特征，有阶段分步骤实施课程评价；关注老年学员学习偏好，突出评价体系的适切性特征，多途径完善课程评价机制在老年教育教学活动中的运用；要求老年教育实施者充分关注老年学员的知识背景、学习特征以及学习需求，循序渐进地促进课程资源及专业体系的改革与创新。二是制定科学、合理的课程评价标准。对面授课程、实践课程和运用多媒体教学的课程，分别制定不同的评价标准，实施定量和定性相结合的评价方法，同时建立全方位的评价机制，使评价主体多元参与，评价内容多样兼顾，评价过程动静结合，确保老年教育课程评价的科学性。

（二）坚持评价主体的多向性原则

在传统的课程评价过程中，教学课程实施者往往注重单向的课程评价，即教师一方对学生开展评价，评价结果只有评价者一人给定，并较少反馈到学习者一方，这意味着单向评价容易出现评价的偏颇，导致课程评价结果不具有真实性，课程评价功能"错位"，甚至"失位"，并不能起到应有的效果。这在老年教育课程评价过程中也时常出现。在老年教育课程评价中要始终坚持评价的多向性原则。要注重评价主体的改变，鼓励政府、师生、教育机构、社会等多个主体的参与；要关注评价过程中的沟通与交流，不盲目给予量化评价结果。此外，还要注重课程评价监督机制的完善，对评价失真、评价不及时等问题予以监督反馈，促使课程评价做到多向交流、内外参与、结果有效。

（三）注重评价内容的多元化原则

课程评价并非仅仅关注于课程成效如何，还要兼顾老年学员之学、教师之教，注重评价内容的多元化。老年教育课程评价的内容可以分为学员之学、教师之教以及课程本身。具体而言，一是对老年学员的学习态度、学习积极性、学习方法等学习情况进行评价，能及时发现学员学习中存在的问题，促使学员及时了解自己的学习情况；二是对教师的教学方法、教学策略、教学进度安排进行评价，这能督促教师了解学员的具体情况，根据学员特点纠正教学中存在的问题；三是运用综合性评价来了解整个课程效果，检测学员是否对课程满意、课程实施是否达到预期效果、课程是否促进了老年学员的改变。

（四）坚持评价过程的动态性原则

课程评价理论经历了多个发展阶段，呈现出不同的评价理念与思想，这表明课程评价是一个发展变化的过程。此外，课程评价是一个价值判断的过程，这意味着课程评价具有发展性和动态性，而非静止不变化的。因此，在老年教育课程评价的过程中要始终遵循动态性原则，能够因时、因势、因需、因人而变，随时调整老年教育评价的方式方法，保证评价结果的真实性与准确性。随着课程的更新、评价方法的改变以及老年学员的变化，更是要求老年教育课程评价要在科学设置的基础上进行改变，以适应个体、社会以及学科课程的动态发展，在具体实施过程中注重"发展性评价"与"终结性评价"的结合，不断完善老年教育课程评价体系与机制。

三、老年教育课程评价主体

评价主体是指主导评估活动的人或团体，旨在回答"谁来评"的问题。[1]课程评价主体是指参与课程评价活动的组织与实施并依据一定评价标准对评价对象予以价值判断的个体和群体。[2]老年教育课程评价主体包括教育管

① 李洪俊，李晓岩．美国科学课程资源质量评估及启示 [J]．外国教育研究，2019，46(10)：86-100.
② 陈春勉，蒋子郁．双向对称理论视域下老年教育教学范式的建构 [J]．天津电大学报，2018，22(3)：59-63.

理机构、老年教育机构、老年学员、老年教育教师、老年教育研究者等。例如，在上海某老年大学中，健康教育课程的评价主体根据不同的课程有不同的偏向，以健康知识为主要内容的健康教育课程的评价主体多为教师和学员，以健康技能为主要内容的健康教育课程的评价主体则还包括社会评价。该老年大学 M 老师表示："就我们学校所有的健康教育课程来说，如果是像太极拳、太极剑这种课程，我们主要是有教师评价、学员评价以及社会评价三个主体，主要采用的方式一般是参加比赛和汇报演出等。而像易经、足疗这种课程则多是教师评价和学员评价，因为以这种内容为主题的课程不能像运动类的课程易显，所以此类课程的评价主体一般是教师和学员。"[1] 老年教育课程评价主体主要包括以下几类人。

（一）教　师

教师作为课程的主角，不仅是课程的实施者，也应当是课程方案的制定、评价和修改的参与者。他们对课程在实际教学中的运行情况最了解，他们在课程评价过程中是最有发言权的人。[2] 教师作为评价主体，在实施课程评价的过程中，应该坚持以多维检视的评价态度，全方位把握老年学员的课程收获，力求对评价对象做出全面的评价；同时，要注重老年学习者特殊的生理与心理、身体机能等多方面的因素，给以老年学习者客观的评价，鼓励他们进行可持续性学习。总之，在老年教育课程评价中，应当注重教师的参与，使教师成为课程评价不可或缺的重要主体，这样既有助于提高教师的专业水平，促使学生得到全面发展，又能有效提高课程评价本身的质量和水平，促进课程的改进与发展。[3]

（二）老年学员

老年学员是老年教育课程实施的受益主体，对课程效果有着直接的感受。课程评价是学生反思学习过程，也是分析学习成果的重要环节。如何让老年学员在课程评价中发挥应有的主体作用，同样是需要研究的课题。肯定老年学员的主体性地位，让他们在课程评价中发挥应有的作用，有利于老年教育课程的优化与提升。要发挥老年学员的评价主体作用，促使他

---

① 王鹏飞. 基于健康素养的老年大学健康教育课程建设研究 [D]. 上海：华东师范大学，2020.

② 林智中，马云鹏. 课程评价模式及对课程改革的启示 [J]. 教育研究，1997(9)：31-36.

③ 张瑞，刘志军. 教师：不可或缺的课程评价主体 [J]. 课程. 教材. 教法，2008(8)：11-16.

们积极参加课程评价活动，并从中逐步实现将外在的评价目标内化为自觉要求，最终实现自身素质的全面提高。同时，在课程评估体系中不仅要增加老年学员对课程教学效果的评估权重，而且还要针对不同学员的评估指标加以细化。此外，通过老年学员对课程实施、课程内容以及教师等多个方面进行评价，可以帮助教师在教学实践中提升教学艺术，也有助于交流感情，促进双方的心理平衡，不断地改善师生关系。

（三）老年教育机构（学校）

老年教育机构是老年教育的组织实施者，也是老年教育课程的主要评价者。以校长（院长）为核心的领导班子作为老年教育活动的管理者，需要根据老年教育方针和上级教育行政部门的要求，对课程的实施进行合理有效的评价。因此，学校要设立主管教学的部门，吸收教学主管部门人员和有关专家参加，明确评估指标和操作程序，确定评估的内容框架。评价内容包括：教学基本文件档案是否齐全；教学内容是否符合大纲；课程讲授是否深入浅出、简练准确、重点突出；课程教学方法是否适合老年学员特点、形象生动；能否有效地运用各种教学手段、开展师生互动等。评价形式包括：组织专家听课；检查教学资料；广泛听取学员的意见等。通过对课程教学过程的检查和评估，进而提升课程水平与教学质量，不断推动学校课程质量的提高与品牌课程的建设。①

（四）教育管理部门

各级教育行政部门作为上级教育管理部门，有权对所管辖老年教育机构的工作进行评价与指导。而评价与指导也是教育行政管理部门的主要职责之一，是教育行政机关加强业务领导和管理不可缺少的重要环节。因此，老年教育管理部门参与老年教育课程评价是合理且必要的。比如，宁波市江北区社区教育委员会为了建立科学、规范、标准、全程的老年课程监督与评价机制，确保江北区老年教育课程实施的质量，出台了《江北区老年课程实施与督导评估实施意见》，建立了老年课程教学常规检查制度、授课教师教学规范抽查制度等，对全区老年教育的课程及教学质量进行全面深入的质量评估，开展系统调研，从而完善提升老年教育课程品质。②

---

① 陈文沛.老年大学课程设置与建设初探 [J].北京宣武红旗业余大学学报，2015(2)：55–59.
② 杨雪飞.论社区老年教育"品质课程"建设的实践路向——以宁波江北区为例 [J].宁波广播电视大学学报，2019，17(3)：1–4.

（五）第三方评价机构

老年教育课程评价的立体化、多元化建设离不开第三方评价组织的参与。老年教育课程的第三方评价是指在老年教育机构开展课程教学活动过程中，以独立于教育举办者（学校和教育主管部门）、受教育者之外，同时与两者有所联系的客体（行业、高校和企业等组织或个人）为主体的评价活动。在老年教育机构引进第三方课程评价的过程中，第一，应该组织第三方评价机构，评价机构的成员可以包括高校课程专家、培训机构讲师、科研机构以及行业企业的课程开发人员等，以第三方视角对课程的实施进行评价。第二，要明确课程评价的标准和具体评价方式，将常态化与不定期的多元考核评价相结合。第三，双方对接需要评价的课程内容，根据课程评价内容情况确定具体的实施办法。第四，制定具体的评价方案，确定评价方式，正式实施课程评价。第五，第三方课程评价结果的反馈与改进。通过统计分析，形成最终考核评价结果，指导课程体系建设的修正或完善，有效促进课程目标与教学过程相契合，促进老年教育课程体系建设的科学发展。

总之，老年教育课程评价主体不是单一单向的，要与现代化课程评价理念相契合，积极构建多主体、立体化评价机制，实现老年教育课程在多向评价中不断提质增效，老年学员在课程学习过程中不断学有所乐、学有所获。

四、课程评价模式

课程评价模式是评价人员依据某种教育理念、课程目标或特定的评价目的，选取一种或几种评价途径所建立起来的相对完整的体系，它对评价的实施做了基本的说明。[①] 目前，老年教育课程建设正在起步阶段，老年教育课程评价模式尚未得到有效开发。以下是几个适合老年教育课程的典型课程评价模式。

（一）目标评价模式

目标评价模式，又称泰勒评价模式。它是在 20 世纪 30 年代美国教育的特定条件下产生的。泰勒（R. Tyler）在《课程与教学的基本原理》中阐明了他在"八年研究"时已提出的课程理论的基本框架，即一个有效的课程须回答四个问题：学校应该追求哪些教育目标；如何选择可能有助于达

---

① 李雁冰，钟启泉. 课程评价论 [M]. 上海：上海教育出版社，2003：217.

到这些目标的学习经验；如何组织学习经验使教学更有效；如何评价学习经验的效果？从此，评价成为课程编制的一个重要组成部分，它与教学整合在一起，成为改进课程服务的重要一环。

泰勒评价模式将目标作为课程评价的焦点，在评价的整个过程中，时时关注着所要达到的目标。选择目标、表述目标的过程也都成为评价的一部分；强调目标在评价中的突出作用是泰勒评价模式的一个主要特征。[①] 目标评价模式强调要用明确的、具体的行为方式来陈述目标，其评价方法有执笔测试、观察、交谈、问卷等。评价是为了找出实际结果与课程目标之间的差距，并利用这种信息反馈作为修订课程计划或修改课程目标的依据。该模式的"评价原理"可概括为七个步骤：确定课程教学目标；把目标分成较为细小的类目；以行为名词表达目标；确定使用目标的情境；选择和发展评价所运用的测量技术；收集有关学员表现的资料；将收集的资料与行为目标进行比较。其评价的实质是要确定预期课程目标与实际结果相吻合的程度。

泰勒评价模式的优势在于把评价的焦点从学生转向整个课程方案；提供了可用于修改课程计划的反馈方式；提出了用教育目标作为评价的标准等。但它只关注预期的目标，是建立在严格的"目的—手段"二分理性基础之上的，因此，其"目的—手段"容易使人过于重视结果，忽视其他因素，"隐含着消极、被动的人性观和教育观"，还存在着"课程评价应由谁操作，行为目标能否全面准确地反映我们的教育目的，教育目标是否一定要测量等"质疑。下面是结合老年教育"书法"课程对目标评价模式在老年教育课程评价中运用的案例解释，从而更加直观地理解这一评价模式的操作步骤。

目标评价模式在老年教育课程中的运用——以老年学员的《书法》课程为例

第一，确定"书法"课程的教学目标。该课程的教学目标是让老年学员掌握基础的书法知识和运笔技巧，能够独自书写简单的字体，对书法能够感兴趣。

第二，将目标分成较为细小的类目。比如，将课程教学目标具体分成毛笔的握笔技巧，字体的书写要点，运笔的关键动作等。

第三，以行为名词表达目标。比如，了解握笔的几种手法；掌握运笔的

---

① 刘春惠.泰勒课程评价模式述评 [J].北京邮电大学学报 (社会科学版)，2001(2)：47–50，64.

要领；书写若干个简单汉字；知晓常用汉字的结构等。

第四，确定使用目标的情境。具体情景为老年大学的课程教学现场，具备基本的书法教学设施，参加人员有老年学员以及书法教师等。

第五，选择和发展评价所运用的测量技术。在老年学员的"书法"课程中采用等级测评制，分为优、良、中、差四个等级。

第六，收集有关老年学员表现的资料。教师将"书法"课程教学中老年学员的作品、评价记录、考试试卷等资料进行整理。

第七，将收集的资料与行为目标进行比较。教师对每名老年学员的表现材料进行认真评阅，并与行为目标开展对比，判断其达成程度，从而给予相应的评分等级。

（二）CIPP 评价模式

此模式是由美国著名教育评价专家斯塔弗尔比姆（Daniel Stufflebeam）及其同事于 20 世纪 60 年代末 70 年代初系统确立起来的。CIPP 是由背景评价（context evaluation）、输入评价（input valuation）、过程评价（process evaluation）、成果评价（product evaluation）这四种评价英文名称的第一个字母组成的略缩词。CIPP 模式的基本特征是改良取向，它摆脱了评价的控制性，使评价过程变得温和而富有人情。[1]斯塔弗尔比姆认为，教育活动中所需的评价应是广义的，评价不应局限在评定目标达到的程度上，应该是为校方领导、学校行政人员以及学校的教师们提供决策信息，因而他强调，评价要为课程决策提供评价材料，以便在必要时对课程方案加以修正。CIPP 模式包括如下收集材料的四个步骤。

背景评价，即要确定课程计划实施机构的背景，明确评价对象及其需要，明确满足需要的机会，诊断需要的基本问题，判断目标是否已反映了这些需要。以老年学员的"信息技术"课程为例，在实施课程教学前，应该对老年学员的身心特征、信息技术的原有基础、课程教学内容的分类、信息技术课程的基本概念以及设计技巧、课程教学环境等展开较为全面的评价。

输入评价，主要是为了帮助决策者选择达到目标的最佳手段，而对各种可供选择的课程计划进行评价。具体到"信息技术"课程中，主要是对课程的教学方案进行评价，一般由独立于直接教学的专家担任评价者，通

---

① 李雁冰，钟启泉. 课程评价论 [M]. 上海：上海教育出版社，2003：213.

过评价表等方式做出客观的评判。

过程评价，主要是通过描述实际过程来确定或预测课程计划本身或实施过程中存在的问题，需要对计划实施情况不断加以检查。从"信息技术"课程来看，过程评价需要对"信息技术"课堂教学过程进行记录或是进行随堂观察，从而对教学方案的实施情况、教师的活动、学生的活动情况予以评价。在评价的过程中，可以用评价等级表、评分表或者课程观察表等工具来落实评判任务。

成果评价，即要测量、解释和评判课程计划的成绩。它要收集与结果有关的各种描述与判断，把它们与目标以及背景、输入和过程方面的信息联系起来，并对它们的价值和优点做出解释。就"信息技术"课程的教学而言，可以对老年学员的信息技术操作技能、理论知识、电子产品的运用以及教师教学目标达成度等进行评析，从而了解课程的教学效果。CIPP评价模式考虑到影响课程计划的种种因素，可以弥补其他评价模式的不足，相对来说比较全面。但由于它的操作过程比较复杂，难以被一般人所掌握。

CIPP评价模式在老年教育课程中的运用——以老年学员的"信息技术"课程为例

第一，背景评价，主要是确定合理、可靠的老年教育课程教学目标。在确定课程教学目标前需要开展课程教学评价，包括：（1）老年学员的学习评价，涉及老年学员的身心特征、信息技术的原有基础、对信息技术课程的兴趣、对信息技术学习的期望以及学员自评、教师评价等方式。（2）"信息技术"课程教学内容的评价，涉及课程教学内容的分类、"信息技术"课程的基本概念以及设计技巧等。（3）"信息技术"课程教学环境的评价，涉及物理环境（空间大小、采光照明、室内布局、信息教学工具）、心理环境（课堂氛围、师生关系等）。此后，设定"信息技术"的课程教学目标，包括"信息技术"课程的目标分类（总体目标、每节目标等）、目标的具体内容解释、目标分析等。

第二，输入评价，即对"信息课程"教学方案的评价。通常，教学方案的评价需要独立于教学参与者，由专家进行评价，具体内容如下表所示：

教学方案评价表（专家评价）[1]

教学方案流程				
一级指标	二级指标		评价标准	评价者意见
教学过程	方案具体内容	对学生的预期	可实现的目标	专家修改意见

方案评价意见	
专家评价	

第三，过程评价，即对课程教学过程的评价。就"信息技术"课程而言，过程评价就是对通用技术课堂教学的实施过程的评价，需要对课堂教学过程进行记录或是进行随堂观察，以对教学方案的实施情况、教师的活动、学生的活动进行评价。具体评价内容如下表所示：

《信息技术》课程教学过程评价表[2]

教学环节		对教师的评价									对学生的评价				
	一级指标	认知信息的交流				课堂把握			教师基本功	师生情感交流	认知交流能力			参与合作程度	创新程度
	二级指标	教学方法合理	问题设计	情感态度价值观培养	过程方法培养	课堂反馈	课堂驾驭	教学节奏把握	教态、语言、操作规范		知识掌握程度评估	问题意识			
综合评价															

第四，成果评价，即对"信息技术"课程教学结果的评价。成果评价主要包括对学生学习成效和教师教学结果的评价。学生学习成效涉及"信息课程"的基本知识、简单的电子产品操作技能等；教师教学结果的评价包括"信息技术"课程教学目标的达成度、未完成目标的剖析、教学反思等。

（三）差距评价模式

该模式是由普罗佛斯（Provus）提出，他认为一些评价模式只重视几种课程计划之间的比较，没有注意该计划本身所包含的成分。而事实上，一

---

① 杨加佳.通用技术教学中 CIPP 评价模式的应用研究 [D]. 南京：南京师范大学，2014.
② 杨加佳.通用技术教学中 CIPP 评价模式的应用研究 [D]. 南京：南京师范大学，2014.

些自称在实施某种课程计划的学校，并没有按照该课程计划来运作，所以，这类计划之间的比较并没有什么意义。差距模式旨在揭示计划的标准与实际的表现之间的差距，以此作为改进课程计划的依据。下面以老年学员的"健康体育"课程为例对差距评价模式的五个阶段展开介绍。

差距评价模式在老年教育课程中的运用——以老年学员的"健康体育"课程为例

第一，设计阶段，即确定课程标准。比如具有积极参与体育活动的态度和行为；乐于学习和展示简单的运动动作；主动参与运动动作的学习；养成良好的体育锻炼习惯等。

第二，评价阶段。对"健康体育"课程的活动资源进行分配，比如教学工具的发放、教学材料的讲解、师资队伍的配比等。

第三，过程评价阶段。检查"健康体育"课程的实际教学过程是否与课程标准之间存在差别，并及时做出调整。比如老年学员的参与积极性不高，这时需要教学者调整教学方式、教学计划等。

第四，产出评价阶段。对"健康体育"课程结果进行全面评价，比如老年学员的参与度、任务完成度、课程满意度等。

第五，成本效益评价阶段。对已经实施的"健康体育"课程计划开展整体评估，并将该计划与之前实施的传统计划或者其他老年教育教师的实施计划进行对比，找出效益较高的课程实施计划。

设计阶段，即要界定课程计划的标准，以此作为评价依据。就老年学员的"健康体育"课程而言，涉及老年学员参加体育学习的积极性、主动性、良好的健身习惯等。

评价阶段，要了解课程计划与原先打算相吻合的程度，所以必须收集课程计划有关方面的材料。从"健康体育"来看，主要是对课程实施之前的教学资源的装备情况，比如体育用具的准备、教学材料的分配以及场地的安排等。

过程评价阶段，即要了解导向最终目的的中间目标是否达成，并借此进一步确定前提条件、教学过程、学习结果的关系，以便对这些因素做出调整。具体到"健康体育"课程，即对课程教学过程中老年学员的积极性、教师教学方法的合理性等进行比较，找出与课程标准之间的差距，并进行相应的调整。比如，老年学员感觉运动难度大或者运动量过多，不适应教学过程，此时教师应该做出客观评判，适时调整教学难度等。

产出评价阶段，或称结果评价，即要评价所实施的课程计划的最终目标是否达成。比如对老年学员的参与度、任务完成度、课程满意度等进行了解评估。

成本效益评价阶段，或称为计划比较阶段，目的在于表明哪种计划最经济有效。这需要对所实施的计划与其他各种计划做出比较。如对"健康体育"课程经过以上的评价，评价者对实施的课程已经有了较多了解，并掌握了"健康体育"课程的评价信息，此时对学校之前开展的相应课程或者兄弟院校开展的相似课程计划（教学方案）进行横向比较，评价出较好的课程方案予以实施。

在这个评价模式中，除了最后一个阶段，前四个阶段都需要找出标准和实际表现，比较这两者之间的差距，探讨造成差距的原因，并据此决定是否继续到下一阶段，还是重复这一阶段，抑或是中止整个计划。

差距评价模式注意到课程计划应该达到的标准（应然）与各个阶段实际表现（实然）之间的差距，并关注造成这种差距的原因，以便及时做出合理的抉择，这是其他评价模式所无法比拟的。但在"应然"与"实然"之间，会遇到许多价值判断的问题，这是一般评价手段难以解决的。

（四）外观评价模式

外观评价模式是一种对课程进行比较全面评价的模式。该模式由斯特克（R. Stake）于1967年提出，它充实和发展了以目标为评价依据的泰勒模式。

斯特克确定了收集课程评价资料的三个领域：前提或先行条件——教学的前提领域；实施——教学的实施领域；结果——教学的效果领域。他认为，目标评价模式忽视了教育的前提条件和相互作用以及这些因素对教育的影响，因而外观评价模式仅从前提条件、相互作用、结果三个方面收集有关课程的资料。但由于这种评价方式所了解和处理的内容繁多，而且受到很多评价者主观因素的影响，因而容易影响评价结果的可靠性。比起行为目标模式的学者们，斯特克比较注重描述和判断。他认为，评价者应包括各种各样的人，不仅应有教师和学生，而且还应有外界专家、新闻工作者和心理学家等。这种模式能够对课程进行比较全面的评价，能比较准确地找出课程在哪些环节或哪些内容上存在问题。

五、小　结

当下，老年教育被越来越多的人认可与接受，受到老年人的欢迎，国家也逐渐重视老年教育的发展。老年课程评价作为老年教育课程设计中的重要环节值得老年教育研究者、实践者关注与探讨。目标评价模式、CIPP评价模式、差距评价模式以及外观评价模式各有特征，也有相通之处。本书借鉴普通教育课程评价研究成果，将这四种课程评价模式引入老年教育课程评价中，并结合老年教育实施教学的课程加以分析，从而说明四种课程评价模式在老年教育课程评价中运用的可行性与适切性，为老年教育课程创新性评价模式的构建提供一定镜鉴。

回顾思考

1. 你怎么理解老年教育课程是实施老年教学活动的"心脏"？

2. 你能够举例解释书中给出的老年教育课程特点吗？

3. 请你结合老年教育实践，谈谈当下老年教育课程存在哪些问题。

4. 你认为老年教育课程内容还包括哪些方面？

5. 你能够找出老年教育课程类型划分的其他依据吗？

6. 请你结合知识点，以"研学"为主题设计一份课程案例。

7. 老年教育课程评价还需要注意哪些问题？

8. 请你谈谈书中列举的四种课程模式之于老年教育课程的适切性如何。

第六章

老年教育模式

　　老年教育在发展过程中，往往因为人文环境、教育理念、教学者等因素的不同会生成各种教育模式。了解这些老年教育模式是学习、认识老年教育不可或缺的内容。因此，本章从老年教育模式概述、教育模式特征、具体教育模式类型三个方面展开介绍。

第一节　老年教育模式概述

一、教育模式内涵

叶忠海指出，模式是在一定思想或理论指导下，在实践中建立起来的、围绕完成特定的目标所形成的、稳定而简明的结构理论模型及其具体可操作的实践活动方法、途径和手段的总和。[①] 作为结构框架，突出了教育模式从宏观上把握教育活动整体及各要素之间内部的关系和功能；作为活动程序则突出了教育模式的指向性、操作性、完整性、稳定性、开放性、灵活性以及实践性等特征。

在学习教育模式时应该处理好四个关系：一是教育模式与教学模式的关系。教育是培养人的社会活动，教学是教师的教与学生的学的共同活动，那么任何教学都具有教育性。由此可见，教学模式是狭义的教育模式，教育模式包括了教学模式。二是要了解教育模式与教育过程的关系。教育模式的研究是抓特点，抓关键；教育过程的研究是看顺序、看发展。两者异中有同，模式中有过程，过程中也伴随着模式的发展，二者具有同步性。大的教育模式可以包括多种教育过程，大的教育过程又可以包括多种教育模式，两者具有包容性、兼容性。[②] 三是把握教育模式与教育结构的关系，教育模式的研究要认识特征，合理分类；教育结构的研究要着重整体与部分、部分与部分的关系。任何一种教育模式总有其对应的教育结构，反之亦然，变换教育结构常常导致教育模式发生变化。系统研究、了解各种层次的教育模式，实质上是系统地研究各种层次相对应的教育结构。四是教育模式与教育方法的关系。教育模式要分析主要矛盾，认识基本特征；教育方法是为了达到一定教育目的而选择的教育方式、途径和手段，一般来说，教育模式较为概括、抽象；教育方法则具体、具有针对性。一种相对稳定、

---

① 叶忠海. 老年教育学通论 [M]. 上海：同济大学出版社，2014：85.

② 查有良. 教育模式 [M]. 北京：教育科学出版社，1993：3.

卓有成效的教育模式，常常要运用多种教育方法；一种长期稳定使用的教育方法，具有其自身特征，有时会形成某种教育模式。[①]

按照查有良关于教育模式的观点，教育模式有宏观、中观、微观三个层面，宏观上主要是教育事业的发展战略模式，中观上主要是研究教育系统管理模式即办学模式，微观上主要是研究各级教育教学的实践过程模式。那么，本书主要是从微观层面来看待老年教育教学实践中形成的教育模式。

二、老年教育模式概念

老年教育的对象、内容、形式具有多样性，这就要求老年教育教学模式既要在宏观上把握教学活动整体及各要素之间的关系和功能，又要具有可操作性。[②] 因此，老年教育教学模式可以理解为在老年教育教学理论指导下建立起来的比较稳定的、便于普及的老年教育教学实践活动框架和活动程序的标准样式。[③] 其中涉及老年教育产生的背景、理念取向的确定、法律政策的制定、办学机构的设立、经费来源的筹措、课程内容的开发、教学模式的设计等等，涵盖了从国家、企业及民间团体到学校等多元主体的积极参与。[④] 那么，怎样给老年教育模式下一个有效的定义呢？一般来说，下定义常采用的方法是"种概念＋属差"。具体来说，就是首先要确定它的上位概念，即种概念以及所处的概念系统；其次要明确它的内涵及这个事物区别于同一系统中其他事物的属性，这就是属差；最后要划定其外延及包括哪些具体东西。[⑤] 那么，根据这个思路，结合前文所述，我们认为，老年教育模式是在老年教育教学实践过程中，基于相关教育理论指导之下，依据老年人身心发展特点和规律而总结凝练出的一套行之有效、推动老年教育事业发展的实践活动框架或标准样式。

理解这一定义需要注意以下几点：第一，老年教育模式是一种有效的实践活动框架或者样式，即表明它有自身的一套系统运行机制和内部结构要素，一旦成型不会被轻易改变。第二，具有一定理论的指导。虽然当下老年教育多源于老年教育实践，但是科学的理论指导是不可或缺的。所涉

---

① 查有良. 教育模式 [M]. 北京：教育科学出版社，1993：4.
② 张东平. 老年教育社会学 [M]. 上海：同济大学出版社，2014：263.
③ 叶瑞祥，卢璧锋. 老年大学教学论 [M]. 广州：广东高等教育出版社，2016：81.
④ 王梦云，翟洁. 英、法、美老年教育模式比较研究 [J]. 中国成人教育，2017(7)：114−117.
⑤ 裴娣娜. 教学论 [M]. 北京：教育科学出版社，2018：2.

及的理论既包括教育理论，也包括社会学理论、心理学理论以及其他适用的学科理论。第三，要关注老年教育的实施对象即老年人，一切老年教育模式的产生与形成都要遵循老年人的身心发展规律，而不能超越老年人的能力去运作。第四，老年教育模式是有效的，能够对老年教育事业的发展起到正向影响作用，推动老年教育实践的开展。这里探讨的老年教育模式主要是指微观层面上的老年教育实践模式，并认为其具备实践性、多样性、长期性（稳定性）、完整性以及适老性等特点。

此外，对老年教育模式展开学习与研究时，需要把握以下思路：（1）需要注重系统，将理论与实践结合。[①] 完善的老年教育模式是一个内部要素较为复杂的系统工程，它是对老年教育办学经验、方法的总结与反映。因此，在学习老年教育模式时要有系统理论的思想，对老年教育模式的主要构成要素，以及它们之间的相互关系进行较为综合的考虑与思考。（2）老年教育模式具有多样性，也就意味着其各个模式具有特殊性。众所周知，老年教育一般由政府、高校、企业、社区等不同主体举办，因此产生多种类型的老年教育，那么，每一种办学类型的老年教育，它所产生的教育模式都不一样。因此，对每一种老年教育模式的学习，我们都应该从其特殊点切入，抓住并分析它们的主要特性[②]，从而了解、探索、把握各个模式的规律、特点。

---

① 　岳瑛. 教育学视阈中的老年教育 [M]. 武汉：湖北科学技术出版社，2012：261-263.
② 　岳瑛. 教育学视阈中的老年教育 [M]. 武汉：湖北科学技术出版社，2012：261-263.

第二节　老年教育模式的特征

一、老年教育模式的实践性

杨日飞在《教育哲学实践性的涵义、现状及其实现》一文中总结了实践性的多种解释：实践性是指任何科研成果都要接受实践的检验，以公认的事实为准绳；实践性是指一切离开物化的实践活动就不会产生和实现其价值；教育的实践性是指在教学手段上具有实践性，是通过有目的、有计划地组织学生参加实践活动来实现教学目的。[①] 老年教育模式的实践性是指它不但从实践中来，受到实践的检验，随着实践的发展而发展，而且必须切实地实现由意识到行为的转化。[②] 因此，理解老年教育模式的实践性特征应该从以下几个方面入手。

第一，老年教育模式是对教育实践经验的合理抽象和科学概括，必须来自于教育实践，同时，又能对教育实践进行有力的解释、有效的指导和科学的总结。[③] 任何一种教育模式都不能脱离社会实践，相反，有很多教育模式来源于社会教育实践。就老年教育而言，其研究基础和理论建构等条件尚未成熟，难以从理论层面建构出一套科学有效的教育模式。现今流行的教育模式基本上是从老年教育实践中凝练总结而来的，具有较强的实践性。

第二，老年教育模式既然来自于实践，就必须运用于实践，解决老年教育发展中的实践问题。一旦将一套行之有效的老年教育实践做法通过科学概括、合理抽象化，最后形成教育模式，那么这一教育模式就不能束之高阁，而是要在老年教育实践中推行，去解决真正的实际问题，并在这一过程中不断优化升级。

---

① 杨日飞 . 教育哲学实践性的涵义、现状及其实现 [D]. 呼和浩特：内蒙古师范大学，2008.
② 杨日飞 . 教育哲学实践性的涵义、现状及其实现 [D]. 呼和浩特：内蒙古师范大学，2008.
③ 赵爱学，刘永恒 . 成人教育面授教学实践性特征初探 [J]. 内蒙古电大学刊，2006(12)：72-73.

第三，老年教育模式形成后，并不是"故步自封"，而是要将当下及未来实践中产生的新内容、新要素吸纳转化，创新升级原有的教育模式。比如，远程教育模式在20世纪80年代左右多是通过音频、录像、广播等形式开展，但随着互联网实践发展，智能课堂、在线教学等新的教育内容和要素被引入远程教育模式中，从而实现了在线远程教育模式的更新迭代。

第四，总结提炼的老年教育模式行不行、好不好、能不能普及，需要实践的检验，这意味老年教育实践是检验老年教育模式成效的标准。在老年教育模式形成及推广的过程中，落脚点往往在于老年学员，使老年学员在教育实践中获益，从而形成运用所学知识去分析、研究实际问题的能力，为今后的生活实践打下观念上和方法上的基础。[①]

二、老年教育模式的多样性

老年教育模式的多样性是老年教育模式的又一典型特征，意味着老年教育模式并不是"复制"形成的，而是根据老年教育实践的实际情况"自动生成"的，呈现多元化发展的取向，这一特征彰显了老年教育实践的开放、自主。在老年教育模式多样性的理解中，应该着眼于以下几个角度。

第一，教育是培养人的活动，社会主义教育的最终目的是促进人的全面发展，只有多样化的教育模式才能够适应人的社会角色转变、气质特征、性格变化以及能力多样性的特点。老年教育作为人的一生教育的最终环节，亦要呈现多样性的特点，从而适应不同老年人的学习需求、角色转变等。

第二，因地制宜是形成老年教育模式多样性的基础。从国际层面看，各国之间有着不同的文化、地理、国情，导致教育实践各有异同，因此在老年教育实践中也各有特色，形成了不同的老年教育模式。较为典型的有美国的老年教育"社区模式"、英国的老年教育"自治自助"模式、日本的老年教育"政府投资"模式、澳大利亚的"第三年龄大学"模式等。我国幅员辽阔，地理环境复杂，中东西部教育发展差异较大，各老年教育机构等根据自身条件，因地制宜开展教育实践，因此也形成了各自不同的老年教育模式，比如老年教育的"养教结合模式""代际学习模式""情景体验模式"等。由此可见，无论是国际还是国内，老年教育模式都并非整

---

① 赵爱学，刘永恒. 成人教育面授教学实践性特征初探 [J]. 内蒙古电大学刊，2006(12)：72-73.

齐划一的，都是在因地制宜原则的指导下向着多元化方向发展，并且这一特征在今后的老年教育实践发展中愈加凸显。

第三，因时而变是老年教育模式多样性特征形成的基本因素之一。从纵向的时间发展即社会动态发展这一角度来看，老年教育从产生之初到现在有一个发展变化的过程，在这个发展变化的过程中，会因时间、年代的变化而出现不同的教育模式。在我国，老年教育发展之初，老年教育的实践活动以及理论发展基础薄弱，随着时间的变化，一些比较"小众"的老年教育模式得以形成，实现了从"无"到"有"的变化；随着社会发展、老年教育实践的繁荣，一些地方老年教育活动如火如荼开展，从而凝练、提出了新的老年教育模式，实现其从"有"到"多"的转变。这样一个从"无"到"有"到"多"的历时性变化往往是在时间的积累过程中产生的。

同时，理解老年教育模式多样性特征，我们还要看到理念引导的差异、模式构建者（主导者）的主观能动性不同。从理念来看，任何一类老年教育模式的形成都离不开现有理念的引导。而教育理念繁杂多样，教育管理者（实施者等）所接受的理念也不相同，从而导致老年教育模式的构建不同。从模式构建者的主观能动性来看，任何一种教育模式都是由人提出。此外，老年教育模式多来源于教育实践，而实践中的主导者（核心骨干）往往是老年教育模式形成的主要"催化剂"和"缔造者"，因此，模式构建者（主导者）发挥什么样的主观能动性，思想中有何种教育的理想图景，往往会产生相应的老年教育模式。

三、老年教育模式的长期性

老年教育模式具有长期性特征，这一特征反映的是老年教育模式形成过程之长以及模式成型后适用性的时间之久。如何深入理解这一特征呢？可以从老年教育模式形成过程的长期性和成型之后的相对稳定性两个方面进行思考。

首先，老年教育模式的长期性意味着老年教育模式探索的历程之久，即老年教育模式的形成不会一蹴而就，而是在漫长的实践过程中逐渐产生、发展的。任何一种老年教育模式都是在漫长时间的实践中形成，从一种思想"萌芽"到落地实施，再到科学发展，最后经过合理凝练，不是一年半载能够完成的，这一时间短则三年五载，长则数十年。老年教育模式在长期的实践中，往往由经验总结逐渐达到符合科学化、概括化的教育模式标准。

其次，教育模式是大量教育实践活动的理论概括，在一定程度上揭示了教育活动的普遍性规律。老年教育模式经过科学化概括提炼，经过实践检验，符合基本的教育教学规律，一旦成型，就具有稳定性，即成型的老年教育模式会被长时间地运用与推广，不会轻易被改变或者放弃。同时也要考虑到，一般情况下，教育模式并不涉及具体的学科领域，所提供的程序对教育教学起着普遍的参考作用，但是教育模式是依据一定的理论或教育理念提出来的，是特定社会阶段的产物，因此教育模式总是与一定历史时期的社会、政治、文化、教育的水平相联系，受到教育方针和教育目的的制约，因此这种稳定性又是相对的，既保持老年教育模式原有的重要内容和基本框架，又与时俱进、推陈出新。

四、老年教育模式的完整性

从系统运行的角度来认识老年教育模式，其完整性的特征较为明显。因为任何一种教育模式都是教育实践和教学理论构想的统一，它们有一套完整的要素结构和一系列的运行要求，体现着实践过程的有始有终、教学理论的自圆其说。具体而言，可以从以下几个方面进行理解。

第一，老年教育模式内部结构要素完整并与外在条件协调是其完整性的重要表现之一。任何一种老年教育模式都有其完善的内部结构要素和协调的外在条件。从结构要素来看，主要包括模式相关者（主导者、参与者、管理者、利益方等）、实践运行制度、教育理念、教育目标、课程结构、教材内容、实践方法、运行平台等，缺少其中的某一个要素，那么教育模式的科学性就会受到质疑。从与外在协调的条件来看，每一种老年教育模式的形成不仅有其自身内部的动因促进，还有外在条件的助推。其中包括教育政策的保障、管理部门的支持、文化传统的浸润、地理环境的适应、组织团体的协助等，这是理解老年教育模式完整性特征的首要"窗口"。

第二，有效老年教育模式的成形，往往经过"教育设想—教育实施—教育效益"的产生过程，即老年教育模式过程链的完整性。人是有意识的高级动物，"教育设想"是"意识"在教育中的反映之一。老年教育模式的产生虽然源于实践，但是在实践中需要不断加以规划、设计。因此，"教育设想"是老年教育模式得以成形的前提，即人脑中要有模式生成的基本意识和构想。将基于实践行为而构想的教育模式予以实施，从而在教育模式的实施中产生教育效益，这是构建老年教育模式的最终目标。一般而言，教育效益是指教育所培养的人才对社会所产生的效果和利益，包括老年学员自身综合素质的提高及其对社会的贡献等。从老年教育模式的"设想"到产生"教育效益"，这一过程也是老年教育模式完整性的表现之一。

第三，教育模式的成形往往具备实践—理论—实践的交互路径完整性，即形成路径需要经过"实践—理论—实践"的循环验证，这意味着当下老年教育模式从实践中得以萌生，从概括、抽象化中得以凝练，从而形成具有理论性、指导性的教育模式，并将该教育模式在实践中运行检验，从而形成一个较为完整的、科学的验证"链"。

五、老年教育模式的适老性

适老性是老年教育模式的一个基本特征，也是区别于其他各层次教育模式的基本标准。通常而言，适老性强调要充分考虑老年人的生理与心理变化，关照老年人的身体条件和行为能力，从而做出合理的、适应老年人身心状况的活动等。就教育而言，教育模式的"适老性"强调一定要遵循老年教育的规律，适应老年人身体、智能变化以及心理状态，对教育模式进行相应的归纳和总结，从而使老年人在该教育模式的实施中能够拥有归属感、获得感和幸福感，提高老年人的生活质量。

具体而言：第一，老年教育模式实施的受益主体应该定位于老年学员，而不是老年教育机构等。这一主要受益主体的准确定位是教育模式"适老性"特征的基本要求，若定位于其他受益主体，那么不能全面揭示教育模式"适老性"特征的内在意义。第二，教育模式的运行要充分尊重老年人的身心发展规律。遵循教育规律是教育实施的基本条件，也是老年教育模式生成及推广的内在要求。脱离老年人身心发展规律的教育模式，是不科学的，也削弱了其"适老性"的特征。第三，教育模式"适老性"特征要进一步彰显关爱老年学员的社会观念，不能违背老年人的需求、意愿等。老年教育模式生成、调试、推广等各个步骤都应该体现出以人为本的教育观念，始终关爱老年人，并帮助老年人适应社会角色变化。第四，任何教育模式的开展都需要一定的教育空间，比如教室、公园、社区广场等。

教育模式的"适老性"特征则要求这些空间场所的选择以及基本的设

施布置等要关注老年学员的各方面细节，保证老年人在老有所学的同时更加顺心、安全等。总之，"适老性"特征就是注重教育模式不能脱离老年人，而是要关注老年人，适应并推动老年学员的发展。

第三节　老年教育的具体模式

一、"四级联动"网络教育模式

随着互联网的普及，网络教学成为目前广受欢迎的教学模式之一。在老年教育中通过网络课程教学模式的开发和应用，充分发挥开放大学（社区学院、老年大学）的特色教学机制。这一垂直教育教学模式覆盖了省、市、县、乡四个层级。

"四级联动"网络教育模式是指通过互联网络为依托，借助电脑、电视等多媒体技术手段，对网络教学模式进行构建，省级开放大学并以此有效指导各层级社区教育活动的有序开展，对社区教育机构、开放大学、老年学校等融通共享机制进行建立和完善，使老年开放教育办学系统优势得以充分发挥，使资源整合、成果分享、整体运作等功能实现，并使教育覆盖面不断扩大，为更多地区的老年人提供再次参与学习和教育的有效途径。

"四级联动"网络教育模式不仅具有覆盖面广的特点，而且还具有较强的同步性，能够形成系统化、统一化的教育模式[1]，摒弃了"各自为学"的教学局面[2]。下面以浙江省宁波市为例，扼要介绍这一模式的实践运用。

"四级联动"网络教育模式案例

浙江老年开放大学是省级的老年网络教育的"排头兵"和"组织者"，在有关部门的领导下，全省在市、县、乡等各个层级开设所属的老年开放大学或者网络教育教学机构（中心）、平台等。以浙江省宁波市为例，在市智慧教育的框架下，有力推动实施"数字化＋终身教育"工程，建立县级、乡镇级平台分中心，加强与社会数字化平台对接，扩大平台信息量和使用

---

[1]　李楠，崔珍珍．基于老年学习者需求视角的开放大学社区老年教育的课程教学模式探索 [J]．中国多媒体与网络教学学报（中旬刊），2020(8)：141-143．

[2]　刘丽，周雅露．新时代开放大学社区老年教育课程教学模式探析 [J]．江西广播电视大学学报，2019，21(2)：18-21．

受众，推动构建全市终身学习地图和终端学习平台；注重实施"空中课堂"，搭建宁波社区教育网、慈溪的"99学吧"、鄞州的数字化学习网、江东的"365乐学网"等学习载体。各成人（社区、老年）学校加大数字化建设，通过微信、微博、QQ、有线电视等途径，积极开展数字化教学和活动组织，加大微课程建设力度，建立微课程开发机制。当前，宁波根据试点街道所在范围街道、社区三级数字化学习港管理网络，整合区域内四类学习中心资源，已初步建成区、街道、社区三级数字化学习港。"十三五"期间，完成终身学习公共服务平台的升级改造，成为国开学分银行宁波分部和浙江省终身教育学分银行宁波分部，采用分级子站自主管理模式，调动区县（市）力量，共建共享服务平台。到2019年底，学分银行宁波分部下设10个分中心，覆盖全大市所有区县（市）。

二、"线上＋线下"多元化教育模式

在老年教育模式中，通过互联网技术的运用，能够有效突破时间和空间的限制，对传统教育模式进行有效创新，因此，充分利用"线上＋线下"的多元式教学模式，能够使老年教育更具个性化、自主性。

此教育模式主要采用网络教学与传统面授课程相结合的方式（以网络教学为主，线下体验相结合），将教学内容通过移动网络终端进行传授，充分利用移动终端、云平台、广播、电视等多种手段及载体，使"互联网"模式的老年教育得以有效开展和实施。目前，利用多媒体技术手段进行的各项教学活动已得到广泛应用，并取得了良好的教学成效和丰富的应用经验，网络资源和技术力量也日趋成熟。

另外，通过运用这种教学模式，能够确保课程"输送"的持续性和时效性。老年人可以在家自主安排时间进行学习，突破了传统课堂教学的时间、空间限制，使老年人能够随时随地参与学习，同时也体现了对老年人的人文关怀，为健康状况、文化程度、年龄层次、收入水平等都存在差异的不同老年群体提供较为公平的受教育机会和条件，使数字资源和实体课堂教学有效结合，在老年教育中更好地发挥教育功能。[①]下面以浙江平湖社区学院的老年教育为案例，对该模式的实践运用展开介绍。

---

① 刘丽，周雅露. 新时代开放大学社区老年教育课程教学模式探析 [J]. 江西广播电视大学学报，2019，21(2)：18—21.

"线上+线下"多元化教育模式案例①

平湖社区学院自成立以来，立足社区，将老年教育与社区教育紧密结合，积极探索"线上＋线下"老年教育模式，让更多的社区老年人从中获益。

线上（"互联网＋"）老年教育的实施

（1）组织体系：以完善的三级社区教育网络进一步推进城乡社区教育的均衡发展。2008 年平湖市出台了《平湖市村、居委会、企业社区教育工作站设置暂行办法》，按照"成熟一所、审批一所"的原则，2008—2013年分三批在符合条件的 166 家村、居委会和企业社区成立了社区教育工作站。1 个龙头—10 个社区教育中心—166 个社区教育工作站组成的三级社区教育网络体系，为利用互联网推进县、市、社区老年教育搭建了良好的蛛网式组织体系。

（2）人力保障：在平湖市社区教育领导小组及其办公室领导下，依托三级社区教育网络体系，平湖组建起了由社区学院、各社区教育中心教职工组成的 62 人的专职工作者队伍，并广泛吸纳社区内的教科研人员、老干部、网络技术人员及青年学生等组成了 3000 多人的志愿者队伍。

（3）平台支撑：平湖市从 2009 年开始着手进行数字化学习社区建设，2014 年平湖市民学习在线（简称随学网）开通。平台能支持百万级用户注册管理、10000 人同时在线学习、5000 人在线流媒体课程学习，并且能通过其交互系统，收集社区居民的学习需求，从而开展更有针对性的社区老年教育活动。目前拥有在线学习资源 4769 门，并以每月 200 个资源的速度递增，在线学习资源包含 16 个大类，60% 以上的栏目适合老年人的需求，非常适合社区老年人在家闲暇时较长时间的学习需求。

线下（实践教学）教育实践

平湖社区学院自成立以来开展了"金融知识送下乡"、全民终身学习周等一系列活动。"公民健康素养百场专家宣讲进社区"从 2009 年持续到现在，采用"自选菜单"的方式每年为社区百姓免费提供 100 场以上的健康讲座，每年受益人群 6000 人次以上，受到了社区居民特别是老年人的欢迎。广场舞公益培训，通过 198 名推广志愿者的现场培训指导，在全市形成了 200 多

---

① 丁利娟."互联网＋"背景下社区老年教育的推进策略——以浙江平湖为例 [J]. 广州广播电视大学学报，2016，16(5)：11–15，107.

个广场舞团队，推广志愿者和爱好者中80%以上是社区老年人。"金融知识送下乡"为社区老年人普及金融知识，教他们如何防范金融诈骗、如何投资理财等等。2016年，学院还专门为老年群体量身定制了12大类培训项目，全免费，并为社区送教上门，大大方便了社区老年人的学习。

三、养教结合教育模式

养教结合教学模式是指在民政部门和老年教育部门的牵头下，将养老机构和老年教育服务组织进行有效结合，共同促进老年教育事业的发展。[①]近年来，随着"养教结合"这一观念的提出，全国各地的教育部门和民政部门都在进行不断地探索，出现了以下两种教学实践组织形式：

第一种是由老年学校和社区学校牵头，与该区域的养老机构进行合作，为该养老机构的老年人提供上门教育服务。第二种是以养老机构为主导，积极地调动养老机构内部的有效资源，以养老机构的社工和康复治疗师为主导，开展以老年人身体健康为主体的老年教育活动。

在养老机构入住的老人年龄较大，教学难度较高，开展教学活动应坚持以"以养为主"为原则。[②]开展养教结合的教学活动，首先根据受教者的身体状况、年龄、文化水平、兴趣爱好选择教学内容和设置课程，营造娱乐与知识相结合的教学环境，采取多样化、个性化的组织形式，灵活地安排上课时间和教学进度；主管部门应整合老年教育机构和养老机构、老年社区的教育资源，助推"教育"与"养老"有效结合，实现老年教育教学成效的最大化。下面以上海市"养教结合"社区养老模式为例展开介绍。

"养教结合"教育模式案例[③]

上海市自2015年起，开始全面推进"养教结合"的社区养老工作。徐汇区和奉贤区率先展开了养老机构与老年教育机构"多对多"合作的养老教育工程（模式）。徐汇区和奉贤区在区民政部门、教育部门的牵头下，把区内10多家老年学校（院）的教育资源进行整合，对接区内27家养老机构，为这些养老机构的住养老人送去了"养教结合"的老年教育服务。

目前全区各养老机构均已提供"养教结合"服务，老年大学（学校）在

① 马伟娜，等. 中国老年教育新论 [M]. 杭州：浙江大学出版社，2019：123.
② 王浩. 基于养教结合的老年教育策略研究 [J]. 中国成人教育，2014(21)：101-102.
③ 袁兵. 锦江区培育"养教结合"社区养老模式案例研究 [D]. 成都：电子科技大学，2019.

满足本校学员教学需要的同时，还为养老机构的住养老人送去了图书、课程、师资、设备等等。发展至今，养老机构逾70%自理、半自理老人都参加了课程教学，这些课程设计范围宽泛，很大程度上满足了不同年龄层次、不同教育水平的老年人的教育需求。为了满足住养老人的心理需求，区内多家幼儿园也纷纷与养老机构对接，为养老机构的住养老人送去了各种形式丰富的联谊活动，极大地丰富了住养老人的精神生活，促进了养老机构从传统的养老服务向兼具养老和教育双重属性的"养教结合"机构转型。

上海市全面推进"养教结合"教育模式的具体做法有：（1）养老机构内部开设老年大学或课程。例如，上海市安亭社会福利院在建设安福银杏学院之初整合福利院资源，把福利院的兴趣教室改为多功能教育中心和电子书画阅览中心，引进专兼职教师，根据院内老人的需求，开设了安享生命教育、身心健康教育、快乐康复、数字教育等特色课程；静安区蝴蝶湾敬老院围绕"老有所乐"的宗旨，依据老年学员的教育需求，开设了围棋、折纸、唱歌、舞蹈、象棋、剪纸、绘画等一系列老年教育课程，切实做到了"寓教于乐""学中有乐"。（2）养老机构与老年教育机构"一对一"结对合作。在区政府和镇政府的牵头下，上海市松江区佘山成校与敬老院共同推行"养教结合、学养互为"实验项目，由区政府和镇政府拨款，由敬老院提供教学场地等基础设施，由松江区佘山成校提供教学设备、教学材料和教学师资，在敬老院专门成立了"养教结合"专用教室，开设讲座类和活动类等养教结合的老年教育课程。

四、代际学习模式

代际学习最早意味着家庭内部的年长一代将掌握的知识、技能、态度、习惯和价值观等延续给下一代，但并未形成规范化的形式。20世纪70年代末，为了解决由于工作和家庭需要被地理位置分割所导致的年轻一代与老年一代之间的隔阂，代际学习打破传统的家庭内部界限，将其扩展至家庭外部。现代意义上的代际学习包括代际学习项目、代际实现、代际计划等，它们都体现着代际学习的内涵。代际学习的外延情景也逐渐扩展至家庭、学校、社区和社会，其对象由传统意义上的有血缘关系的世代之间扩展到非生物意义上的世代之间。[①]

　　许多国家、地区积极探索和开发代际学习项目，如日本针对城市高楼独居老人设计的"Nagomi-no-kai"（圣卢克代际项目）、欧洲立足跨文化的信息与通信技术学习"IANUS"项目以及覆盖欧洲 40 多个国家的"ECIL"代际学习认证项目等。[②] 代际学习项目是基于代际学习理论所开展的实践形式，更强调实践性和应用推广，包含了项目愿景、准备阶段、实施过程、实施策略以及实施效果等环节。2015 年 6 月，一部名为《现在完成时》（*Present Perfect*）的电影将代际学习中心（Intergenerational Learning Centre，ILC）推到了大众视野中，这类代际学习中心主要分布于欧美地区的高端养老机构中。[③] 我国的老年教育相关的代际学习模式起步较晚，但已产生了较有代表性的成果，例如南京的"锁金村第一幼儿园"和"锁金村养老院"间进行的定期随访；贵阳刘乐儿巴学园将养老院和幼儿园规划在一起，使得老人和小孩能够朝夕相处互学共学；浙江省宁波市海曙区启动了一个"关爱服务老少互动"的项目。

　　下面以常州市龙虎塘实验小学的代际学习项目为例进行解读。

代际学习模式案例[④]

　　以常州市龙虎塘实验小学（以下称 C 市 L 小学）代际学习项目（以下简称 L 项目）为案例，涉及实践主体有 L 小学的学生、H 老年学校的老年学员，以及学生的祖父母、父母、该校教师等。

　　从发展历程看，该项目自 2019 年 1 月正式实施，横向上经历了从"一个家庭的代际学习"到"一个年级的代际学习"，再到"两个机构"（L 小学与 H 老年学校）乃至"两个区域"（C 市 L 小学与 L 市民俗文化村）之间的代际学习过程；纵向上则经历了从"一个家庭"到"1+X 家庭"代际学习

① 王春燕，霍玉文. 代际学习：促进老年人积极老龄化的重要途径 [J]. 河北大学成人教育学院学报，2017，19(3)：34-40.
② 欧阳忠明，李书涵. 欧洲代际学习项目的跨个案研究 [J]. 宁波大学学报 (教育科学版)，2020，42(6)：8-17.
③ Flash, C. The Intergenerational Learning Center, Providence Mount St. Vincent, Seattle[J]. Journal of Intergenerational Relationships, 2015，13(4)：338-341.
④ 欧阳忠明，李书涵. 代际学习项目如何运行？——行动者网络理论视阈下的个案研究 [J/OL]. 现代远程教育研究，2021，33（2）：1-12.http：//kns.cnki.net/kcms/detail/51.1580.G4.20210326.1010.014.html.

的转变。从实施至今的1年零9个月时间里，L项目目前形成了"以C市L小学为中心，逐渐辐射全国多所学校"的网络规模，参与项目的学校从原来的1所扩大到全国多所，受益学生和老人上万人。由此可知，C市L小学的代际学习项目（模式）在我国代际学习模式中，具有一定的代表性。

那么，这一教育模式是怎么运行的呢？第一，建立项目运行的契约。①学校层面发布倡议书；②班级层面制定各具特色的班级活动方案，并对学生、家长等进行指导；③学生家庭签订协议书（如祖孙互学协议书）或制定活动方案（如玩伴团活动方案），要求老人、儿童、家长三方签字，提交老师审核；④与H老年学校签订合作协议。第二，搭建项目运行的宣传展示平台。"活动的照片、美篇，都要及时制作出来。因为有这样一系列的机制，所以每次开展活动，都不是随随便便、马马虎虎，我们做得还是比较有影响力的。"各种线上线下的展示活动，例如，美篇点赞、公众号推文、活动展评、现场表演以及接受电视台等新闻媒体的采访等。第三，构建项目运行的评价机制。纵观L项目每个阶段、每项活动，在活动结束之后，都会开展相应的展评活动。这是对代际学习活动及成果的一个检阅和考核。第四，注重项目影响力的推广。通过相关学术研讨会将项目进一步宣传与推广。在活动延续和成果转化方面，加强分享交流等。

五、情境体验教育模式

教学是教师和学员相互进步的双边活动，学员参与并且体验教学情境，对老年学员学习成效有较大的提升作用，一般来说，该模式可以激发学员参与教学过程的主动性。

教师引导学员积极参与课堂教学的基本程序有：情景设计—提出问题—体验展示—评价反馈四个教学环节。情境指具体场合的情形、景象或境地，即情况、环境，由外界人物、事件、景物、氛围等因素构成的某种具体的境地，具体性和可感性就是情境的主要特性。教学情境是在教学活动进行的过程中，由教师和学员的主观心理因素和客观环境因素等构成的特定的教学氛围和场景。在教学情境设计时应该注重故事化和问题化。教师能够根据情景设计的故事，并以问题为导向，引导学员联系实际去收集、整理所需的学习资料，进而解决学员学习过程中的问题。教学评价包括确定主体、制定评价标准、实施评价过程、反馈评价结果四个环节。评价主体既可以是学员、教师，也可以是管理部门，或者是多元评价主体的共同参与；评价的项目包括学习内容的展示、形式的体验等。[1] 这种教学模式比较适合运用于老年教育的地方课程教学中。下面以上海师范大学老年大学的摄影课程教学为例，简要予以介绍。

情景体验教育模式案例[2]

潘老师是一位热爱老年教育事业，关爱老年人，有奉献精神的老师，他担任上海师范大学老年大学摄影课程已七年，为了更好地掌握知识，学以致用，潘老师不顾 70 岁的高龄，带领学员去各处景点采风，先后去江西婺源、景德镇、瑶里、泰晤士小镇、方塔植物园以及苏州天平山等地拍摄照片。在当地拍摄时，潘老师经常在山区爬上爬下，对学员进行当场指导。回来后，潘老师会在课堂上给学员进行解读、评析，使学员知道好的摄影成果是如何取景、物色，更加巩固了老年学员已学的知识，这对拍摄技艺提高起到了关键作用。潘老师老年大学摄影课程教学让学员从面向书本转为对周围人和事以及自然的关注。学员在真实环境中获取摄影知识，掌握摄影技能。在真实大自然环境中，潘老师通过摄影体验并从中发现问题，形成问题，在现场或者回到教室分析并解决问题，最终获得知识，培养学员解决实际问题的能力。潘老师在老年大学摄影课程中采用了情景体验式教学模式。

六、在线远程教育模式

在线远程教学模式[3]是指大规模的网络在线开放课程，老年教育教学机构组织教师组织录制课程视频，并将录制完备的教学视频发布在网络平台上。老年学员可以通过在线观看视频的方式开展学习，并获得相应的学习成果，如学习积分、电子证书以及学历证书等。

远程在线教学模式拓展了受教育者的对象范围，丰富了教育教学资源，促进其共享，同时由于不受时空的限制，老年学员能够按照自己的能力和兴趣开展学习。采取远程在线教学模式进行教学能够有效地解决师资匮乏的问题，突破教学条件和教学资源的有效限制，从而扩大课程的受众面，提高教学的效率。那么，在此过程中，教师作为一个视频课程中的人物，

---

[1] 马伟娜，等 . 中国老年教育新论 [M]. 杭州：浙江大学出版社，2019：120.

[2] 钱源伟 . 老年教育教学论 [M]. 北京：人民教育出版社，2016：159.

[3] 马伟娜，等 . 中国老年教育新论 [M]. 杭州：浙江大学出版社，2019：121-122.

他对学员的引导和管理具有很大弹性。面对这一问题，老年学员需要有较强的自主学习能力和主动性。当然，除了教师在线指导学员的学习，还需要老年教育机构或管理部门以及社区的携手帮助，从而建立完备老年教育网络课程平台，既能实现线上的教育教学，也能够形成线下的指导与督促。

在远程在线学习平台上，在线课程的供给要满足老年学员的学习需求及课程需要，形成课程清单或者是一个多元的课程体系，满足不同年龄、不同群体老年人的学习需求。此外，也应开拓老年学员交流渠道，帮助老年学员之间、老年学员与教师之间实现实时在线交流探讨。当前，老年教育的远程在线教学模式已在我国发达地区不断普及，极大提高了我国老年教育的规模与质量，为我国老年教育教学实践掀开了"新篇章"。下面以江苏省空中老年大学为例来认识该模式。

在线远程教育模式[①]

江苏省空中老年大学有着 15 年的办学历史，十多年来，学校充分利用现代信息技术，努力开设新课程，更新优化教学内容和教学手段，最大限度满足老年群体的学习需求，受到了社会的赞许和老年人的好评。

一是在线远程教育的基本信息。空中老年大学每周一到周六上午 10 点钟，在江苏教育频道"空中老年大学"栏目播放老年大学课程。2013 年 7 月 1 日又在江苏教育频道推出"开放大学"栏目，每周一至周日上午 9 点播出。栏目的内容以老年人生活和教育为主，由"早读时间""理财有道""神游天下""生活知味""名医坐堂"和"健身有道"等组成，传播老年人普遍关注的社会热点、健康养生、家庭理财等内容，强调知识性、实用性、服务性，该栏目已播出 500 多期。"开放大学"栏目上线以来，受到广大老年观众的普遍欢迎，收视率不断攀升。

二是老年教育网络平台的不断完善。江苏省空中老年大学网站于 2013 年改版，改版后的"夕阳红·江苏老年学习网"宣传老年教育政策，报道老年教育信息；加强学习资源库建设，提供优质资源服务。已开放 9 大类 39 个方向 16454 个单元的学习课程，开发 17 个学习证书。目前，在"夕阳红·江苏老年学习网"注册的老年学员有 5000 多人，最多时达 8000 多人，学习积

---

① 马良生.探索远程教育服务老年人群新模式——开放大学发展老年教育的实践 [J]. 中国远程教育，2015(9)：71—76.

分达 60000 多分，其学习成果已全部记入"江苏省终身教育学分银行"。

七、任务（问题）中心教育模式

任务（问题）中心教育模式是指以解决老年人现实生活问题，以及完成老年教育教学任务为中心的、发挥老年人丰富的认知和社会阅历，注重学员独立活动的一种教学模式。[①] 该模式的理论依据是皮亚杰和布鲁纳的建构主义理论，注重学员的前认知，注重体验式教学，培养学员的探究和思维能力。

该模式的基本程序一般为创设问题情境、提出假设、进行检验、总结提高。教师要创设问题情境，提供有助于形成概括结论的实例，以备老年学员对提供的问题情境进行观察分析，从而掌握教学的要点。在此基础上，通过分析、比较所获取的各种信息，进行进一步的转换组合，让学员思考并讨论交流问题。以老年人生活的事实为依据，对探讨的问题所呈现的结果进行检验和修正，从而得出较为合理的结论。该过程中，教师应该进行反思和概括，将新发现的知识与原有的知识联系起来，从而使老年学员的认知结构得到调整。

运用这种教育模式，应该注意以下几个问题，第一，需要教师建立一个民主轻松的教学环境；第二，要充分尊重老年学员的主体地位，发挥老年学员的课堂积极性，拓展老年学员的思维能力；第三，要给予老年学员充分的鼓励，不应轻易对老年学员的表现进行负面评价，而是要以引导为主，使学员掌握并运用所学的知识。

八、"项目式"教育模式

目前，这种教学模式在国外老年教育中得到广泛运用，比如通过网站对老年人提供计算机及网络教育服务，从而使老年人对新技能、新知识的学习信心增强。近几年来，我国针对老年教育所推行的老年人旅游也属于项目式教学的一种，通过组织老年人对不同城市、地域展开旅游活动，同时结合与相关旅游的学习，并利用短期住宿的形式，创建了集旅游、教育、休闲为一体的新兴教育教学模式。

该教学模式通常以远程学习为主，通过线上、线下相结合的一体化学

---

① 叶瑞祥，卢璧锋.老年大学教学论 [M].广州：广东高等教育出版社，2016：82-84.

习模式，有序开展非学历教学服务。同时需要结合老年人的实际学习需要，并在老年教育体系中，对教学课程进行科学、合理设计，并充分体现课程的独特性和特点。

项目式教学模式的内容要关注老年人的心理健康发展，可结合养生教育课程，引导老年人了解和掌握心理健康内容及生理健康知识，对自身实际情况进行自主观察，并组织老年人积极参加各种交流会；对生活中所遇到的实际问题进行交流和探讨。社区开放大学相关人员应与其家庭成员保持良好的沟通，为其营造良好的家庭氛围和学习环境。

另外，为老年服务机构以及老年人提供定制式学习服务的"老年超级课程表"也成为未来重要的教学手段，需要研发以学习资源设计、配送为一体的推送工具，从大量的教学资源中进行课程内容筛选、设计；对课程时间进行确定，并通过推送工具直接传送至各移动终端，为老年人提供各种可供选择的活动安排和课程表。要结合老年人的学习需求，结合市场化运作，同时与公益事业有效结合，确保课程内容具有可持续发展潜力，并加大对该模式的研究、发展与推广力度。[1]

九、分时教学模式

它是施教者根据老年学员现状，分不同时间段来设计不同的教学内容，并通过不同的教学手段进行教学的一种方法。[2] 老年学员退休后，不再从事社会工作，但是他们的时间也并不充裕，比如锻炼身体、做家务、送孙辈上下学等，这会使老年学员的时间较为片段化、碎片化，因而老年人在学习时间的安排上有特殊需求。

基于此，课程教学的设计应该满足老年人在学习时间段上的个性化需求。分时教学就可以利用在线学习或移动学习的手段进行，比如微课、短视频学习等。老年教育分时教学模式的出现，既能够使老年人对自己的学习时间进行统一安排，又能够根据自己的需要进行个性化支配，从而弥补课堂教学的不足。

除了以上几种老年教育模式外，从国际层面来看，较为流行的老年教

---

[1] 李楠，崔珍珍．基于老年学习者需求视角的开放大学社区老年教育的课程教学模式探索 [J]．中国多媒体与网络教学学报（中旬刊），2020(8)：141-143.
[2] 宋亦芳．成人高等教育实施分时教学的思考与探索 [J]．成人教育，2012(7)：22-23.

育模式有"自治自助型"模式、"政府主导"模式以及"社区经营"模式。

"自治自助型"模式。"自治自助型"模式通常是由老年大学的资金投入、运行，由社会力量主导，其中的行政人员和教师一般都是老年人，他们是教育的执行者，也是教育活动中的受益者，英国和澳大利亚运用较为普遍。"自治自助型"模式最早出现于英国皮特·拉斯莱特（P. Laslete）和尼克·康尼（N. Coni）于1981年在剑桥地区创办的英国第一所第三年龄大学。它是一种自下而上的办学形式，即老年大学通常采用学员自助式的学习形态，由老年人自发成立、自行组织和自助分享，学员通过参与学校行政管理，自主开发课程，并承担相应教学任务，将"教与学"融为一体，实现学员自主化和人性化管理。[①] 此外，经费的来源不再依赖政府资助，而是向学员收取会费、向非营利基金会申请资助或向社会各界人士筹集捐款等等，经费来源呈多元化。专业教育机构、地方当局及志愿者团体都为老年教育提供多种服务，最大限度地满足老年人的教育需求，办学参与主体呈多元化。同时，英国老年教育不易受政府政策及经费的影响，这为老年教育发展提供了良好的契机和平台。[②]

"政府主导"模式。这种模式是指老年教育的投入、组织、运行都由政府负责，属于纯粹的公益事业，与国家的经济、社会事业发展规划相呼应，采取这种发展模式的国家主要有日本、德国、法国、西班牙、瑞典等。以日本为例，日本政府出资兴办老年教育并负责管理，在文部省的领导下，由各级教育委员会主办高龄者大学、老年大学、老年体育大学、老年福利大学、长寿大学以及各种活动班和培训班。伴随着终身学习的普遍开展，日本老年教育的发展颇具特色，为了使老年人度过充实而有意义的晚年，保障高龄者的文化学习和体育运动，日本文部省从完善终身教育体制的角度采取了一系列措施。主要是委托开设高龄者学习组织，促进高龄者学习活动措施的开发。此外，日本的老年教育将老年福利事业和教育结合，加强精神环境的建设与完善，注重唤醒老年人的自主性、主体性和自我实现。日本实施该模式的主要途径有高龄者学级、高龄者教室，主要活动场所或途径一是公民馆、福利中心的休憩之家、市民文化会馆、公共礼堂、生活

---

① 王梦云，翟洁. 英、法、美老年教育模式比较研究 [J]. 中国成人教育，2017(7)：114−117.
② 王梦云，翟洁. 英、法、美老年教育模式比较研究 [J]. 中国成人教育，2017(7)：114−117.

改善中心等；二是老年人大学以及长寿学院；三是开发老年人才，这一途径主要是帮助老年人将其长期积累的知识、技能、经验运用于社会，也是为了通过培养优秀的老年人才，将其参与到社会教育活动中，充实社会教育力量。①

"社区经营"模式。在这种模式下，政府的参与性不强，老年教育主要是以社区为依托，老年教育机构是社区性的自治组织机构，学员在机构中实行自主管理。它的运转经费主要来自企业和个人的慈善捐赠，学校工作人员都是义务工作，授课老师都是由经验和学识比较丰富的学员充当等，这一模式实践的典型国家是美国和加拿大。以美国为例，美国的老年教育是在联邦老人局的资助下建立社区老年大学，为老年人制定全面教育规划，通常采取正规教育、非正规教育和非正式教育三种形式。正规教育是指像正规大学一样，招收老年学员进修或旁听大学课程时与青年学生一样免收学费，有的大学为老年人单独编班，开设老年人需要的课程。非正规教育是指高等院校办的暑期老年大学，推动老年寄宿教育。非正式教育是指地方成立老年教育学校和专业班级，一般设在本地的市立学校，开设短期课程，自行承担大部分甚至是全部课程的授课任务，有时也聘请行政助理协助实施教学计划，吸收老年人参加非正式学习。此外，民间的老年教育组织者主要有美国老年协会、老年公民全国理事会、美国退休人员协会、退休联邦雇员全国协会等，这些民间组织的共同特点在于将老年教育和学习作为自身活动的一个重要内容。②

十、小 结

老年教育在不断的实践中，国内外探索形成了不同的模式，这些模式的凝练与总结为进一步推进老年教育的发展提供了"样本"。多元的老年教育模式也反映出老年教育实践的丰富化，今后，老年教育模式也会朝着多样化、数字化、特色化方向发展。随着越来越多的国家、地区重视老年教育的发展，基于不同地理环境、人文环境、教育理念的老年教育实践逐渐多元化，这将使更多的老年教育模式的开发成为可能。随着互联网的不断普及，以在线网络为载体开展老年教育教学将愈加普及，老年教育实践也将与网络

---

① 卢明.城镇老年教育模式问题的研究 [D]. 天津：天津大学，2009.
② 卢明.城镇老年教育模式问题的研究 [D]. 天津：天津大学，2009.

教育深度融合，那么基于该发展趋势的老年教育模式的凝练也将凸显数字化取向。老年教育模式的特色化发展趋向指老年教育实践应本着因时、因地、因需制宜的原则，根据地区的实际情况开展，从而会使老年教育的内容、教学理念、教学形式与方法等更加体现不同地区、民族的特色。

回顾思考

1. 你认为老年教育模式的结构要素有哪些？

2. 在学习老年教育模式时应该注意哪些问题？

3. 你如何理解老年教育模式的"适老性"特征？

4. 你认为老年教育模式还有哪些特征？请结合实际谈谈。

5. 你怎么理解"代际学习模式"？这种模式具有可推广性吗？谈谈你的看法。

6. 你还知道哪些老年教育模式吗？请以案例形式展开介绍。

第七章

老年教育师资

　　教师在社会上享有崇高的地位，是人类灵魂的工程师，是先进文化的传播者。教师是办好老年教育的重要支柱，是决定教学质量高低的主要因素。在老年教育领域，因为老年教育对象和教育任务的特殊性，教师开展教学工作中，有着比其他领域的教师更为特殊的重要作用。本章将从老年教育教师的角色、劳动特点、价值出发，阐述老年教育教师的工作特征，进而介绍老年教育教师的素质结构和教学职责以及老年教育教师师资队伍建设。

第一节 老年教育教师的角色、劳动特点和价值

教师职业是对社会成员进行的知识传授、能力培养和人格塑造等活动的特殊职业。教师是学生学习质量的重要保证，是传递和传播人类文化科学知识和精神文明的专业人员，是发挥教育教学职能的主要实施者，是办学的主体。就教育手段来说，教师以知识为桥梁，引导学生掌握知识，从而使他们养成优良的个性和行为举止。[①]

在老年教育系统中，老年教育教师是老年教育的主力军，是办好老年教育的关键力量，肩负着提高老年人素质的使命。建设一支素质优良、数量适当、结构合理、相对稳定的老年教育师资队伍，是提高老年教育机构办学质量的可靠保证，是加快老年教育事业发展的强劲动力。老年教育教师不仅要以各种有目的、有计划的教育措施对老年学员传授知识和技能，而且要把对老年人的尊敬、关爱带给老人，促进我国实现"老有所养、老有所教、老有所学、老有所为、老有所乐"的老年教育目标。

一、老年教育教师的角色

社会角色是指由人们的社会地位所决定的，表现出符合社会所期望的行为和态度的总模式。老年教育教师角色影响着老年人的社会地位和教师职业认同感。角色观念明确的老年教育教师能够清楚地知道自己是一个怎样的人，自己的努力方向是什么，自己想成为怎样的人，从而使自己的行为举止敏感而有节制。在教学中善于扮演角色和实现角色顺利转换的老年教育教师，比较容易关爱学员，并受学员喜爱，能充分体验到自尊、自爱、自强与事业有成。此外，具有清晰角色观念的老年教育教师能够使自我角色期望与对他人的角色期望相一致，能够客观地对待学员、理解学员，能够深入学员的内心，设身处地地为学员着想，避免主观随意性，进而取得

---

① 刘全礼，等.教师行为概论 [M].北京：中国轻工业出版社，2016：1.

有效的教育教学效果。

那么，老年教育的教师应扮演什么样的社会角色呢？社会对教师期望的多样性，以及老年教育活动的多样性，决定了老年教育教师社会角色的多样性。一般来说，老年教育教师在老年教育中充当以下角色。

1. 教育者

广义而言，在人类社会发展的长河中，教师处于承上启下的地位，承担着传递人类文明的作用，肩负着"传道、授业、解惑"的重任。教师的职业和社会地位，以及社会的要求和期望，决定了教师在学校教育中首先要充当教书育人的角色。这种角色主要体现的是：教学角色——是人类知识的传授者；教育角色——是言传身教的示范者。

（1）知识技能的传授者

这是老年教育教师的教学角色。老年教育教师是老年学员学习的发动者、组织者和评定者。通过传授文化科学知识、发展学员智力，提高学员认知能力，当然，其首要职责就是要把知识和技能传授给学员。因此，老年教育教师在教学中要做到"新""简""真"三个方面。

"新"就是要利用现代科学技术的新知识、新成果去巩固和加深学员的知识基础，激励学员积极地学习；"简"就是根据老年人身心发展和学习的特点，将知识以较为简洁的形式教给学生；"真"就是教师传授的知识要具有科学依据，有规律可循，能够引导学员深入钻研。为此，老年教育教师首先应该成为某一学科的专家和学者，在某一学科领域内具备较深造诣，同时，热爱老年教育工作，对自己所教的学科充满热情，有钻研的能力，善于运用心理学和教育学的原理，以适合老年学员年龄特点的方式传授知识，使学员能够被教师的博学和教学风格所感染，激发自我学习激情，从而能够准确地理解和牢固地掌握教师所传授的知识和技能。

（2）言传身教的示范者

与普通教育的教师一样，老年教育教师不仅是人类文化知识的传递者，同时还是精神文明的传播者，这主要通过言传和身教来实现。由于身体和认知条件的限制，老年人对于新知识的接受能力较弱，学习时间较长，因此，需要教师反复示范。因此，老年教育教师也通常是需要以一个榜样的形象出现在老年学员面前。老年学员往往是在能够认同、接受某一位老年教育教师的基础上，再受到他们言行的影响，如此才能收到良好的教学效果。[①]

2. 知心朋友

在老年教育教学中，老年教育教师要尊重老年学员，把学员视为学习的主体，重视学员的意愿、情感、需要和价值观，要在师生之间建立良好的交往关系，将学员视为知心朋友，打造情感融洽、气氛适宜的学习情境。学员在学习过程中会产生诸如人际关系、心理困境等问题，因此教师作为老年学员的知心朋友，要充当心理导师的角色，成为学员学习的鼓励者、促进者，使学员确信老年教育教师是他们真诚的、可信赖的指导者。

（1）学员的心理关怀者

关怀是人与人交往过程中表现出来的关心他人、照顾他人的一种能力。关怀体现在教师与学生之间的沟通和相处之中，表现为教师对学生学习和生活的关心和期待。进入老年期之后，老年人由于经济状况、家庭、身体状况和面对死亡等因素的影响，往往易产生各种消极心态，甚至会产生抑郁、自闭等问题。此时，教师的人文关怀对老年人心理状况的改善尤为重要。唯有如此，教师才能够更加亲近地感受老年人的情绪和心态，同时需要将老年人的学业、情感及社会诉求置于教学的中心。[②]教师应该根据老年人的性别、年龄等特征，发现老年人的心理和学习需求，及时与老年人沟通，为老年人创造一个自由诉说、广泛共情的学习环境。当教师表现出对老年人的关心，并将这种感情渗透在教学过程中，老年人就会表现出积极的行为，并养成乐观的心态。

（2）人际关系的协调者

良好的人际关系要做到相互尊重、相互信任、团结协作、情感融洽。一名优秀的老年教育教师，要协调好与学校领导之间的关系，协调好与其他教师的关系，协调好老年学员之间的关系。与学校领导和管理者之间要相互尊重，配合双方的工作；与其他教师要相互学习，互为补充，取他人之长补自己之短，更好地为老年人服务；在处理师生关系时，老年教育教师应有意识地调节和控制自身的态度和行为，热爱、尊重、相信和关怀老

---

① 岳瑛. 老年教育教育心理 [M]. 武汉：湖北科学技术出版社，2013：9.

② V. O. Pang, J. Rivera, J. K. Mora. The Ethic of Caring: Clarifying the Foundation of Multicultural Education[J]. Educational Forum, 2000, 64(1): 25−32.

年人。老年教育教师还有责任帮助老年学员相互理解和信任，让他们乐于在一起学习、交往，愿意分享成功的愉悦和失败的沮丧，进而使学员之间、师生之间、老年教育教师之间能够有效沟通和交往，从而形成良好的学习氛围。这样的老年教育教师就是善于处理人际关系的艺术家，也是人际交往与信息沟通的促进者。

3. 学习者

学习是社会进步不竭的精神动力和创新源泉。无论在哪个教育阶段，教师自身素质的高低、教师知识面的广度以及教师的教学能力，都影响着教育质量的高低。同时，在终身教育背景下，教师也需要不断学习、不断成长。因此，教师要努力提升自身的职业素养。老年教育教师一方面应是某一学科的行家或专家，此外也应是一个孜孜不倦的学习者，只有学而不厌，方能诲人不倦。在教育教学过程中，教师要面对的老年人拥有丰富的人生经验和体会，尽管有些老年人理论知识水平可能不高，但是在长年累月的工作中已经掌握了较为丰富的实践经验。因此，为了能给老年人提供良好的教育，一位称职的老年教育教师，首先要学习专业知识，精通本专业的基础知识，具备较强的学术水平和知识优势，从而凭借渊博的知识和宽广的知识面来做好教学工作，这是增强教学效果、适应学科发展的需要。其次要学习教育理论，掌握有关教育学、心理学的原理，这是开展教学工作的关键。最后，作为一名教师，不仅要自己懂得多，还要以合理的方式传授给老年人，教师要通过不断学习，提升自己的教学艺术和教学手段，改进自己的教育方式。

二、老年教育教师的特点

20 世纪 80 年代，我国倡导从法律上赋予我国教师以专业地位并明确其资格要求的呼声已经不断高涨。顾明远在 1985 年提出"教育要立法，要从法律上规定什么人能够当教师"。我国于 1994 年起实施的《中华人民共和国教师法》首次正式明确赋予教师以专业合法地位，其中规定"教师是履行教育教学职责的专业人员"。随后，教师群体的专业化日益得到广泛的专注和大力推动，教师在法律和制度层面的专业地位逐渐得到确立和保障。

任何劳动都有其自身的特点。教师劳动的特点是教师在长期教书育人的实践中形成和发展起来的，是由教育目的和教育对象的特殊性所决定的。认识教师劳动的特点有利于深刻了解教师的职责和作用。

（一）老年教师队伍的特点

1. 行为举止的艺术性

教师在教学过程中的态度、举止决定了老年人对教师的印象，继而决定着老年人在教学过程中的获得感与幸福感。良好的教学关系是提高教学质量的重要保障。在老年教师与老年人的交往过程中，由于老年人具有较为丰富的生活经验，看待教师教学和人际交往有着自己独到的见解。因此，老年教师应该从细节入手，从自己的行为举止入手，提升自身修养，尊重老年人，成为老年人的良师益友。

在老年教育中，教师和老年人的关系是平等的，为了与老年人建立良好的师生关系，使老年人爱上老年学校，在老年学校中有归属感，让老年人能够"亲其师，信其道"，教师在教学过程中要保持良好的教育形象、得体的行为举止，具体应该从以下几个方面思考。

（1）语言亲切

语言是人类敞开心扉的交流形式，是人们情感沟通重要的传递方式。师生之间的语言艺术能够让师生之间的交往更加融洽，教师善于运用语言，有助于发挥教育的效果，有助于建立和谐的师生关系。

在教学过程中，教师的语言要准确、鲜明、简练，观点明确，语义清晰，发音标准，用具有专业性和逻辑性的观点让老年人学习到准确的知识。但是，教师语言的严肃性与亲切性是统一的，在与老年人的日常交往过程中，教师要注意到亲切的，生动的，富有吸引力、感染力、号召力的极具艺术魅力的教学语言是启发老年人思维、激发老年人兴趣、调动他们学习积极性的重要手段，如果教师在讲课时啰嗦重复，或者习惯使用"嗯嗯""啊啊""这个""那个"之类的口头禅，说话拖泥带水，没有起伏变化，不仅容易分散老年人的注意力，还会引发老年人不耐烦的情绪，从而直接影响到教学质量的好坏。老年教育教师的语言应该饱含对老年人充满期待、真挚的爱，在与老年人谈话时语气要平和，要有耐心，表情要与谈话对象、内容协调一致，让老年人身心处于放松的状态，感受到来源于教师的力量和关怀，不断提高语言的运用能力，这也是教师提高素质的重要方面。

（2）态度热情

大多数老年人晚年处在安静的环境，久而久之可能会变得性情孤僻，喜欢独来独往。正因为如此，教师更要时刻关心老年人，让老年人感受到来自教师、学校的关怀，能够主动亲近校园、亲近教师。老年教师对老年人的态度要和蔼、亲切和热情，在课堂中营造出和谐轻松的氛围，让老年人在舒适自在的课堂中真实地展现自己。同时，教师和蔼亲切的态度也表现出教师对老年人的尊重，展示出真诚亲切的教师形象。

（3）距离适度

教师和学生在地位上是平等的个体，但由于各自的角色不同，需要承担不同的职责和义务。教师和老年人要有明确的角色划分，教师和老年人也要保持适度的距离。对于教师来说，老师们希望和老年人拉近距离，能够知道老年人内心的想法，但和老年人走得过分接触也有弊端，可能会导致在学员中的威信降低，以至于难以管理。只有在空间上保持了适度的距离，师生之间才会建立舒适的沟通体验。教师要认真分析老年教育教学环境、分析老年群体的差异性和特殊性。对过于散漫的老年人要采取严肃认真的教育方式，对内向保守的老年人要给予他们足够的关怀和耐心，通过调控合理适度的空间拉近师生之间的情感距离，保持既相互信任又相互尊重的师生关系。

（4）举止大方

教师优雅大方的举止是良好教师形象的重要因素，作为塑造人类灵魂工程师的老师，更要注意自己在各种场合的行为举止。老师站着讲课，既是对老年人的重视，更有利于用身体语言强化教学效果。同时，还需要配以适度的手势来强化讲课效果。手势要得体、自然、恰如其分，要随着相关内容进行。讲课时忌讳敲击讲台或做其他过分的动作。例如，在课堂上当教师邀请老年人回答问题或者表演时，应运用邀请的手势，单手上抬，手指伸直并拢，掌心向上，表达出自己对老年人的期待和尊重。因此，在教学过程中，教师要注意自己的行为举止，并运用恰当的举止与老年人沟通。

2. 师资构成的多样性

老年教育教学方式较为灵活，课程内容也较为丰富多样。因此，教师队伍的组成应该随着教学过程的需要而变化。一般来说，老年教育的教师主要由以下几部分组成。

（1）根据课程性质划分

专任课程教师。老年教育的可持续性发展离不开师资队伍的培养，尤其是对于专任课程教师的培养。专任课程教师是老年教育课程的授课主体，承担主要的老年教育教学任务。作为教师，不仅要有自己专业方面的知识，还要广泛地汲取各方面的信息不断更新课程内容，提高课程质量，让老年人能够自觉加入到课程学习当中。

讲座教师。老年教学的形式不仅仅局限于课堂教学，由于老年人的背景和生活经验与普通教育系统内的学生有所差异，他们不仅要接受知识，更要通过参观、实践、讲座等多种方式去快速地消化和吸收知识。因此，除了传统的课程授课，老年人学习方式也要多样化。讲座符合老年人的学习需求，并且，对于老年社区学校而言，开展讲座也是较为方便和高效的一种形式。教师要根据老年人各个年龄段和已有知识经验的不同设置讲座内容。

管理教师。管理教师的主要工作性质与普通教育阶段教师区别较大。作为成人教育工作者，他们大多数并不作为一线教师从事教学工作，而是从管理层面出发，管理乡镇成校日常教学工作的运行。因此，作为"管理岗"层面的教师，主要是从事教育培训项目设计、行政管理，对培训实施过程予以支持、监控、评估的专业人员。这类教师还应具有现代培训理论、成人学习心理、成人教育理论、成人教育管理及相关政策法规等方面的专业知识，以及培训需求分析、设计和策划培训及培训质量管理等专业能力。[①]

（2）根据聘用方式划分

由于老年学校编制有限，所以教师队伍以兼职教师为主，绝大多数学校没有专职教师。随着老年教育发展的需要，少数学校开始配备专职教师。目前我国大多数地区老年教育的师资主要来源于高校、社区学院、成人学校、中小学、培训机构、退休教师协会和社会各界愿意投身于老年教育事业的有一技之长的热心人士。而且，从人员年龄结构来看，老年学校聘用的教师以退休教师、退休医生和有一定特长的退休老同志为主，因此年龄都偏大。

在选聘教师时，主要采取本人自荐、他人推荐、社会招聘、单位介绍、校方聘请等方式。近几年，有的老年学校选聘兼职教师时，面向社会，实行网上公开招聘。学校通过网上筛选，确定拟聘教师人选，扩大了社会招聘的范围，也避免了他人推荐中出现的人情应聘现象。有的学校还建立了三个教师人才库：一是现任教师人才库，可以随时了解掌握教师使用情况；

---

① 张宁静，马启鹏. 乡镇成校转型中教师专业化的定位与形塑——基于宁波的调研 [J]. 中国成人教育，2017(21)：54-58.

二是拟聘用教师人才库，为教师队伍储备后备力量；三是辞职教师人才库，对因个人工作或学习原因辞职的兼职教师，在认为可以继续到学校任教并且学校急需教师时，可以聘请其继续任教。

3. 师资队伍的流动性

老年教育课程往往以课程教学为主体，并不分设专业。因此，老年学校要取得长足的发展，需要不断更新课程内容，提高课程对老年人的吸引力。课程内容的改进和建设需要老年教育教师的支持。例如，老年学校为老年人开设的课程除了满足老年人自身的诉求，还应该选择更多与时俱进的内容，帮助老年人紧跟时代发展的潮流。但是，由于教师的专业发展能力有限，只能从事某一领域或某一课程的教学，当老年学校内部课程重新设置后，也需要聘用与课程相对应的新教师，因此也造成了教师队伍流动性较强的问题。

（二）老年教育教师劳动的特点

1. 老年教育教师劳动的复杂性

影响老年人发展的因素较为广泛。除了学校外，老年人直接或间接受社会和家庭的影响，尤其随着科技的发展和大众媒体的普及，个体、社会及同伴群体对他们的影响也越来越大，其中既有积极的影响，也有消极的影响。如何有效地发挥教师和学校的主导作用，协调各方面的关系，引导老年人正面、积极向上地发展，是老年教育教师面临的重要难题，也体现出了教师劳动的复杂性。老年教育教师劳动的复杂性集中体现在三个方面：首先，老年教育对象的复杂性。老年教育教师面临的是老年人，师生关系更为复杂，师生之间的交流也更为平等。老年人既有相似的生理和心理特点，遵循着一定的身心发展规律，同时，又有各自不同的经历、兴趣爱好、个性特征等。他们作为有思想、有个性、有情感、有独立行为能力的人，经历过早年的学习和生活，其个性特征更加明显，对生活、学习和人生都有着独特的看法。在学习方面，老年人对孤立事物的机械性识记，其保持率较少年儿童低，遗忘的速度较快，这也是老年学习的重要特征。因此，教师需要在课程开始前、教学过程中、课程结束后就老年人学习困难的知识点以不同的方式再次重现，加深记忆，从而强化老年人对知识点的记忆与理解。老年人的生活经验会带到学习中，也会增加教师教学的难度。此外，老年人的身体状况也是复杂多样的，年纪大的人可能罹患各种各样的疾病，需要教师随时关注，这也增加了教师工作的复杂程度。其次，老年教育工作任务的复杂性。由于老年人个体学习特点和活动方式的不同，教师既要促进老年人身体、心理健康发展，又要有组织、有计划地提高老年人的认知、情感、技能等方面的能力；既要面向全体老年人，又要注意到不同老年人的发展需要，兼顾不同学习速度的老年人的学习进程，开展有针对性的教育。同时，老年人是家庭、社会的重要组成成员，教师应与家庭、社会协同，共同帮助老年人营造舒适、良好的学习环境。最后，教师要将教学和研究相结合，结合自己的工作实际总结出先进的观点和经验，努力开展科学研究，总结老年教育工作的先进经验。因此，教师的工作任务是复杂的，教师必须要有明确的计划和较高的专业素养，应对多方面的工作任务。

2. 老年教育教师劳动的专业性

从老年教育的实践活动来看，尽管从事老年教育的教师大多属于兼职教师，但是由于老年对象的特殊性和对教师劳动的高要求，老年教育教师必须具备专业性。老年教育教师劳动的专业性主要体现在教师要有专业的技能支撑。老年教育教师的教学对象是老年人，而老年人由于进入"老年阶段"，拥有着不同于青年学生的学习特点，因此，老年教育教师在专业技能尤其是教学技能上要具备专业性，能够在遵循老年学员学习规律的基础上把相关的教学内容融入教学活动中，这要求老年教育教师要借鉴已有的教学经验，不断改进自己的教学方法，同时要以良好的政治素养建设为主导、扎实的老年教育理论知识建设为基础，以教学能力建设与身心素养建设为核心，不断提高自身的专业素养。此外，强化老年教育专业知识的学习也是其劳动专业性的重要体现，在教学过程中应不断掌握老年学知识、老年心理学知识等，优化自身的专业知识结构。

3. 老年教育教师劳动的创造性

老年个体之间差异较大，而且这种差异主要是社会环境影响的产物，随着社会的发展而不断变化。教师劳动是育人劳动，这种劳动不是出物质产品，而是出精神产品、人才产品，这就决定了教师劳动具有复杂性、创造性的特点。教师在劳动中必须发挥自己的主观能动性，创造性地开展教育活动，选择最有效的方法与途径来实现教育目的。首先，教师的创造性应体现在教学方法的选择上。教师在教学中具体怎样去组织教学，采用什么样的教学方式；怎样调动老年人学习的积极性，唤起老年人对学习的渴望；怎样培养老年人优良的思想品德；怎样充分地发挥老年人的爱好、兴趣和特长等，都需要教师进行创造性的思考。

其次，教师劳动的创造性体现在教师在教育内容的选择方面。教师的任务不单是向老年人传授知识，更是要使老年人在德、智、体、美等诸方面得到全面和谐的发展和提高，这就对教师的劳动的创新性提出了更高的要求。教师在备课时应深入钻研教材，考虑老年人特点，研究教学方法，参考先进的教学经验进行创造性地加工和设计。没有这样一番绞尽脑汁的加工制作，而僵化刻板地按照教材的内容去照本宣科，必然导致教学的失败。因此，可以说，教师在教学环节中的每一个决断都是创造性思维的结果。[①]

4. 老年教育教师劳动的服务性

老年学员是需要得到社会关爱的弱势群体，这意味着服务老年学员是老年教育教师应有的职业要求。因此，老年教育教师劳动也具有服务性的特点。从老年教育内容和组织来说，由于老年人的学习不是单纯地学习文化知识，还要在道德情操、审美、运动、动手能力等方面有所发展，因此，教师不仅仅需要满足老年人的学习需求，同时，还要思考如何培育和发展老年人学习社团，组织开展娱乐休闲文化，弘扬和传承特色文化。另外，老年人的身心发展受多种因素的制约，身体健康、家庭变故、人际问题都能够对他们产生较大的影响，教师需要了解老年人的变化所引发的原因。正是由于这种不确定性，老年教育教师要尽可能在教学之外，及时地开展老年学员的服务工作，包括心理疏导等。

三、老年教育教师的劳动价值

教师劳动的价值，是指教师的劳动对社会和个人所产生的直接和间接的积极作用。[②]对教师劳动价值的认识和理解影响着社会对教师地位的认识与看法。老年教育教师属于教师队伍的一员，由于老年教育性质的特殊性，老年教育教师也相应存在特殊价值。

（一）老年教育教师劳动的社会价值和个人价值

教师劳动的社会价值，从宏观上来看，最突出地表现在教师对延续和发展人类社会的巨大贡献上。从青少年阶段来看，要把社会已有的社会文

---

① 刘继华，魏宏 . 试论教师劳动的基本特点 [J]. 四川教育学院学报，2011，27(7)：102-105.
② 孙传宏 . 对教师劳动的价值性质的再思考 [J]. 江西教育科研，1994(1)：36-40.

明财富传递给下一代，教师就是重要的传递者。在老年教育阶段，老年教育教师同样承载着联结老年人过去、现在和未来的功能，具有相应的社会价值和个人价值。

1. 老年教育教师劳动的社会价值

首先，教师劳动最直接的对象是老年人。因此，教师劳动与老年人的晚年幸福生活息息相关。幸福是人生追求的终极目标，尤其是到了晚年之后，忙碌了前半生的老年人有了更多可以自由支配的闲暇时间，"如何让老年人变得更加幸福"成为老年教育的使命。因此，老年教育教师的劳动影响着老年人群体的需求和幸福，没有他们的付出，老年人难以高效地学习新的知识，与社会的脱节也将日益严重。其次，老年教育教师的劳动影响着社会劳动力的构造。老年人已有知识经验和技术水平对社会生产具有重要的经济价值，开发老年人的人力资源也是老年教育重要的目的。老年教育教师作为老年学员教学工作的承担者，是开发老年人力资源的重要"抓手"。具体来说，教师可以为老年人提供教学指导、技能传授、知识补偿等，促使其有效地发挥组织、协调和使用生产要素，科学分配人力、物力和财力的功能，促进老年人力资源的开发，实现经济效益和社会效益的双赢。①

2. 老年教育教师劳动的个人价值

个人价值是指个人或社会在生产、生活中为满足个人需要所做的发现、创造，其是个人自我发展及个人对于社会发展的贡献。② 教师劳动价值实现的前提是这种劳动能够创造巨大的社会价值，因此，教师的劳动价值取决于教师个人对社会的贡献。

首先，教育劳动比一般劳动更具备自我实现的价值。教育不是单向传输而是双向沟通，教师的成长也来自老年人之间的互动。老年教育教师在教育教学过程中，通过与老年人的沟通和交流也能够汲取到宝贵的人生经验，并在教育过程中通过发挥其才智，促进个人的完善和发展，满足个人较高层次的需要。因此，老年教育教师教学过程也是一种自我学习、自我成长的过程，这种活动的相互促动能够推动教师不断进步。

其次，老年教育教师在老年学校的教学中能够结识一些志趣相投的"知

---

① 曲绍卫. 论教师劳动之经济价值 [J]. 教育理论与实践，1995(5)：10-13.
② 普通高中思想政治教材编写组. 思想政治必修 [M]. 北京：人民教育出版社，2011：5.

心人"，在实现自我教学价值的同时，还能够通过老年教育教学来拓宽自己的"交往圈"，拥有更多可以倾诉心声的老年同伴，并在这种人际交往中了解、掌握自己所欠缺的见闻、能力、素质等，尤其对青年教师而言，有效彰显出了老年教育教师的个体价值。

（二）正确认识和评价老年教育教师的劳动价值

老年教育教师劳动有着巨大的社会价值和独特的个人价值，同时，它又具备自身的特殊性。

首先，老年教育教师劳动价值具备滞后性。如普通教育一样，老年教育教师的劳动也具有滞后性，尤其是因为老年人认识和接受新鲜事物的速度较慢，需要在大脑中重组自己的知识结构，再在实践中检验。当然，这种滞后性是相对的，一些老年人在青年时期积累了足够的知识、经验，可能只需要教师稍加辅导，便能通晓所学知识。其次，老年教育教师劳动价值具有内隐性。教师所创造的价值，并不是以物化的形式而表现出来，而是作为一种潜在的价值内化于老年人身上。只有当老年人将所学的知识表现出来时，教师劳动的价值才能够得到证明。这也要求老年教育教师具有良好的职业道德和崇高的理想理念，才能够在老年教育行业进行深耕。

新中国成立以来，教师的社会地位发生了明显的变化。政府在政策层面多次强调教师在社会主义现代化建设过程中的重要意义。随着社会环境的逐步改善，教师的社会地位、工作条件和物质待遇都有了显著的提高。但是，教师的工资收入和物质待遇仍然处于较低的水平，对于老年教育教师来说同样如此。造成老年教育教师社会地位低下的原因有很多，例如，社会对老年教育的重视不足，没有充分认识到老年教育对于社会稳定和积极老龄化的重要作用。因此，要打造一支高素质的老年教育教师队伍，必须从经济层面上保障教师的经济待遇，改善教师经济待遇与教师劳动价值不相匹配的现象；从社会层面上加强对老年教育教师的认识和重视，加强老年教师队伍建设的专业化进程，保障教师全身心地投入到教育教学当中。

第二节 老年教育教师的素质结构和教学职责

教师是教育事业的主要依靠力量，教师的素养如何直接关系到我国教育事业的兴衰成败。洛克在《教育漫话》中提出："教育上的错误不可轻犯，教育上的错误和配错了药一样，第一次弄错了，绝不能靠第二次和第三次去补救，它们对学生的影响是终身都洗刷不掉的。"[①] 这要求教师具备良好的教育素养和严肃谨慎的工作态度。

一、关于教师素养的研究

教师专业素养包括哪几个方面？未来教师素养会发生怎样的变化？对于这几个问题国内外的学者做了较多的研究。

欧盟委员会对教师核心素养提出的要求是"特定的学科知识；教育专业技能，如课堂的应对能力，熟练运用信息通信技术，能够培养学生的横向能力（创新精神、数学能力、语言能力），创造安全宜人的学校氛围；文化或态度层面，包括反思精神、研究意识、创新精神、合作精神与自主学习意识"[②]。美国教师教育院校协会与"21 世纪技能合作伙伴"联合发布的《21 世纪预备教师的知识与技能》一文指出："未来的理想教师应具备指导联邦标准课程的创新能力、对教育评估结果的有效解读能力、对学生学习需求的积极反应能力以及对学生持久性学习热情的塑造能力，这种学习热情有助于学生终身学习和满足经济全球化的客观要求。"此外，教师素养还应包括对技术应用能力的掌握，便于开展新的教学模式，更重要的是能够理解学科知识、专业知识与技术知识之间的关系。[③] 由此可见，西方

---

① 约翰·洛克. 教育漫画 [M]. 北京：人民教育出版社，1985：22.

② Francesca Caena. Literature Review—Teacher's Core Competences: Requirements And Development [EB/OL]. ec. europa. eu/dgs/education. culture/...doc/teacher-competences. en. Pdf, 2017−04−10.

③ AACTE. 21st Century Knowledge And Skills in Educator Preparation[EB/OL].（2016−03−04）. http：//www. p21.org/storage/documents/aactep21_whitepaper.

对教师素养的界定，一是强调教师的创新力，不囿于各种规定或固有成见，要敢于进行旨在提高学生素养的创新性实践；二是注重因材、因需施教；三是重视客观的国际竞争环境对教育和教师提出的高要求。

美国学者范斯科德等人认为，课堂教学要求教师至少具备八个专门领域的知识技能：（1）学生特征和发展周期；（2）学生的学习方式；（3）概念的结构、概括、探究的方式，综合知识的范例以及关于各种学术性科目的专门知识；（4）教学方法；（5）认知、情感和心理运动的学习目标；（6）有助于学习和改善人与人之间关系的价值观念和态度；（7）交谈、解决和减少矛盾，处理人与人之间的关系以及减少矛盾；（8）使以上七个范畴彼此联合起来的技能。①

我国学者叶澜提出，教师素养包括教师基础性素养、教育专业素养和复合型专业素养三大类。② 还有学者认为，未来教师素养应该包括：与时代精神相通的教育理念，并以此作为自己专业行为的基本支点；多层复合的知识结构；理解他人和与他人交往的能力、管理能力、教育研究能力。③

尽管教师素养必备的共同基础是相似的，但由于教师的工作能力、任务要求和课程安排不尽相同，不可能编制出一份适用于所有教师要求的教师素养清单，不同教育阶段、不同教学任务的教师其工作任务的重心应该有所区别。当然，我们研究教师素质不能只强调教师素质的差异性，而否认教师素质的共同性。老年教育必须建立一支具有高素质、高水平的教师队伍来推动老年教育走向高质量发展，这也对老年教师本身具备的素质提出了高标准的要求。接下来，将从老年教育教师素养来了解老年教育对教师的要求。

二、老年教育教师的素质结构

（一）高尚的师德师风

1. 热爱教育事业，具有奉献精神

教师要有事业心，热爱教育事业是教师进行教育事业的基本前提。许

---

① ［美］范斯科德，等．美国教育基础——社会展望 [M]．北京师范大学外国教育研究所，译．北京：教育科学出版社，1984：298-324.
② 教育部师范教育司．教师专业化的理论与实践 [M]．北京：人民教育出版社，2003：34-23.
③ 王道俊，郭文安．教育学 [M]．北京：人民教育出版社，2016：454.

多教师之所以能够在教育事业上做出一番成绩，是因为他们本身热爱教育事业，愿意为教育事业奉献自己的青春热血，愿意为下一代的成长贡献自己的毕生精力。

A老师是一位"80后"老师，计算机专业大学本科毕业，具有高级中学信息技术教师资格，曾在高中、中专、小学等各类学校担任信息技术课程老师。在一次浏览网页时，A老师看到了某老年学校招聘兼职老师的广告，遂前来自荐。

按照某老年学校招聘教师的工作流程，教师必须先进行一堂课的试教，合格后才能进入学校的师资库，有机会成为授课教师。A老师没有老年学校教学经历，平常接触最多的老年人也只是家里的长辈，对于老年学校和老年人，A老师通过网络做了一些功课，但谈不上十分了解。不过A老师对于试讲和这样一份工作并不担心和紧张，她在文章里写道："……进入老年学校教授电脑基础课程以前，我已在高中、中专和小学教授信息技术课程很多年，自信自己的教学、技术应该是没有问题的。心想高中的会考都能指导学生100%通过，小学生零基础都能教会他们，对于有学历、见多识广的老年人来说，学习电脑还不是小菜一碟吗？"A老师精心准备了一堂试教课，经过学校同专业教师和试教班级老年人的共同评定，认为A老师虽然存在上课信息量过大、语速较快等问题，但基础知识扎实，态度亲切，可以给予在今后教学中逐步完善的机会。对于试教反馈意见，A老师表示接受，虽然试教存在不足，但毕竟得到了在老年学校当教师的机会，A老师坚信凭借自己在中小学积累的教学经验，胜任老年学校教师工作是不成问题的。[①]

老年教育教师对教育事业的热爱来源于自身对教师高尚的职业理想和坚定的职业信念，来源于教师将自己的个人价值与社会价值的有机结合。这种对教育事业的热爱是一种真挚、深沉而持久的感情，它涉及职业情感。老年教育教师热爱自己的工作或所教的学科，是保持个人发展和在工作过程中潜心钻研、感受满足的重要条件，这与老年教育教师对教师职业的选择有关，更与教师能否创造性地工作相关。老年教育教师在实际工作中，

---

① 覃晓思. 老年学校教师"求生和发现期"专业发展研究——以A老师教育故事为例[J]. 高等继续教育学报，2018，31(2)：73—76.

要确立正确的教育动机，培养崇高的教育信念，将教师个人的能力提高和系统的教育培训相结合，在教学活动中逐渐形成正确的道德意识，养成良好的个人品质，用自己高尚的人格去教育和影响老年人。

2. 理解老年人，尊重老年人

关爱老人既是中华民族的传统美德，也是人类进步科学发展的前提。关爱老人不仅仅是一个家庭、一个孩子的事，而是需要一个社会、一个国家共同努力。"百善孝为先"，从历史文化传承来说，尊老、敬老、爱老是中华民族的传统美德。关爱老人，要敬重老人，尊重老人的思维方式和自主选择；要提供更多的便利使老人感受到关爱。教师作为言传身教的重要代表，要传承好中华民族的传统美德，更要树立良好的社会形象。作为老年教育的教师，教书育人就是要做到尊重老年人，理解老年人。对老年人来说，退出工作岗位后，他们的活动范围主要在居住地周边，这也就导致老年人获取信息资源的途径减少。因此，老年人与社会主流活动的接触也越来越少，老年学校便成为老年人社会交往的主要"出口"之一。在老年学校，老年人不仅希望认识新朋友，更希望与教师产生心灵上的沟通，通过教师习得在自己认知范围之外的相关知识。

学生"亲其师"，才能"信其道"。教师的关怀对老年人来说是一种巨大的教育力量，也是一种重要的教育手段。它往往能激发出老年人对教师的敬重、感激和信任之情，使老年人愿意接受教师的教育。苏联著名的教育家捷尔任斯基曾说过："谁爱孩子，孩子就爱他，只有爱孩子的人，他才可以教育孩子。"同理，谁尊重老年人，亲近老年人，谁就能获得老年人的信任，做老年人的知心朋友。教师的爱是老年人的需要，教师的情感对老年人有直接的感染力。教师的爱还是一种示范，促使师生发展、建立起一种良好的沟通模式。老年学校教师的师爱内容应该包括：充分尊重老年人、信任老年人；深入了解老年人的特点，并真心实意地关爱他们。[①]

3. 热爱集体，能够团结协作

教师劳动既有个体性又有群体性。在老年学校，不论是教育老年人还是进行科学研究，都需要众多教师共同努力才能完成。老年人晚年学习的幸福感和获得感不仅仅是某一位教师的功劳，而是整个老年学校共同劳动

---

① 岳瑛. 老年大学教育心理 [M]. 武汉：湖北科学技术出版社，2013：261.

的结晶，是许多教育工作者团结协作、一致努力的结果。只有拥有一支敬业爱岗、奋发进取、能够充分释放自身能量的教师队伍，学校才有望提升品位，办得有声有色。

教师间的团结、合作、抚慰、友善等行为，不仅能够维护教学秩序，保证教学计划的完成，还能够潜移默化地影响着老年人，加强老年人与各个教师之间的联系。无论是管理教师还是教学教师，都需要通力合作，团结一致，形成一个以老年人为核心的、目标统一的教育集体。为此，团结合作是老年教育教师必须具备的职业素质。老年学校要鼓励教师将学校的事业发展与教师的职业生命联系起来，积极引导老年教育教师之间、教职员之间相互尊重，最大限度地发挥集体的力量来教育好、服务好老年学员。

（二）扎实的文化基础

教师的文化知识是指教师作为一个教育者的重要能力结构。教师承担着传授知识技能和促进老年人身心发展的教育任务。对培养人而言，没有比广博的文化知识更有助于教师的教育教学行为，更能提高教师的整体素质的了。文化素养是每个专业工作者必备的基础性素养，宽厚扎实的文化底蕴则是人精神生活丰富，学习、创造和发展能力养成所必需的，也是教师工作必需的。教师能否向老年人传授科学文化知识，培养其能力，促进老年人晚年自由、愉快地发展，取决于教师是否拥有宽厚、扎实的文化底蕴。

1. 教育理论知识

随着社会的发展，老年教育工作者面对的形势越来越复杂，他们在夯实自己专业知识的同时，也应广泛涉猎有助于工作开展的教育学相关知识，努力拓展知识面，形成比较完善的知识结构。

老年教育教师应当较好地掌握教育学方面的知识，具备较高的教育素养。一般的教育学知识范围相当广泛，包括教育学基本理论、心理学基本理论、德育学、教学论、教育史、教育社会学、教育心理学、教育管理学、教育法学、比较教育、教育改革与实验、现代教育技术知识、教育科学研究等。老年教育教师只有全面系统地掌握教育专业知识，才能确立先进的教育思想，正确地选择教学内容与方法，把自己掌握的知识和技能科学地传递给学生，促进老年人的全面发展。

教育专业知识是教育实践的概括和总结。优秀教师不仅要善于在教育实践中学习和运用教育专业知识，还要善于将自己的教育实践，尤其是成功的教育教学改革经验加以概括和总结，形成揭示教育规律的新教育理论和知识。

2. 学科专业知识

教师专业化的特点之一体现在对各种不同知识和理论进行选择、组织、传递和评价，并在这个过程中进行知识创新的专业能力上。这就要求教师了解和掌握某个具体学科的知识和理论，以及各个学科和领域知识之间的关系。所谓专业知识，是指与老年教育教师任教学科相对应的专业理论知识，是老年教育教师知识结构中的主干部分。老年教育教师首先需要掌握老年教育专业知识，这是最基本的知识结构要求。老年教育教师要有效开展工作，必须掌握老年教育专业理论知识。同时，从事老年教育管理人员也需要掌握比较系统的教学方法、教学程序等。如从事音乐教育的教师，必须具有音乐专业的理论知识，能够将音乐与老年人结合起来，产生新的教学思路，开发音乐的"养生功能"等。掌握精深的学科专业知识和技能，熟悉本学科的体系和内容，将有助于老年教育教师深入浅出地向老年人传授相关的知识；如果教师本身不具备这些学科专业知识素养，则很难期望教师的专业素养与老年课程内容相结合。

老年教育教师要精通所教学科的知识，对自己所教学科的全部内容有深入透彻的了解。教学的许多工作，如选择有价值的学习活动、提出创造性的问题、评价老年人的学习等，都依赖教师对学科的理解。缺少这种学科背景，即使教师从教多年，学科教学知识也不会在教学的过程中获得相应的完善。因此，老年教育教师只有完整、系统、扎实、精深地掌握学科专业知识，才能在科学体系中把握自己讲授的学科，才能展示知识本身发展的无限性和生命力，才能把知识"活化"；才能教给老年人掌握各种知识、技能的方法，发展老年人的智能，引导老年人在知识的海洋中畅快地遨游。[①]

虽然跟徐老师学戏的都是退休的老年人，但徐老师从不降低标准，一个学期四个月，青衣戏只教四段，老生段子短一点至多也只教五段。曾经有人给他提意见，让他教快点，他坚持己见："教快点？教快了学得会吗？！"青衣课上，碰到导板、散板，常常是一堂课两个小时只学一句甚至半句。有一次听张学敏老师教戏，她说有一回一早上只跟师父学了一个拖腔，我

---

① 姚美雄.教师素质训练和专业发展研究[M].成都：四川大学出版社，2018：146.

妈听了深有同感。我时常跟妈妈开玩笑，说徐老师是拿教"角儿"的功夫来教你们这些老太太。

每次上课两个小时，第一个小时用于教新内容。徐老师把戏词分成好多段，一句一句甚至一个字一个字地教唱。经过他这么掰开了，揉碎了一教，很多繁难的唱腔就易学了。有的时候，我初听觉得不怎么样的段子，经过他一点点地分析，我就觉得非常好听了。第二个小时是练唱，每个老年人把前一个小时刚刚学过的几句，在徐老师跟前一一汇报。徐老师总是坚持一个一个跟着他的琴唱。后来由于学戏的人渐多，有的老年人刚学，实在没有胆量独唱，所以有的是两人同唱。徐老师很少采用大合唱的方式，"混在一起，互相弥补，什么都听不出来，错了都没法纠正"，"跟我学戏，我得保证你们学一段就得会一段"。短短的几句唱，多人重复，每个人跟琴唱完，徐老师都耐心加以点评，腔不准、字没咬对、换气不是地方，徐老师都一一指出。让我惊奇的是，徐老师的耳音极好，两个人（甚至三个人）一块儿唱，哪个人哪个字唱错了，他都听得一清二楚。别人大声唱，自己在下面小声哼，徐老师指出的错误，一一记录下来，自己唱的时候注意克服，一来二去，一段戏也就能跟住琴了。

徐老师在老年学校教戏已经有十几个年头了，在武汉的戏迷界，他是公认的学开蒙戏最好的老师。徐老师教戏一丝不苟，非常强调尺寸。因为他自己以前一直是干专业，所以能够而且愿意以专业的精神和水平对待每一个跟他学戏的人。他喜欢教老先生的戏，常常对老年人强调，多听老先生的段子，那才是真功夫。2003年秋天，武昌老年学校老生班重教《野猪林》的"大雪飘"一段。消息传出，那一期武昌老生班的老年人量猛增，许多住在汉口、汉阳的老同志也赶到武昌来上课，就是为了听徐老师再教一遍，把这一段再好好抠抠。那劲头，真有点追捧名角的意思。现在，好多人都带着录音机去上课，把徐老师教戏的内容都录下来，回家再反复琢磨。[①]

3. 公共基础知识

在老年教育领域，只有具备了广博的文化知识，老年教育教师才能融会贯通，得心应手，更好地理解所教学科的知识，并把所教的学科知识与

[①]　罗扬.桃李不言下自成蹊——记武昌老年大学京剧教师徐德箴 [J].中国京剧，2007（2）：58-59.

其他学科有机地结合起来，才能够有效地激发老年人的求知欲望和学习兴趣，满足每一名老年人的探究兴趣和多方面发展的需要；才能够帮助自己更好地理解学科知识，使自己的教育教学丰富多彩，促进老年人全面发展和素质的提高；才能够提高自己在老年人心目中的威信。对于老年教育教师来说，以下五个方面的知识是不可或缺的：（1）人文类知识，如哲学、社会学、人类学、经济学、政治学、伦理学、历史学、地理学等方面的知识；（2）科技类知识，如一般的自然科学常识、文理学科交叉知识；（3）工具类知识，如外语、数学、计算机、文献检索、应用文写作等方面的知识；（4）艺术类知识，如体育、美育、卫生与保健、书法、音乐、舞蹈、戏剧、摄影、绘画、文学欣赏、影视评价等知识；（5）劳技类知识，如一般的劳动生产知识、现代工农业生产的基本原理等。教师应该在自己的能力范围内掌握较为广泛的公共知识，将其与教育学知识和专业知识融会贯通，更好地服务于老年人。

（三）良好的工作能力

教师的工作能力直接影响着教师的工作质量。有学者将教师的工作能力分为三个方面，分别是教育教学的能力、科学研究的能力和自学能力，在不同的维度下还进行了细分来阐释教师需要掌握的多维能力，充分体现了教师劳动的复杂性与创造性。随着老年教育走向专业化，教师的能力结构也更加多元化，老年教育教师必须具备高超的专业能力。

1. 表达能力

表达能力是运用文字和语言等方式阐明自己思想、目的的一种能力。老年教育教师要明确并理解老年人的学习诉求等，在课堂上使用灵活恰当的方式讲解教育内容，都需要具备良好的口头和文字表达能力，还要有良好的"口才"，采用生动活泼、受老年人欢迎的表达方式；能运用多种方式表达所传授的内容，并注重让老年人参与表达过程。

2. 学习能力

老年教育工作的内容越来越多，复杂程度也越来越高，对老年教育教师提出了挑战。老年教育教师对此必须有清晰的认识，并做出积极反应，根据需要不断学习，尽快掌握新知识、新方法和新技术。要做到这一点，就必须具有较强的学习能力。

3. 研究能力

研究能力是能够深入实际，运用科学方法，探求客观事物及其规律的能力。老年教育教师应该参加一定的科研工作，通过科学研究，不断提高自己的学术研究能力。老年学校教师工作在教学实践第一线，掌握丰富的第一手材料，在教学研究中具有明显优势，同时也是教学科研的重要推动力量。教学经验总结和教学理论研究，都需要依赖教师在教学实践中探索、积累和研究来完成。[①] 科学研究的成果可以丰富自己的教学内容，促进教学质量的提高。教师可以组织老年人参加一些与老年人学习息息相关的课题，通过科研活动来培养老年人的科研意识和动手能力，不断提高自身素质，成为老年教育高级专门人才。

4. 掌握现代信息技术的能力

新技术革命的浪潮已将人类社会推向信息时代，老年人也开始接触各种电子信息工具，享受着现代科技带来的便利。教师作为老年人学习活动的引路人，要积极学习现代信息技术，提高自身的信息素养，设计适合老年人学习水平的信息课程。因此，掌握现代信息技术，具备使用计算机技术的能力，对老年教育教师发展具有重要的意义。[②]

三、老年教育教师的工作职责

（一）传授知识

教育的本质就是教书育人。老年教育教师既是教育科学的研究者和促进者，又是育人艺术的探索者和设计者，教师的第一要义就是要做好知识的传授工作。首先，老年教育教师的工作对象是老年人，教师与老年人之间在年龄、生活经验、知识储备、认识事物的水平以及道德修养等方面水平差异较大。教师必须清醒地认识到自己与老年人之间的差异，设身处地地为老年人着想，用老年人的眼光去看待、思考问题。其次，承担老年教育教学工作的教师应根据老年教育课程设置、培养目标、教学计划，认真备课以及编写讲义，有计划地进行教学，组织老年人开展课堂讨论，指导老年人参与社会实践，在传授科学文化知识的同时发展老年人的智能，促进老年人的身体健康。

（二）为老年人提供生活服务

在我国，老年教育大多存在于社区之中，通过开发利用各种社区教育

① 王清爽，邢文海 . 中国老年教育学 [M]. 石家庄：河北人民出版社，2018：118.
② 溥存富，李飞虎 . 社区教育概论 [M]. 成都：西南交通大学出版社，2018：5.

资源，为老年人服务，开展旨在提高老年人的素质和生活质量，促进老年人全面发展和社区可持续发展的教育活动。老年教育活动具有一定的适应性和发展性，它不仅强调通过老年教育来满足老年人晚年精神发展的需求，还为老年人提供一定的生活服务，包括保护性服务、支持性服务、补充性服务和替代性服务。保护性服务指介入可能存在或有潜在危险的老年人，逐步减少或消除可能的伤害风险或为受伤害的老年人提供服务，依法依规给予留守老人法律援助与司法救助以及开展心理健康服务；支持性服务指通过环境改造和完善，提高老年人所在家庭和所生活社区的适老服务功能，发挥社区公共场所和设施的作用，营造关爱老年人的氛围，从而进一步强化老年教育教师服务老年人的能力；补充性服务指有针对性地增强老年人所在家庭和社区环境中的某些薄弱或缺失环节，弥补家庭和社区对老年人照顾功能的缺失和不足；替代性服务指替代子女或孙辈的养老功能，通过社会替代留守家庭履行职责为老年人提供服务，保证有特殊困难的老年人老有所归、老有所依，提供定时定点的生活照料、医疗护理、精神慰藉等服务。[①] 老年教育教师可以通过为老年人提供教学以外的帮助来减少他们的生活负担，帮助其实现幸福晚年。

（三）开发老年人潜能

教师是人的潜能的发掘者，对人的智力开发起着引导作用。人从遗传获得的发展潜能是动物所无法比拟的，它给人的发展带来巨大可能性。然而人的智力发展的潜能并非随着生理上的成熟就自然显现，潜能的充分开发依赖于良好的社会生活条件和正确的教育，在社会生活条件基本相同的情况下，教育对人的潜能的开发具有决定性的意义。

许多老年人在离退休之前，其潜能发挥可能受到某种干扰，而离退休之后，反而更能专心致志，从而获得更佳的工作效益。[②] 教师作为学生潜能的开发者，应使每个学员固有的发展可能性转化为现实，智能得到良好发展。老年人的潜能是存在个别差异和特殊性的，在发展方向与发展水平上可能有着很大差异，这种潜能上的差异要求教师有准确的认知，能够创造条件，并施以相应的教育。无论是对老年人群体还是个体来说，教师对老年人潜

---

① 仰和芝.农村留守老人社会工作服务的类型和内容探讨 [J].井冈山大学学报 (社会科学版)，2019，40(3)：69-74.

② 黄振霞.老年人潜能的发挥与提高 [J].老年学杂志，1991(5)：259-261.

能的认识和开发，对整个社会智力开发都具有重大意义。因此，老年教育教师能够引导老年学员开发老年人接受新事物的能力、再就业的专业技能、隔代教育潜能等。具体而言，老年教育教师可以根据老年人兴趣的多样性，提供丰富多彩的教学内容，培养老年人对社会新生事物的接受能力；要在教学过程中引导老年人转变观念，树立再就业、再参加劳动意识，并为老年人提供有针对性的技能培训服务。老年学校应积极开设老年益智课程，要求老年教育教师在课程教授中锻炼老年人的记忆力和思维能力，增强老年人的大脑活力；开展老年隔代教育，挖掘老年人的代际学习能力等。下面给出了一些关于老年教育教师职能的拓展信息。

老年教育教师职能拓展阅读

例1：根据《中央广播电视大学人才培养模式改革和开放教育试点教师配置基本要求（试行）》（电校办〔2004〕65号）、《广播电视大学教学过程管理规范（试行）》（电校教〔2006〕50号）、《中央广播电视大学课程建设工作规程》（电大教〔2007〕45号），从事开放教育教学工作的教师包括主编教师、主讲教师、主持教师（包括专业主持教师和课程主持教师）、责任教师（包括专业责任教师和课程责任教师）、课程辅导教师、集中实践环节（或毕业论文）指导教师、导学教师等。其工作职责如下：

1.专业主持教师：设置在中央电大，负责专业层次的论证、设计、管理和教学改革的研究工作。

2.主编、主讲教师：设置在中央电大（负责必修课程）和省级电大（负责选修课程），负责主编文字教材、主讲视频资源并参与其他学习资源的建设。

3.课程主持教师：设置在中央电大（负责必修课程）和省级电大（负责选修课程），负责组织并参与课程建设（如资源建设、课程设计、考试设计），参与面向全国的教学辅导答疑组织课程教师培训和教学改革研究。

4.专业责任教师：设置在省级电大和地市分校，负责制定适合本地的实施性专业教学计划及教学实施细则并组织实施教学；参加上级电大组织的专业层面的教研、培训和教改课题研究，组织开展当地电大专业层面的教研、培训和教改课题研究。

5.课程责任教师：设置在省级电大和地市分校，负责课程教学的细化设计，组织实施课程教学，补充学习资源，为辅导教师和学生提供指导和服务；参加上级电大组织的专业和课程层面的教研、培训和教改研究，组织当地电大教师开展课程层面的教研、培训和教改研究。

6.课程辅导教师：设置在地市分校和教学点，按照教学设计方案落实教学过程，开展导学和助学包括面授和网上学习辅导、作业批改、答疑、课程实践教学等工作，参加上级电大的教研和培训等活动。

7.毕业论文、集中实践环节的指导教师：设置在地市分校和教学点，负责指导学生完成社会实践、毕业论文。

8.导学教师：即班主任，设置在教学点，指导学生制订学习计划，提供教学和管理信息服务，开展促学督学服务，成立学习小组并组织开展相关活动，收集、处理并向相关教师反馈学生的意见和建议，开展其他学生工作。

例2：宁波市小港街道社区老年学校管理办法之教师职责

1.开学前向教务处报送教学（授课）计划。

2.使用规定教材。暂无教材的应自行编写所任学科的教材或培训资料，报教务处同意后执行。

3.认真执行教学计划，认真备课、讲课、辅导，认真研究、探索老年教育的特点和规律，不断提高教学质量。

4.按时上课，因故不能来校讲课时，需提前通知学校。

5.按要求课后及时填写所任班级每次教学培训情况登记审核表或汇总表。

6.配合班主任做好必要的课外参观、教学成果展示等活动。

7.要经常听取学员意见，不断改进教学方法。

8.为人师表，讲政治，顾大局，自觉维护学校有关规章制度。

第三节　老年教育教师师资队伍建设

一、我国老年教育师资队伍建设基本情况

老年教师师资队伍建设是为了更好地促进教师专业化发展。教师专业化也称为教师职业专业化。一般把专业理解为"经过专门教育或训练、具有较高层次的知识和专门技术的人"，按照一定专业标准所从事的专门职业，其目的在于提供专门性的社会服务。

一般而言，专业化的职业通常涵盖专业道德、专业知识技能、专业训练、专业自主和专业发展等方面。从事专门职业的人员被称为专业人员。专业化通常是指一个普通的职业群体或者群体中的个体在一定时期内，逐渐符合专业标准，成为专门职业并获得相应的专业地位和水平的过程。教师专业化的过程是指教师在整个职业生涯中，通过专门训练和终身学习，逐步习得教育专业的知识与技能，并在教育专业实践中不断提高自身的从教素质，从而成为一名合格的专业教育工作者的过程。

在当前的教师发展理论层面，教师专业化过程通常包含两层意义：一是指教师职业整体从非专业职业、准专业职业向专业性质进步的过程；二是指教师个体通过职前培养，从一名新手逐渐成长为具备专业知识、专业技能和专业态度的成熟教师及其可持续的专业发展过程，这一层面通常指向教师个体专业发展。[①]1994年我国开始实施的《教师法》中规定，"教师是履行教育教学职责的专业人员"，第一次从法律角度确认了教师的专业地位，1966年联合国教科文组织在《关于提高教师地位的建议》中把"教师职业的专业化"这一思想推向了高潮。

我国老年教育师资专业化发展进程相对较为缓慢，老年教育机构是老年人接受教育的主要场所，正规的老年教育机构因其丰富的教育资源和完善的

---

① 贾玉霞，姬建锋. 教育学 [M]. 西安：陕西人民出版社，2017：151-153.

教育规章成为老年人继续社会化的理想场所。但是，随着老年人口基数的增长，老年教育的需求日益增大，老年教师供给成为重要问题。各个地方为顺利开展老年教育活动聘用了社会上具有相应特长的教师，例如高校成人教育专业学生、社区能人、中小学艺术类教师、教育机构工作者等等，参差不齐的老年教育教师质量给老年教育教师专业化发展带来了巨大的阻碍。

2012 年 10 月 12 日，《成人教育培训工作者服务能力评价》（国家标准编号 GB28914–2012）正式发布，规定了成人教育培训工作者的职业道德与专业资格要求、培训过程实施与管理能力、培训教学能力、培训质量管理能力及相应的评价内容，适用于对成人教育培训工作者服务能力的评价。该标准规定，从事成人教育培训工作的专职教师和管理工作者应当取得相应的职业资格，并把"成人教育培训师"资格和"成人教育培训管理师"资格列为专业资格，作为教师职业资格的补充。

此后，各地区开始尝试为成人教育专职教师建立专门的职称晋升通道。例如，2011 年 5 月开始实施的《上海市终身教育促进条例》第二十条明确规定："从事终身教育工作的专职教师应当取得相应的教师资格。政府有关部门应当根据终身教育培训机构的性质，将从事终身教育工作的专职教师的职务评聘纳入相关行业职务评聘系列。社区学院、社区学校专职教师的职务评聘，可以在教师职务系列中增加设置相应的学科组，参照国家教师职务评聘的相关制度执行。从事终身教育的专职教师在业务进修专业技术考核等方面与相应的专业技术人员享有同等权利。"此外，该条例还对相关的成人教育兼职教师资格做出了相应的规定。宁波市也在《终身教育促进条例》中提到，终身教育机构教师和管理人员的配备应当符合国家和省有关规定。政府有关部门应当根据终身教育机构的性质，将从事终身教育工作的专职教师专业技术资格评审列入相关系列职称评审。市教育行政部门应当会同有关部门建立和完善终身教育教师信息资料库制度，包括从事终身教育工作的专职教师和兼职教师，为终身教育工作的开展提供师资信息服务。此举促进了老年教育师资队伍专业化的进一步建设。

二、老年教育师资队伍建设存在的问题

当前我国老年教育师资建设存在诸多问题，如很多老年教育机构教师数量少且缺乏稳定性；聘请教师难，绝大部分是兼职教师；老年教育机构

经费少，用于师资的专项经费不足；很多老年教育机构对教师疏于管理，在教学过程中教师的随意性比较强，规范性不足，教学质量参差不齐。

（一）老年教育教师来源复杂，外聘教师占据主流

由于绝大多数老年学校的办学定位、组织机构、人员编制、资金来源等尚未像全日制基础教育那样明确，大多数学校是根据老年人的需求开设班级，按需设岗，按岗求师，并采取专任教师与兼职教师结合的师资组建模式。多数专职教师在老年大学中一般承担管理者的角色，负责多个班级的管理，是学生和任课教师之间的桥梁。兼职教师才是承担学校教学工作的主力军。但是，许多兼职教师都有自身的专职工作，老年学校的上课时间一般也是在工作日进行，兼职工作与本身工作时有冲突，调课、更换教师的情况时有发生。专职教师数量少，并且工作量大，造成老年教育教师与普通教育系统教师在诸多方面存在差异，具体表现为：

一是专业能力差异。绝大多数兼职教师是社会上有一技之长的专业人士，但没有经过教育学、心理学等专业课程的学习。虽然在技术上有过人之处，但在教学上还需要提高。管理层老师可能在教育、组织、服务等方面了解较多，但就某一具体学科而言知之甚少。因此，从事老年教育工作的教师在很大程度上存在专业能力差异。

二是年龄差异。部分教师是在岗的专业教师或专业人员，教学理念先进，但不熟悉老年人心理特点，交流沟通上存在一些障碍。也有部分中老年教师，思想传统和老年人有相通之处，但他们自己也有着强烈的自尊需要和受人尊重的需要，自身的思想观念与老年人的学习观念存在部分重合，无法从老年人传统的思维观点中跳脱出来。

三是教育理念的差异。不同的教师有着不同的教师职业理想和信仰。有的教师从老年教育的角度出发，认为老年教育是一项具有良好社会效益的公益事业，愿意在这个岗位上创造自己的价值，奉献自己，发挥专长；有的教师从劳动的经济效益出发，觉得现在是经济社会，付出应该得到相应的回报，从事教师劳动只是获得经济效益的一个途径。因此，拥有的不同职业理想的教师，其教育理念各有差异。

（二）流动性大，管理困难

一是专任教师与兼职教师结合的师资组建模式也造成了教师流动性强的问题。兼职教师一般来自退休人员返聘、中小学教师和高校教师兼职、自由职业

者兼任等多种途径，大部分兼职教师对老年教育的特点和规律把握不够深入，此外，兼职教师的身份决定了他们难以将全部精力投入到老年教育工作中。

二是老年教育工作者的薪酬较难得到长期保障。教师课时费发放标准较低，随着老年人对专业学习的需求越来越高，聘请优秀师资难上加难。加上公办院校教师从事老年教育工作存在限制过多或缺少激励政策的现象，导致这类兼职教师未能坚持长期从事老年教育工作，缺少归属感。

三是老年学校的教学工作形式多样化，不易管理。不同于单一地在课堂上传授知识的教学活动，老年教育涉及生活、保健、健体、艺术等内容丰富的课程。但是，由于老年教育资源有限，结合不同的课程设计采取差异化的教学形式造成了工作人员在教学管理方面的难度；在教学过程中，教师需针对老年人身心发展规律，更多结合老年人的生活喜好组织教育活动，还要注意在每节课的课堂活动中，创造性地处理各种问题；当然，由于施教对象复杂，教学效果评价很难形成共识，也给管理带来了一定的难度。

（三）教师缺少培训机制，专业化水平不高

没有专门的师资培训机制是大部分老年大学师资的一大困境。许多老年大学的教师拥有一技之长，但缺乏必要的教师素养和教师的专业知识。老年大学师资队伍基本上没有接受过针对老年教育的专业培训，大多是靠自身摸索和探索。从发展现状来看，近几年我国老年教育得到蓬勃发展，教育规模不断壮大，但具有丰富老年教育经验的师资队伍严重缺乏。此外，目前全国各地的高校很少专门开设老年教育相关专业，专业人才培养还处于空白，国家有关部门尚未重视、支持有条件的普通高校开设老年教育相关专业、培养专业化的老年教育人才队伍。究其原因，首当其冲的还是老年大学教师主要为外聘人员，既然是兼职的也就没有统一要求他们接受培训。[1] 这也就意味着大多数老年教育兼职教师在没有专业教学的境况下，还不能接受专业培训，从而导致老年教育教师的专业化水平不高。

三、老年教育教师专业发展途径
（一）培养多样化的老年教育储备人才

师范教育是教师专业发展的起始阶段，是教师职业的条件性知识和本

---

[1]　蒋益群.老年大学教师队伍建设主要问题与改进策略 [J].福建广播电视大学学报,2021(2)：34－39.

体性知识形成的黄金时期，是教师技能培养和提高的关键阶段，为师范生专业成长和发展提供重要的平台基础。教师职业理想、专业知识、教学理论、教学技能都是在这一阶段逐步形成。随着老年教育的普及与深化，急需大量新师资。但是，要培养一批熟悉老年教育事务，懂得老年人心理活动特点，在老年教育专业具有一技之长的高素质人才，就需要专业的、专门的"老年师范教育定向人才"。"老年师范教育定向人才"的优点是培养目标明确，学生所接受的教师职业训练较为集中，其对老年教育的接受程度也比较充分。同时，"老年师范教育定向人才"也比较能够适应国家和各个地区对于老年教育教师计划的需要。

但是，随着我国经济、科技、文化事业的发展和教育改革的日益深化，师资来源丰富化、多样化的要求与"老年师范教育定向人才"所造就的师资来源单一化的矛盾会更加突出，"老年师范教育定向人才"的培养会限制课程设置的深度与广度。因此，为了保障面向广大老年学校的师资供给，满足不同地区对于老年教育教师的需求，除了"老年师范教育定向人才"的培养，还需要研究综合高等学校和非师范类高等学校参与老年教育教师的培养与培训工作，参与"老年师范教育非定向人才"的培养与聘用。但是，需要注意的是，"老年师范教育非定向人才"的培养也具备一些不确定性因素，例如培养目标不够明确、老年教师师资的专业思想准备不充分等。因此，为了丰富老年教育师资的来源，促进老年教育师资的多样化，有必要采取"定向"与"非定向"的培养方式。

（二）协调解决编制问题，加强资金保障

编制设置对老年大学专职教师队伍建设有着重要的意义，有了编内专职教师的设置，老年教育的教学就有了骨干支撑，在理论研究、实践教学等方面可以起到保障作用。解决了教师的编制，就可以解决老年大学教师的职称问题，同时能确保老年大学教师像基础教育、中职教育和高等教育一样，在职务晋升和职称评聘上享受同类人员同等待遇，以此有效调动教师的积极性。当然，全额政府拨款的老年大学，完全依赖政府解决专职教师的问题在短时间内是不可能实现的，需要循序渐进，因为老年大学同样需要兼职教师、志愿者以及其他社会力量。应通过专职教师带动兼职教师统一规范管理，鼓励专兼职教师进行教学创新，开展老年教育教研和科研工作，

加快老年教育队伍专业化发展。[1] 此外，要加大师资队伍的资金投入力度，足额保障老年大学的办学资金。老年教育的经费来源主体包括财政资金、自筹资金及市场资金，建议各级财政将老年教育投入纳入一般公共预算支出范围，形成老年教育财政支持的长效机制，拓宽市场资本大量投入、行业企业广泛参与的经费筹措渠道，切实保障老年大学教师应有的工资待遇。[2]

（三）组织开展老年教育师资在职培训

在职培训是老年教育教师专业发展的组织平台，对老年教育教师专业发展起着重要的推动作用。为了适应教育改革与发展的需要，向老年教育教师提供适应教师专业发展不同阶段的继续教育，建立教师岗位培训制度，对提升老年学校办学水平至关重要。老年学校的教师，系统地学习过老年教育学、老年心理学的很少，教师中具有高级职称的比例也很低，这与老年学校教师担负的使命不相称。

首先，可以举办系统的老年教育培训，省、市老年教育办公室或老年教育协会要发挥老年教育研究中心、老年教育培训中心的作用，通过开办培训班、研讨班等形式，对基层老年学校（学校）的师资进行培训。要建立健全省、市、县老年教育系统师资培训体系，做到年初有计划、年内有落实、年末有检查，逐步形成培训网络，完善培训机制，指导带动各级各类老年教育健康发展。其次，老年学校内部可以开展校本培训。各校要依托自身资源，对师资进行培训。可根据教学需要聘请学有专长的专家、学者，来校举办有关专业和技能的讲座，帮助教师拓宽视野，提升知识水平。教研组是教师钻研业务、学习专业知识的有效组织形式，可组织若干专业教研组，组织教师相互学习、共同提高。在每学期开学前，可进行不少于 3～5 天的集中培训。

在职培训是老年教育教师专业发展的主要途径，是上级教育部门或学校强制要求在岗教师的一种继续教育，同时也存在教师个人向单位提出在职培训需求，要求继续学习的情形。总之，各种形式的老年教育教师在职培训都在外因与内因的互动中促进了教师专业的发展。

（四）引导老年教育师资自我导向学习

老年教育教师要积极开展自我导向学习，培养自主学习和反思的能力，

---

① 蒋益群 . 老年大学教师队伍建设主要问题与改进策略 [J]. 福建广播电视大学学报 ,2021(2)：34-39.

② 彭彤 . 构建新时代老年教育师资队伍体系的对策研究 [J]. 中国国情国力 ,2021(7)：42-44.

弥补自身不足，不断提高自身专业素养。反思是思考已经发生过的事情，从中总结成功的经验和失败的教训，以便以后面对类似事情时会做得更好。自我反思是老年教育教师专业发展的必经之路，是对教学事件总结经验教训，促进专业成长的有效途径。老年教育教师对课堂教学过程中发生的教育事件及问题要进行必要的反思，反思自己现有的不足，理顺思路，做得好的地方继续发扬，不好的地方要及时改正。只有这样，才能不断地丰富自己的教育阅历，提高处理问题的能力，提高教育水平，与老年人共同学习和进步。同时，老年教育教师要注意加强与同事之间的交流合作。同事关系是从职以后教师学校生活中重要的关系之一，其对教师职业的影响可谓是潜移默化的，同事间的互助是教师专业发展的重要途径。老年教育教师的专业发展程度有赖于社区内教师群体的团队力量和影响力。借助这种力量，老年教育教师可以在成长中听到不同的声音和意见，可以促使教师借助集体的智慧，不断矫正个人理解的偏颇，进行更深刻、更全面地反思。

影响老年教育教师专业发展的问题成因主、客观兼而有之，老年教育工作的社会影响力和知名度需要通过加大对老年教育、老年学校的宣传，通过老年教育政策等来实现，提高教师课酬也非一日之功，需要多方合力共同解决。当前最紧迫的任务就是发挥学校主观能动性来破解教师荒，拓展教师引进渠道及注重教师的能岗匹配，组建一支专业的老年教育教师队伍，促进老年教育教师发展专业化。要实现这一目标，还需要老年教育工作者的共同努力。

回顾思考

1. 老年教师的发展有哪些规律和特点？老年教师与普通教师的区别在哪里？

2. 老年教育的特殊性对教师提出了哪些要求？

3. 老年教育的教师如何根据老年学员的特点进行教学？

4. 很多人说，老年大学的教师大多是"兼职"性质的，他们同时具备自身的工作身份和老年教育教师的身份，因此，很多兼职教师将精力更多投入到自身的主要工作中，对于老年教育教师这一身份的认同度十分低。对此，你怎么看？你认为怎样才能提高老年教育教师职业的认同感？

5. 如何加强老年教育教师队伍的建设？

第八章

老年学员

随着老年教育的不断普及，老年人继续参与学习的机会不断增多，为老年人的晚年生活增添了"光彩"。老年教育的对象是老年学员，认真研究老年学员，了解和掌握老年学员的身心特点及需求、学习的一般规律和基本方法等，是做好老年教育的一项重要的基础性工作。老年人在社会生活中处于什么样的位置，他们带着何种心态和目的参加学习，他们的学习呈现出什么样的状态和特征，社会应该怎样正确认识和善待这个学习群体，是本章要重点讨论的问题。本章将从老年人的学习基础、老年学员在学习方面的特殊表现及其对老年教育工作的启示三方面展开介绍。

第一节　老年人的学习基础

一、老年人的划分标准

（一）老年人标准的分类

1. 以实际年龄划分

实际年龄是界定老年人最普遍、最简单的标准之一，通过规定某一年龄界限，来决定个体是否步入老年阶段。目前，对老年人的划分有两种，一种将 60 岁作为老年阶段的起点；另一种则界定 65 岁及以上的人为老年人。以 60 岁为分界线的国家有中国、俄罗斯、法国等；以 65 岁作为老年人年龄界限的国家包括美国、英国、加拿大、意大利等。联合国国际人口学会采用双重标准，将"人口老龄化"定义为当一个国家或地区 60 岁及以上人口所占比例达到或超过总人口数的 10%，或者 65 岁及以上人口达到或超过总人口数的 7% 时，其人口称为"老年型人口"，与之对应的国家称为"老年型国家"。世界卫生组织还根据老年人具体的年龄阶段做出了划分，将 60 ～ 74 岁的人群称为年轻老年人，75 岁及以上的才称为老年人，把 90 岁及以上的人群称为长寿老人。[①]

我国的《老年人权益保障法》第 2 条规定，老年人的年龄起点是 60 周岁，即凡年满 60 周岁的中华人民共和国公民都属于老年人。

2. 以生理年龄划分

生理年龄就是指以个体细胞、组织、器官、系统的生理状态、生理功能以及反映这些状态和功能的生理指标确定的个体年龄，即根据人一定时期生理发展水平所达到的年龄。根据人生理发展阶段划分，人的一生可分为四个时期：出生至 19 岁为生长发育期，20 ～ 39 岁为成熟期，40 ～ 59 岁为衰老前期，生理年龄在 60 岁及以上的被认为是老年期。人体器官在 25 ～ 30

---

① 叶忠海. 老年教育学通论 [M]. 上海：同济大学出版社，2014：67.

岁逐渐成熟并走下坡路,开始出现老化特征。生理年龄的测定主要通过血压、呼吸量、视觉、血液、握力、皮肤弹性等多项生理指标来衡量。

3. 以心理年龄划分

心理年龄是根据个体心理活动程度来确定的个体年龄。心理年龄是以意识和个性为其主要测量内容,分为三个时期:出生至 19 岁为未成熟期,20～59 岁为成熟期,60 岁及以上为衰老期。心理年龄 60 岁及以上的人被认为是老年人。老年人的心理年龄和实际年龄的含义是不一样的,也是不同步的。老年人的心理年龄受多种因素的影响,包括老年人的社会经历、病理因素,以及子孙代出生、配偶去世等。

4. 以社会年龄划分

首先,当个体进入老年期之后,老年人的社会角色开始发生变化。进入老年期后的主要特征就是退休,退休之后,老年人退出工作场所,其经济来源从以领取工资等劳动报酬转变为以领取退休金为主,生活的重心从工作转移到了生活,其频繁出入的活动场所也大多局限于社区、公园等。其次,大部分老年人进入老年期之后,子女已经成家立业以及养育后代,老年人开始扮演祖父母的角色,照看子女后代。但是,现在越来越多的年轻人崇尚晚婚晚育,因此很多老年人要在 60 岁甚至更年长之后才能迎来这一角色的转变。[①]

综上所述,对老年人的划分标准不仅局限于老年人的实际年龄,还会考虑老年人所处的社会环境、身心发展等各方面因素。不同标准下的老年人具备不同的发展特征,因此,实施老年教育需要适应不同特点的老年人。因此,我们将老年人定义为年龄在 60 周岁以上、进入退休期并逐渐开始展现出老年生理和心理特征的人群。

二、老年人的群体特征

(一)年龄差异

随着人均寿命的不断延长,老年期跨度也在不断扩大,甚至可以延伸到30～40 年。老年人在漫长的阶段中会表现出不同的心理和行为特征。通常将这一阶段分为四个时期:一是准老年期(50～59 岁),针对这个时期开展的教育活动主要是老年预备性教育。尽管还未进入老年期,但他们开始

---

① 叶忠海. 老年教育学通论 [M]. 上海:同济大学出版社,2014:68.

有了更多的闲暇时间，同时精力也较老年期更加充沛。尤其是对于女性来说，这一阶段她们开始拥有更多的可支配时间。通过开展老年教育活动，可以认识和挖掘、适应自身角色，预防退休综合征发生。二是老年初期（60～64岁），主要是开展老年调适性教育。这一阶段的老年人开始正式步入老年期，并逐步退出工作领域，这一阶段的老年人是老年教育参与的主体，他们处于低龄老年阶段，参与教育活动较为积极，学习效果也较好。三是老年中期（65～74岁），主要是进行潜能开发性教育。这一阶段要让老年人的智力、体力、适应力得到开发，满足他们的学习愿望和精神需求。四是老年保护期（75岁及以上），这一年龄段的群体属于高龄老年人，他们主要倾向于参与歌唱、戏曲类课程，在开展教育的同时要注意进行老年人自我保护和生命尊严教育，促使老人们更有尊严地度过这一时期。[①]我们可以看出，不同年龄阶段老年人的关注重心和学习内容都有差异，老年教育应该根据老年人的年龄差异在不同的阶段设置有针对性的课程。

（二）性别差异

性别差异在老年教育中表现得尤为明显。主要表现为女性老年人参与教育比例较男性多，积极性也比男性高。"女性化"现象在当下的各级各类老年教育中不仅普遍存在，而且有愈演愈烈的态势。现行男女差别化的退休制度与城乡二元的养老保障机制是导致当下老年教育中城乡不均、男女失衡的主要因素。按照现行的退休制度，女性退休年龄为55岁，男性退休年龄为60岁，这一退休年龄差拉大了老年学校学生的性别比例，女性提前拥有了更多的空余时间参与到老年教育中。在这一年龄段的女性，属于准老年人行列，一方面，退休使得她们由"单位人"转变为"社会人"，有了大量的自由支配时间以发展自己的兴趣爱好；另一方面，儿女大多已经长大甚至成家立业，传统的相夫教子任务也基本完成，她们有能力和精力从事喜爱的活动。充裕的"时间"和"自我的空间"使得大部分女性一退休就倾向于寻找一个新的"朋友圈"，从而满足自身再次从家庭走向社会的"二次社会化"需求。此外，由于男女兴趣爱好的差别，女性比男性更注重健身和保养，爱好参与艺术类活动，而这一兴趣爱好与老年学校的

---

① 　王清爽，邢文海 . 中国老年教育学 [M]. 石家庄：河北人民出版社，2018：87.

课程完全契合。[①] 因此，老年学校中低年龄段、休闲娱乐类课程的教学班，随处可见女性老年人的身影，他们是参与老年教育活动的主要群体。

（三）教育水平的差异

老龄蓝皮书《中国老年人生活质量发展报告（2019）》曾指出，我国老年人的文化程度总体偏低。报告显示，教育素质对老年人的生活质量有着直接的影响。中国老龄科研中心的调研数据显示，我国老年人中未上过学的约占 29.6%，小学文化程度的约占 41.5%，初中和高中文化程度的约占 25.8%。从中可以看出，我国老年人的文化程度层次不一，总体处于偏低水平，未上过学和只上过小学的老年人占比最高。而目前，我国已经进入信息社会，受教育程度较低的老年人在获取信息、使用电子设备等方面都有较大困难，很容易被社会所排斥，其生活质量极大可能会降低，而受教育程度较高的老人更容易融入现代社会生活，拥有较高的生活质量。

（四）个体能力的差异

能力差异是指人与人之间在智力、体力及工作能力等方面的差异，是由性别、年龄、文化背景等因素造成的。老年人积累了丰富的社会经验，自身的能力也在不断增强。不同的老年人生活阅历不一样，早期成长和工作环境不一样，因此形成的能力结构也有所差异。有的老年人擅长毛笔字，有的老年人擅长与人打交道，有的老年人擅长组织管理活动，有的老年人擅长唱歌跳舞。在老年学校，不同能力特征的老年人汇聚一堂，在教育教学和与师生交往的过程中寻找着发挥其特长的最佳契合点。

三、老年人的个体特征

不同于传统的教育对象，在步入老年期后，老年教育对象在生理、心理和社会方面有其自身的独特性，并对教育学习活动的参与带来一定影响，值得老年教育的研究者和实践者深入探讨和分析。

（一）老年人的生理特征

大多数人认为老年人生理功能发生明显变化的分别是视觉、触觉、嗅觉、听觉。

[①] 李可慧，马启鹏 . 老年教育需求中的性别差异及其影响因素分析——基于宁波市四所老年教育学校的调查 [J]. 中国成人教育，2019(2)：34-39.

1. 老年人视觉特征

随老年人口的增多，与年龄相关的视力健康问题变得日益突出。第二次全国残疾人抽样调查数据显示，70% 的视力残疾人口是老年人口；视力残疾是老年人群的主要残疾类型，6.8% 的老年人有视力残疾，占老年各类残疾总人口的 1/4151。视力障碍不仅妨碍老年人日常生活和社会参与，会引发依赖、活动受限、进入社会收容机构等问题，同时也会导致精神残疾、肢体残疾的增加，对老年人社会功能、生活质量造成严重影响。[①] 此外，超过 80% 的老人具有不同程度的视力障碍。"老眼昏花"描述的就是老年人这一阶段的视觉变化。除了生理老化的原因，还有部分是由于眼部病变造成。老年人生理视觉的退化会产生一系列的视觉问题，主要表现有：

（1）生理性老视。随着年龄的增长（45 岁左右开始）所致的生理性调节力下降，导致近点远移，即读书、看报、写字等近距离的注视目标放远方能看清楚，此种现象称为老视，或称为"老花眼"。这是由于晶状体硬化、睫状肌功能减退所致。而 60 岁以后，老年人的远视能力会迅速下降，与远视力相比，老年人的近视能力也有所下降，读书时的视力明显减退，这种情况除戴合适的花镜外，需增加周围环境的照度与亮度以减轻视力疲劳。此外，老年人的晶状体还会逐渐变成黄褐色，因此，老年人在视物时，会罩上一层黄色阴影，这也就是为什么当老年人在观察白色物体时会把它看成黄色的。

（2）视力适应能力的改变。许多老年人对明与暗的适应能力均呈不同程度的下降，无论从明亮的室外到光线昏暗的室内或反过来从室内到室外，这种暗适应及明适应的速度也会随着年龄的增长而逐渐变慢。

2. 老年人的听觉特征

由于生理结构变化或疾病影响，听觉系统会产生老年性变化，主要有三个方面：（1）耳廓表面皱襞松弛、凹窝变浅，辨别声音方向能力降低；（2）内耳血管的管壁增厚、耳腔空间缩小，耳道感受细胞及感音神经减少，造成老年性听力衰退甚至是丧失；（3）听觉中枢对音信号的加工分析减慢，造成老人反应时间长，认知速度减慢。

---

① 踪玮，王爱平. 视力障碍对老年人社会功能影响的研究进展 [J]. 护理研究，2021，35(9)：1621−1625.

老年人听觉系统的退行性改变主要体现在对高频率声音不敏感、反应迟钝、听力下降甚至是耳聋。需要注意的是，虽然老年人对高频音的反应不敏感，但是低频噪声却影响着老年人生活。

3. 老年人触觉特征

人借助触觉系统不仅能感受到外环境设施、家具等对皮肤的刺激、压痛，还能通过皮肤感知气候环境的质量。老年人触觉系统的退化主要表现在以下方面：

（1）身体肌肉反应能力减退，身体的平衡感下降，老年人触觉空间的认知度下降，容易摔倒、磕碰；同时皮肤表面的精细触觉敏感度下降，对温度造成的烫伤或磕碰造成的擦伤敏感度不高。

（2）新陈代谢缓慢以及体内激素等分泌减少，使老年人的健康状况容易受环境变化的影响。皮肤表面、呼吸道黏膜等人体组织容易缺水、干燥，引发不易根治的慢性疾病，因此对湿度、温度及通风需求较高。[①]

4. 运动系统特征

个体一旦进入老年期，其肢体灵活度和骨骼韧度都在下降。骨质疏松是老年人常见病症之一，这主要是由于骨骼再生的速度赶不上流失的速度，会造成驼背、脊椎变形、下肢病变等健康问题，给老年人的行动带来不便。关节疼痛仅次于心脏病，是对老年人行动产生限制的第二大疾病，也是常见的老年人骨骼方面的病变，主要是由于关节长年累月的曲张运动而造成的软骨的磨损和萎缩。第三个明显的外部生理变化是肌肉的变化。如果老年人缺乏运动、饮食过于油腻或者神经系统受损，就会导致肌肉失去弹性，逐渐变得松弛，甚至萎缩。受肌肉萎缩困扰的老年人不得已减少户外活动，行动受到很大的限制。因此社区老年设施仅仅只设置娱乐场所是不够的，还需要考虑增加用以强身健体的场所。[②]

5. 内部器官系统的变化

内部器官系统的变化虽然不易察觉，但对老年人的日常生活带来了很大困扰。首先，心血管循环系统的退化会引发心脏病、高血压、心肌梗死

---

① 谢青. 基于感知觉视角下的住宅环境适老性研究 [J]. 重庆工商大学学报 (自然科学版)，2019，36(2)：96−103.

② 熊华希. 基于老年人生理特征和心理需求的社区适老性更新研究 [J]. 住宅与房地产，2020(9)：30，59.

等疾病。其次，呼吸系统的退化容易引发肺部疾病。然后，内分泌系统的退化会导致体内荷尔蒙分泌减少甚至停止分泌，从而加速老化的程度。最后，泌尿系统的退化会造成尿频及尿失禁的产生，进而影响老年人的睡眠和社会活动的参与。[①]

通过对老年人生理特征的描述可以知道，老化（衰老）是老年期生命趋势减弱化的过程和结果，是人类生命不可抗拒的自然现象和规律。老年人生理特征的变化主要体现在身体外形的变化和身体各系统器官及其功能的变化两方面。随着年龄的增长，机体在形态结构和生理功能方面都会悄悄出现一系列复杂的退化和改变，这些变化打破了老年人长期习惯的与身体功能互相适应的平衡状态，同时，老年人对环境的适应能力也在不断下降。但是，尽管老年人的身体状态整体呈现出下行的趋势，老年人并不会丧失全部感官的感知功能，而且有些感官功能的丧失也会通过其他方式予以缓解。[②] 因此，要清晰地认识老年人在老年阶段的生理变化，对待老年期的生物学变化要有科学理性的认知，采取合适的方式应对老年人的生理变化。

（二）老年人的心理特征

1. 失落和空虚感加重

老年期是负性生活事件的多发阶段，这主要是由于老年人的身体和精力都处在逐渐衰落的过程。在心理方面，多数老年人在退休之后，社会角色由职业人员转变为退休人员，随之而来的是人们对老年人角色期望发生的变化，老年人容易产生较大的心理落差，伴随心理落差而来的是心理上的自卑感、适应力降低和安全感下降等，再加上社会角色与地位的改变、社会交往的减少，以及丧偶、子女离家、好友病故等负性生活事件的冲击，老年人经常会产生消极的情绪体验和反应。生理功能的逐渐老化、各种疾病的出现也增加了老年人的心理负担和恐慌感。与此同时，老年人又渴望内在价值的自我实现，希望在退休之后能够重新实现社会价值，当老年人的内心愿望与现实产生冲突时，将会产生失落和空虚感。

55～60岁的准老年人，由于即将离休，往往易产生各种消极心态，如消沉心态、等待心态甚至出现违反社会正常秩序的情况，也就是所谓的"59

---

① 叶忠海. 老年教育学通论 [M]. 上海：同济大学出版社，2014：71.

② 岑国桢. 老年心理学 [M]. 北京：人民教育出版社，2016：34.

岁现象"[①]。若老年人不能正视这些明显变化，及时转变社会角色，会产生"退休综合征"。

2. 自尊心较强

自尊心是老年人人格特征的重要一面，指老年人希望他人、集体、社会尊重自己的一种心理状态。在自尊心受到保护和鼓舞的环境中，老年人的认知活动质量也相对较高。受传统观念的影响，一般认为老年人在社会上拥有较高的权利和地位，被尊为长辈，所谓"长者风范"就是指年纪大的人所拥有的风度与气派。此外，由于老年人在一生中积累了丰富的经验和阅历，并取得了一定的成就（这里所说的成就含义非常广泛，并不是单纯的从政、从商或学术成就，子孙满堂也是一种成就，为邻里所敬重也不失为一种成就），因此，在步入老年后都会表现出强烈的自尊心。[②] 一般来说，成就越高的老人，其自尊心也越强。自尊心对老年人来说，是一种积极的情绪体验，可以起到自我约束、自我刺激的作用。但是，自尊心过强同时会表现出爱面子、感情细腻敏感、自负等特征，需要在教育教学过程中充分考虑到这些。

3. 心理异常现象

老年人的心理异常现象主要体现在妄想和强迫观念两个方面。

妄想指的是老年人在记忆力和智力正常的情况下出现的一种虚构观念或者错误推断。老年人妄想主要表现在将自己置于被害者的身份，觉得自己遇到的一些与自己观念不一致的人和事的原因是要加害于他，因而会出现事事敏感，并且随时处于防卫状态的行为。例如，老年人对他人（尤其是陌生人）的交往会表现出高度的紧张且伴有警戒心，具有偏执性人格倾向的老年人更具有敌意和攻击的言行。

强迫观念是老年人在脑海中反复出现某一概念或相同内容的事物，尽管老年人能够意识到这种观念的出现没有实质性意义，但是依旧无法摆脱这种观念反复出现的心理活动过程。除了受身体机能、情绪和精神的影响，产生这种观念的原因还在于老年人的人格特质，如果老年人在工作过程中

---

① "59岁现象"：指在临近退休阶段，许多企业家会最后狂捞一笔，或出现迟迟不肯下岗、霸占职位的现象，导致年轻人的力量无处发挥，因为他们普遍是以一种"反正自己没有退路"的思维在思考问题。

② 吕文娟. 我国老年人学习活动参与和成功老龄化关系研究 [J]. 河北师范大学学报（教育科学版），2016，18(6)：84-90.

总是表现出追求完美、按部就班、讲究细节的特质，那么在老年阶段就很容易出现强迫观念，这将影响老年人的生活质量，并会伴随产生一系列精神问题。

4.情绪体验较为深刻

老年人情绪体验比较深刻、持久，主要是因为老年人的神经中枢有较高的唤醒水平。老化过程中，人脑组织的体积及脑血流量呈下降趋势，相应地，老年人在多种认知功能上出现下降现象。[①] 研究认为，老年人的消极情绪不会随着年龄的增长而消失，反而持续时间较久。虽然经验的积累会提高老年人的适应水平，但当他们碰到自己不能忍受或者难以接受的问题时，仍然会像年轻人一样爆发强烈的情绪，而且情绪一旦爆发，需要通过较长的时间才能平复。

老年期是每个人必然经历和面对的人生阶段。了解老年期的心理表现、原因有助于正确应对老年期的一些行为变化，对于提升老年人的生活质量，提高为老年人服务的水平非常重要。

（三）老年人的认知特征

1.记忆力衰退

记忆力是人类重要的认知功能之一。实验证明，人的记忆力会随着年龄的增加而逐渐衰退。记忆是由编码、储存和解码三个阶段构成的，可分为感官记忆、短期记忆和长期记忆三种。一般而言，随着年龄的增长，个体的感官能力会逐渐衰退，但由于感官记忆存储时间非常短，因此受年龄因素影响不大。短期记忆和长期记忆则不同，涉及信息的接收与储存，因此年龄越大，短期记忆和长期记忆的能力会变得越差。有研究证明，受教育程度较低、自理能力较差、较大年龄、女性等因素均是老年人记忆减退的危险因素。记忆减退不仅使记忆丧失，更有可能发展成老年痴呆。老年人自身、家庭、社区均应对记忆功能障碍这一问题进行关注，以降低痴呆率，提高老年人生活质量。[②]

老年人记忆力的衰弱并不能说明老年人缺乏学习的能力，相反，随着

---

① 龚先旻，王大华．老年人情绪记忆中的积极效应及其产生机制 [J]．心理科学进展，2012，20(9)：1411-1418.

② 杨致远，郭文英．基于数据挖掘的我国 60 岁及以上老年人记忆功能障碍影响因素分析 [J]．护理研究，2020，34(22)：4093-4097.

时间的累积，老年人信息量的存储也会逐渐增加。只是老年人对新生事物的记忆能力相对较差，需要较长的学习时间来消化和吸收。一般来说，记忆力从 50 岁开始就有所减退，70 岁以后更明显。总体上说，老年人的记忆能力逐渐减退的，尤其体现在电话号码、任命、地名等的机械记忆有所下降，但是在感悟某件事情的语言、理解事情发生的缘由和经过等方面更为深刻。

2. 注意力相对集中

老年人由于感知觉不灵敏，因此，没有较强的刺激就难以引起老年人的注意。而且老年人经验丰富，见多识广，一些已经接触过并且熟悉的事情并不能引起他们的注意。因此，老年人的无意注意要弱于年轻人。

德国波鸿鲁尔大学的一项研究发现，随着年龄增长，人们归类信息的方式会有所改变，老年人的认知反应速度下降，但是他们的注意力却更加集中，可以通过提高对刺激特征的感知和注意加工，来弥补认知衰退。[①]

从某种程度来说，人的大脑会通过集中注意力来减少衰老带来的消极影响。老年人的大脑运转能力不比年轻人，但是他们的大脑能够更有效地找到目标。因此，老年人在注意力方面，尤其是有意注意方面，依然具有较高水平。当然，不同的老年人对外界刺激干扰的反应是不同的，注意转移的灵活性也各有差异，这就需要教育方式针对不同的老年人做出改变，培养老年人的注意品质。

3. 思维逐渐弱化

思维是人类认识过程的最高形式。人的思维衰退得比较晚，特别是与自己熟悉的专业有关的思维能力在年老时仍能保持。但由于老年人记忆力的减退，无论在概念形成过程、解决问题的思维过程还是创造性思维和逻辑推理方面都受到影响，尤其是思维的敏捷度、流畅性、灵活性、独创性以及创造性比中青年时期要差，而且个体差异很大。

老年人思维弱化及障碍的表现形式如下：

（1）对有些事情联想困难，反应迟钝，语言缓慢；有些老年人不愿学习，不想思考问题，导致词汇短缺，联想易间断，说话常突然中止。

（2）思维与所经历的事情紧密相关，如对青壮年时期的事情联想迅速，说话漫无边际，滔滔不绝。

---

① 老年人注意力更集中 [J]. 家庭医药·快乐养生，2016(11)：4.

（3）强制性思维不自主地偶发毫无意义的联想，或者反复出现而又难以排除的思维联想。

（4）逻辑障碍主要表现为对推理及概念的判断，思维过程繁杂曲折，内容缺乏逻辑联系。

总的来说，老年人思维随年龄增长而下降，但衰退的速度和程度存在个体差异，表现为思维局限、固化，推理能力下降等。

4.想象能力不足

心理学对想象力的表述是人在头脑里对已储存的表象进行加工、改造、形成新形象的心理过程，是人在脑子中凭借记忆所提供的材料进行加工，从而产生新的形象的心理过程。丰富的想象力首先需要积累丰富的知识和生存经验；其次要保持和发展自己的好奇心；最后应善于捕捉创造性想象和创造性思维的产物，进行思维加工，使之变成有价值的成果。

美国哈佛大学的研究发现，想象力在儿童时期表现突出。随着年龄增长，个体在记忆力下降的同时，想象力也呈现萎缩趋势。这一最新研究成果被看作是"大脑预想"假说的又一支持证据。"大脑预想"假说认为，想象未来与记忆过去基于同样的神经机制，人类记忆的主要功能并不是为了记住过去，而是为了想象和预备未来——过去的已经过去，其实我们对过去无能为力。[1] 心理学研究表明，人的某种认知能力的不足或者缺失可以通过其他认知能力予以补偿，从而降低能力不足或缺失对生活的影响。尽管老年人的认知老化不可逆转，但是老年人能够凭借丰富的经验和缜密的行动计划弥补不足。这说明老年人的认知发展仍然具有可塑性。首先，不同老年人的认知老化速度有着较大的差异，受个性、情绪、经验的影响，尤其是老年人接受教育的时间越长，老年人在职场阶段工作内容的复杂性越高，认知老化的速度也就越慢；其次，老年人的认知还可以通过记忆、推理、加工速度等方面进行干预，表现在相应神经系统活动，如脑容量、脑功能激活等方面的变化上。[2]

（四）老年人的社会特征

老年人的发展不仅会在生理和心理方面发生变化，还会受到来自社会

---

① 中国新闻网.研究发现：老年人的想象力随记忆力的下降而衰退[EB/OL].（2008-01-09）[2021-04-25]. http://www.chinanews.com/jk/lryys/news/2008/01-09/1127951.shtml.
② 岑国桢.老年心理学[M].北京：人民教育出版社，2016：58-59.

多重环境的影响，主要特征如下。

1. 处于退休阶段

老年阶段最主要的特征就是老年人普遍退休，在家养老或者从事一些休闲活动。在退休阶段，老年人从工作场所退出，开始有了大量的空闲时间。他们有精力、有时间来参与丰富的社会活动。比如，出于个人兴趣，参加娱乐活动；为丰富自身的精神生活，参加老年学习活动；为了继续实现自身的社会价值，重新返聘回工作岗位等。

2. 需要依赖他人

进入老年期，老年人的身体不可避免地老化，再加上由于年轻时不良生活习惯对身体造成的损害在老年阶段显现出来，导致生活不能自理，成为社会上需要关心和照顾的弱势群体。老年人退休之后，丧失了直接的经济来源，需要依赖于国家和子女的经济支持，这也直接导致了老年人对他人的依赖。

3. 社会智者的形象

相对于青少年时期的专业学习、成人时期的兼职或脱产学习来说，老年人一般经历了人生初始阶段的学习、成人时期的各类培训，学习时间长，社会经历丰富，掌握和积累了大量书本知识和实践经验，尤其是对于年轻时接受过完整教育的老年人来说，他们拥有较为丰富的人生经验和工作技能，不少老年人成为某方面的行家里手或专家。这种阅历，使得他们树立起了一定的声望和权威，彰显出贤达长者的风范，对社会群体具有一定的示范作用。因此，他们是社会和谐稳定的"助推器"，家庭和睦团结的"主心骨"，在家庭和社会中发挥着举足轻重的作用。[1]

4. 社会隔离的状态

社会隔离指个体处于一种缺乏社会归属感、缺乏与他人接触和社会交往、缺乏满足的和高质量的社会关系的状态。老年人退休之后，主要活动范围从职场转移到了家庭与社区，产生了"社会位移"现象，即由单位转向家庭，由职业活动为主转向休闲活动为主，如果一味地自我封闭，则与社会越来越脱节，有可能成为"边缘人"。首先，互联网技术的出现建构起了与现实社会并行不悖的虚拟社会，一些从不上网的老年人在某种程度上就被隔

---

① 陈涛. 老年社会学 [M]. 北京：中国社会出版社，2009：167-168.

绝在"虚拟世界"的门外。其次，城镇化的加速和老年人口随子女辈迁移，使得越来越多的老年人远离家乡，来到陌生的城市以及陌生的生活环境，老年人与周围环境格格不入，就会产生严重的心理偏差；现代城市的高楼大厦和电子化的出行方式也阻碍了老年人接触周围环境的可能。[①] 对于社会新兴的技术、网络流行词、现代文化以及城市生活方式等的不适应，使老年人难以融入社会发展的潮流中，影响了他们晚年生活的幸福感。

对于多重身份不断切换的老年人来说，社会应该从多方面给予老年人以情感、资源、教育等方面的支持，帮助老年人进行积极地自我调节，这也是老年教育应该重点关注的内容。

---

① 人口与未来：老年人的社会隔离与融合 [EB/OL].(2014-07-13)[2021-04-25].http：//www.cnpop.org/column/mgz/201407/00001971.html.

第二节　老年人在学习方面的特殊表现

一、老年人的学习潜能

法国图卢兹第三年龄大学的校训是："停止学习之日即开始衰老之时。"要实现积极老龄化，就要推动老年人接受教育。在老年阶段接受教育的可行性主要体现在以下三个方面。

1.自然寿命的不断增长

伴随着经济社会发展、医疗卫生技术进步和居民健康意识增强，预期寿命延长已成为当今世界的一种普遍现象。根据联合国人口司发布的《世界人口展望2019》，我国人均预期寿命将从2020年的77.47岁提高至2050年的82.28岁，同期80岁及以上高龄老人数量将从2661万人增加至1.15亿人。[①] 长寿时代的到来给未富先老的中国带来了巨大的挑战，预期寿命延长使个人面临更长的老年期，为留有充足的养老资源，理性行为人会相应调整其消费、储蓄和生育决策，通过作用于资本积累和劳动力供给影响经济增长。[②] 但是，老年期的延长也为老年人的晚年生活带来更多可能。如今，年满60岁的老年人大多数依旧体力充沛，且乐观积极，愿意并且渴望学习新鲜事物来充实自己的晚年生活。因此，人类自然寿命的增长也延长了老年人的学习时间，他们依旧有充足的时间参与学习，享受生活。

2.老年智力具有可塑性

随着年龄的增长，老年人的身体机能会自然衰退。例如，与青壮年时期相比，体力和精力会明显不如以前，视力、听力下降，身体反应迟缓等。受老年人晚年身体退化的影响，很多传统观点认为，随着年龄增长，中老年人的生理功能"退化"，其智力水平也不可避免地出现下降的趋势。但是，这种智力下降理论随着研究的深入而不断地受到质疑。

---

① 景鹏，周佩，胡秋明.预期寿命、老年照料与经济增长[J].经济学动态，2021(2)：110–125.
② 景鹏，郑伟.预期寿命延长、延迟退休与经济增长[J].财贸经济，2020，41(2)：39–53.

雷蒙德·卡特尔（R. B. Cattell）把智力划分为晶体智力与流体智力。研究发现，在个体生命全程中，晶体智力与流体智力经历着不同的发展过程：青少年期以前，两种智力都随着年龄增长不断提高；青少年期以后，特别是在成年阶段，流体智力缓慢下降，而晶体智力则不但不减退反而可能有所增长。卡特尔分别考察了这两种智力的发展轨迹，他认为，年轻人处理加工新颖信息的能力较强，而中老年人在分析、解决问题方面能力较强，如图 8.1 所示。美国科学家研究发现，健康老人的大脑细胞并不随着年龄的不断增长而递减，只是在大脑某一部分的脑细胞稍有减少。人的学习能力在 30 岁以前是上升的，30 ～ 50 岁之间是平稳的高峰期，50 岁以后开始下降。但每年衰退不到整个记忆的 1%，人类从 20 岁到 70 岁，脑容量只缩小 10%。

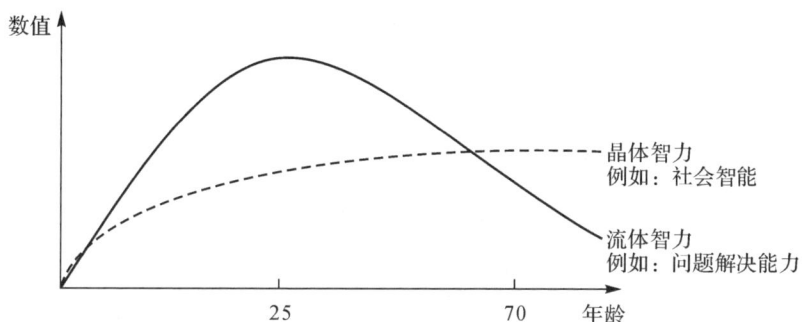

图8.1 卡特尔的智力发展趋势分析

综上所述，一方面，老年人的智力水平并不会随着身体机能的下降和年龄的增长产生很大变化，反而对于一些需要大量实践应用和理解等方面的学科，老年人由于具有丰富的社会实践经验，理解能力更强，更能够习得知识；另一方面，老年人学习更多的知识，不仅能够丰富他们的晚年生活，还能够刺激他们的脑细胞，锻炼思维，这一过程会延缓他们的衰老进程。下面是一些相关知识的拓展。

知识拓展[①]

现代脑科学研究认为，人的心理活动的生理机制主要是依靠脑神经元

---

① 马娟. 现代老年人智力的衰退与发展——关于卡特尔晶体智力—液体智力理论的质疑 [J]. 心理学探新，2004(1)：54–58.

的树突、轴突及突触，通过脑电传递或脑神经递质化学传递而进行和发展的。神经元的突触、树突和树突侧棘是构成脑内神经环路的重要组成部分，其众多的数量（脑的神经元数目约为1011个，据估计每一个神经元有1000～10000个突触）、巨大的总表面积和复杂多样的结构形成了重要的、细致多样的脑功能，也为人类心理的发展奠定了坚实的物质基础。

1984年美国国家老年研究所进行的一项关于脑化学的研究中，研究者对一批21～83岁的人进行了脑扫描以判断人脑各部位的新陈代谢活动状况，结果发现，健康的老年人的大脑同健康的青年的大脑同样活跃和有效率。同年，美国罗切斯特大学的科学家对刚刚死去的15个人（其中5名中年人、5名意外死亡的正常老人、5名因衰老而死亡的老年人）的大脑进行解剖，研究表明，正常老年人的脑细胞的树突数、长度和分枝都明显超过了中年人。树突数最少的是因衰老而死亡的老年人。这说明，人脑的机能并不一定会随年龄的增长而衰退，正常老年人的大脑神经结构并不全然衰老，有时甚至比某些中年人的大脑还要好。

近一二十年来，在大脑老化与大脑可塑性研究中发现且一再得到证实的重要生物现象就是突触和树突具有形态学和功能学的可塑性。Coleman研究了老年人脑的树突是否有生长能力、是否有代偿修复功能；Cotman研究老年脑受损时突触的生长情况，观察了海马突触的可塑性和脑功能的稳定性。他们的发现结果都十分支持突触和树突具有可塑性。目前，学者们普遍认为，树突的这种可重塑性不仅到中年，且在老年脑中仍然存在，而且这种可塑性可以使树突产生更多的关联，形成新的、相当数量的神经环路，以至于超过已丧失的原有神经元的位置，使中枢神经系统这一部位形成新的树突网络，可以有效地补偿由于脑的老化与神经退行性改变带来的神经结构缺陷。

3. 社会发展提高了老年人的生活质量

社会的发展、生活条件的改善和对老年人关注度的逐步提高使得老年人的生活环境不断改善，老年人的生活质量越来越高，越来越多的老年人拥有了充足的自由支配时间。因此，当老年人生活水平开始改善，就产生了进一步发展的需求，参加学习无疑是老年人晚年活动的优先选择之一。再者，现代老年人的心理年龄相当年轻，越来越多的老年人认识到学习可以活跃思维、增长知识、充实生活、防止心理老化，有利于提高老年人的幸福指数，使老年人精神振奋、情绪乐观等，从而处于良好的心理状态。[①] 可见，生活质量的提高促进了老年人精神层面的发展，在无形中扩大了老年人的学习需求。教育可以引导准老年人正确认识和对待退休问题，做好退休前认知、态度、规划等各种准备，以积极心态迎接退休期的到来；引导转折期老年人重新定位社会角色和自我期望，重新选择和设计老年期的人生，调整自我心态，以适应变化着的社会生活环境，进一步提高自己的生活质量。

二、老年人在学习方面的需求

（一）老年人学习需求的影响因素

国内外很多学者对于老年人学习需求的影响因素进行了深入的研究，认为就年龄而言，60～70岁的老年人会更多地参与学习活动；就教育程度来说，教育程度越高，学习参与度越高；就健康状况而言，身体强健的老年人学习需求更为强烈；就性别而言，女性老年人较男性相比学习热情更为强烈。此外，职业、家庭背景、社会环境等因素对老年人的学习需求影响也较大。

1.老年人个体原因

进入老年期，老年人的职业生涯画上句号。面对这一社会角色的剧烈变化，老年人的心理也会产生相应的变化，可以将老年人在退休期的角色转换过程分为四个阶段：（1）兴奋期。在退休初期，开始享有绝大多数的空闲时光，对未来的日子有着美好的憧憬和向往。（2）抑郁期。指过了兴奋期之后，老年人逐渐对每天重复的生活感到百无聊赖，整天闷闷不乐，丧失对生活的兴趣。（3）重组期。老年人意识到每天闷闷不乐待在家里有害于自己的身心健康，开始有意识地从抑郁中解脱出来，重新组织自己的生活，寻找自己的兴趣爱好并尝试新鲜事物。（4）稳定期。老年人经过尝试和参与，找到适合自己的晚年生活方式，并愉快地度过自己的晚年生活。[②]

老年人经历心理上的变化以及对生活全新的思考和理解后，为了更好地应对晚年生活，填补生活空白，会产生继续学习的需求和愿望。这种学习需求来源于：（1）弥补年轻时的遗憾。由于社会的动荡和曲折发展，大多数老年人年轻时尚未接受完整的教育，他们不识字或者仅仅读过小学。如今，随着生活条件的改善，许多老年人回首往事时发现自己未接受过教

---

① 王清爽，邢文海．中国老年教育学 [M]．石家庄：河北人民出版社，2018：85.
② 杨德广．老年教育学 [M]．北京：人民教育出版社，2016：178-179.

育，难免会产生一些遗憾，于是，圆自己"上学梦"的想法也就更加迫切。他们希望利用自己退休期这段宝贵的时间，学习一些文化知识以及从事自己年轻时喜爱的活动，来弥补年轻时的遗憾。（2）充实自己。老年人从工作岗位退休之后，拥有大量的空闲时间。在退休期还有强烈社会交往需求的老年人会重新规划自己的人生，继续学习新知识，涉足新专业，再度展示自己的才干和能力。但这种学习需求会受老年人性别、年龄、职业、受教育程度、身体状况、经济条件等的影响。

2. 家庭原因

我国老年办发布的《中国人口老龄化发展趋势预测研究报告》指出，我国老龄化总体呈现出老年人口规模巨大、增长迅速、地区失衡、城乡倒置、女多于男、老龄化超前于现代化、人口老龄化与老人高龄化同时并存、空巢和失能困难老人多、与家庭小型化相伴随的特征。随着人口老龄化速度的加快，养老问题已成为社会关注的重要问题。养老是家庭的一项传统职能，家庭规模作为家庭养老的核心基础，是代际提供经济支持、生活照料和精神慰藉的重要保障。虽然我国家庭规模呈现出日益缩小、由多代大家庭向核心小家庭的演变，但家庭作为提供感情和心理需求的单位，在提高老年人主观幸福感方面仍发挥着不可替代的作用。[①] 保持良好的家庭氛围对老年人的晚年生活有重要意义，对老年人来说，接触最多的是家庭成员，影响情绪最大的也是家里成员。所以，家庭氛围就是生活的氛围，与家庭成员之间的关系越和谐，老年人的心情越愉快。因此，家庭的支持是老年人参与学习的重要影响因素。但是，大多数老年人的子女都已经成家立业并养育第三代，由于子女的工作较为繁忙，养育孙辈的部分任务自然就落到了老年人头上，老年人需要付出时间和精力来照养小孩，也会挤占老年人的学习时间，从而影响老年人的学习参与度。

3. 社会原因

随着科技革命、知识经济和现代市场经济的发展，社会分工向更深化、更精细化的方向发展，人与人之间的往来更加密切和频繁，同时，社会结构的巨大变化导致了社会关系的变化，人类的交往方式也发生了变化。现

---

① 魏强，苏寒云，吕静，等.家庭规模、社会支持、健康状况对农村老年女性主观幸福感的影响研究 [J]. 西北人口，2020，41(5)：106-115.

代社会的交往呈现出前所未有的新特征，对人的全面发展也产生了前所未有的影响。对老年人来说，他们只有坚持学习新知识、新技能，才能够适应社会的高度发展，保持活力。老年人所处的时代背景，对老年人的生活和学习都产生了重要的影响。首先，老年人所居住的社区对终身教育、老年教育、学习型社会的宣传会在一定程度上影响老年人的学习意愿；其次，社会对老年人的重视和对老年教育福利政策的制定也决定着老年人学习参与的权利和享受到的教育资源。如果社会的福利政策对老年人的社会参与有利，例如可以免费出行、旅行、学习等，那么老年人参与社会学习、接受教育的积极性也会更高。

（二）老年人学习需求的分类

针对老年学习需求的领域划分，众学者表述不一。麦克拉斯基提出了老年人五项教育需求：一是应付的需求。即通过教育让老年人能够适应退休带来的变化，提高身心健康水平，更新知识，从而达到健康长寿的目的。二是表现的需求。退休后的老人为满足年轻时的兴趣或爱好，有追求休闲活动和参与社会活动的需求。三是贡献的需求。即基于人类有利他的欲望，通过给予而充实自己，所以，这一时期老年人有贡献自己能力及服务社会的需求。四是影响的需求。老年人仍希望以自己的能力影响社会，参与有价值的社会活动，如参与各种团体、机构，以满足其影响的需求。五是超越的需求。老年人希望更深入地了解生命的意义，通过超越生理的限制，尤其因为身躯濒临死亡、友谊和社交活动减少，使他们更趋向内省式的思考。①

彼得森的研究指出，老年人比较喜欢讨论社会上的一些热点问题以及人生的意义，应该尽可能多开设以人文为导向的课程；老年人喜欢自在且没有任何焦虑地进行学习，因此教师需要创造一种宽松的学习气氛，不能维持传统学校教师的角色，而应该作为老年人的知心朋友，为老年人提供有用的学习信息。兰汀和富吉特针对 59～96 岁的老年人进行研究发现：在学习内容方面，老年人最喜爱音乐、艺术、舞蹈类课程，占 58.7%；然后为旅游及相关课程，占 51.6%；排名第三的为文学类课程，占 46.5%。在学习方式方面，老年人最喜好的是寓教于乐的旅游学习方式，旅游不但可以增

---

① 孙兴美.基于积极老龄化理论的城市老年人学习需求及其教育政策意义 [D].无锡：江南大学，2015.

加见识、开阔视野，而且也是抗老化的最佳良方。值得注意的是，调查发现，有 13.6% 的老年人认为电脑是自己喜好的学习方式之一，而且有 32.2% 的老年人会选择去学习电脑。[①] 由此可以看出，不同老年人的学习需求各有差异，包罗万象，老年教育要结合当地老年人的风俗习惯、地域特征、老年人的个性特征和爱好选择有差别的教育课程。

我们认为，老年人的学习需求可以分为以下四种类型。

1. 增长知识

增长知识是一种对学习的需要。奥苏伯尔（D. P. Ausubel）将学生在学校情境中的学业成就动机分为三个方面：认知内驱力、自我提高内驱力和附属内驱力。其中增长知识就属于认知内驱力，是老年人要求了解和理解周围事物的需要，要求掌握知识的需要，以及系统地阐述问题和解决问题的需要。在学习活动中，老年人对于增长知识的需要指向学习任务本身（为了获得知识），是一种重要的和稳定的学习需求。这种学习需要的满足（知识的获得）是由学习本身提供的，因而也称为内部学习需求。老年人要跟上时代发展，丰富晚年生活，就要不断地学习新知识，以适应社会发展的节奏。许多老年学员在年轻的时候，由于历史环境的影响，无法学习和从事自己喜爱的专业，有的为了"生计"服从分配，自己的认知需求无法得到满足。如今退休后，老年人有参与学习的机会，可以学习自己想要学习的知识，满足自己的内在学习需求。

把学习作为一种新的生活方式，可以不断获得新的知识和技能，增强适应时代发展的能力，还可以充实生活空间、保持身心健康。老年学员通过坚持不懈地学习，普遍提高了知识水平，消除了许多疑虑，既学有所得，又坚定了信念，使自己的思想和行动能够跟上时代的步伐。

2. 健身养生

现代科学证明，人的智力是不会随着年龄增长而退化的，大脑越用增生的细胞越多，就越能延缓脑力的衰老。勤学习、爱动脑的人，其大脑得病的概率就小，从而延缓脑力的衰老，促进人的健康，延长人的寿命。身体健康是老年人晚年最关心的话题。年龄较大、身体素质较差的老年人更是如此。许多老年人希望在晚年获得保健养生和延年益寿的良方，以提高

---

① 胡迪利. 宁波城市老年人学习需求分析及对策研究 [D]. 宁波：宁波大学，2011.

自己的生活质量，因此，他们对上医疗保健、食疗、按摩、太极拳（剑）、健身气功等课程，都有很强烈的兴趣。

3. 人际交往

老年人退休后，由于活动范围有限，与社会接触减少，思想容易松懈，容易产生空虚感。除了孤独、寂寞、体弱多病外，还与时代发展存在鸿沟。如很多老年人不会使用智能手机、不会手机支付、不会使用微信和QQ等。

俗话说"千金难买老来乐"，快乐是人心理上、精神上的一种满足，老年人如果长期待在家中，不与外界打交道，精神会长期处于空虚状态。老年大学是老年人参与社会、结交朋友的平台和场所。老年学员们在学习中，增加了友谊，扩大了社交圈，经常有一群志同道合的朋友一起学习、聊天，既沟通了感情，又交流了生活和保健经验，对促进自身和朋友的健康大有益处。参加老年大学的学习，是老年人对于生活的一种寄托。在学习和各种娱乐活动中可以重新找回自己，融入社会，拾起生活的乐趣，建立新型的家庭和社会关系。

4. 提升价值

人口老龄化的日趋严重，使得我国的人口结构、劳动力结构发生了巨大的变化，尤其体现在劳动年龄人口数量的减少和比例的下降，老年人自身价值的开发和利用成为解决这一问题的有效方法。党和国家历来把离退休人员视为"宝贵财富"，对其进行第二次人力资源开发，这也是广大离退休人员的愿望和要求。很多教育、卫生和科技人员退休后，仍然继续从事自己所熟悉专业的教学、医务、科研等相关工作。老年大学是培养和输送老年人才的场所，为老年人提高专业水平提供了平台。许多老年人通过学习，成为某些领域的专门人才，取得了突出的成就，如有的学员出版了个人专著，有好多学员的书法、绘画、摄影作品获得国家和省级奖励等。[①]

三、老年人学习的特征

学习是老年人重要的心理需求和发展手段，是对某一类知识和技能的获得和形成过程。但是，进入老年期后，人们的认知功能包括短期记忆、

---

① 王清爽，邢文海. 中国老年教育学 [M]. 石家庄：河北人民出版社，2018：90-93.

专注力以及抽象思考能力能会发生一定程度的衰退，这会对老年人的学习产生多方面的影响。受到生理老化的限制，老年人对学习的短时记忆反应能力的减弱会使他们产生自我怀疑，面对学习会产生无力感，学习信心不高。老年人学习的特征具体表现为学习节奏较慢、学习准确度较高、学习目的性明确、学习的效能感较低。下面将从这几个方面详细阐述老年人学习的特征。

（一）学习节奏较慢

年纪的增长使老年人的视觉和听觉产生了退化。晶状体逐渐硬化失去弹性，睫状肌慢慢萎缩，使得老年人的视力失去协调功能，从而产生"老花眼"的现象。听觉系统也随着老化逐渐萎缩，声波传导频率逐渐下降，慢慢出现重听、耳背等现象。人体是一个整体的系统，各个器官相互连接，协调合作。当老年人的视觉和听觉能力逐步下降的同时，会影响老年人的言语知觉能力和理解能力，在学习方面需要耗费更多的时间。很多老年人需要以自身丰富的社会经验为基础来获取新知识，以此达到自身认知与外界环境相适应的状态，这需要一个长期的过程。因此，老年人需要经过比年轻人更多的时间钻研和理解新知识，学习节奏也会比年轻人慢一些。

（二）学习准确度较高

老年人学习准确度高来源于两方面的原因。一方面，老年人学习目的性较强，偏向于有意义的学习，当学习的内容与老年人原有的知识经验和生活经验联系密切时，他们能够较快地做出反应。由于社会阅历丰富，老年人在接受新知识或者遇到新刺激时，考虑得比年轻人和中年人多，而且更加全面。另一方面，老年人在学习过程中，使用意义记忆法和联想记忆法，很快就能记住，学习效果较好。当老年人投入到学习当中时，目标较为明确，一旦选择了某一项学习内容，他们宁愿花费较长的时间钻研新知识，获得准确而可靠的信息。因此，老年教育应该遵循循序渐进的原则，不能像普通教育系统的学生一样，追求学习进度和学习速度，要为老年人留足空间去思考和钻研。

（三）学习目的性强

相较于普通教育阶段强制性的学习，老年人参与学习活动的动机并不主要来自工作的要求，而更多是为了满足自身的学习欲望和自我追求以及人际交往。老年阶段的学习是老年人自主选择的，契合老年人的学习需要。每个人在其一生的各个阶段中都会遇到各种各样的挫折与危机，都有需要完成的发展任务，因此，针对晚年的各种危机，老年人通常需要通过继续学习以解决在生活中发生的各种问题。例如，老年人的发展任务主要在于适应退休生活，适应健康状况以及适应各种能力减弱等问题的困扰。在这一阶段，老年人应该加强与同龄群体之间的联系，适应晚年生活方式的转变，适应配偶死亡并维持生活的运转等。因此，老年人在晚年的学习生涯中，应该通过学习，寻找适应的人际与信息资源，解决老年人的发展危机。

（四）学习效能感低

传统的观点认为，学习者的学习能力随着年纪的增大而逐渐减弱。年纪越大，学习能力就越弱，学习应该越早越好。因此，老年人难免会受传统世俗观念的影响，认为自己在学习过程中难以有所成就，再加上老化过程带来的老年人自我效能感的降低，尤其是看到年轻人拥有较高的记忆水平和思维能力时，难免会产生自己已经"年纪大了，不中用了"的想法，因此对自己的学习能力保持怀疑的态度，学习的自信心低下。再加上老年人离开了学习场所和工作场所，早已遗忘早期获得的知识、能力，在面对一些实际问题时会显得手足无措，所以当他们再次进入学习场所，心里会产生犹豫，自信心不足。

四、影响老年人学习参与的阻碍

随着老年教育的深入开展，老年学员的学习障碍在逐步变小，但依然程度不同地存在在现实中。了解、分析老年学员在学习中的具体障碍因素，是为了对此引起高度重视，进而消除障碍，为老年学员提供良好的学习环境。

（一）个　体

老年人自身的学习阻碍是影响学习质量最主要的因素之一。有的老年学员存有自身学习障碍，一是老年人担心自己年龄大、基础差、学不好，坚持力不强，对克服困难没信心，怕落后了伤自尊，被人瞧不起。二是担心老年学校的学习内容对自己帮助不大。老年学员很在意学习内容是不是能真正给自己带来收获，这种收获可能是帮助老年人获得新知识、新技能，或者是弥补自己的不足，提升自己的生存质量等。这反映出老年学员十分关注学习的有效性和实用性。三是担心学习中班级的人际关系不融洽。班集体中的人际关系不融洽常常会影响老年人在学习参与过程中的心情和投入程度，进而影响学习效果。四是由于退休前的职业背景不同，老年学员在岗期间有一定的等级和身份差异，职业背景较高的老年人在学习过程中会表现出一定的优越感以及较强的学习和管理能力，在学习参与积极性方面与职业背景较低的老年人有所不同。这些都是老年人参与学习过程中个人层面的影响因素，对老年人教育质量的影响力也最大。

（二）家　庭

老年人的学习障碍不仅来自老年人自身的生理因素和心理因素，也受到家庭因素的影响。进入老龄期，老年人的家庭成员是老年人的主要依靠，老年人的行为也要考虑家庭成员的意见，家庭成员的态度和学习氛围对老年人是否参与学习、学习能否取得好的效果都有重要影响。有学者研究认为，与配偶一起居住与否会对其学习产生重要影响。行为心理学研究表明，有配偶陪伴的老年人的安全感和归属感会相对较高，其心理健康程度明显高于独自生活的老人或配偶不在身边的老人。[①] 这主要是随着老年人与社会有意或无意地"疏离"，他们容易产生失落感，需要一个情绪的"宣泄口"，而这一角色大多数时间原本由老年人的配偶担当。因此，老伴是否在身边，很大程度上影响着老年人的生活质量。在老年人的家庭中，有的家庭成员认为学习对老年人作用不大，因此对老年人参与学习持反对意见；有的则是因为家务过重，需要老年人共同参与家庭劳动等。

（三）学　校

老年学校的教学吸引力会影响老年人的学习参与程度。但有些老年学校会存在一些硬件或者教学上的问题，阻碍老年人参与学习。这方面的问题有：老年大学校舍破旧、设施简陋、教室拥挤；招生名额有限；课程内容不适合老年人，与老年人的实际需求脱节；缺乏高水平的师资队伍，难以激发老年人的学习兴趣。在老年大学上课的很多教师感叹："老年大学的课程不好上，老年人不好教。"究其原因是任课教师对老年学员的特殊性研究不够。老年人的学习有着自身的特点，因此对教师有着特别的要求。比如，要加强对教师的学习培训，提高老年教育教学水平。受教育程度较高的老年人文化基础较好，文化接受、学习能力相对较强，有较高的学习需求层次，相对应地，对老年教育的质量要求就更高。教师要了解老年学员不同的学习需求，提供多种类型课程，让不同的老年学员都能在老年大学获得学习

[①]　陈超仪. 老年人学习需求特征及其影响因素分析 [D]. 广州：暨南大学，2017.

需求的满足。如果教师不能够对老年人因材施教，就会阻碍老年人继续学习。另外，学校管理制度、教学环境以及地理位置都会在不同程度上影响老年人的学习。例如，在老年学校办学点的设置上，如果老年人居住地距离学校太远，交通不便，老年人就会放弃学习；如果学校周边环境不好，处于闹市区或者污染较为严重的地方，也会对老年人参与学习形成阻碍。

（四）社　会

首先，社会有关部门以及社会一些传统观念对老年教育的认识存在偏差。受制于上级政府的"压力传导"和"锦标赛"等机制，特别是新时期"新型城镇化建设""全面建成小康社会""乡村振兴战略"等任务层层下放，基层政府的绩效考核更需要用数据和成效说话。[①] 因此，政府集中了较多的社会力量在打造城市化、工业化和现代化及整治环境等方面。相比之下，由于教育的滞后性，其投入的成本要在长时间的社会实践和发展中才能显现出效果，政府对于老年教育的关注就略显不足。就成人教育的整体发展而言，虽然不少地区在成人教育办学方面有独立的师资、经费和场所，但对于教育整体而言，老年教育乃至成人教育仍然处于教育领域的边缘位置，在国家遵循"效率优先、兼顾公平"的政策理念之下，显性价值表现不足。其次，尽管我国老龄人口日益增多，老龄化问题也受到越来越多的重视，但是，"人老了就不中用了""老年人就该待在家里好好养老"的陈旧思想还是在老年人甚至年轻人之间广泛蔓延，无形之中给老年人带来了严重的心理负担。

事实证明，老年学员的诸多学习障碍是现实的、客观存在的。为老年人创造一个良好的学习环境，就要帮助老年人扫除学习障碍，加强舆论宣传，采取有针对性的措施，切实解决影响老年人学习的种种障碍，让老年人的学习更加心情舒畅，更加卓有成效。[②]

---

① 廖彩荣，陈美球，姚树荣. 资本下乡参与乡村振兴：驱动机理、关键路径与风险防控——基于成都福洪实践的个案分析 [J]. 农林经济管理学报，2020，19(3)：362-370.
② 王清爽，邢文海. 中国老年教育学 [M]. 石家庄：河北人民出版社，2018：15-17.

第三节　老年学员的特征对教育工作的启示

老年教育不但在一定程度上可以延缓老年人生理、心理和社会机能的衰退，而且有助于促进老年人的身心健康，充实老年人的精神生活、促进老年人的自我发展和提高老年人的生活满意度，从而缓解人口老龄化对社会带来的消极影响。在实施老年教育的过程中，不论是学习情境的安排还是教师的教学设计，都要充分考虑到老年人的独特性，这样才能增进老年人的学习愿望和满足老年人的学习需求。

一、适应老年人的身体变化

随着年龄的增加，老年人不论是在外在生理、内在生理还是感官上都会发生一定的变化。在教学过程中，如何适应老年学习者生理变化的需求，并采取相应的措施，从而增进教学成效是老年教育的重要课题之一。

（一）适应老年人的生理特征，营造良好的教学环境

格乐斯（Glass）根据多年的研究，就如何使学习情境的安排更好地适应老年人外在生理及感官的变化提出以下建议。

第一，老年人外在生理的变化对学习情境安排的启示有：老年人外在生理的变化，尤其是骨骼和肌肉机能的退化对学习活动产生了一定的影响，在教学过程中应注意以下细节。

（1）为方便老年人出行，尽量把教室安排在一楼，若安排在其他楼层，最好配备电梯和步梯两种形式的楼梯，步梯扶手的设计要符合老年人标准，不能太高或太低，满足不同需求的老年人出行；

（2）如果有老年人骑车或开车来上课，教室尽量靠近停车场；

（3）对于行动不便的老年学员，应组织老年志愿者队伍开展结对帮扶，安排老年人就近入学或者送教到家；

（4）课桌椅的高度和舒适度要适中，并且方便老年人入座或者离席；

（5）教室的温度要适中，不可过冷或过热，保证楼道内有足够的照明

和采光；

（6）课堂上多安排些有助于肢体活动的环节。

第二，老年人感官的变化对学习情境安排的启示有：老年人感官变化中，视觉和听觉的退化对学习影响最大，在教学过程中应注意以下几点。

（1）保持教室的明亮，但避免光线太强刺眼；

（2）课桌椅的安排以圆形或半圆形为宜，方便学员们正视发言的人；

（3）课桌椅尽量靠近讲台，必要时使用视听器材辅助教学，如投影片；

（4）投影片尽量选择鲜艳的颜色，如红、橙、黄等，楼体立面也要尽量设计成鲜艳的、易识别的颜色[①]；

（5）学校是老年人活动的重要场地，因此还要充分考虑老年人的活动空间设计；

（6）老年人的活动场地要保证充足的日照及坐息处，避开风口和阴冷的角落；

（7）活动设施的布局应相对分散，满足不同层次老年人需求；

（8）植被的选择以花草和灌木为主，乔木为辅，避免挡光；

（9）空间的活动应该在自然监视范围之内，以保证老年人活动的安全性。

（二）注意老年人的身体健康，开展适合老年人的生活教育

老化过程带来的是老年人身体机能的改变，而身体机能的改变与老年人的生活质量息息相关，所以在老年教育工作中首先要做的是保护老年人的身体健康，老年人只有拥有健康的身体，才会有精力参与到学习过程中。因此，在老年教育工作中，要注意传授老年人关于健康养生方面的知识，开展疾病护理教育，如健康常识、卫生保健、疾病预防、用药知识、照料护理等，具体内容包括：（1）饮食健康指导教育，包括科学饮食、食品搭配等。例如，老年人消化功能较弱，所以学校要通过开展养生教育提醒老年人平常所吃的食物要尽量清淡且富有营养，少量多餐，在三次正餐之外准备一些简便的点心，食用质地较软的蔬菜等等。（2）健身指导教育，老年人应该保持适当的运动，运动是人一生中提高生理机能的重要因素，虽然运动不能扭转老年人的衰老过程，但可以在一定程度上延缓老年人的衰老进程。

[①] 叶忠海 . 老年教育学通论 [M]. 上海：同济大学出版社，2014：75.

除了直接组织跳舞、剑术等增进老年人和准老年人体能的活动外，还应开设专业性较强的健身指导课程，协助老年人和准老年人科学规划健身活动。

（三）针对老年人的思维特点，积极进行脑力训练

老年人积极参与社会活动，学习新知识，接受新信息，老年人的大脑就会不断受到新的刺激，思维也就会更加活跃。有研究显示，平常在工作中经常用脑的人群比没有压力、工作要求低的人群智力要高出很多。如果老年人整体无所事事，精神懒散，那么他们的智力也会很快退化。因此，在老年阶段，第一，应该鼓励老年人尝试一些具有挑战性的活动，在老年学校中要创造出一种用脑的环境，维持老年人的好奇心和求知欲。在教学过程中，要根据老年人的用脑特点，充分开发老年人的智力。例如，老年课堂上可以开展信息获取和更新的教学，包括电脑操作、网络使用及信息资源搜索与运用等方面知识和技能的学习，科技资讯活动及展览等的参观学习，推动老年人融入现代社会。第二，应该开展涉老公共服务资源的认识教育。协助老年人了解为老年人服务的公共服务资源，如认识和了解老年人能够享受的优待，包括长寿老人的保健补助、社会救助和医疗救助、文化生活优待、司法救助等。第三，应该开展社会发展应对指导、策略、技巧教育。从生活掌控能力、变化适应能力和社会参与能力三方面出发，将老年人的脑力锻炼与实际生活结合起来，使老年人明白知识的结构和意义，智力也能够获得较好的锻炼，老年教育的内容也会更加丰富。[①]

（四）调节老年人晚年情绪，保持老年人心理健康

在老年阶段，由于人生阅历、个体特征和文化背景等方面的差异，老年人在情绪情感等方面会产生不同的问题。老年人的不良情绪能够直接影响到老年人的身体健康，以及老年人的生理机能等。因此，在老年教育过程中要帮助老年人进行情绪的自我调节，减少负面情绪的发生。首先，老年教育要注意提高老年人的自我控制能力。老年人保持清醒的认知是控制情绪的基础，只有拥有清晰的头脑，冷静地分析问题，才能够理智地处理问题，保持情绪稳定。教师要引导老年人合理地控制自己的情绪，当遇到意外事件时要学会转移自己的注意力，让自己保持清醒的头脑，控制不良

---

① 王英. 中国社区老年教育研究 [D]. 天津：南开大学，2009.

情绪的蔓延。其次，教师要引导老年人做好充分的角色认知，协助老年人和准老年人理性撤离退休前的工作岗位和环境，鼓励他们思考和分析个人生活的安排和目前存在的问题，更好地认识到自己目前所处的地位和环境，加强老年人的心理接受能力。最后，老年人要学会主动调整自己的思维方式，保持心理健康。

二、激发老年人的学习力

学习力是指一个人或一个组织关于学习的动力、毅力、能力三要素的综合体现。其中，学习动力是指自觉的内在驱动力，主要包括学习需要、学习情感和学习兴趣；学习毅力，即学习意志，是指自觉地确定学习目标并支配其行为，克服困难实现预定学习目标的状态；学习能力，是指由学习动力、学习毅力直接驱动而产生的接受新知识、新信息并用所接受的知识和信息分析问题、认识问题、解决问题的智力，主要包括感知力、记忆力、思维力、想象力等。学习能力是基础性智力，是产生学习力的基础因素。

（一）激发老年人的学习兴趣

兴趣是学习力中最充沛、最快乐、最轻松、最美好、最活泼的品质。从教育心理学的角度来说，兴趣是一个人倾向于认识、研究获得某种知识的心理特征，是可以推动人们求知的一种内在力量。学员对某一学科有兴趣，就会持续地、专心致志地钻研它，从而提高学习效果。从对学习的促进来说，兴趣可以成为学习的原因；从通过学习产生新的兴趣和提高原有兴趣来看，兴趣又是在学习活动中产生的，可以作为学习的结果。所以，学习兴趣既是学习的原因，又是学习的结果。在兴趣的引导下，学习者会精神振奋、思维活跃、目标专一、不知疲倦地执着追求。教育大师陶行知说过："兴趣是最好的老师。"因此，如何有效激发和提高学习兴趣是老年教育学需要着重研究的问题。

（二）满足老年人的学习需要

无论是发达国家还是发展中国家，逐步迈入老龄化社会，并滋生了一系列老年人的诉求，其中之一就是学习需求。有学者表示："人类的老龄化包含了关于生命的新观点和潜力的成熟的思考。"[1] 许多研究者开始关注

---

[1]　L. Tornstam. Maturing into gerotranscendence[J]. Journal of Trans Personal Psychology，2011（43）：166-180.

老年人对于新知识的获取和学习需求实现的潜力，而不是只关注他们如何应对年老带来的心理和社会需求。

随着老龄化社会的加速，老年人的学习需求呈现多元化，例如，老年学习者希望不再局限于自己熟悉的领域，而是期待探究一些他们在以前的生活中鲜有涉及的话题，希望在晚年能够"长长见识"。然而，从我国大多数老年学校的教育课程来说，生活技能和文化娱乐类课程几乎占据绝大多数。这种课程虽然可以丰富老年人的学习，提供老年人精神上的娱乐和生活上的消遣，但是，有学者认为，这种课程设置表明老年大学更多关注老年人的缺陷和衰老，秉持的是一种弥补老化缺陷的"悲观思维"。[①] 因此，在这个老年人学习需求日益丰富的时代，要提升老年人的学习需求层次，让老年学习者表达他们想学什么、如何学以及为什么学的想法，并基于多元化的学习需求，为他们提供丰富多彩的学习主题。老年学习者初入老年大学学习绝不单单是为了娱乐和休闲的需求，他们同样希望自己的学习经历可以兼顾广度和深度，而不仅仅是一些娱乐和文艺层面的课程。

老年学习者容易被新鲜的知识吸引，而不是反复学习旧知识。因此，首先，可以开设一些老年人尚未涉猎的新奇领域，例如与金融知识和护理知识相关的内容，与环境、植物学和动物学研究相关的课程，满足老年人学习的好奇心。其次，引入新的主题领域，吸引特殊老年群体和少数社会群体成员。部分老年人对一些新颖的课程——园艺、造型、天文学等特色内容感兴趣，可以根据其学习需求开设一些特色课程。再次，加强代际交流，保持老年人活力。一些老年人希望自己保持年轻和活力，喜欢与年轻人打交道。代际学习可以通过减少老年人的刻板印象和提供积极正面的老年人角色，在一定程度上加强老年人与年轻人的互动，满足老年人的精神需求。老年学校可以将几代人聚集在一起交流技能和知识来促进身心健康，通过开办读书俱乐部、社区工作、社区活动以及建立帮扶关系等来加强代际交流，创建一个代际友好型社会。

---

① 杨亚玉，欧阳忠明.老年大学教育供给与老年人学习需求匹配的案例研究 [J]. 职教论坛，2018(8)：93—100.

三、遵循老年人的学习发展规律

（一）及时复习

老年人在晚年时期记忆力逐渐减退，对新近接触的事物或学习的知识遗忘速度较快，但是这不能表明老年人无法学习新知识并保存在脑海中。德国心理学家艾宾浩斯（H. Ebbinghaus）对记忆现象做了系统研究，并总结出了人的记忆遗忘的规律，称为艾宾浩斯遗忘曲线。该曲线表明了记忆发展的一般规律：遗忘进程是不均衡的，不是固定的一天遗忘多少知识，而是先快后慢，在学习新知识之后会迅速遗忘，之后就会保持在一个较为缓慢的水平。艾宾浩斯遗忘曲线表明，要想长时间地保持知识，就应该及时复习，防止遗忘。在老年阶段，同样如此。要使老年人获得并保持良好的记忆效果，就要及时地组织老年人复习知识。

针对这一规律，要科学安排老年人的复习时间，要在知识遗忘前及时复习。复习的时间可以安排在学习结束后的 10 分钟及当天晚上。研究证明，在学习后的 9 小时之内用 10 分钟时间复习的效果，比 5 天或者 10 天后用 1 个小时复习的效果还好。同时，复习要有时间间隔，根据遗忘规律，刚学过的知识要多次间隔复习，做到大脑中能够时刻回忆出学过的知识点。随着知识巩固程度的增高，后期复习的时间可以相对缩短，时间间隔可以相对增长。要适当使用过度学习法。过度学习是指在"记住"和"学会"的基础上，继续把某种知识和技能学习到接近学习者的最高潜能的程度。[①] 美国心理学家莫尔说过，要想在一段时间之后有好的保持和回忆，就必须进行过度学习。在老年人知识的学习中，可以多花一半的时间让老年人继续学习，增强记忆，把老年知识和技能学习到接近学习者的最高潜能。

（二）学用结合

学用结合是指老年人在学习过程中将自己学到的知识和实际生活结合起来，充分利用已有的知识经验解决生活中的问题。学用结合是巩固老年人知识的重要方法。老年人可以在政治生活、社区生活、社会公益等方面将学到的知识与社会实践集合在一起。通过时事政治讨论活动、在课堂上分角色扮演模拟听证会、围绕社区居委会选举、收费等活动进行研讨，引导

---

① 陈伟，张国斌，谢铁丽. 过度学习法的学习方法指导 [J]. 中国科教创新导刊，2011(10)：131-132.

老年人和准老年人关心国家大事，实践政治生活参与。在此过程中，老年教育工作者应以积极的方式引导和协助老年人，全程参与从分析社区现存问题、征询收集意见和建议、制定解决方案，到问题解决之后的总结和评估，引导、鼓励老年人参与社区选举等政治生活，发出自己的声音、做出民主选择，从而通过积极主动的实践提升他们的政治生活参与意识和能力。[①] 老年人学到的知识还可以转化为社区资源服务他人，老年人可以在志愿活动中将所学的知识与社会实践结合在一起，依据自身技能、知识、经验组成各类社区"老年志愿服务队""老年讲师团"，服务社区居民，推动社区扶贫助困、邻里和谐、文化繁荣等。志愿服务活动包括：在老年疾病医护、生活服务、精神慰藉、文化体育等方面为老年人服务；鼓励老年人和准老年人关心下一代公益活动；鼓励老年人和准老年人从事医疗服务、技术咨询等。这些活动不仅充分发扬了个人魅力，还能够推动社区的治理进程。

（三）循序渐进

循序渐进是指老年学员在学习过程中，要按照科学知识体系内在的逻辑顺序和认识过程的特点，有步骤、按系统地进行学习。任何学科都有逻辑系统，其知识结构也有必然的内部联系，是有序可循的。一般都是从简单到复杂、从现象到本质逐步深化的渐进过程，相应的思维也是由形象思维到抽象思维、由低级到高级的过程。遵循学科的知识系统学习，就学得好、学得快；违背了它，学到的可能是一些杂乱无章和支离破碎的零星知识。[②] 在老年教育过程中，教师要按照老年人的接受顺序，引导老年人按照已有的知识结构自定步调进行学习。在学习过程中有步骤地开展预习—学习—复习，并在老年人自主学习阶段给予老年人充分的学习和缓冲时间。贯彻循序渐进学习原则，首先，要求教师要认真研究教学计划和有关课程的教学大纲及教材，掌握课前预习与后续课程之间的联系，了解老年学习课程的科学体系和逻辑结构，按照教学大纲和教材进行系统教学，为后续课程打好基础。其次，教师的教学内容要由浅入深、由近及远，从简单的、老年人容易接受的知识再到繁杂的知识，逐步扩大老年人学习的接受力和看待问题的角度。最后，在教学过程中要精心设计例题。照本宣科地向老年人传输知识尽管

① 王英. 中国社区老年教育研究 [D]. 天津：南开大学，2009.
② 王清爽，邢文海. 中国老年教育学 [M]. 石家庄：河北人民出版社，2018：87.

从表面上看起来完整和周到，但是难以给老年人留下深刻的印象，适当地讲解例题能够吸引老年人的注意，加深对知识的理解，更加突出教学重点。具体为引导老年人以循序渐进的方式学习知识，按照从浅到深的思维层次，促进老年人自主学习，积极思考，争取对要学习的知识有全面的了解。

回顾思考

1. 老年人有哪些认知心理特征？

2. 老年人晚年学习在哪些方面存在优势？在哪些方面存在劣势？你认为应该如何改进老年人的劣势，帮助老年人参与学习？

3. 老年人有哪些学习潜能？

4. 你认为老年人力资源开发的重点在哪几个方面？

5. 如何认识影响老年人学习的因素？

6. 随着我国人口老龄化程度的加剧，你认为应该采取哪些措施帮助老年人找到适合他们的学习方式？

第九章

老年教育管理（宏观篇）

　　老年教育管理是一门科学，也是一门艺术。没有高质量的管理，就没有高水平的老年教育。如何推进老年教育高质量管理，是老年教育管理者、老年教育基层工作者的强烈呼声，也是对办好人民满意的老年教育的客观要求。老年教育管理可以分为宏观和微观两个层面，宏观层面的老年教育管理是指国家和地方政府从总体上对老年教育事业的管理，又可称为教育行政管理，主要涉及老年教育的体制、政策法规、计划、管理机构等方面。微观层面的老年教育管理则是指老年教育体系内各类学校管理，属于内部管理，旨在充分利用老年学校等教育组织的人财物等资源，以有效实现老年教育目标。本章主要围绕老年教育管理的宏观层面展开介绍。

第一节　老年教育管理体制

一、概　述

（一）相关概念

体制是有关组织形式的制度，是管理机构和管理规范的统一体。按照经济、政治、文化等领域的不同，具体又可以划分为政治体制、经济体制、教育体制、科技体制等。制度、机制、体制三者的含义容易混淆，有必要进行区分。制度是人类社会中人们行为的准则，包括约定俗成的道德观念、法律、法规等；机制是制度化的方法，是某事物的内在工作方式，包括工作系统的组织或部分之间相互作用的过程和联系；体制指的是有上下层级关系的组织，如国家、国家机关、企事业单位在机制设置、领导隶属关系和管理权限划分等方面的体系、制度、方法、形式等的总称。可以看到，机制、体制本身就含有制度的因素，但是两个概念的使用范围有所差异。

教育体制是教育机构与教育规范的有机结合，根据阶段的不同可以将其划分为学前教育体制、基础教育体制、高等教育体制、继续教育体制等。在我国，老年教育体制也属于教育体制中不可忽视的一部分。

教育管理体制是一个国家在一定的政治、经济、文化制度的基础上建立起来的管理教育事业的组织机构及其运作规范的总称。教育管理体制所要回答的问题包括：一个国家的教育管理权力如何划分；中央和地方各自设置什么形式的教育机构；这些机构之间是否表现出一定的隶属关系；一个国家对教育的管理总体上是集中管理还是分散管理等等。[①]

老年教育管理体制是在老年教育领域中关于机构设置、隶属关系以及权限划分等方面的制度，其作用在于领导指挥、分配权力、协调分工以及提高整体效率。

---

① 陈桂生.回望教育基础理论：教育的再认识[M].北京：北京师范大学出版社，2008：284.

（二）教育管理体制的类型

教育无法脱离政治、经济、文化的影响，教育管理的集权与分权不仅会受到自身特性的影响，也会受到国家政治体制、历史传统等因素的影响。老年教育管理体制属于教育管理体制的子领域，其形态和特征必然会受到教育管理体制整体框架、模式的影响。了解教育管理体制的类型和特点，可以更好地帮助我们厘清国家老年教育管理体制形成的逻辑脉络。

（1）按照中央与地方关于教育管理权力的不同分配，可以分为中央集权和地方分权、中央与地方合作制三种类型。国家的一项重要职能是提供公共产品和管理公共事务，公共事务治理的一个重要问题是，哪些公共事务由中央政府集中管理，哪些由地方政府分散治理，此即公共事务的集权与分权问题。[①] 教育作为基础性公共事务，首要解决的问题就是管理权力的分配问题，不同的权力分配方式各有优势和弊端，影响着管理的效率和质量。换句话说，集权和分权作为教育管理体制构建的两种取向，影响着教育管理权力的纵向分配。

中央集权制下，中央政府及其教育行政部门直接领导和管理整个国家的教育事业，地方政府及地方教育行政部门主要实施中央制定的教育政策、法规、计划和指令。中央和地方是领导与被领导的关系。如法国，在地方制度上有中央高度集权的历史传统，其教育管理体制也为中央集权型，层次上分为中央教育区、府（或称省）、市、镇四级。1981年成立的国民教育部掌握着国家教育大权，包括制定全国教育发展规划的权力、规定考试制度的权力、负责教师的选拔培训考核等权力。此外，国民教育部还拥有对全国学校的监督管理权，对全国各级公立学校的行政和教学工作实行严格管理和控制，对与政府签订合同的私立学校进行监督。大学区作为地方教育行政部门的最大单位在国民教育部的指挥下对区域内的学校进行领导和管理。垂直管理模式下，中央政府可以统筹和均衡全国教育事业的发展，统一制定教育政策法规的标准；但权力的高度集中可能挫伤地方政府管理教育的积极性，制度和规范的设计可能脱离当地实际，无法取得预期的效果。

地方分权制下，各地政府及其教育行政部门可以自主管理教育事业，

---

① 曹正汉,聂晶,张晓鸣.中国公共事务的集权与分权：与国家治理的关系 [J].学术月刊,2020,52(4)：69-83.

国家与地方有各自的职责范围，维持着一种相对独立的关系。如实行地方分权教育管理体制的美国，虽于 1867 年成立联邦教育部，但机构人员简单，州的教育管理权却在不断加强。在中央与州的两级管理中，以州为主，美国联邦政府并不拥有管理全国教育的最高权力，除立法和拨款外，不干涉地方的教育行政事务。州作为美国教育管理的主体，拥有制定本州教育方针、修订课程、选拔教师等权力。地方政府的责任意识增强，可以结合当地实际制定本区域的教育发展政策和规划，管理教育事业的积极性很大程度上被调动；但是，权力的分散容易造成地方政府自行其是、管理体制纷杂而混乱、难行政令、难见实效、各地教育质量参差不齐、教育事业发展不平衡。

中央与地方合作制下，中央政府和地方政府既不是领导与被领导的关系，也不是独立关系，而是合作的关系，各自在规定的权责范围管理教育事业。如德国与美国同属联邦制国家，但其教育管理体制与美国不同，德国联邦政府与各州在教育管理的权力分配上有明确的划分界限，从立法上可见一斑。联邦宪法规定，中央享有对整个国家教育事业的监督权，各州负责教育的立法管理工作。因此，德国各州政府可以在宪法范围内自主制定法规来管理本区域内的教育事务，各州之间可以相互约定教育领域的基础原则，联邦政府并不制定全国通行的教育法律。因此，各州的教育管理体制各有特点，学校教育发展也各具特色。日本自 1945 年颁布新宪法后，中央集权与地方分权相结合的教育管理体制开始逐步形成。日本的教育管理体制分为中央、地方两级。中央由文部省负责制定各级教育的标准以及教材的编写、审定工作；地方由教育委员会对学校的教学、课程设置等业务的具体开展进行指导，除此之外，地方教育委员会还拥有对教材的处理权、对教职员工继续教育的审批权以及学生学籍的管理权。这一类型旨在规避中央集权和地方分权两种不同教育管理体制的弊端，发挥两种体制的优点，但能否有效实行的关键在于中央和地方的权力分配是否合理。

（2）依照教育行政与一般行政之间是否存在隶属关系，分为从属制、独立制和半独立制。教育管理体制所要解决的第二个问题，就是政府与教育行政机构之间的隶属关系问题，这一问题影响着教育管理权力的横向分配。

从属制是指各级教育行政机关属于政府内部的一个职能部门，接受政府首长的领导，而不能成为脱离政府的独立组织。我国现行的教育体制遵循"统一领导，分级管理"的原则，组织成自上而下的五级教育行政组织，地方各级教育行政组织要接受中央统一领导,同时作为教育行政管理机构的教育部、地方教育厅(局)等,隶属于同级政府部门的领导。这一制度的优点在于有利于政府统筹规划,能够协调教育事业的发展与国民经济和社会发展之间的关系,教育管理部门在政府的领导下行使管理职权,有利于加强教育行政管理的权威性。但教育行政如果过度依赖一般行政,在政府财政困难时期容易在工作安排上出现重经济、轻教育的情况;此外,由于政府首长任期的限制,可能导致在教育管理工作中热衷于追求短期效果,忽视教育的特殊性,不按教育规律办事,从而对教育事业的长远发展带来损害。

独立制下,地方教育管理机关不属于地方政府的一个职能部门,不接受地方政府首长的领导,脱离一般行政而独立存在。如美国实现学区管理,学区独立征收教育税,财政独立,政府仅给予一般的指导建议。学区设教育委员会,独立于地方政府的一般行政之外,教育委员会的成员由州长和当地具有影响力的企业、机构、学生家长推选构成。由教育委员会及其推选的教育专家组组长共同领导全州教育工作。独立制的优点在于可以避免外行领导内行,实现按教育规律办教育,避免同级一般行政对教育不必要的干扰,提高教育管理的效率。但教育管理独立于一般行政管理之外,不利于发挥政府办教育的积极性,也不利于教育事业与社会其他事业的协调发展。[1]

半独立制介于从属制与独立制两者之间,地方教育管理机关相对独立于政府,即某部分独立,某些部分受约束。如法国,其教育行政体制是相对独立而自成体系的。具体来看,法国的教育区与军管区和司法区的设置类似,教育与国防、司法一样独立于一般行政之外。法国教育行政机构的长官虽然受府长及教育区总长的节制,可是在一些专门的业务问题上,府长是无权过问的。[2]半独立制在一定范围内保留了地方教育管理的某些权力。

(3)依照学校自主权的大小,分为政府本位和学校本位。教育管理体制所要解决的第三个问题是教育行政部门与学校在教育事权中的分配问题;学校是否需要自主权,需要多大范围的权力。

政府本位,是指国家从法律上规定在教育行政部门与学校关系中前者

① 史万兵.教育行政管理[M].北京:教育科学出版社,2005:78.
② 陈琼,贺百花,沈婵.中法教育行政体制比较[J].现代企业教育,2010(2):187-188.

处于主导地位。教育行政部门或其代表的政府是教育的主要决策者，政府与学校是上下级的关系，学校必须接受政府的领导和管理。在财政权方面，学校的一切财政权都由教育行政机构控制；在人事权方面，学校没有选拔和任用教师及行政人员的权力；在课程自主权方面，教育行政权力控制教学。政府本位下，国家可以集中人力物力兴办教育，把握教育的前进方向，培养国家建设所需要的人才，但是过于强调政府本位，忽视学校的自主权，容易造成教育行政权力的滥用、误用或不用，造成现实教育领域的不公平、不正义现象。忽视受教育者的多元需求，学校会沦为锻造统一规格"人才"的工厂，丧失了教育的本质意义。

学校本位，是指国家从法律上规定在教育行政部门与学校关系中后者处于主导地位。学校享有充分的自主权，是独立的办学实体，学校的一举一动不会受到政府或教育行政机构的管制和束缚。学校本位理念下的教育管理体制，改变了传统方式强调标准化、单一化的外控模式，强调弹性化、多元化和学校自主管理。20世纪80年代，校本管理运动在美国率先展开，西方国家纷纷开始进行教育改革。他们认为，教育行政机构执行的教学管理，只是宏观上的法规、政策要求、指导和监督，想要有效实现教育目的，必须提升学校内生动力。学校教学管理的根本基础和有效执行者在于学校本身的教学管理，必须充实和提升学校教学管理的权力，建立健全以校为本的教学管理制度与机制，切实地将教学管理权力下放给学校，扩大学校教学管理的自主权，包括课程设置权，允许学校利用资源和社会力量共商教学管理中的重大问题。[1]

二、我国的老年教育管理体制
（一）教育管理体制的历史沿革
自新中国成立以来，可以将我国的教育管理体制大致划分为七大阶段。[2]

第一阶段，新中国成立初期实行军事接管制度；

第二阶段，1952—1957年实行集中统一的教育管理体制；

第三阶段，1958—1962年实行以地方分权为主的教育管理体制；

第四阶段，1963年至"文革"前，实行统一领导、分级管理，教育行

① 陈珂. 国外教育管理体制及发展趋势 [J]. 江西教育科研,2003(10)：31-32.
② 陈孝大. 教育行政概论 [M]. 北京：中央广播电视大学出版社，2001：31.

政权力相对集中于中央的教育管理体制；

第五阶段，"文革"期间，中小学校由工宣队、贫宣队管理，后来又由"革命委员会"管理；

第六阶段，"文革"结束至1984年，基本恢复到1963年至"文革"前的统一领导、分级管理的教育管理体制；

第七阶段，1985年至今，实行基础教育由地方负责、分级管理的原则，在统一的教育方针政策指导下，扩大了高等教育办学的自主权。

从我国教育管理体制的发展历程可以看出，在教育管理体制集权与分权的关系方面，我国并不是一成不变的。新中国成立初期，在宪法的约束下，我国教育行政的管理实行中央统一领导。此后经过分权、集权的演化，中央的部分权力逐步下放，地方的权力逐渐扩大。但行政干预、监督多于法律监督；一级管一级，下级对上级负责普遍存在；中央教育行政机构与中央部委（系统）分级、分类、分权管理教育并存。[①]

目前我国教育管理体制呈现以下特点：中央集权与地方分权并存，在不同类型的教育中的表现存在差异，这与不同类型教育的目的、特点和历史传统有密切关系，本书将以基础教育、高等教育和职业教育的改革为例进行说明。

其一，基础教育管理体制主要历经两次变革。第一次变革：1985年《中共中央关于教育体制改革的决定》提出"实行基础教育由地方负责、分级管理的原则"，将基础教育管理的权限和责任交给地方，同时强调地方发展教育事业除国家拨款外，地方财政中应将划拨适当比例资金用于教育，乡财政收入应主要用于教育。第二次变革：实施免费义务教育阶段。2001年国务院召开全国基础教育工作会议，明确农村义务教育"实行在国务院领导下，由地方政府负责、分级管理、以县为主"的管理体制；为了建立义务教育经费保障机制，先后颁布了《国务院关于深化农村义务教育经费保障机制改革的通知》《中华人民共和国义务教育法》等，逐步实现了免除义务教育阶段的学费、杂费，这对中国的基础教育事业发展具有里程碑意义。

其二，高等教育管理体制主要历经三次重大调整。第一次是抓住1998年政府机构改革的机遇，国务院作出《关于调整撤并部门所属学校管理体

---

① 陈敏杰. 中美教育管理体制的比较及启示 [J]. 科技信息（科学教研），2007(28)：4, 17.

制的决定》，对撤销的国务院 9 部委所属 93 所普通高校、72 所成人高校以及许多中专和技校的管理体制进行调整，其中 81 所普通高校实行中央与地方共建，以地方管理为主。第二次调整发生在 1999 年，对 5 个军工总公司所属的 25 所普通高校、34 所成人高校以及几百所中专和技校的管理体制做了调整和改革。第三次是对国务院机构改革后的 50 个部委和单位所属高校的管理体制及布局结构进行调整和改革。把高职学校的审批权下放给省级政府，以前所有高校都由教育部审批，把相应专科层次的招生计划权下放省，中央只管本科。这两大权力的下放，扩大了省级政府的统筹决策权。

其三，职业教育管理体制主要历经三个转变：一是从计划培养向市场驱动转变，鼓励职业院校面向社会、市场办学；二是由政府直接管理向宏观引导转变，调动多方力量发展职业教育；三是由传统的升学导向向就业导向的转变，提高学生就业能力、创业能力和综合职业素养。

（二）老年教育管理体制的发展与现状

2010 年 7 月，党中央和国务院颁布了《国家教育中长期改革和发展规划纲要（2010—2020 年）》，并指出要"重视老年教育"，这是有史以来首次把老年教育提升到国家制度层面上并加以规划。从此，国家从制度的层面上为老年教育定了性，从教育的体系上为老年教育定了位。换言之，老年教育从制度层面上有了它的位置，同时从制度体系上也有了它的位置。这标志着我国的老年教育事业进入了快速发展的新阶段，步入了发展的新起点，站在了一个新的历史高度。[1]

2016 年 10 月国务院办公厅印发了《老年教育发展规划（2016—2020 年）》（以下简称《规划》），该文件是国家教育行政部门牵头起草的第一份全国性老年教育专项规划。[2]《规划》提到，目前我国已初步形成了多部门推动、多形式办学的老年教育发展格局，要"建立健全党委领导、政府统筹，教育、组织、民政、文化、老龄部门密切配合，其他相关部门共同参与的老年教育管理体制"。从中不难窥见我国老年教育管理权力的归属和分工，

---

[1] 张文范. 加强现代老年教育制度建设——在中国老年大学协会第三期校长研修班上的主题报告 [J]. 老年教育（老年大学），2011(9)：5–8.

[2] 吴思孝. 我国老年教育的历史追溯与未来展望——基于政策发展视角 [J]. 成人教育，2019，39(6)：42–48.

即我国的老年教育管理体制，在一般行政与教育等其他行政的关系上，一般行政即政府发挥主导作用，教育等其他行政密切配合，协同部门的多元体现了老年教育管理的特殊性质。此外，《规划》还明确指出，政府负责统筹协调各部门的老年教育工作，发挥制定规划、营造环境、加大投入等方面的作用。将老年教育工作纳入各级政府相关部门的绩效考评内容，各省（区、市）将老年教育纳入本地区经济社会发展规划和教育事业发展规划，制定并实施加快发展老年教育的具体实施方案和举措。由此可见，我国的老年教育管理体制，在中央与地方上，实行中央集权与地方分权相结合、以地方为主的管理体制。《规划》还指出要推动完善职责明确、主体多元、平等参与、管办分离的管理体制和运行机制，促进老年教育与经济社会的协调发展。

2019 年国务院办公厅印发《关于推进养老服务发展的意见》（以下简称《意见》）涉及六大方面共 28 条意见。在"促进养老服务高质量发展"方面，提出要大力发展老年教育。在管办分离的指导思想下，老年教育的办学权被极大地释放。《意见》指出，要"优先发展社区老年教育，建立健全县（市、区）—乡镇（街道）—村（居委会）三级社区老年教育办学网络，方便老年人就近学习。建立全国老年教育公共服务平台，鼓励各类教育机构通过多种形式举办或参与老年教育，推进老年教育资源、课程、师资共享，探索养教结合新模式，为社区、老年教育机构及养老服务机构等提供支持。积极探索部门、行业企业、高校所举办老年大学服务社会的途径和方法"。自党的十八大以来，国家逐步重视市场机制在老年教育中发挥的作用，引入社会投资激发老年教育办学活力，以满足老年学习者多层次、多元化需求。这要求政府积极转变职能，从管办结合逐渐走向放权与监管并重，对老年教育管理体制的完善提出了新的要求。以办学主体为主导的管理模式具有以下优点：一是能充分调动各种社会力量，利用各种现有资源优势"八仙过海，各显神通"，迅速创办各类老年大学和老年学校；二是突出了老干部局、老龄办特别是党委的强大组织优势及其威信、影响力和广大离退休干部的积极作用，迅速把老年教育事业搞上去；三是充分利用各类老年活动服务以及文化设施，开展各种形式的老年教育；四是通过多渠道资源投入，解决场地、校舍、资金、教师和教材等问题。下面是广东、浙江、湖南等地老年教育多元主体办学实例，据此可以进一步了解具体情况。

广东、浙江、湖南等地老年教育多元主体办学实例

传统教育的管理体制是单一管理主体，而现代教育管理体制是多元管理主体，不仅有政府办学，而且有社会力量办学；不仅是教育部门办教育，而且是各行业系统办教育。

老干部局办学是最典型的政府主导的办学形式，由组织部负责建校，建成后由老干部局主管。广东省老干部大学、广州市老干部大学以及12个区县的老干部大学建成后由老干部局主管。这类学校占地区老年大学的50%。除此以外，广州市老年教育的办学主体有5种类型：（1）其他涉老部门办学。其特点是学校建成后，多数由办学主体自行管理。如广东省妇联主办的康怡老人大学；由市老龄委、民政局主办的广州市老年大学；广州市文广新闻局文化广电新闻出版工作者离退休协会主办的文苑老年大学；广州市政协提供场地，龄海颐老会资助的岭海老人大学都是如此。（2）企业办学，如广州铁路（集团）有限公司老年大学和广州钢铁集团老年大学。（3）高校办学。如南方医科大学、华南理工大学、中山大学、暨南大学、华南师范大学分别举办的老年大学都由各校自行管理。由于高校有丰富的教育资源，退休教师又是老年教育兼职师资的主力军，所以这类老年大学一般都办得比较好，办学规范化，教学质量高，受到老年学员的欢迎。（4）部队办学。这类老年大学主要依托部队干休所办，实行"校所"结合。如广州军区老干部大学和广东省军区老干部大学。（5）私人办学。如广州寿星大厦老年大学等。私人办学扩大了老年大学的市场供给，拓宽了老年人学习的选择面。

温州市委、市政府把温州老年大学、温州社区大学等4所成人高校整合组建成温州城市大学，作为温州老年教育总校，将原本老年大学校区由1个校区拓展到5个校区及10所社区直属办学点；从原先的"一点办学"拓展为"一主多点、东西呼应"的办学格局，基本覆盖新老城区的老年人群，实现了城区老年人"15分钟内"能到总校上学的目标。

宁波市科学技术协会与宁波市委老干部局、宁波市教育局等共同主办了《宁波市老年人智能手机操作技能普及工程》，下设271个线下教学点为老年人讲解智能手机操作，推动"适老化"健康发展。这些都是在政府的领导下，各个部门和行业协会调动各方面社会力量，集结自身优势，充分发挥作用的结果。

湖南省委高度重视建设新型老年大学，采纳民进湖南省委建议，作为实施"银色工程"的大事、实事去抓，召开专题联席会议，提出新型老年大学的运作方式，即实行政府主导、市场运作、整体规划、分步实施，收到良好的效果。

这些地区的老年教育发展水平较高的原因在于：各级政府机构对老年教育的地位和作用认识比较明确，加强对老年教育的领导，坚持老年教育在老龄事业中优先发展，积极宣传老年教育，兴办老年学校的政策到位，开放公共教育场所，开展多种形式的教育活动，让老年人享有教育公平的机会。政府的各级管理措施有效落实到位，将老年教育融入政府规划，对老年教育采取有效管理措施，进行了有益的实践。

总体来看，老年教育是一个办学主体众多，涉及范围广大的社会事业，无法局限于某一部门或机构，各行各业都有退休老年人，所有部门都有可能涉老，因此，老年人的学习需求问题与其说是教育的问题，其实更确切地说是一个社会问题。从城市到农村，从机关到企业，从学校到军队，从中央部委到社区居委，从文、教、体、卫到养老机构，凡是有老年人的地方，就有老年人的学习需求，凡是有老年人学习需求的地方，就可以办各种形式的老年教育。但是，无论哪里都有各级党和政府的存在和领导，都会有各级涉老的相关部门，因此，这种多元化、全方位的老年教育格局，就只能形成党政主导、多部门协作的管理体制。任何一个部门全盘管理都是有局限性的。至于具体管理部门和管理方式，则根据老年教育的形式和举办老年教育机构的单位或个人，按照各种相关制度和规定加以选择。各相关部门要按照职责分工，加强沟通协调，通过规划编制、政策制定、指导监督，共同研究解决老年教育发展中的重大问题。这种管理体制将是有利于促进老年教育发展，而不是限制和束缚其发展的管理体制。

第二节　老年教育管理政策法规

一、概　述

（一）相关概念

1. 老年教育政策与法规

目前人们对教育政策这一概念的理解不一，主要有以下三大代表性观点。一种观点认为，教育政策是"一个政党或政府为教育事业的运行与发展所制定的规划、方针和原则"。这种观点强调教育政策与其他社会公共政策的共同性、联系性，把教育政策看作是整个政策体系中的一个分支。[①]第二种观点认为，教育政策是"负有教育法律或行政责任的组织及团体为了实现一定时期的教育目标和任务而规定的行动准则"。[②]这种观点强调教育政策是一种行动准则，是对该做什么或不该做什么、该怎么做不该怎么做而立下的规定。第三种观点认为，教育政策"是一种有目的、有组织的动态发展过程，是政党、政府等政治实体在一定历史时期，为了实现一定的教育目标和任务而协调教育的内外关系所规定的行动依据和准则"。[③]这三种观点互为补充，我们可以概括出教育政策的本质：教育政策属于国家教育管理宏观规范，是有关教育权利与利益的具体体现，是政治行为和社会经济因素综合影响的产物。

老年教育政策是政府在一定社会价值观指导下，面向老年群体，针对老年教育问题，为实现老年教育事业的目标而采取的社会性行动的总和，是国家在特定历史时期对老年教育的认识和要求[④]，包含与老年教育有关的决议、决定、纲要、通知、意见、指示等文本内容。老年教育政策隶属于

① 孙绵涛 . 教育政策学 [M]. 武汉：武汉工业大学出版社，1997：1.

② 成有信 . 教育政治学 [M]. 南京：江苏教育出版社，1996：115.

③ 孙绵涛 . 教育政策学 [M]. 武汉：武汉工业大学出版社，1997：1.

④ 吴思孝 . 我国老年教育的历史追溯与未来展望——基于政策发展视角 [J]. 成人教育，2019，39(6)：42-48.

社会政策范畴，是社会政策体系的重要组成部分。评价老年教育政策的合理化程度可以从以下几个方面考虑：一是老年教育政策在数量、质量和功能上应与其外部经济、政治和文化等关系相适应，满足这些领域对老年教育事业发展所提出的要求；二是老年教育政策在数量、内容上要满足处理老年教育内部各种关系和各种问题的需要，不能使老年教育政策在某些领域出现空白，这样的管理方式会出现失去依据、混乱等问题；三是老年教育政策的层次应齐全、相互协调配合，使教育政策形成一个有机的整体，教育规定的断层会导致盲目、不负责任、不切实际地遵守上级指示的问题。

教育法规是调整教育活动和教育行政活动中发生的各种法律关系的规范性文件的总称，主要指有关教育的专门法律、法令、条例、规则、章程等，也包含其他法规中调整有关教育的各种法律关系的规范性条文。在中国，由全国人大及其常委会制定和发布的教育法规，称为"教育法律"；由国家行政机关制定和发布的教育法规，称为"教育行政法规"；由省级人大及其常委会制定和发布的教育法规，称为"地方性教育法规"。[①]

2. 两者概念的区别与联系

教育政策与教育法规既有联系也有区别。就联系而言，一方面，教育政策是制定教育法规的依据，很多教育法律条款都是从较为稳定的、对全局有重大影响的，以及在实践中获得巨大成功的教育政策的基础上发展起来的，成为教育政策的具体化和条文化；另一方面，教育法规一旦确定下来，又会对教育政策产生影响和制约，以后任何新的教育政策出台都不能与教育法律相抵触。

就区别而言，首先，制定主体不同，教育法律只能由特定的国家权力机关制定，而教育政策的制定主体可以是政党或政府机构；其次，表现形式不同，教育政策通常以决议、决定、纲要、通知、意见、指示等形式出现，而法律则是以规范性法律条款文件形式出现，并有专门的法律名称；最后，实施方式不同，政策的实施主要依靠宣传教育，而法律的实施则具有普遍的约束力和强制性，违反了会受到惩罚和制裁。

---

① 陆雄文. 管理学大辞典 [M]. 上海：上海辞书出版社，2013：396.

（二）特点、作用与价值

1.老年教育政策的特点

教育政策由政党、政府等政治实体制定，具有自身的特点：一是阶级性。教育政策总是体现着统治阶级的意志，代表统治阶级的根本利益。二是系统性。作为国家政策体系的一部分，与其他公共政策共同发挥作用。三是相对稳定性。在一定时期内，教育政策不会随意变动。四是权威性。教育政策一般由中共中央、全国人大或政府部门单独或联合发布。五是不具有强制性。

老年教育政策属于教育政策的分支，当然具有教育政策的一般特点。此外，老年教育政策还有一个鲜明的特点是既有源自福利范畴的政策，又有源自教育范畴的政策。如果对教育范畴政策再归类，可以细分为相关性政策和专项性政策，前者是指在一般教育政策文本中有所涉猎的与老年教育相关的内容，包括老年教育之上位概念（如终身教育、成人教育、继续教育等）相关的内容；后者是专指专门为实践、推进老年教育为主的政策。

2.老年教育政策的作用

教育政策的作用有三个方面：一是导向作用，具有驱前性和规范性；二是协调作用，具有均衡性和调节性；三是控制作用，具有制约性和惩罚性。老年教育政策的作用具体表现为：老年教育政策是政府在应对老年教育领域积极干预、发挥职责的重要手段；老年教育政策围绕解决老年教育问题的目标展开各项社会行动，以保证老年教育问题的公平性和有效性；老年教育政策能够重新配置社会资源，更好满足老年人需要，在解决老年教育问题方面具有权威性、严肃性和制约性。老年教育政策旨在将老年教育纳入国家终身教育框架内，建立健全老年教育的资源保障体系，把社区等基层组织作为开展老年教育的主阵地，提高老年教育内容的针对性和形式的灵活性，营造有利于老年教育开展的良好的社会环境等。①

3.老年教育政策的根本原则

老年教育政策的制定与实施要遵循以下三大原则。

保障权利公平。公民享受教育、健康和最低生活保障的权利，在西方被统称为"福利权利"或"社会权利"，其被视为对基本公民权的拓展或

---

① 张少波，李惟民．老年教育管理学［M］．上海：同济大学出版社，2014：77.

社会公民权的一部分。联合国《人权宣言》中有关"福利条款"对这一权利进行了明确规定，如第二十二条："每个人，作为社会的一员，有权享受社会保障，并有权享受他的个人尊严和人格的自由发展所必需的经济、社会和文化方面各种权利的实现。"社会保障把保障每个人的生存权、发展权放在首位。享受了全民的社会保障，意味着个体的基本生活得到了保证，从而在一个公平的起点上参与社会竞争。

保障机会公平。机会公平是指任何社会成员只要符合法律规定的条件，都应被覆盖在社会保障范围内，均等地获得社会保障的机会。社会保障制度可使弱势群体中的悲观者前行，增加他们的机会，从而为他们创造一个尽可能公平竞争的起点。目前我国老年教育还存在着覆盖范围不高、老年大学入学机会一票难求的现象，保障机会公平就是要保障每个老年人都有机会接受教育。

维护规则公平。与高收入、城市老年群体相比，低收入阶层和弱势老年群体获得的保护也是最不完善的。这就意味着，如果不加以政策倾斜，他们可能落入所谓"贫困陷阱"之中，形成恶性循环。规则公平指一视同仁，既不能对弱势群体歧视，也不能对特权阶层倾斜。通过老年教育保障机制，重点保护对老年教育有迫切需求但是处于贫困阶段的老年人。

4.老年教育法规的价值

研究一门法规的价值有助于我们深入理解法规的内容，明确其指导意义，从而更理性、客观地审视现有的法规、政策等文本内容是否建立在正当的价值基础之上。

教育法规的价值是指在教育法规和教育主体的关系中，作为客体的教育法规以教育主体的需求为基础而对其产生效应的属性，体现在如下几个方面。

人本价值。法规的落脚点在人自身，老年教育法规应贯彻"以人为本"的原则。人本价值是教育的本质要求与价值诉求，教育是个体促进自我完善的实践活动。人本价值要求教育既要注重受教育者的当前发展，也要注重受教育者的长远发展，更要关注受教育者的全面发展。全面发展包括人的基本需要的满足、素质的提高、潜力的发挥三个层次。老年属于人生发展的最后阶段，同人生的其他阶段一样需要受到重视。老年教育法规应当保障个体在老年时期的受教育权利，为个体价值的完满实现保驾护航。

正义价值。教育机会应向所有人开放，教育过程公平，保障每个人能够取得大致相同的教育成就，并给予弱者以最优惠的待遇。老年教育政策应保障老年人接受教育的基本权利，满足接受不同层次教育的多元需求；为每个人提供适应其最大限度发展的教育条件，同时引导教育资源向弱势群体倾斜。

自由价值。自由在消极意义上意味着免除任何形式的压制、压迫、蒙昧和剥夺，在积极意义上指实现理性的自主。对主体而言，自由包含着自主、自治、自律和自制。[①]老年教育法规应保障老年人接受教育的自由，包括接受何种教育、何时接受教育、何地接受教育、以何种方式接受教育。在自由价值的引导下，老年人有充分的选择权，按照自己的意愿以不同的方式接受教育，成为自己生活理想的缔造者，获得精神世界的自由。

二、我国的老年教育政策法规

（一）发展历程

受国际终身教育思想和老龄工作思想的影响，我国的老年教育逐渐完善发展起来，相关政策也在不断向老年教育方面倾斜，并主要分布在教育部、民政部、文化和旅游部、发改委、全国老龄工作委员会办公室以及各省市教育厅发布的老龄政策和终身教育政策的相关文件中。在法规方面，当前我国并没有关于老年教育的单行法律，除了《中华人民共和国老年人权益保障法》以老年人作为对象外，其他有关老年教育法条内容分散在《中华人民共和国宪法》《中华人民共和国教育法》等法律中。我国老年教育政策法规在实践中建立、发展和不断完善，回顾新中国成立后我国老年教育政策法规发展的历程，大致可以分为四个阶段。[②]

1.萌芽期（新中国成立至 1981 年）

新中国成立以后，针对我国文盲比较多的国情，党和国家专门制定了扫盲政策和扫盲规划，这些文件都涉及成人教育，蕴含着老年教育的内容。随着我国经济形势的好转，国家在保障老年人基本生活的前提下，出台一些政策鼓励老年人开展文化生活和学习活动。在这一阶段，老年教育还没

---

① 金生鈜.自由是教育的构成性价值 [J].教育发展研究,2015,35(8)：1—6.
② 籍献平，马少荣，朱全友.中国老年教育政策法规的演进 [J].河北广播电视大学学报，2020，25(2)：1—5.

有成为一种独立的教育形态，只是在"公民教育"中有所体现。

20 世纪 80 年代以前，保障我国老年人受教育权利的文本多是间接地出现在《宪法》等法律中。如我国《宪法》第 46 条规定的"中华人民共和国公民有受教育的权利和义务"，这意味着老年人的受教育权利是法定权利。《中华人民共和国刑法》《中华人民共和国劳动法》等法律也规定了怎样保护包括老年人在内的公民的合法权益，但未就老年教育保障问题做出专门规定。

2. 初创期（1982—1999 年）

20 世纪 80 年代初，我国在政策层面开始关注老年人退休后的文化教育活动，主要的受众是老年退休干部。1982 年，中共中央发布的《关于建立老干部退休制度的决定》（中发〔1982〕13 号）确定了老干部离休退休和退居二线的制度，提出要注意发挥他们思想、政治和组织方面的作用。山东省率先建成全国第一所老年大学，这也标志着我国老年教育正式拉开了序幕。[①]1984 年，全国首届老龄工作会议在北京召开，会议确立"老有所养、老有所医、老有所为、老有所学、老有所乐"[②]为中国老龄工作的宗旨。1993 年，中共中央、国务院发布的《中国教育改革与发展纲要》中，将包括老年教育在内的成人教育列入国家教育改革和发展规划。1994 年颁布《中国老龄工作七年发展纲要（1994—2000 年）》，明确提出了要多形式、多层次、多渠道开展颐养康乐、进取有为相结合的老年教育任务，并且就老年教育的组织形式、发展途径、教育内容、发展目标等提出了具体要求。自此，"老年教育"第一次正式出现在我国的国家政策文件之中。

20 世纪八九十年代，各地老年大学如雨后春笋般相继成立，老年教育的实践催生了老年教育法规的制定。1995 年《中华人民共和国教育法》颁布，明确规定在全国"健全终身教育体系""国家鼓励发展多种形式的继续教育，推动全民终身学习""为公民接受继续教育创造条件"。至此，包括老年教育在内的继续教育的推进和终身教育体系的健全第一次正式纳入国家法律。1996 年《中华人民共和国老年人权益保障法》明确了老年人有继续受教育的权利，同时明确国家发展老年教育，要求各级人民政府加强对

---

① 饶丽，卢德生.改革开放 40 年我国老年教育的发展历程 [J].中国成人教育，2019(1)：9-13.
② 全国老龄工作委员会办公室，中国老龄协会.中国老龄工作年鉴 (1982—2002)[M].北京：华龄出版社，2004：207-208.

老年教育的领导和规划，并鼓励社会办老年学校。"老年教育""老年学校"的概念首次出现在法律文件之中，老年人"老有所学""国家发展老年教育"首次以法律形式确定下来。

这一阶段，老年教育的受众群体进一步扩大，老年教育作为退休干部的特殊福利性功能被减弱。老年教育受到党和国家的重视，老年大学兴起为老年教育实践积累了一定经验。"老年教育"一词开始出现在国家政策和法律条文之中，老年教育有了政策和法律依据。

3. 发展期（2000—2015 年）

进入 21 世纪之后，我国正式迈入老龄化社会。社会主体需求日益多元化，面对老年人个性化的教育需求，政府机构需及时做出回应，提供优质的教育服务，老年教育的形式和内容也要更加丰富。多个地方开始制定老年教育条例以适应老龄社会的发展需求，促进老年教育事业的发展。

2000 年中共中央、国务院出台《关于加强老龄工作的决定》，将发展老年教育列入发展老年服务业任务之中，要求各地要重视发展老年教育事业。2001 年 6 月中组部等五部委联合印发的《关于做好老年教育工作的通知》中，提出了由文化和旅游部负责全国老年非学历教育并指导各级各类老年大学工作。同年 7 月颁布《中国老龄事业发展"十五"计划纲要》，将"大力发展老年教育"作为老龄事业发展的重要任务之一，并提出制定公布全国老年教育条例、建立示范性老年大学、发展老年电视大学和网上学校等措施。2006 年 7 月国务院印发《中国老龄事业发展"十一五"规划》，提出"到 2010 年，老年大学和老年学校在现有基础上增加 1 万所"的任务目标，还提出了丰富老年教育办学形式与内容的措施。2007 年发布的《国家教育事业"十一五"规划纲要》中，首次将老年教育列入国家教育整体规划。2010 年 7 月出台的《国家中长期教育改革和发展规划纲要（2010—2020 年）》明确提出要"重视老年教育"。这标志着政府开始主导我国老年教育发展。2011 年 9 月国务院印发《中国老龄事业发展"十二五"规划》，单列"老年教育"一节，提出一系列老年教育规划和目标。2012 年修订的《老年人权益保障法》提出"老年人有继续受教育的权利"。尽管该法不是老年教育单行法，但它以法的规格形式直接、明确地宣示了老年人受教育的权利，为老年教育提供了重要的法律保障，是目前唯一以老年人为对象的最高法规。

这一阶段老年教育政策的发展是国家积极应对我国进入老龄化社会和

推进学习型社会创建的结果。党中央、国务院及有关部门出台的一系列教育、老龄事业、养老服务体系建设、社区治理等与老年教育相关的政策法规文件均表明，这一时期我国老年教育政策法规的制定工作明显进入快车道。

4. 完善期（2016年至今）

2016年5月，习近平同志在中共中央政治局会议上就如何推动老龄事业全面协调可持续发展做出重要指示，这是党和国家最高领导人首次对老龄事业做出明确具体的指示。2016年7月，教育部等9部门联合印发《关于进一步推进社区教育发展的意见》，将老年教育列为社区教育的重点任务，对社区教育协同治理的体制和运行机制做出了具体规定。2016年10月印发的《老年教育发展规划（2016—2020年）》，在总结我国老年教育发展成果和存在问题的基础上，进一步明确了未来5年我国老年教育发展的战略目标、主要任务、重点推进计划和保障措施。国务院于2017年2月印发的《"十三五"国家老龄事业发展和养老体系建设规划》中，提出要"扩大老年教育资源供给"，要"优先发展城乡社区老年教育""促进各级各类学校开展老年教育""支持鼓励各类社会力量举办或参与老年教育"和推进"远程老年教育"等新举措。

2018年12月29日，第十三届全国人大常委会第七次会议通过了《老年人权益保障法》（修正版），增加了把老年教育纳入终身教育体系，以及各级人民政府应对老年教育加强领导、统一规划、加大投入的要求。

2019年2月印发的《中国教育现代化2035》，把"加快发展城乡社区老年教育"提升到了战略高度。国务院办公厅于2019年3月出台《关于推进养老服务发展的意见》，提出了优先发展社区老年教育，建立健全县级及其以下三级社区老年教育办学网络等具体要求，并就如何"建立全国老年教育公共服务平台"，如何"推进老年教育资源、课程、师资共享"，如何"探索养教结合新模式"，以及如何为社区老年教育机构提供支持等提出了新举措。

在该阶段，我国的老年教育政策被纳入国家顶层设计，有关老年教育管理的政策法律内容更加完善具体，切合老年教育实践的需要，如表9.1所示。众多省市陆续发布地方性老年教育行政法规，力求为老年人赋权，老年教育政策法规体系逐渐完善，如表9.2所示。

表9.1 国家层面主要政策文件示例

颁布机构	年份	文件名称
中共中央	1982	《关于建立老干部退休制度的决定》
国务院	1993	《中国教育改革与发展纲要》
原国家计委等	1994	《中国老龄工作七年发展纲要（1994-2000年）》
全国人大常委会	1996	《中华人民共和国老年人权益保障法》
国务院	2000	《关于加强老龄工作的决定》
中组部等5部委	2001	《关于做好老年教育工作的通知》
国务院	2001	《中国老龄事业发展"十五"计划纲要》
	2006	《中国老龄事业发展"十一五"规划》
	2007	《国家教育事业"十一五"规划纲要》
	2010	《国家中长期教育改革和发展规划纲要（2010—2020年）》
全国老龄办	2012	《关于进一步加强老年文化建设的意见》
全国人大常委会	2012	《中华人民共和国老年人权益保障法》（修订版）
国务院	2016	《老年教育发展规划（2016—2020年）》
教育部等9部门	2016	《关于进一步推进社区教育发展的意见》
国务院	2017	《"十三五"国家老龄事业发展和养老体系建设规划》
全国人大常委会	2018	《中华人民共和国老年人权益保障法》（修正版）
国务院	2019	《关于推进养老服务发展的意见》

表9.2 地方层面部分政策文件示例

地区	年份	文件名称
北京	1995	《北京市老年人权益保障条例》
天津	2002	《天津市老年人教育条例》
天津	2005	《天津市老年教育"十一五"发展规划》
福建	2009	《福建省教育厅关于支持配合做好老年教育工作的通知》
江苏	2011	《省政府关于加快完善终身教育体系的实施意见》
上海	2015	《上海市教育委员会关于在老年教育中培育和践行社会主义核心价值观的指导意见》
浙江	2016	《关于开展构建学习型社会推进学习型社区建设工作的若干意见》
山东	2016	《关于加快发展老年教育的实施意见》
北京	2019	《北京市关于加快发展老年教育的实施意见》

（二）影响因素

老年教育政策法规的历史变迁受到政治因素、经济因素、文化因素和人口因素的影响。具体来看：

政治因素。我国老年教育政策在近40年的制定颁发过程中政府主导的烙印明显。相关的老年教育政策多是由民政部、老龄委、教育部等部门牵头制定，由各职能部门或者地方政府部门负责落实，其政策内容、原则等呈现出明显的指令性、行政性特征，主要表现在资金统筹、机构建设、师资配备以及教育评价等方面。自中共十一届三中全会召开以来，我国迎来了改革开放，各项政策制度得以创新丰富，老年教育政策也在该政治背景下得以产生。1982年国家发布的《中共中央关于建立老干部退休制度的决定》（中发〔1982〕13号），是我国最早涉及老年教育的政策文件，明确了老干部离休退休和退居二线制度，主要解决国家退休干部的各项保障问题。此后，党的十三大、十四大对人口老龄化工作格外重视，愈加关注老年教育问题。

经济因素。自改革开放后，我国的综合国力和经济实力得以显著提升，这为开展老年教育提供了重要的经济支撑。《中国老龄工作七年发展纲要

（1994—2000 年）》（中老联字〔1994〕70 号）指出，"把老龄事业纳入国民经济和社会发展总体规划"，"各级政府逐步增加对老龄福利事业的投入"。老年教育是一项公益性事业，从供给角度看，需要全社会（包括政府、企事业单位、社会组织、个人等）共同参与。而老年教育的经费主要来源于上级政府拨付和老年学校少量学费收入。[①] 随着国家对老年教育的经济支持，老年教育政策法规不断得以完善，并且在老年教育项目开展、场所建设、课程开发、师资培养等方面予以保障。

文化因素。随着老年人物质生活的满足，其精神文化需求不断得以提升。《中国老龄工作七年发展纲要（1994—2000 年）》是我国老龄事业发展进程中第一个全面规划老龄工作和老龄事业发展的重要指导性文件，在关于老年教育的论述中指出，要"因地制宜，多渠道、多层次、多形式地开展颐养康乐和进取有为相结合的老年教育"，要"实现老有所乐，丰富老年人的文化生活"。《关于加强老年文化工作的意见》（1999）指出，"加强老年文化工作对于丰富老年人的精神文化生活，提高老年人的生命生活质量，推进社会主义精神文明建设具有重大的现实意义"。由此可见，提高老年人的文化生活质量，丰富其精神文化生活是影响我国老年教育政策法规发展的重要因素之一。在 40 余年的文化娱乐类教育实践活动中，形成了一大批老年教育艺术活动中心，并探索出了丰富的文化娱乐类教育发展经验和规律，包括教学研究、课程建设、师资整合等方面。

人口因素。人口结构的变化是国家重视老年教育政策法规制定的重要影响因素。随着我国人口老龄化问题的加剧，如何有效缓解老年人口压力、开发老年人力资源是相关部门逐渐重视的社会问题和政策议题。《关于老龄工作情况与今后活动计划要点》（中老字〔1983〕2 号）、《中国老龄工作七年发展纲要（1994—2000 年）》等政策文件，相继提及开展老年教育、加强老年学习等建议，以应对人口老龄化带来的不利影响。面对庞大的老年人群体，《老年人权益保障法》中提出老年教育的群体目标是保障老年人依法享有的权益，促进老年人的社会参与。2007 年《国家教育事业发展"十一五"规划纲要》提出，要建立国家老年人才信息数据库和老年人才

---

① 谢维新. 可持续发展视角下的老年教育管理路径优化探究——基于上海市长宁区街镇老年学校调研的思考 [J]. 成人教育，2021，41(2)：37-42.

信息中心，把老年人才开发与利用纳入人才市场建设的总体规划。这一系列政策实现了将老年教育价值导向从满足个体学习需求到实现社会效益增长的转变，即不仅要让老年人自由选择、自由学习，还要为老年人赋权增能，积极活化利用老年人力资本。

（三）发展走向

回顾老年教育政策法规的发展历程，可以发现我国老年教育政策呈现出阶段性特点。展望未来，我国老年教育政策的发展走向呈现以下特点。

1. 政府引领，鼓励社会参与

我国老年教育政策法规在近40年的制定颁发过程中政府主导的烙印明显。相关的老年教育政策多是由民政部、老龄委、教育部等部门牵头制定，由各职能部门或者地方政府部门负责落实，其政策内容、原则等呈现出明显的指令性、行政性的特征，主要表现在资金统筹、教育评价、机构建设、师资配备等方面。这种以政府引领的主导机制在多年的政策法规制定中有着明显的存续特征，确保了老年教育的公益性特点。

近几年，政府投入为主、社会力量参与的办学思路逐渐成为老年教育多渠道资金来源的政策依据。老年教育相关政策越来越鼓励社会力量投入建设老年教育事业，可以发挥市场配置资源的优势，体现老年教育的社会性特点。老年人的学习需求是多元的、多层次的，社会力量可以为一部分有条件、有意愿的老年人提供优质教育资源，这与老年教育的公益性并不冲突。要通过政策引导、措施落实等方式整合老年教育资源，满足老年人个性化学习需要，促进老年教育资源的有效开发和老年人生活质量的持续改善。

2. 兼具福利性与教育性

老年教育属于社会公益事业、文化娱乐活动还是终身教育范畴在不同的历史时期存在不同的认识。[①] 一直以来，国家将老龄工作视为社会问题，福利性质贯穿老年教育政策的始终。老年人作为社会弱势群体，对老年人的教育投入，是社会福利的重要价值凸显。实施老年教育也是促进教育公平的重要价值体现，老年教育政策涉及城乡均衡发展等问题。无论是针对退休老干部抑或农村老年人的教育，都是对老年教育社会福利性价值的复

---

① 吴思孝 . 我国老年教育的历史追溯与未来展望——基于政策发展视角 [J]. 成人教育，2019，39(6)：42-48.

归，是国家致力于改善民生、完善社会治理的重要价值体现，应不断推进老年教育的普惠性发展。

老年教育政策法规在体现福利性的同时，教育性也不断增强。将老年教育仅定位于为老年人丰富生活、陶冶情操、提高身心健康而开展的休闲娱乐活动，忽视了老年教育在终身教育体系中的地位和作用。通过老年教育为老年人赋权增能，可以促进老年人力资源的开发，帮助老年人更好地适应社会，也推进了学习型社会和终身教育体系的构建进程。增强教育性，要明确老年教育形式、教育内容、教学师资以及教学经费投入等，进一步理清老年教育内容的重点和难点，落实实施规则与细则。

3. 体系化、法治化水平仍需增强

有关老年教育的专门政策文件相对较少，对老年教育的发展提出的构想和设计的系统性和针对性不强，难以发挥对老年教育事业发展的指导作用。各地出台的老年教育政策的区域差异较大，老年教育在全国范围内未形成一个完整的体系。未来要结合国内外老龄工作实践和老年教育理论，系统思考如何完善老年教育政策顶层设计。各地应结合老年教育发展的实际，在制定和实施地方政策时做到"因时制宜""因地制宜"，科学、稳妥、积极地勾画老年教育政策法规图景。

目前，我国对老年教育的法律规定主要体现在《老年人权益保障法》第七章第 71 条所提出的，"老年人有继续受教育的权利"，以及地方性的终身教育条例，例如《天津市老年人教育条例》《福建省终身教育促进条例》《上海市终身教育促进条例》等涉及老年教育的相关问题，但是大多数地区在这方面依然留白。[①] 因此，由于缺少国家层面法律的支持和保障，容易导致地方制定老年教育政策法规立法依据混乱的局面。[②] 老年教育事业的发展需要政策法规的保驾护航。未来要加强对老年教育政策的理论研究，着力推动终身教育政策的立法，为老年教育政策提供立法支撑点。

---

① 檀传宝. 制度缺失与制度伦理——兼议教育制度建设 [J]. 中国教育学刊,2005(10)：14-15，39.
② 李洁. 我国老年教育政策法规：回顾、反思与建议 [J]. 终身教育研究,2019，30(4)：51-60.

第三节　老年教育计划

一、概　述

（一）相关概念

计划是根据对组织外部环境与内部条件的分析，提出在未来一定时期内要达到的组织目标以及实现目标所要采取的步骤、途径和方案。[①]

褚宏启认为，教育计划的本质是书面形式的目标设定与行动方案。即在国家教育方针与政策的指导下，教育组织将一定时期内预定的目标及任务以书面的形式表达出来，并对之进行系统、全面而合理的分析，同时提出实现这一目标的具体行动方案，使组织所有成员共享并为之努力，这种就是教育计划。[②] 褚宏启强调了教育计划的拟定必须紧紧围绕预定的目标和任务，必须经过系统、全面而合理的分析。

李汪洋等人则持"全过程论"，认为教育计划应贯穿拟定和执行的过程。教育计划一般是指一个国家或一个地区在一定时期对教育事业的发展规模和规格要求的目标、对教育现状的诊断和分析、教育计划要达成的目标以及在执行教育发展计划过程中所采取的重要措施等全过程。[③] 这一定义侧重于对教育计划形成过程进行描述，同时强调了应当在整个教育事业目标的指导下，基于对教育现状的诊断和分析，形成教育计划自身的目标；而且这个过程是动态的，在执行教育发展计划的过程中所采取的重要措施也应被纳入教育计划概念的范畴之中。

老年教育计划的过程也是一系列相关决策制定和产生的过程，完善老年教育发展，推动老年教育事业规范化、程序化，需要在老年教育计划的背景中把握老年教育的政策依据、体现老年教育相关发展战略等，形成老

---

① 张少波，李惟民．老年教育管理学 [M]．上海：同济大学出版社，2014：72．

② 褚宏启，张新平．教育管理学教程 [M]．北京：北京师范大学出版社，2013：245．

③ 李汪洋，等．教育管理学 [M]．海口：南海出版公司，2004：113．

年教育的价值理念和指导思想。老年教育计划的制定是满足老年群体的学习期盼、努力办好老年人满意教育的迫切需要，是形成"政府宏观间接调控，学校多元自主办学，各方社会力量协同"的老年教育发展新模式的迫切需要。其总体要求包括老年群众满意、符合我国人口老龄化特点、符合时代发展等三方面内容，发展性、针对性和可操作性是老年教育计划的具体要求。

老年教育事业的发展，是国民经济和社会发展规划的重要组成部分，尤其是在我国老龄化日益严重的今天，老年教育计划的制定日益重要。教育计划的内容，包括说明计划期间教育工作与社会、政治、经济的各种关系，指出教育要为什么目的服务，要培养什么规格的人，以及采取什么途径和方法来达到预定的目的。此外，还包括各项工作指标、工作的程序和步骤，以及规划实施中可能会产生什么障碍和困难，如何协调工作的进展等。

（二）影响老年教育计划质量的核心因素

1. 是否契合老年教育整体目标

老年教育发展目标是老年教育整体的目标，它是对教育发展的一种展望、一种预测。而老年教育计划是实现发展目标的合理手段和方法。目标是老年教育计划制定的出发点，也是评价老年教育事业发展的重要指标。老年教育的发展目标具有其自身的多元性和层次性。

首先，老年教育目标具有多元性。社会为教育发展所规定的目标是多样性的。在老年教育领域，老年教育目标的多元性体现在，老年教育会根据其出发点的不同而呈现出多样化的教育目标。从社会发展的角度来说，作为积极应对人口老龄化的战略措施之一，老年教育发展目标被提高到实现国家教育目标的高度，与国家意志的联系逐渐增强，与建设社会主义强国、实现中华民族伟大复兴中国梦紧密相连；从社会文化发展的角度来说，要求老年教育以知识载体的形式促进社会文化的传递、繁殖和创造，对老年教育提出了新的发展要求。就经济层面来说，通过老年教育获得再就业的人群，通过老年教育而繁荣发展产业等。除了实现社会发展的目标之外，从老年教育本身来看，老年教育还有着质与量发展的目标。教育发展目标的选定需要通过国际、国内不同地区的比较，以发展阶段的分析为线索，比照我国老年教育发展的实际情况来制定具体的教育目标。[①]但是，老年教

---

① 陈孝彬，高洪源. 教育管理学 [M]. 北京：北京师范大学出版社，2008：143.

育自身的发展目标一般是较难确定和把握的，因为它不仅仅涉及价值体系的关系，还与经济、社会、文化等方面有着千丝万缕的联系，同时教育发展目标结果的评定需要进行教育评价，但是单纯的质性或者量化的评价是很难确定教育结果是否达到教育发展要求的。因此，我们说老年教育发展的目标往往是多元化的，它对社会各方面发展发挥着重要作用，同时，对于老年教育本身，老年教育质与量不同的要求和出发点也影响着老年教育发展目标的制定。

其次，老年教育发展目标具有层次性，老年教育的发展目标分为总体的长期目标、计划目标以及手段目标。总体的长期目标是老年教育根据社会经济、文化等方面发展的需要，对未来老年教育发展方向和趋势的展望，是对未来二三十年老年教育发展问题的一种长期透视与展望，它包含着对教育促进发展多方面的预期。总的来说，老年教育的长期目标是为了推动我国学习型社会的建设，缓解我国老龄化现状，推动我国社会的发展，作为老年教育本身，是为了培养能够在未来社会生存与发展的老年人群。这种目标具有无法准确量化、无法计算时间成本等特点，目标的实现依赖于教育计划的持续推进。计划目标是以目前我国老年教育现状为基础，从老年教育现状出发，推测出老年教育下一步的发展趋势，并将这个发展趋势与教育计划目标相联系，以此来确定老年教育下一步的发展目标。手段目标是实现老年教育计划目标和长期目标的重要方式，为了实现老年教育的发展目标和长期目标，需要获得更细分层次的目标。以此类推，老年教育的目标会越来越具体，层次更加分明。

2. 对老年教育现状的诊断和分析是否真实准确

老年教育计划的设定和实施是以现状的诊断和分析为前提的。通过对现状的诊断和分析，可以确定目前我国老年教育处于哪个阶段、面临着怎样的问题、如何界定这些问题、问题是如何造成的等内容。确定老年教育问题是诊断和分析的第一步，要想解决问题，必须搞清楚目前我国老年教育的现实状态与期望状态之间的差距，从而缩小和解决这一差距。因而，老年教育现状的诊断就涉及三个方面的变量：老年教育的实际状态、老年教育的期望状态以及两者之间的差距。实际的状态可以通过资料分析、调查、实验等多种方法获得。纵观我国老年教育的发展，从社会发展层面来看，老年教育现状与人口老龄化加速发展的趋势严重不相适应，这必然成为今后教育系统服务老龄化发展趋势所面临的巨大挑战和全新任务，也必将成为各级政府制定教育事业发展规划时所必须考虑的重要领域；从管理层面来看，老年教育存在规模小、质量缺乏保障，且相关单位之间各自为政、相互之间缺乏衔接沟通等突出问题；从政策层面来看，国家和地方的老年教育事业发展的相关法规和政策还缺乏实际可行的保障机制。对于举办什么样的老年教育及其所需要的体制机制保障、经费资源投入、社会协调配合以及老年教育的能力建设等问题，仍然需要制定具有可操作性的运行机制和解决方案。①对于老年教育目标的期望状态则来源于上一层面——老年教育发展目标，差距则来源于教育者对于这二者的比较。

教育问题处于不断的变化和发展当中，要从教育本身、教育与社会的联系中去寻找答案。做好现状的诊断之后，需要做好老年教育问题的界定，问题的界定包含查明引起老年教育期望状态与老年教育现实状态之间差距的原因，差距的程度，差距发生的时间、场所、范围以及界限。这一过程既是老年教育发展目标设置的前提，也是解决老年教育发展问题的基础。

3. 老年教育计划目标的确定是否客观合理

老年教育计划目标是老年教育计划的重要组成部分，它是在老年教育发展目标的引导下，通过科学的现状诊断与分析，而提出的老年教育在当前阶段应该解决的重点问题。

4. 老年教育计划行动方案的选择是否科学有效

教育计划行动方案是指为了达到解决老年教育某一方面的目的，把教育系统中的人力、物力、财力、时间、空间等方面科学地结合起来，通过不同要素之间的搭配与组合构成不同的教育行动方案和实施方案。②一个目标的实现往往可以通过多种行动方案达到目的，但是不同的行动方案对于目标的实现和目标实现的质量有很大的区别，因此，对于不同老年教育计划行动方案的选择对老年教育最终达到结果的质量有着重要影响。

无论是老年教育发展目标的设定、老年教育现状的诊断和分析以及老年教育计划目标的设定，都是为了解决老年教育问题。这个问题解决的关键就在于实施环节，在于教育计划行动方案的拟定与选择。

---

① 张铁道，张晓. 老年教育的现状与发展需求调研报告——以北京市为例 [J]. 老龄科学研究，2015,3(5)：52−61.
② 褚宏启，张新平. 教育管理学教程 [M]. 北京：北京师范大学出版社，2013：245.

二、老年教育计划的编制要点

（一）要符合社会对老年教育的期望

老年教育计划是一个相当复杂的过程，它不仅涉及老年教育问题本身，而且涉及政治文化背景和经济发展水平等诸多方面。老年教育计划的制定，是满足老年群体的学习期盼、努力办好老年人满意教育的迫切需要，是形成"政府宏观间接调控，学校多元自主办学，各方社会力量协同"的老年教育发展新模式的迫切需要。其总体要求，一是老年群众满意，二是符合我国人口老龄化特点，三是符合时代发展要求。而具体要求则是规划要具有战略性、前瞻性、针对性和可操作性。

（二）要通过调查研究发现问题和解决问题

老年教育计划建立在老年教育发展的现实需要的基础之上，涉及老年教育发展总体战略、协调发展、制度创新（包括相关体制设置、机制运作）、保障条件等方面。既要总结已有的经验成果，更要看到存在的问题；既要抓住对提高老年教育整体水平具有带动作用的关键领域和薄弱环节，又要设计具有前瞻性和可操作性的重大项目，把制定规划与解决当前紧迫问题结合起来。因此，在老年教育计划过程中，需要对重大问题进行调查研究，只有把这些重大问题研究透彻，找准问题所在，并提出解决的思路和办法，计划才能看得久、走得远，同时，又有针对性和现实感，真正成为管用的促进老年教育发展的规划。

（三）要调动各方力量为计划集思广益

老年教育计划是一项涉及面很广的社会系统工程，难度大、任务重，必须切实加强领导，充分调动各方面的力量共同完成。其工作要求包括：一是组织结构严密、完整；二是征求意见全面、公开；三是咨询论证充足、有效。要组建跨部门的工作班子，建立强有力的、有广泛代表性的专家咨询队伍。工作班子和咨询专家的挑选要公开透明，体现计划工作的科学性和民主性。老年教育计划要开放，充分听取社会各界的意见，特别是要听取老年学员、老年人的意见。在计划的讨论中达成共识，使规划的制定过程成为发扬民主、集思广益的过程，成为统一思想、凝聚共识的过程。

三、老年教育计划的编制步骤与方法

（一）收集与分析相关信息

老年教育计划的制定必须建立在比较充分、可靠的信息的基础上，老年人的发展与经济领域、教育领域、医疗领域与人口领域息息相关，制定老年教育计划要考虑多元化的影响因素，必须了解老年教育多元化的信息和完整的资料。在充分了解老年教育现状的基础上，发现老年教育从过去到现在的发展时态以及未来的发展倾向，正确进行现状分析并预测将来，能够为老年教育计划目标的制定和计划实施方案的拟定与选择提供依据。

老年教育相关的信息主要分为三类：在老年教育系统内部的政策信息，例如教育经费的信息、加强老年教育机构队伍建设、扶持建设标准化老年学校、老年教育事业发展方向等方面；有关老年人口变化的信息，老年教育要关注老年人口变化，根据人口数量设置不同的教学内容和决定不同的教学方式、组班形式等；最后是老年人的主观意愿，教育事业的发展要因人施教，推动老年人老有所为、老有所乐、老有所学，最主要的是要了解老年人的实际需求，从需求出发设置老年教育发展目标。

（二）设定计划目标

在收集和分析信息的基础上，要确定老年教育的计划目标，计划目标的确定要遵循老年教育理念。老年教育理念是指导老年教育发展的方向和重要准则，是人们在教育方面所持的价值标杆，通过这种价值标杆去判断哪种行为是好的方面，从而对这方面形成对老年教育发展的某种期望，进而将其作为行动选择的标准。我国老年教育理念来源于老年教育相关的政策文件。

《老年教育发展规划（2016—2020）》中提出，"老年人是国家和社会的宝贵财富"。老年教育是我国教育事业和老龄事业的重要组成部分，发展老年教育，是积极应对人口老龄化、实现教育现代化、建设学习型社会的重要举措，是满足老年人多样化学习需求、提升老年人生活品质、促进社会和谐的必然要求。发展老年教育的主要目标是到2020年，基本形成覆盖广泛、灵活多样、特色鲜明、规范有序的老年教育新格局。老年教育法规制度逐步健全，职责明确、主体多元、平等参与、管办分离的管理体制和运行机制得到完善；老年教育基础能力有较大幅度提升，教育内容不断丰富，形式更加多样。各类老年教育机构服务能力进一步提升，全社会关

注支持老年教育、参与举办老年教育的积极性显著提高。以各种形式经常性参与教育活动的老年人占老年人口总数的比例达到 20% 以上。

老年教育的教育理念不能通过经验、观察、实验直接验证，它来源于国家对于老年教育政策性的规定，所以老年教育目标的设定应该根据上级有关政策、任务和要求来进行。同时，老年教育目标的设定要遵从政策的有关规定并不意味着计划目标的设定可以不顾及事实前提，合理可行的教育计划一定是建立在遵循客观事实和规律的基础上的。因此，老年教育计划目标的设定一定要在根据我国对老年教育相关政策要求的前提下，遵循教育发展规律，科学合理地制定老年教育计划的目标。

在具体设计目标时，要考虑两方面的问题：

第一，是环境方面。由于老年教育不仅仅属于教育领域，更是社会层面的重要问题，它受政治、经济、文化等相互依存着的各要素的影响，因此，在设定老年教育计划目标时，要考虑经济社会发展的导向。

第二，是老年教育本身。一是老年教育本身的功能和接受具有多重性。因此，老年教育系统发展的目标也具有多元性和层次性，老年教育的整体目标和老年教育内部各级各类教育发展目标分属于不同层级的计划目标，为了实现不同层级的计划目标还需要一定手段，因此又形成了下一阶段的"手段目标"，层次越多，老年教育目标越具体。二是老年教育目标的设计是为了给教育工作者指明方向，说明今后老年教育要往哪些方面进行实际可行的操作。因此，目标应该是高标准的，能激励人们不断为之奋斗的，是实际可行的，要避免在老年教育目标设计的过程中好高骛远、脱离实际，从而设计一些高不可攀的教育目标。

（三）制定老年教育计划实施方案

老年教育计划实施方案提出的本质是在研究实施老年教育过程中实现预期达到的目标和解决可能遇到的问题。例如，在老年人初级摄影课程中，课程目标是了解摄影简史及摄影的特点、发展概况；认识手中的相机及附件；初步了解摄影构图和摄影用光等基本技法；掌握风光摄影、人物摄影的要点，能较为熟练地进行摄影用光和摄影构图等。在实施方案时，要充分分析课程中的各种因素，如参与课程的老年人数量、开展摄影课程所需的机器设备、拍照所需的媒体资源、教育经费的分配、教室的使用、专业教师的聘用等等方面，针对摄影课程要达到的目标和课程可能遇到的主要问题和解决方法，提出课程具体的实施方案。

在教育计划实施方案的拟定过程中，要遵循"整体详尽性"和"相互排斥性"原则，尽可能地将各种可能实施的方案尽量多地收集在一起，以便教育工作者加以选择，各个方案之间需要有明确的差别和界限，是相互排斥的，以此才能凸显出不同方案的特殊作用和功能。

在比较和评价不同方案之后，要做出方案的选择。选择满意并合适的方案，要遵循两方面的原则：首先，要以课程的效率和老年人的满意程度作为选择课程的价值标准；其次，在老年教育计划实施方案选择之前，要组织相关教育工作人员进行比较和论证，并对实施方案进行必要的补充和修订，确保实施方案获得效益的最大化。①

（四）调整和完善实施细节

不管一个计划设计得多么严密、精细，都需要在实践中加以检验。客观情况总在不断的发展和变化，任何一个精心研究制定的教育计划或者实施方案，在实施过程中总需要进行一些修改和补充。老年教育工作者要及时了解计划执行的情况和问题，以便反馈到下一次的教育计划制定过程中。

---

① 陈孝彬，高洪源．教育管理学 [M]．北京：北京师范大学出版社，2008：143.

第四节　老年教育管理机构

一、概　述

（一）相关概念

管理机构是对人类社会经济活动进行管理的实施单位。它是根据生产力发展水平和一定社会生产关系的要求而设置的，既是协调和组织生产力的机关，又是代表生产资料所有者行使所有权和管理权的机关。

教育管理机构有广义和狭义之分。广义的教育管理机构是按照宪法和其他有关法律的规定，按照一定程序组建起来的各级各类教育行政机构及学校内部管理机构；狭义的教育管理机构是指行使国家赋予的权力，履行教育管理职能的国家行政机关。本章所提到的教育管理机构的内涵是狭义的。

老年教育管理机构是按照宪法和其他有关法律的规定，按照一定程序组建起来的老年教育行政机构，依法对老年教育事业进行管理。

教育管理机构有以下特性：一是合法性。任何正式的教育管理机构都是按照法律规定并通过一定程序建立的，行使法律所赋予的权力，履行法律规定的职能；二是主体性，教育管理机构是行使权力的主体，是教育管理职能的主要载体，在教育的各类关系中居主动地位；三是系统性，任何国家的教育管理机构都是依法设置的由若干要素按照一定的目标结构、层次结构、权力结构、部门结构所组成的职责分明、协调有序的有机整体；四是权威性，对于不服从教育管理和裁决的，教育管理机构可以依法进行仲裁和惩罚，这是教育管理机构区别于其他的社会自治和协调管理机构的主要不同之处。

（二）设置原则

法制性原则。教育管理机构设置的法制性原则包括两方面内容：一方面，老年教育管理机构的设置及其体制要有法律上的根据和保障；另一方面，老年教育管理机构的权责都必须由法律赋予。

适应性原则。根据社会政治、经济与文化的发展，适时而科学地设置、调整和改革老年教育管理机构，以适应社会向政府提出的要求坚持以事为中心、因事设置机构，这是管理机构设置的最基本原则。

精干高效原则。追求老年教育管理高效率是由行政管理机构自身的性质所决定的。老年教育管理机构的层次不能过多，且要有足够大的信道容量。在统一层次按业务分工设置并列机构；在同一层次上的执行机构应设置监督机构；反馈机构和协调机构可设在同一层次，使问题得到及时发现和解决。

能级相称原则。老年教育管理机构设置及人员定位要合理，人员定位要与其能力、素质相称。老年教育管理机构的设置要体现能级原理，使各管理岗位有不同的能级，并配有相应才能的人员。

权责统一原则。依法明确规定各个教育管理机构的职责范围，授予其相应的权力，规定其对上级和下级应承担的责任，建立和完善权责一致的管理体系，这样才能使各个岗位的人员严守权限，各司其职，各尽其责。

二、我国老年教育管理机构

在不同的历史时期，我们对老年教育的属性认识不同。老年教育到底是属于社会公益事业、文化娱乐活动还是终身教育范畴，对这一本质的理解影响了我国老年教育管理机构的设置和管理格局的确立。老年教育的管理主体可以分为三类：一是因历史原因延续下来负责老年大学的老干部局；二是老龄事业发展的综合管理部门，如全国老龄工作委员会、中国老龄协会；三是按功能属性划分的文化部门、教育行政部门。[①]

（一）老干部局

我国老年教育起源于"干部退休制"政策的推行。新中国成立初期，我国老年教育主要是指离退休老干部的教育活动，鉴于特殊的发展历史，很长一段时间内各地的老年大学管理机构为各级老干部局。

20世纪80年代，为解决退休老干部的学习生活及精神文化生活问题，我国大部分省市地区的老干部单位向当地党委组织部申请创办起老年大学（学校），推行老年教育。学校的主办者多是在本地区、本系统内担任过较高职务的老领导。在这样的实践背景下，我国大部分地区的老年教育管

---

① 吴思孝.我国老年教育的历史追溯与未来展望——基于政策发展视角 [J].成人教育，2019，39(6)：42-48.

理体制保持着以党委组织部及老干部局为主管单位的领导管理模式。1987年10月,山东省明确了全省的老年教育管理体制及运行机制,即党政主导,组织部、老干部局主管,有关政府部门积极参与、多方齐抓共管的老年教育领导体制及运行机制。山东省老年大学担任着全省老年教育工作中心的作用,省委老干部局副局长担任校长,再由山东省老年大学带动示范其分校及区、县学校,从而实现对全省老年教育的领导管理。新中国成立以来很长一段时间,各地老干部局成为管理老年大学的主体。随着时代的变迁,老年教育对象从退休老干部拓展到普通老年人,老干部局作为主管单位,难以继续管理越来越庞大的老年教育组织。

2008年,中央组织部下发《关于进一步加强新形势下离退休干部工作的意见》,文件指出:地方党委组织部门、老干部工作部门和政府人力资源和社会保障部门要在党委、政府的领导下,履行好对本地区退休干部服务管理工作的宏观指导和督促检查的职能。老干部工作部门要会同相关部门,抓好本地区、本部门、本单位原领导班子成员和干部管理权限范围内退休领导干部的政治待遇落实等工作。现如今,各地离退休干部事宜由各地老干部局负责管理,由组织部归口管理。

关于各地老干部局的内设机构和主要职责,以北京市为例展开学习。北京市老干部局是市委、市政府服务管理全市离休干部工作的部门,内设机构有办公室、研究室、组织指导处、活动指导处、生活待遇处、联络服务处、宣传处、综合处、机关党委、离退休干部处。其主要职责是贯彻落实中央和地方关于离退休干部工作的方针政策和决策部署,提出改进建议,制定规划措施并组织实施;指导协调离退休干部党组织建设和党员教育管理工作,指导开展离退休干部思想政治工作;组织协调离退休干部开展活动,引导离退休干部发挥作用;组织指导离退休干部服务管理工作和易地安置离休干部服务管理工作,落实政策待遇,保障各项权益;负责原市顾问委员会委员和担任过副市级以上领导职务老同志的联络服务工作;承办市委、市政府和市委组织部交办的其他事项。北京市老干部局下属事业单位有北京市老干部党校和北京市老干部活动中心,北京市老干部大学也隶属于北京市老干部局。

（二）老龄部门

1. 中国老龄协会

1983 年，为适应国际老龄事业发展，老龄工作管理机构"中国老龄问题全国委员会"成立，这是新中国成立后真正意义上的老龄工作管理机构。1995 年，国务院将"中国老龄问题全国委员会"改名为"中国老龄协会"。

1999 年全国老龄工作委员会成立后，其日常工作由中国老龄协会负责。2005 年 8 月，经中央编委批准，中国老龄协会与全国老龄工作委员会办公室实行合署办公，在国内以全国老龄工作委员会办公室名义开展工作，在国际上以中国老龄协会名义开展老龄事务的国际交流与合作，主要履行以下职责：办理全国老龄工作委员会决定的事项；研究提出全国老龄工作发展的方针政策和规划，拟订实施办法；督促、检查全国老龄工作委员会决定事项在有关部门和各地的落实情况并综合上报；负责各成员单位的联系、协调工作；开展调查研究，收集、整理老龄工作的有关情况和信息，总结推广先进经验；承办全国老龄工作委员会交办的其他事项。

如今，中国老龄协会是国务院所属副部级事业单位，是国家专司老龄事业的部门。2018 年 3 月，根据中共中央《深化党和国家机构改革方案》，中国老龄协会由国家卫生健康委员会代管。2019 年 2 月，中组部明确中国老龄协会参照公务员法管理。中国老龄协会内设机构有综合部、政策研究部、权益保护部、事业发展部（国际部）、宣传部和人事部。现阶段主要职责有：对我国老龄事业发展的方针、政策、规划等重大问题和老龄工作中的问题，进行调查研究，提出建议；开展信息交流、咨询服务等与老龄问题有关的社会活动，参与有关国际活动；承办国务院交办的其他事项和有关部门委托的工作。

中国老龄协会的直属单位有中国老龄科学研究中心、机关服务中心、老年人才信息中心、中国老年杂志社和华龄出版社；代管社团有中国老龄事业发展基金会、中国老年学会和老年医学学会、中国老年大学协会、中国老龄产业协会、华龄智能养老产业发展中心、华寿之家社区养老服务发展促进中心。

2. 全国和地方老龄工作委员会

从中央来看，全国老龄工作委员会是国务院主管全国老龄工作的议事协调机构，成立于 1999 年。值得注意的是，我国在很长一段时间内将老龄问题视为社会问题，包括老年教育在内的老龄工作被列入民政工作的范畴，都挂在民政部。2005年"全国老龄工作委员会办公室"与"中国老龄协会"实行合署办公后，老年教育工作只是渗透在老龄委员会常规事务中的极少部分内容。

2018年3月，根据第十三届全国人民代表大会第一次会议批准的国务院机构改革方案，将全国老龄工作委员会办公室的职责整合，组建中华人民共和国国家卫生健康委员会，保留全国老龄工作委员会，日常工作由国家卫生健康委员会承担。

全国老龄工作委员会现成员单位有：中组部、中宣部、中直机关工委、中央国家机关工委、外交部、国家发展改革委、教育部、国家民委、公安部、民政部、司法部、财政部、人力资源和社会保障部、住房和城乡建设部、文化和旅游部、卫生部、国家人口计生委、国家税务总局、国家广电总局、新闻出版总署、国家体育总局、国家统计局、国家旅游局、总政治部、全国总工会、共青团中央、全国妇联、中国老龄协会等28个单位。

全国老龄工作委员会主要职责有：其一，研究、制定老龄事业发展战略及重大政策，协调和推动有关部门实施老龄事业发展规划；其二，协调和推动有关部门做好维护老年人权益的保障工作；其三，协调和推动有关部门加强对老龄工作的宏观指导和综合管理，推动开展有利于老年人身心健康的各种活动；其四，指导、督促和检查各省、自治区、直辖市的老龄工作；其五，组织、协调联合国及其他国际组织有关老龄事务在我国国内的重大活动。

关于地方老龄工作委员会，以上海市为例。上海于1983年11月成立上海市老龄问题委员会，1995年7月更名为上海市老龄委员会。2000年4月撤销老龄委，新组建上海市老龄工作委员会，下设办公室，内设老龄工作处和老龄事业发展中心，下属单位有上海市老龄科研中心、上海市老年法律服务中心和上海市老年对外交流中心等。上海市老龄工作委员会由市民政局、市委组织部、市委宣传部、市文明办、市委老干部局、市计委等共21个委员单位组成，各有明确的工作职责。如市教委的工作职责是：协调制定和实施老年教育法规和规划；督促落实开展老年教育的必需经费，负责对各类老年学校综合统筹、协调和管理；负责大、中、小学生尊老敬老的德育教学和社会实践；充分发挥教育部门人才和场地的优势，为开展老年教育提供方便和优惠服务。

3. 文化部门、教育部门

20世纪90年代，在"终身教育"被国家政策文本首次确定后的10年期间，老年教育被定位为群众文化活动，对老年教育本质的理解比较简单。这一阶段，老年教育管理呈现出以文化部为主体、其他部门（如民政部、教育部、老龄委等）配合的管理格局。1999年，国家明确由文化部负责全国"老年非学历教育"，文化部又将这一职能分解给社会图书司中的群众文化处。2001年11月，文化部在杭州召开了首次全国老年教育工作座谈会，再一次强调这一阶段的老年教育的管理主体是文化部门。文化部门成为老年教育发展的核心管理机构，侧重于老年人的思想政治教育和文化精神熏陶。

21世纪初至今，随着社会老龄化加剧和国际社会对积极老龄化理念的宣传，老龄工作得到加速发展。老年教育从文化部门的管理范畴中逐渐析出，开始被放置到老龄事业发展这一事关国家政治、经济和社会稳定的宏大背景中。随着《国家教育事业发展"十三五"规划的通知》等文件的出台，我国确立全国老年教育由教育部牵头，老年教育被纳入终身教育体系。老年教育公共服务功能得到强化，一些地方按照基础教育和普通教育的思维来管理老年教育。时下，教育部门对老年教育的关注更多是从学习型社会和终身教育体系建构的角度对老年人赋权增能。

我国的老年教育缘起于民间，老年教育办学主体的多元化导致各地老年教育管理归口的不一致。

上海市最先把老年教育纳入教育行政部门管理，走在全国前列。1998年开始，上海市教委、老龄委就发文明确"市、区、县教育行政部门是老年教育机构的行政管理部门，按照分级管理、分级负责的原则履行对老年教育机构的管理工作"。2007年再次强调老年教育管理责任主体，教育行政部门负责管理老年教育被再次强化并成为全国各地借鉴学习的模板。为我所用是前提，效率优先是关键，但也需要相对清晰的职能边界划分，这样有利于老年教育在教育系统和养老体系中发挥更大的作用。[①] 上海市遵循"一方牵头，各方参与，分工负责，协调发展"的原则，以教育行政部门为主，组织有关部门合理分工、各司其职的做法值得借鉴。老年教育管理机构是

---

① 吴思孝. 我国老年教育的历史追溯与未来展望——基于政策发展视角 [J]. 成人教育，2019，39(6)：42-48.

促进老年教育发展的重要保障，科学确定老年教育的主管部门，明确责任与分工，增强内部沟通的有效性，充分调动各级管理的积极性和责任意识，才能促进老年教育持续健康发展。

现如今，老年教育管理不仅依赖于政府的宏观领导，与中国老龄工作委员会、中国老龄协会，中国老龄事业发展基金会和中国老年大学协会等各协会部门及社团组织给予的关怀、重视和指导，各地涉老部门、文化部门和教育部门以及各行各业给予的支持和帮助也息息相关。

对老年教育主管部门的讨论

据中国老年大学协会统计，目前约80%的老年大学由老干部局系统管理，其余的由老龄委、教育行政部门及企业管理，个别学校由民办单位管理。福建省设立老年教育委员会主管老年大学，由在任副省长或组织部部长担任主任，统一管理全省老年教育机构，贵州和湖南设立老年教育领导小组，但职能实施则由老干部局负责。还有一些省份的省级老年教育机构和省辖市及地方的老年教育机构的主管部门也存在不一致现象，如安徽省老年大学由老干部局主管，但省辖芜湖市老年教育则由当地文化局主管，天津市老年大学是教委主管，但市辖河东区则由老干部局和政协合作管理。这样各地根据当地老年教育实际情况，设置主管机构，体现了灵活性原则，但归口不一的局面容易造成政出多门、协调不力等问题。

有很多学者就老年教育管理的主管部门展开讨论，论述了老干部局、老龄委、文化部门、老年教育委员会等管理老年教育的优劣势。老干部局作为目前老年教育主要管理机构，可以利用自己的权威和影响力，提高对学校硬件建设、干部配备、资源开发、经费投入的支持力度，但老干部局属于非教育行政部门，不利于发挥各类非正规、非正式老年学习对老年教育的补充与完善，难以保证按照教育规律进行管理。老龄委作为议事、协调机构，管理老年教育可以发挥号召、组织和协调优势，但在学校设置、预测计划、财务行政和人事编制等方面困难很大，因此主要在城乡基层老年教育管理中发挥作用。文化行政部门管理老年社会教育有其优势，但对老年学校教育的管理和《教育法》《民协教育促进法》的有关规定相抵触，不利于落实依法治国和终身教育体系构建。很多省市建立了老年教育委员会（或领导小组、工作小组），这种机构管理效力取决于主要领导者的态度和领导力，而且都属于临时机构，容易导致形同虚设。长远来看，由教育行政部门主管老年学校教育这一观点得到了较多学者的支持。理由是，不仅符合老年教育的基本属性，也有充分的法律依据，有利于老年教育工作的开展、提高和规范化。

老年教育的管理不仅仅依靠国家行政力量，诸如老年大学协会等社会组织也为我国老年教育事业的创设和蓬勃发展注入了新的力量。在此做些简单的介绍。

老年教育管理的社会组织

老年大学协会

中国老年大学协会接受中国老龄协会和民政部、民间组织管理局的业务指导和监督管理，是组织全国老年大学（含地方老年大学协会和老年学校）之间协作的全国性非营利社会组织，成立于 1988 年 12 月。协会采取单位会员制，吸收了中央各部委、地（市）以上、省军区以上和大型企事业单位主办的老年大学及老年教育团体入会。现在全国有单位会员 255 个，联系着全国 32700 余所老年大学（学校）和 333.5 万老年学员。中国老年大学协会的业务范围包括：一是组织校际的经验交流、信息沟通、资料交换；二是培训老年教育工作者；三是组织科研和教研活动；四是组织各校的教材交流与合作，编审推荐优秀教材；五是开展国际的经验与学术交流；六是筹集并管好、用好老年教育基金，发展老年教育事业。中国老年大学协会下设老年教育学术委员会、宣传出版工作委员会、远程教育工作委员会和教学工作委员会。

地方老年大学协会是各地依法组建的老年教育专业性、非营利性的社会组织。如安徽省老年大学协会，是经省民政厅依法登记、具有独立法人资格的社会团体，于 1990 年 9 月成立，业务主管单位是省委老干部局。协会以习近平新时代中国特色社会主义思想为指导，遵守宪法、法律、法规和国家政策，践行社会主义核心价值观，充分发挥协会纽带作用，为提高和促进全省老年教育事业的发展与繁荣，为老年学员老有所养、老有所医、老有所为、老有所学、老有所乐，为建设全民学习、终身学习的学习型社会，为维护社会和谐稳定、促进全面建成小康社会做贡献。协会业务范围包括：

对会员校单位进行业务指导；组织业务培训，提高办学能力；开展创建活动，推动老年大学（学校）规范化建设；开展优秀老年大学（学校）教学大纲、教材的推荐及编写；组织老年大学（学校）之间的业务交流、信息沟通、资料交换；开展老年教育理论、学术和教学研究；推动老年远程教育，扩大老年教育覆盖面；加大老年教育的宣传力度，积极开展老年社会文化活动，扩大社会影响；承担中国老年大学协会安排的业务，加强、做好与省外老年大学（学校）的业务交流。

中国老龄事业发展基金会

中国老龄事业发展基金会的业务主管单位为民政部，由中国老龄协会代管，接受民政部的业务指导和监督管理。

其宗旨是：遵守《中华人民共和国宪法》和国家有关法律、法规，弘扬中华民族敬老、爱老、助老的传统美德，争取海内外关心中国老龄事业的团体、人士的支持和帮助，协助政府积极推进中国老年社会福利、医疗卫生、文化体育、老年教育等各项事业的发展，加强同国际老龄组织、友好机构及人士的联系，促进相互间的合作与交流。

主要业务范围包括：组织开展各种形式的募捐活动，接受海内外法人、自然人及其他组织的捐赠，建立、管理和使用用于支持和发展中国老龄事业的各项基金；根据社会发展和老年群体的需求，创办和资助老年社会福利、文化、体育、教育、卫生事业等项目。投资设立或合作兴办养老院、托老所、老年病医院、老年大学、老年人才交流中心、老年艺术团等企业和民办非企业机构；组织开展和资助开展推动老龄事业发展，有益于提高老年人生活、生命质量的各项活动；资助城乡特困老年人；奖励为老龄事业做出杰出贡献的团体和个人、老年杰出人物和优秀人才；开展与港澳台同胞、海外侨胞、友好团体和人士以及相关国际组织的合作与交流活动。

回顾与思考

1. 什么是老年教育管理体制？有哪些类型？

2. 我国目前的老年教育管理体制是什么样的？你觉得有什么需要改进的地方？

3. 老年教育政策和法规有什么区别？

4. 在制定老年政策法规时应该考虑哪些内容？

5. 我国老年教育政策法规的发展历程经历了哪几个阶段？各阶段有哪些重要的文件？每个阶段的特征是什么？

6. 老年教育计划可以分为几个步骤，在制订时需要注意哪些事项？

7. 老年教育组织可以分为哪几种？

8. 介绍两种不同的老年教育组织，说出它们职能分工的不同之处。

9. 什么是老年教育管理机构？

第十章

老年教育管理（微观篇）

　　本章主要讲述老年教育管理的微观部分。目前我国老年教育形式一般涵盖学校教育、社会教育、远程教育等。这些形式各具特色，但老年学校仍是老年教育实施的主体。老年学校教育的实施载体是各级各类老年大学，微观篇围绕老年大学，介绍其内部组织机构和管理制度。本章主要分为两节，第一节主要介绍老年大学的内部组织机构和结构，第二节主要介绍学校内部的各项管理制度，包括学校内部领导制度以及教师管理、教学管理、学员管理、财务管理、后勤管理等方面内容。

第一节 老年教育的组织形式

一、概 述

（一）教育的组织形式

根据教育自身形式化的程度不同，即教育存在形态不同，可将教育分为非形式化教育、形式化教育和制度化教育三种。

非形式化教育。没有稳定的教育者和受教育者，也没有固定的教育场所和规范的教育内容。教育者和受教育者的关系具有偶发性，教育的形式是不定型的，教育活动与社会生活、社会生产融为一体。

形式化教育相对非形式化教育而言，有稳定的教育者、受教育者和固定的教育场所和教学设施，所传播的教育内容逐步规范化、知识化。教育活动已从社会生产、生活中独立出来，成为一种专门社会实践活动的形态。

制度化教育即正规教育，学校不再是一个个互相独立的个体，而是在制度的约束下形成了一个完整的系统，遵循一定的规则有序地运行。教育活动被严格限制在学校教育系统，并且严格按照学校的一套规章制度来运行，即建立一种具有普遍使命的、结构稳定而权力集中的学校体系。

（二）我国老年教育的组织形式

我国学者王英、谭琳认为老年教育有"正规"和"非正规"之分，"非正规"老年教育是相对于中国比较"正规"的老年大学教育而言的。[①]"非正规"老年教育的类型随着老年教育实践的发展在不断丰富，诸如社会教育、远程教育等是我国老年教育不可或缺的组成部分，它们对于丰富老年教育模式、拓宽老年教育覆盖面以及构建学习型社会有积极的意义。

学校教育是"正规"老年教育实践的主要形态，具有自身的特点和优势。与一些松散的教育活动相比，学校教育更有组织性和规范性。学校有

---

① 王英，谭琳."非正规"老年教育与老年人社会参与 [J]. 人口学刊，2009(4)：41-46.

较为完善的规章和制度，有明确的职责分工，设立了专门的内部管理机构。学校里的教师、学生、教学设备、教学手段、学校环境等都构成了一定的关系系统，成为一个整体。学校教育在学习内容、学籍管理等方面系统化程度较高，教学过程有详细的要求和评估标准，老年人参与学习的质量能够更好地得到控制。

根据国务院办公厅印发的《老年教育发展规划（2016—2020年）》，到2020年，全国县级以上城市原则上至少应有一所老年大学，50%的乡镇（街道）建有老年学校，30%的行政村（居委会）建有老年学习点。市县级以上的老年大学集中了区域内优质的资源，可发挥老年教育教学的示范作用，带动提升其他老年学校的教学水平。社区老年学校方便老年人就近学习，有助于完善基层老年教育服务体系。社区学校要整合利用现有的社区教育机构、县级职教中心、乡镇成人文化技术学校等教育资源，以及群众艺术馆、文化馆、体育场、社区文化活动中心（文化活动室）、社区科普学校等场所，开展老年教育教学活动。老年大学分校和教学点的设置，可以为行动不便或偏远、农村社区的老年人提供便捷的教育服务。如，宁波市在市社区大学老年教育中心—县市区社区学院—乡镇街道成校三级办学主体网络的基础上，深入社区和农村基层，建立社区（村）老年大学教学点，建构了市—县（市区）—乡镇（街道）—社区（村）四级教育网络。

（三）老年学校

老年教育的主要载体是各级各类老年学校（老年大学）。目前学界对老年大学和老年学校并未做出非常严格的概念限定。本节以老年大学为例展开老年教育组织的学习。《教育大辞典》把老年大学定义为：以老年人为教育对象的一种教育机构，包括老年干部局、退休职工大学等，是中国成人教育中的一种教育形式。根据老年人身心发展特点和志趣设置课程，有医疗保健、政治、历史、文艺、书法等，学员可以灵活选学。学校独立设置，在国家法律规定下，根据老年教育的性质、宗旨，从自己的办学条件出发，面向社会，自主办学，属于非学历教育。[①]

王志刚指出："老年大学是一个半社会半福利型的全民事业单位，是对离退休干部、职工（含下岗）和社会其他老年人进行政治、文化、生活

---

① 顾明远.教育大辞典[M].上海：上海教育出版社,1992: 962.

等教育的一所特殊的成人教育学校，是政府主导下的一种非学历的、正规的学校教育。"①

对老年大学含义的不同诠释体现了我国老年教育办学多样化的特点。

我国老年教育有四类办学主体：公办（国办）、民办、公办民助、民办公助。所谓公办即国家作为办学主体或称政府办学，既包括省、市、区、县、乡、街道各级政府办的，也包括老龄、教育、文化、老干部、军队等各部门所办的学校，还包括大学、企业、科研院等企事业单位兴办的。而民办校则是由社会团体或个人创办并给予经费支持的。公办民助形式则是由政府及机构主办，由社会团体或个人给予经费资助；民办公助则是由社会团体及个人为办学主体，但由政府给予经费支持的办学形式。② 下面以山东老年大学、上海老年大学和国家开放大学老年大学为例介绍了三所学校的创办历程和发展情况。

几所典型老年大学简介

山东老年大学

山东老年大学创办于 1983 年，是中国第一所老年大学。建校 30 多年来，遵循"增长知识、陶冶情操、丰富生活、促进健康、服务社会"的办学宗旨，秉持"学养相宜、康乐有为"的办学理念，开拓进取，创新发展，共建有 4 个校区、1 个教学点、7 个分校，设有 6 个学院（艺术团）、340 名教师、80 多个专业、800 多个教学班。学校重视规范化、信息化建设，开发了具有自主知识产权的信息化管理系统；开展联合办学，引领社会力量参与老年教育。

山东老年大学是全国示范性老年大学，承担了中国老年大学协会宣传出版工作委员会、远程教育实验区指导中心、中国老年大学协会会刊《老年教育》杂志编辑出版发行等工作。重视老年教育理论研究和校本研究，是全国老年教育理论研究基地之一。同时，组织全省老年大学开展教学研究、成果展演、经验交流、示范校创建等活动，提高对各级老年大学业务指导水平。

---

① 王志刚.城市社区老年大学办学定位的分析——以乐山市市中区老年大学为例 [J]. 乐山师范学院学报，2010，25(5)：111−114.

② 岳瑛.教育学视阈中的老年教育 [M]. 武汉：湖北科学技术出版社，2012：151.

上海老年大学

创建于 1985 年 5 月，原名上海老年人进修学院，1986 年改名上海老年大学，现为上海市教育委员会的直属事业单位。

学校总部地处黄浦区南塘浜路 117 号，校舍面积 4300 平方米，设书画、外语、钢琴、计算机、文史、保健、家政、文艺、器乐、游学等 10 个系，同时还与上海开放大学合作开设了学历教育 4 个专业。上海老年大学钦州书院位于钦州南路 500 号，校舍面积 8000 平方米，设国学经典、生命教育、现代智能、国际文化、音乐艺术、舞蹈戏曲、书画艺术等 7 个学部。两校区共开设课程 260 余门，学员数约 1.5 万人（2.4 万人次）。搭建了上海老年教育研究院、国际老年教育研究中心等科研平台，积极开展老年教育理论研究；学校率先建成了全球首个 5G 覆盖的老年大学，积极探索智能信息化教学，助推老年人跨越"数字鸿沟"；上海老年大学牵头组建了全国规模最大的老年教育联盟集团，包括复旦大学老年大学、上海交通大学老年大学等在内 21 个分校是联盟成员单位。联盟合计 3000 个左右的班级，1000 余门课程，学员数约 10 万人次 / 学期，在助力上海乃至全国老年教育发展方面起到了良好的示范、辐射、引领作用。

国家开放大学老年大学

2015 年 1 月 28 日，国家开放大学正式挂牌成立老年大学，联合全国老龄工作委员会办公室、民政部中国社会福利与养老服务协会、人力资源和社会保障部职业技能鉴定中心等单位共建而成，是全国首家老年开放大学，是一所以现代信息技术为支撑，以线上线下方式相结合，面向老年人和养老服务从业人员开展学历继续教育与非学历继续教育的新型老年大学。学校定位于为老年人提供全方位的学习支持与服务，促进终身教育体系和学习型社会形成；加快培养培训为老服务人才，填补老年服务市场人才缺口，提供高素质为老服务从业者。

学校目前初步建成了办学组织体系。一是依托国家开放大学分部、学院，构建开放大学、广播电视大学老年教育体系，目前已有 24 个分部成立老年教育机构，约 9 个分部正在筹建中；二是与各级各类老年大学、高校第三年龄大学联盟等，尤其是国家部委与国企所属的老年大学开展合作，构建老年大学合作体系；三是逐步打通养老机构、为老服务机构（企业、协会）体系；四是与具备良好合作办学条件的地方政府、养老行业探索合作共建直管的老年学院，目前已成立 5 个直属老年学院。老年大学目前已与体系内外近 50 家单位开展合作。

二、老年大学管理组织机构

老年大学是为完成老年教育教学任务而建立起的组织系统，其核心是人、财、物的组合方式和职、权、责的分配关系。其中具体的内涵主要包括三个方面：老年大学纵向的权力等级和职责分布；老年大学横向的职责划分及职能部门构成；老年大学内部的决策、执行、沟通、联络、反馈等运转协调机制。

（一）老年大学管理组织机构设置的依据

一是老年大学自身的需要。主要是指老年大学的目标、任务和老年大学的规模。

二是社会政治制度的要求，不同的政治性组织和群众性组织必须是执政者所允许或支持的。

三是政策法规的限制。国家和地区各级老年教育办学，不仅体现在教育经费的来源是实行以国家为负担主体的多层次、多渠道的筹集方式，而且更表现在办学的方针、目标、教学计划以及学制和学校编制也是由国家及有关地方政府确定的，它们常以政策法规的形式颁发。

（二）老年大学组织机构设置的原则

有效性原则：老年大学组织机构的设置要有利于提高老年教育工作效率和社会效益。工作效率是指耗费的时间与获得绩效的比值。社会效益是指国家投入的各种物质资源获得的绩效给社会带来的好处，即社会价值。贯彻这一原则的要求是：职能要分开，人员要精干。

管理幅度原则：指一个组织或领导人员直接管辖的下级组织或人员的数量或范围要适当合理。影响管理幅度的因素包括领导管理人员自身的素质水平、下属人员的工作能力，以及下属工作的性质和难易程度。贯彻这一原则的要求是：要根据制约因素的实际情况，明确管理幅度，要形成明确的纵向管理和横向管理职能分工，要在职能分工的基础上，做到信息沟通、良好合作。

统一指挥原则：指在老年大学内部要建立一个统一的行政领导和指挥系统，下级只接受一个上级的直接指挥，不能有多重指挥。贯彻这一原则的要求是：要充分调动下级的积极性和主动精神，不允许下级越过直属上级接受更高一级的指令，同级职能部门之间不存在指挥和服从的关系，但要相互提供信息和建议，进行良好的合作。

权责对等原则：指老年大学的岗位设置必须使职责和职权相一致。既避免有责无权，也避免有权无责，保证在其位，行其权，尽其责。贯彻这一原则的要求是，要做到能级对应，以保证权力的有效性，实行岗位责任制，把不同岗位的权力、责任统一起来，责任的后果要封闭，要对履行职责的情况进行评价，并实施相应的奖惩，实行统一领导，分级分工管理，做好分权和授权。

协调一致原则：老年大学内部组织机构的运作作为一个整体，要有统一领导、指挥，统一的行动。各职能部门要在明确分工的前提下，互相沟通协作，形成有效的运作机制。贯彻这一原则的要求是老年学校要有统一的决策指挥系统，这是协调一致的首要条件，要加强信息交流与沟通，这是加强管理的重要基础，老年学校成员要有全局观念和基本的组织纪律，这是重要的组织保证。

因校制宜原则：老年大学要根据自己的性质、特点、任务、环境、历史以及发展前景等因素决定自己机构的废、改、立。老年大学组织机构的设置要从自身实际出发，因校制宜，不应强求一律。贯彻这一原则的要求是，要根据自己的条件和历史沿革研究机构的设置；要根据老年大学的规模和任务目标确立机构；不要贪大求全，要力求精简和高效。

（三）老年大学主要管理组织机构

不同老年大学的内部组织机构设置可能存在差异，命名也不尽相同。根据学校内部职能分工的不同，设置不同的处室或部门。这里以山东老年大学为例，介绍老年大学内部的处室划分及工作职责。

山东老年大学内部机构主要有：办公室、人事处、机关党委、教务处、学员工作处、教学研究处、服务保障处、综合规划处、合作交流处（挂网络与远程教育牌子）、宣传教育处（老干部党校办公室）等。不同处室的工作职责如下。

办公室（人事处）职责如下：（1）负责学校各类工作的综合协调。（2）承担全校性重要会议、活动的组织及会务工作，负责学校公务接待和对外交流工作。（3）负责制订年度工作计划，起草工作总结、文件讲话、规章制度等学校综合性材料，承担学校各类公文办理及管理工作。负责机要文件和机要设备的管理，学校档案材料的收集整理，编写学校校志及大事记。（4）承担学校财务、资产管理工作。负责经费预决算、审计，政府采购申请及结算，日常工作经费审核报销，工资补贴发放。负责固定资产、办公用房、车辆管理使用，工作证件办理、节假日值班安排等涉及全校的日常性工作。（5）负责学校干部队伍建设和人事工作。深化干部人事制度改革，健全完善干部人事管理制度。（6）负责编制管理使用工作。承担机构人员编制调整申请及职责分工安排，编制年度用编计划，做好编制增减使用工作。（7）负责学校外事工作。承担出入境管理登记备案、因公出国计划及手续报批、因私出国审批及证照管理等有关工作。（8）负责学校职工队伍建设。承担派遣制人员、返聘人员的选聘、考核等工作，做好教师聘用备案、工资审核等工作。

教务处职责如下：（1）负责编制招生计划。研究分析老年人需求和教师队伍情况，编制和调整课程设置、学制设置，负责班次编排工作。（2）负责教师队伍建设和管理。做好教师选聘及日常管理、考勤考核等工作，完善教师管理制度。（3）负责研究制定教学大纲，编制教学计划，编写、修订及推广老年大学统编教材。（4）负责组织教学活动实施。统筹各校区、分校教学活动安排，监督和指导教学开展。

学员管理处职责如下：（1）负责招生工作。组织学员报名注册、学费收缴、学籍管理、毕业注销等工作。负责教学管理系统的管理、更新和维护。（2）负责学员日常管理和服务工作。研究制订学员管理规章制度，做好学员思想政治、安全纪律、行为规范、心理健康教育。维护日常教学秩序。（3）负责与校区管理办公室的日常联系。（4）负责第二、三、四课堂活动的组织协调工作。承担学校学员社团建设及管理工作。（5）负责学校艺术团日常管理，组织开展各类演出活动。（6）负责学风班风建设，做好学员评先树优及违规违纪处理工作。

教学研究处职责如下：（1）负责老年教育理论和规律研究。组织开展老年教育调研，总结推广老年大学办学经验。制订实施科研计划和课题研究，组织参加全国、省老年大学协会理论研讨。（2）负责学科建设和教学研究。定期对教学工作调研、评估，总结教学规律，提出教学改革意见建议。（3）综合整理国际、国内老年教育情况，为学校发展提出建设性意见。

机关党委职责如下：（1）负责学校党建和思想政治工作。（2）负责学校基层党组织建设。建立健全党组织，按时做好换届及改选等工作。抓好基层党建工作指导、监督和考核，组织党建工作述职、党员民主评议、评功评奖和各类表彰活动。（3）负责党内组织生活。组织校领导班子民主生活会、理论中心组学习，指导各党支部开好组织生活会，落实"三会一课"制度，建立健全"三簿一册"。（4）负责党员管理工作。（5）负责学员党建工作。健全完善学员临时党组织，管理和指导临时党组织负责人开展工作，组织学员党员开展组织生活和正能量宣传教育活动。（6）承担学校各类培训工作。负责制订培训计划并组织实施。（7）承担机关纪委职责。（8）承担学校精神文明建设工作。（9）负责指导学校工会、共青团、妇委会工作，做好计划生育、慈善救助等工作。

合作交流处职责如下：（1）负责合作办学工作。落实与高校、机关、企事业单位联合办学工作，协调处理合作办学中遇到的问题。（2）负责远程教育网建设和远程教育教学站点建设，开发制作教学课件、开展远程教育模式创新研究。（3）承担全国老年远程教育试验区指导中心工作。（4）承担省老年大学协会办公室工作。负责组织协会会议、学术交流、办学经验交流、示范校建设、评先表彰、教学成果展演等有关工作。（5）负责老年教育示范指导中心、理论研究中心、师资培训中心和远程教育中心"四个中心"建设。

服务保障处职责如下：（1）负责学校安全保卫、医疗保障、水电暖管理维护、校园绿化、环境卫生、物业管理等后勤保障工作。统筹安排教室使用。（2）负责学校基础设施建设与维护，教学设施设备管理与维修。（3）负责组织政府采购预算的编报、会审，制定并落实政府采购预算执行方案，参与招标、合同签订与组织验收。承担校区办公、教学用品用具及劳保用品的购置与发放。（4）负责学校平安校园建设。制定并宣传突发事件应急处理预案，组织突发事件应急演练，妥善处置突发事件。

宣传教育处职责如下：（1）负责省直老干部党支部书记、委员的培训，编辑、印发《山东省老干部党校学苑》。（2）负责学校对内对外宣传工作。协调联系新闻媒体，宣传老年教育工作方针政策及老年大学办学经验、成果、成就，协调学校重要活动与会议的摄影摄像，承担影像资料收集保存、整理编辑、宣传报道等工作。（3）承担学校门户网站、微信公众号的日常管理。（4）负责《山东老年大学》报编辑印发工作。（5）负责校园文化建设。

（四）老年大学管理组织结构模式

1. 当前老年大学管理组织机构的两种模式

目前各级各类老年大学，学校管理组织机构主要有"二级三层"管理组织机构和"三级四层"管理组织机构两种模式。"二级三层"管理组织机构模式包括"校长—若干管理人员—班级"或"校长室—教务部—班级"。后者是在前者基础上将处于中间的教学管理给予职责进一步明确分工而形成。这在老年学校办学初期或办学规模较小的老年学校比较多，其管理模式层次简洁。该组织结构的优点是机构简单，指挥及时，职责分明；缺点是管理职能比较简单，校长要处理各种校务，在较大规模的学校不太适应，因此只能在较小的学校实施。

"三级四层"管理组织机构模式主要是"校长室—教务部（包括同一等级的其他管理部门）—系（学科组或班主任）—班级"。这类多层次的管理模式是在前一模式基础上随着老年大学的发展而形成的，相比"二级三层"管理组织机构模式的管理功能更趋于完备，为当前许多较大规模的老年大学所采用。在规模较大的学校，管理难度较大，需要设立相应的职能机构协助校长进行管理。其中，校长室一级是学校的领导决策层，处于学校管理的最高地位；教务部等相关部门是学校管理的第二级，亦称为学校管理的中层，是学校的管理组织层，且根据管理功能的需要增设相关的管理部门，如办公室、财务、后勤部、学员团队管理机构、分校管理机构等；第三级为系（学科组或班主任），是组织执行层；班级是学校管理中的最基层单位，是在以上三级的领导、管理下落实执行操作的层次。其优点是可以减轻校长领导工作的负担，集中主要精力于研究和思考学校的重大问题，全力抓学校的大事。缺点是由于各职能机构在自己的职能范围内都有指挥权，命令不统一，相互协调发生困难，也容易使学校领导架空，脱离实际。

实际上，不管是何种管理组织机构模式，都有不同的管理层级，但是在学校实际管理中其管理功能既有分工又有交叉。如，校长室主要功能是领导与决策，但在完成学校共同目标的过程中也会通过管理措施组织员工执行；教务部等相关部门既要按学校领导的决策制订具体执行计划，又要领导所属部门人员展开具体操作，完成工作任务。因此，每所老年大学都会制定相关的规章制度对各层级的管理功能给予明确，并加以制约。

目前，老年大学的管理组织机构中最基本的、也是最重要的是两个层级，即领导层和管理层。处理好这两者之间的关系,学校管理就会自然、有序、流畅。

2. 老年大学管理组织机构的特点

多样性。老年大学的管理模式具有多样性的特点。各级各类老年大学遍布各行政区域、企事业单位,管理部门多元,规模不一,而且学校的管理人员也来自各方,因此老年大学的管理模式呈多样性。上文中提到的两种管理组织机构模式是当前老年大学中普遍存在的管理模式。实际上,有的老年大学还建有校务委员会、二级校管理机构、学委会等;也有校长带领办学人员直接管理的模式。总之,各校的管理模式是建立在适合本校实际基础上的。

特殊性。老年大学管理模式的特殊性表现为,在短暂的发展过程中,学校管理一直在正规与非正规之间探索。所谓正规,是指老年大学发展至今,虽然尚未纳入国民教育体系,但是在党和政府、相关部门的关心、支持下,在办学者们的努力下,不断探索、实践学校管理的现代化、规范化;所谓非正规,是指老年大学由于自身办学的特殊性,决定了它不可能完全按照国民教育体系中正规学校的管理模式开展学校管理。譬如,仅从办学管理人员的配置分析,老年大学由于各种办学条件因素的影响,就存在三五个办学人员也可办起一所学校,往往可以校长既是一校的领导者,又要扮演一般管理者的角色,承担领导、管理、执行多项职能的情况。另有许多老年大学在班级的管理层不设班主任,依靠学员班长扮演原来班主任的管理角色。当然,不少省市、区级的老年大学随着办学规模的扩大,学校管理组织机构趋于管理职能分工更细的分级多层管理模式。因此,老年大学管理模式的形成决定于各校办学的特殊情况。

发展性。与国民教育体系学校管理模式相对成型、稳定相比,老年大学的管理模式具有发展性的特点。纵观如今的老年大学与以往的老年大学在各方面都发生了极大的变化。老年大学的初创源自我国干部离休制度的实行,初创期学校的学员人数较少、课程设置不多,因而学校管理要求也就比较简单。随着老年大学的发展、学校面向社会老年人群的开放,出现学校教育的受众面变化、增加,办学性质的变化等,老年大学的办学要求越来越高,自然带来管理模式的不断转型。特别是当今随着老年教育内涵的深入发展,学校管理的现代化、规范化建设已成为老年大学办学的重要内容,因此,老年大学的管理必定会继续发展,形成具有我国特色的老年大学办学模式。

第二节 老年学校管理制度

一、概 述

（一）相关概念

制度经济学家诺思认为："制度是一系列被制定出来的规则、守法程序和行为的道德伦理规范，它旨在约束追求主体福利或效用最大化利益的个人行为。"[①]制度不同于文化，是一种运用强制或硬性约束措施的管理手段。它可以把人们的决策程序化、规范化，使得人们在相互交往中有一个共同的依据。

管理制度是人们经过长期工作实践积累进而被设计为具有稳定性、受到普遍认同、以严谨的文字公之于众、能持续发生制约作用的行为规范，用管理制度来统领教职工解决学校办学中错综复杂的问题，是文明社会人们逐步形成的基本模式。所以，管理制度既是现代学校正常运作的必要条件，也是学校实现可持续健康发展和追求文明办学的标志。

学校管理制度的建立是为了方便学校对内部事务的管理，提高组织运行效率，更好地实现学校教育目标。现代化的学校管理制度要求学校管理模式的改革创新，在新的历史阶段实现新的转变。这种转变符合新时代国家对现代治理体系与能力的新要求，也使得学校能够保持长远发展，对完善和丰富学校内部治理结构有重要意义。

（二）老年学校管理制度的制定原则

老年学校管理制度的制定需要遵循政策导向性、教育性、可行性、严肃性、民主性等原则。

1. 政策导向性原则

老年学校内部各项管理制度要符合我国老年教育管理的政策法规的要

---

① [美]道格拉斯·C.诺思.经济史中的结构与变迁[M].陈郁、罗华平，译.上海：上海人民出版社，1994：225-226.

求。学校管理制度应是国家和地方政府制定的政策法规在学校内部管理的具体化，任何违背国家现行的政策法规的学校管理制度都是不合法的。

2. 教育性原则

教育教学是学校工作的中心环节，老年学校管理制度的建立要紧紧围绕老年教育教学，"学校应该只关注那些维持和改进学校所必需的行政和管理活动。评价一所学校的主要标准，是看多少时间和资源被用于真正有教育性的活动上"[①]。老年学校是老年人的学习阵地，更是老年人的精神家园。通过科学合理的学校管理，为老年学员创设良好的学习环境和氛围，不仅满足老年学员多样化的学习需求，也让他们得到身心愉悦和健康。

3. 可行性原则

老年学校管理制度具有实际执行的可能性。各项管理制度的制定要从学校实际出发，制度的制定者要充分了解学校的情况，客观分析制度执行所需要的内外部条件，从人力、物力、财力等方面进行综合的考虑。确保管理制度的可行，需要坚持科学的理念，运用科学的管理理论进行指导。教育实践具有自身的规律，但这规律是客观的，遵循这一规律制定管理制度，就能保证学校内部各项事务的稳定开展。

4. 严肃性原则

老年学校管理制度一旦通过，不可随意更改，违背了制度的要求就要接受相应的惩罚。严肃性原则的制定是为了维护学校管理制度的权威性，否则建立了一套好的制度，而在管理中不去严格执行，落实不到位，制度就会形同虚设，就会成为一纸空文。

5. 民主性原则

老年学校管理制度的形成过程需要学校管理者、教师、老年学员的共同参与。老年教育越发受到社会重视，社会对老年教育的期望和要求就越来越高；教育发展得越快，需要我们解决的难点、热点问题就越多；经济社会形势的发展和变化，也不断给教育工作提出新的更高的要求。学校中有关教师、学生利益的管理事务，必须倾听利益相关者的声音，这是学校民主管理的重要内容，也是学校管理制度制定的重要原则。

---

① ［美］克洛德纳等. 基于案例的学习助手：理论与实践［C］// 乔纳森. 学习环境的理论基础. 郑太年，等译. 上海：华东师范大学出版社，2002.

二、老年学校领导体制

（一）校长负责制

我国各级各类老年学校的领导体制多为校务委员会领导下的校长负责制，即校长是学校的最高管理者和决策者，对外代表学校，对内全面负责。

校长负责制最早是针对中小学领导体制提出的。1985年5月发布的《中共中央关于教育体制改革的决定》首次提出"学校逐步实行校长负责制"，并规定了校务委员会、教职工代表大会制度和学校党组织的职能。1993年2月，中共中央、国务院印发的《中国教育改革和发展纲要》指出："中等及中等以下各类学校实行校长负责制。"2006年修订的《中华人民共和国义务教育法》规定"学校实行校长负责制"，这就将校长负责制以法律的形式确立下来。

现行各级老年学校的领导体制比较趋同，主要表现出两种模式：（1）公办老年教育机构一般实行校务委员会领导下的校长负责制。这种模式普遍分为三种类型：校长由同级党政在职领导或同职级离退休老同志，如党委、人大、政府、政协副职兼任；校长由党委组织部部长或老干部局局长兼任；设专职校长或校长由老干部局副职兼任。三种类型对应副校长分别为组织部分管部长、老干部局局长、副局长兼任或设专职副校长，宣传、劳动、人事、文化、教育、卫生、财政、民政等部门领导为校务委员会成员。（2）民办或联办学校的惯用模式是实行董事会负责制或董事会领导下的校长负责制，如武汉老年大学等。[①]

（二）校长的主要职责

校长的主要职责一般包含以下内容：一是根据主管部门的要求和本校实际情况，决定学校的教学方针、教学理念和发展方向；二是审议并决定学校的发展规划、工作计划等；三是主持建立健全学校的各项规章制度，不断促进学校管理的规范化、现代化、合理化和高效率；四是监督学校各项规章制度的实施和教学计划的完成；五是按照教师队伍发展的需求，引进相应的专业人才，并对教职工进行管理、考核和奖惩；六是不断提高学校教学水平，提高老年学员的身心素质，促进其全面发展；七是关心每一位教职员工和学员，公平公正，敬业勤业；八是对学校的财务进行监督、控制，确保财务运行的廉洁高效；九是积极进行对外联络交流，获取各方

---

① 全国老年大学协会.中国城市老年大学研究 [M].北京：高等教育出版社，2010：44-45.

对学校的支持和帮助；十是组织校务委员会，就学校发展方向、规划、收费等重大问题充分听取群众的意见和建议；十一是对其他关系到学校发展的重大事务进行管理和决策。

简言之，校长除了处理学校日常管理事务外，还需具有应对学校变革创新和处理学校复杂情况这两种能力。随着我国经济社会的发展，党和国家对老年教育越来越重视，老年人群对老年学校教育的新期盼、新要求越来越高，特别是在推进老年教育的内涵式发展中，对老年学校的办学要求更高。老年学校要在新的环境中生存、发展，需要学校不断变革创新，而变革创新需要校长发挥更多的领导力，特别是确定学校发展方向的领导力。因此，校长要能高瞻远瞩地提出学校发展方向、发展远景和战略，并且能清晰地描述学校文化在未来的图景。校长作为学校领导，需要确定方向，提出的发展远景要符合学校、教职工、学员等重要群体的利益，并使它能被转化成切实可行的途径。因此，校长还需要承担创立相关组织结构、激励和鼓舞教职工协调一致等的职责，使学校成员在遇到巨大困难时也能朝着正确的方向前进。

三、老年学校的教师管理

（一）老年学校教师管理的含义和特点

1.老年学校教师管理的含义

老年学校的教师管理是指老年学校对教师的选拔、任用、培训、考核、工资、奖惩、福利、退休等事宜所进行的管理活动。其中教师的任用、培训、评价和激励是教师管理的基本内容。

老年学校教师管理的主要目的就是最大限度满足教师的发展和教师自我价值的实现，老年学校管理者为教师的自我实现提供制度保障和营造良好的氛围，同时提供发展的机会。老年学校各项教育目标的实现需要教师的主观积极性为执行载体，通过教师价值认同即学校关注教师的生存、发展以及自我实现的过程所体现出来的管理制度、管理措施。[1]

2.老年学校教师管理的特点

管理对象的复杂性。老年学校大多数根据学员需求开设班级，按需设

---

[1] 杨官明.教师价值认同：学校教师管理的基点 [J].当代教育科学，2009（16）：43.

岗，按岗求师，教师背景存在较大差异。一是专业差异，绝大多数教师是有一技之长的专业人士，虽然在技术上有过人之处，但可能在教育学、心理学方面的理论知识储备不足。二是年龄差异，有些教师是在岗的青年教师或专业人员，较难理解老年学员的心理特点，交流沟通上存在一些问题。三是素质差异，大部分教师觉得老年教育是公益事业，理应奉献自己，发挥专长，但也有相当一部分教师觉得现在是经济社会，付出应该得到相应的回报。诸多差异给老年学校的教师管理工作带来了挑战。

管理方法要更加人性化。相比普通教育和高等教育阶段的学校，老年学校教师更带有志愿性与义务性的特征，因此，管理方法要更有人情味。如对教师的日常管理要充分体现灵活性，给教师弹性的时间和空间，让教师选择最有利于提高工作效率的环境等。另外，要发动教师参与学校大事的讨论和决策，发扬民主，集思广益，让老年学校的管理制度获得教师的认可；人性化还体现在重视老年学校的和谐文化建设，为教师的进修提高和专业发展提供机会等。

管理过程要增强稳定性。首先，老年学校具有公益性质，编制较少，教师与学校是双向聘任的关系，个别教师可能中途因故退教；其次，由于很多学校办公条件较差，备课等前期工作没有固定场所，没有专用的教师休息室，教师容易缺少归属感。教师不仅要针对老年学员身心规律特点，结合老年人的生活兴趣喜好组织教育活动，还要注意在课堂教学中针对不同年龄层的老年学员进行分层次教学，适时抓住教育契机，将教育工作的计划性与灵活性相结合。因施教对象复杂，教师教学存在一定的难度，因无法适应老年人的教学特点而放弃执教的情况也并不鲜见。老年学校教师的流动性较大，要求学校管理更要注重增强管理过程的稳定性，维护好良好的教学秩序和节奏，管理制度的设计要更加完备、科学。

（二）老年学校教师聘任

1.老年学校教师聘任的含义

教师聘用，即老年学校制定教师队伍发展规划，对外招聘教师，对内进行教师岗位的聘任。教师聘任是老年学校补充师资的主要途径，目前各类老年学校都是通过公开招聘的方式来吸纳老年教育人才，壮大学校教师队伍。

老年大学的教师队伍是一支特别的队伍。老年大学大多数并未纳入国家教育管理系统，有正式编制的较少。因而大多数老年大学只能利用社会资源，外聘兼职的教师，只有极少数在编的教师。从来源上看，老年教育教师有退休后的高级知识分子、退休后的干部、所在地高校科研队伍专家教授、企事业单位的管理人员、各行各业的精英及其他热心老年教育事业、乐于奉献于老年教育的有志之士。[①]

2. 老年学校教师聘任的标准

于荣萍等人认为，要充分挖掘老年干部与高校志愿者资源，扩展教师来源渠道，同时开发老年学校内部资源，制定相应的教师入职标准，建立教师信息资源库以应对突发的教师短缺现象，完善教师考核制度，提高老年大学师资质量。[②]老年学校教师聘用需要遵循一定的标准，一是热心老年教育事业，乐于奉献，身体健康，能坚持工作；二是受聘者要切实履行岗位职责，服从工作安排，认真完成教学任务；三是受聘者要能严格遵守学校规章制度，保证上课时间。教师具体的岗位职责可参考下面所列内容。

老年学校教师岗位职责

教师是学校教学任务的承担者和学校日常事务的管理者，协助校长完成各项工作。其主要职责一般包含以下内容：

一是热爱老年教育事业，具有敬业奉献精神，以身立教，为人师表，发扬优良校风，努力满足老年人学习需要，促进老年人身心健康，推动社会和谐。

二是参与制定和修订所任课程的教学计划和教学大纲，经学校审定后认真实施。

三是充分备课，认真授课，仔细批改作业。

四是按时上下课，保证教学时间，遇有特殊情况不能到校授课，需按照规定请假，提前通知学校以便调整上课时间或安排补课时间，不得随意缺课。

五是认真听取学员的意见和建议，不断积累和总结教学经验，改进教学方法，提高教学水平。

六是关心教材建设，根据需要编写或选用授课使用的教材、讲义。

七是模范遵守学校各项规章制度，维护良好的课堂秩序，引导学员爱护教学设备，妥善处理突发事件。

[①] 张少波.老年教育管理学 [M]. 上海：同济大学出版社，2014：162.
[②] 张娜.中国老年大学的现状及反思 [J].高等函授学报 (哲学社会科学版),2011,24(11)：78-80.

八是积极参加学校教研活动，主动为校刊撰稿，并向学校和社会推荐学员优秀作品。

九是积极参加学校组织的集体活动，主动为学校的建设与发展献计献策。

3.老年学校教师聘任的流程

老年学校通过公开招聘的方式招纳人才。应征者报名后，先进行初审。通过初审者参加学校组织的试讲及专长演示。由校长及人事处决定教师的聘任，并在条件成熟时颁发聘书。合格后将纳入本校教师资源库，适时安排授课。除了传统的聘请渠道外，也有通过毛遂自荐、专家学者推荐等途径选聘教师的。学校还可尝试选聘有实力的年轻教师充实老年教育师资队伍，建立"教管共建"的教学模式，即让优秀的学校办学人员共同参与教学工作，担任部分课程的"兼职教师"，为师资队伍增添新鲜血液和年轻的活力。

（三）老年学校的教师培训

1.老年学校教师培训的含义

老年学校教师培训是老年学校开展的对老年学校教师的职后培训，即为提高老年学校教师专业水准而组织的各种学习活动以满足社会及学员对教师的要求。师资是老年学校最重要的人力资本，是老年教育现代化的主要力量。建设一支数量充足、素质优良、结构合理、专业化、现代化的师资队伍，切实关系到我国老年教育事业的繁荣与发展。

2.老年学校教师培训的形式

学校的培训活动可分为校内培训与校外培训，校内培训是学校自发组织的培训活动。老年学校的教师培训活动多限于校内的非正式培训，针对老年学校教师开展的统一的国家级教师培训还未存在，教育管理部门没有提供大规模的培训活动。[①]孙雅楠对山西省老年大学教师培训现状开展调研，发现存在以下问题：缺乏校际的培训交流和学习，培训形式较为单一且实施具有随意性，这严重挫伤了教师参与培训的积极性和持续性。[②]这在一定程度上反映了我国部分老年学校在教师培训形式上还需要改进和创新的现状。针对以上问题，老年学校可以采取以下措施丰富教师培训的形式。

---

① 张娜.中国老年大学的现状及反思[J].高等函授学报(哲学社会科学版)，2011，24(11)：78-80.
② 孙雅楠.山西省太原市老年大学教师培训体系研究[D].昆明：云南师范大学，2018.

开展校际联盟培训。老年学校教师数量与庞大的学员数量之间比例失衡，学校各自组织大型规范的培训需要较多的精力和金钱。一些老年学校实力较弱，无法定期组织完善的培训流程。因此，各校可以联合建立老年学校教师的培训项目，对教师进行统一规范的培训，不仅可以提高资源的利用效率，还可以促进各校之间的交流，以优带劣，提高老年学校的总体办学水平。

组织流动型培训。一是各校轮流组织培训活动。每所学校必须在规定时间内轮流组织至少一次要求本区或本市所有老年大学教师共同参与的培训活动，并在培训结束后撰写培训报告，总结培训经验，组织各老年大学举行培训研讨会议，分享培训经验，研讨培训方案。通过流动型的培训活动提高各老年大学教师培训的参与度。此外，在所有老年大学举办的教师培训活动中选出优秀代表，经过研究完善其培训体系，为其他老年大学提供培训模式，将其成功经验以新闻刊登或嵌入相关政策文件等形式分享给其他老年大学，为各学校完善教师培训体系提供参考。二是长短期培训相结合。灵活开展教师培训活动，一方面在假期时间开展为时较长的培训活动，另一方面利用教师节假日开展形式多样的培训活动。开展长短期结合的培训活动有利于利用教师课余碎片化时间进行专业培训，同时通过间歇性的长短结合的培训，实现教师的培训巩固和持续培训。

开发第二课堂培训基地。第一课堂是以传统的教师授课，学生在教室学习的方式开展教学活动的课堂，第二课堂是以教育信息技术为核心开展教学活动的课堂。在信息技术迅速发展、知识大爆炸的现代社会，老年大学教师培训在开展第一课堂的同时也应当积极开拓第二课堂的发展空间，实现线上线下一体化的培训格局，以应对教师培训时间不统一、培训地点受限制的现状，同时远程培训可以充分借助网络共享与沟通平台，充分利用网络资源丰富培训内容，这一方式一方面节省了培训成本，另一方面赋予了受培训教师选择的权力，是实现个性化培训与增强教师培训实效性的有效方式之一。

一般培训与个性化培训相结合。教师培训活动应该对科目进行基本分类，针对不同类别与等级开发多元丰富且层次鲜明的课程资源，打造精品课程，对诸如老年心理学、老年人法制教育、形势教育、防诈骗教育、传播正能量等课程，则需要对教师进行统一的培训，其中对于老年心理学的培训尤为重要，现今社会普遍存在一种对老龄阶段生活的消极态度，如何让老年人从根本上改变对自己的认知与评价，从而激发其生活热情是老年教育的首要任务。[①]同时在培训过程中应当依据教师的培训规划对教师进行个性化培训，使每位教师在培训中获得实际成效，提高培训的受益面与实效性。

（四）老年学校的教师评价

1. 老年学校教师评价的含义

老年学校的教师评价，即老年学校根据一定的标准对教师的工作状态和工作成就做出判断和评定。

2. 老年学校教师评价的原则

教育性原则。对老年学校教师评价工作必须着眼于教师专业发展和教育教学质量的提高，充分发挥评价的导向、激励和改进功能，从而促进被评价者积极上进，促进老年学校教师改进教学，提高专业化水平。

整体性原则。教师评价内容要有整体性，评价对象要面向教师队伍整体，评价者全体教师参与评价。对教师评价信息的收集要真实、准确、全面，包括教学水平、师德等各方面，坚持评价信息的整体性。这就要求评价方法多元化，多渠道、多视角收集评价信息。

客观性原则。老年学校对教师评价时必须坚持客观、实事求是的态度，从教师工作和自身的客观实际出发，对教师做出客观、准确的评价，不能主观臆断和掺杂个人情感。首先，评价要坚持实事求是的态度和公正的立场，客观地对教师的工作和发展做出价值判断。其次，评价内容、评价方法与评价主体要多元化，多途径获取全面、真实的教师信息，及时反馈评价信息。最后，要尊重教师差异。为教师的个人发展献计献策，并为学校领导的决策提供依据。

校本原则。校本管理最基本的定义是将权力下放至学校。老年学校按照自己的意愿和学校的具体情况去决定资源分配，财政预算、课程设置、人事决策等方面改革。教师评价作为老年学校管理的重要组成部分，走向校本应是校本管理的题中之义与必然要求。坚持校本原则，要求在进行教师评价时，要以学校为评价改革的基本单元，从学校本身的特性和需要出发，以学校为主体，以促进教师的可持续发展为目的，尊重差异，最终促进老

[①]　McClusky. Psychology and learning[J]. Review of Educational Research, 1965, 35(3): 191-200.

年学校教师队伍的整体发展、教育质量的提高和学校长远的发展。

动态性原则。教师评价不是静止的，而是一个不断发展与变化的过程，要用发展、变化的眼光看教师，不要停留在某一层面或某一点。要把评价寓于老年教育教学过程之中，要重视被评教师的起点和发展过程中的各种问题，重视个性差异和发展的多样性，要注重评价过程中评价双方的沟通与交流。

3.老年学校教师评价的方法

老年学校应根据自身实际制定完善的教师评价体系，可以采取学员评价教师、教师评价教师、工作人员评价教师等形式，对教师实行定期或不定期考核相结合。学员评价由校长主持，采用问卷评分和个别访谈的方式，主要由学生对教师的思想品德、教学效果、上课纪律等方面进行评分。学员通过填写测评表，对教师进行无记名投票测评。

校方定期考核由校长负责，每学期一次，主要考核教师的道德水平、业务能力、敬业勤业和教学成效，以教学成效为主。

教师互评可以采用问卷评分的形式，与上述两种方式的结果相互印证。教师学期考核成绩可分为优秀、良好、合格、不合格四个等级，计入教师档案。学校根据学员的满意度和教务处掌握的实际情况，决定对教师是否续聘。

（五）老年学校的教师激励

1.老年学校教师激励的含义

在《现代汉语词典》（第7版）中，激励被解释为动机和鼓励。英语单词"激励"来自拉丁语，意味着刺激、诱导、给予和引起动机。作为一个心理学术语，激励是指不断刺激个体动机的心理过程。通过刺激，个体可以在某种内部或外部刺激和成瘾的影响下，对某些活动保持兴奋状态。这种状态会使个人行为具有方向性、持久性、灵活性和高效性。管理心理学中激励的过程是指管理者使用特定的手段来促进工作组或个人产生有利于管理目标的行为过程。[1]

教师激励即通过满足教师合理的需求来提高教师的工作积极性。老年学校管理者要合理安排教师激励制度，刺激教师预期心理活动的动机，使他们有一种内在动力并朝着老年学校的共同目标前进。

---

[1] 杨秋兰. 中小学青年教师激励机制研究 [D]. 济南：山东大学，2020.

2. 老年学校教师激励的原则

目标原则。教师激励的关键环节是设置目标。目标是否合适将决定激励是否取得成效。老年学校管理者在设定目标时也要考虑教师是否接受以及接受的程度，双方对激励目标要达成共识。

时效性原则。激励越及时，效果越好，越能激发员工个体的潜力和动力。老年学校管理者日常要密切关注教师的表现，收集相关信息，在恰当的时间对教师进行激励，才能恰到好处地满足被激励者的需求，激励效果才能达到最好。

物质与精神激励相结合的原则。老年学校管理者不仅要注重物质激励，从经济待遇上加大对教师的关心和支持力度；还要重视精神激励，让教师获得职业自信，触发教师从事老年教育的内心驱动力。老年学校管理者要结合使用两种方式，在满足教师物质激励后，逐步加重精神激励的分量。

合理性原则。老年学校管理者要对实施激励的成本和激励的效果进行全面综合考量，并以此为基础设置合理的激励措施。在实施过程中，不能因为其他原因产生较大误差，导致奖惩不合理、不公平，否则会使激励产生负面影响。

引导性原则。对于教师个体而言，激励措施来自老年学校这一外部刺激，只有转化为自身内部行为动机，才能发挥激励作用。因此，老年学校管理者在进行激励时，要注意引导好教师个体的行为，将学校外部刺激转化为教师内在工作动力。

教师激励是教师管理的一个重要模块，了解管理学中有关激励的理论可以帮助我们打开知识视野，更好地思考如何在老年学校具体应用这些理论。

激励的相关理论

现代管理的实践丰富了激励理论的内容，不同学派提出了各自的观点，大体可分为三种类型：行为主义激励理论、认知派激励理论和综合型激励理论。

行为主义激励理论强调外在激励的重要性，通过激励手段来诱发人的行为。当行为的结果有利于个人时，这种行为就会反复出现而起着强化激励的作用。所以要运用肯定、表扬、奖赏或否定、批评、惩罚等强化手段，对个体行为进行定向控制或改变，以达到预期状态。认知派激励理论重视人的内在因素，诸如思想意识、兴趣、价值和需要对人的行为发生的影响，强调内在激励的重要性。该理论认为激励的目的是把消极行为转化为积极行为，外部环境刺激需要通过内部思想认识的变化才能改变人的行为。只有充分考虑人的内在因素的变化才能改变人的行为，达到组织的预期目标。综合型激励理论则是这两类理论的综合、概括和发展。该学派认为，激励过程是外部刺激、个体内部条件、行为表现、行为结果相互作用的统一过程，为解决调动人的积极性这一问题提供了新的路径。这里为大家介绍三种具有代表性的激励理论。

1.赫兹伯格的双因素理论

双因素理论又称为"保健—激励"理论，由美国心理学家赫兹伯格提出。他认为引发个体工作动机的因素主要有两类：一类是保健因素，是构成工作环境的主要内容，如管理制度、工作条件、工资报酬、福利政策、人际关系、地位；还有一类是激励因素，与工作内容本身有关，如工作带来的成就感、社会认同、培训机会、个人责任感和发展机会。

保健因素可以预防个体对工作的不满，但不一定会使其产生积极的工作态度。激励因素的存在使个体感到满意，并产生更高的工作绩效。即只有工作本身的内容更具有激励因素时，才会削弱因外部因素产生的不满意感。在教师激励制度的设计过程中，不仅要考虑工资报酬、管理制度等保健因素，营造良好的工作环境，还要注重激励因素的实现，提高工作内容本身带给教师的成就感和认同感。

2.马斯洛需求层次理论

马斯洛是美国著名社会心理学家，他将人的需求从低级到高级分为五个层次：生理需求、安全需求、爱的需求、尊重需要和自我实现的需要。这五个层次又可以分为两个层次。生理需求、安全需求和爱情需求属于较低层次的需求，只有通过一些外部条件才能实现。尊重和自我实现的需要是高层次的需要，只有通过内部因素的刺激才能实现。

在同一时期，一个人可能有几种需求，但在每个时期只有一种需求支配着个人行为；当较低层次的需求得到实现时，较高层次的需求才会出现。只有当这些需求得到满足时，他们才会考虑更高层次的需求。这时的激励机制是有效的，否则，激励效果就不会实现。

3.麦克利兰的成就需要理论

成就需要理论也称激励需要理论，由美国心理学家麦克利兰提出。他认为，在人的生存需要基本得到满足的前提下，成就需要、权利需要和合群需要是人的最主要的三种需要。成就需要强烈的人，避免失败的意向也强烈，在树立目标时往往选择有一定难度的目标；权力需要强烈的人有责任感，喜欢追求和影响别人，对自我社会地位的期望较高；合群需要强烈的人喜欢融洽和谐的人际关系，追求他人的接纳和友谊，渴望他人的赞同，是组织中忠实可靠的成员。

3.老年学校教师激励的方法

按照激励内容和方式的不同，教师激励可以分为精神激励和物质激励两种类型。在老年学校管理的实践中，激励制度要方法多样化，尽可能满足教师不同类型、不同层次的需要，提升教师的工作满意度，调动教师的工作积极性。

薪酬激励是物质激励的重要方式，在实施中要注意：一是薪酬制度要符合按劳分配、多劳多得的原则。工作年限、专业、职位是制定教师薪酬的基础，学校管理者要对工作效率高、学员满意度高的教师给予更多的激励，例如争取外出培训的机会、增加绩效分配、酌情增加奖励等。二是要合理设定工资结构。调整工资构成比重，以基本工资作为基础性保障，绩效工资适度提高，以激励不同教师员工的积极性，考核工资要设置档次、形成区分，体现工作能力和工作效果。目前，老年学校的专任教师的待遇水平与职称、教学效果直接挂钩，薪酬激励在他们身上能够得到很好的运用。对于兼职教师的薪酬一般是按劳分配，课时费固定。班主任因为承担更多的管理责任，其津贴可以采用浮动薪酬制的模式，根据不同的工作结果、工作过程给予不同的报酬。

福利激励是薪酬激励的一个补充。老年学校教师的福利待遇可以有餐补、体检、节假日福利等形式。学校可以根据自身实际，在一些有特殊意义的节日开展集体活动，拉近学校成员之间的关系，增强教职工的归属感。针对不同年龄段的员工，老年学校可以设置一套弹性的福利制度。

在保障物质激励的基础上，还要充分发挥精神激励的作用，激发教师的主动性和潜能。一是荣誉激励，通过每年评选优秀班主任、颁发优秀成果奖等，体现学校对该项工作的重视，满足班主任的心理成就感。二是榜样激励，树立标杆并宣传优秀事迹，发挥榜样、楷模的示范作用，这也为教师指明了努力的方向。三是晋升激励，教师身处育人第一线，掌握学员思想动态和学术科研前沿理论，具备丰富的基层工作经验，学校应该注重从教师队伍中选拔人才，给予他们学习、锻炼的机会，让他们参与老年学校的管理工作。

四、老年学校的教学管理

（一）老年学校教学管理的含义

教学管理是依据管理学理论和教育教学理论，管理者履行计划、执行、监控等职能，统筹教学过程中的各要素，以此来优化学校教育资源的配置，促进学校教学工作得以有序开展和高效运转，实现教学目标，提高教学质量的组织管理工作。[①] 教学管理主要是从系统论和职能论的角度出发，系统论侧重于整个教学系统的管理，职能论则侧重于对整个教学工作动态过程的计划、组织、指挥、协调和控制。[②]

最早对教学管理的研究集中在课堂教学管理领域，夸美纽斯发表的《大教学论》，促进了课堂教学研究的兴起与发展。随着教育实践的发展，我国学者在教育管理理念、教学管理制度等方面也展开了研究。教学管理的内涵不断扩大，本节提及的教学管理指老年学校内部的教学管理，包括教学计划管理、教学过程管理、教学质量管理等环节。

（二）老年学校的教学计划管理

教学计划是学校保证教学质量和人才培养规格的重要文件，是组织教学过程、安排教学任务、确定教学编制的基本依据。[③] 老年学校要根据国家关于老年教育的方针政策制订学校的教学工作计划，明确教学整体工作目标，保证学校教学工作有计划、有步骤、有条不紊地运转。

教学计划围绕教学目标对学校课程进行整体规划，它规定课程开设的种类、时间和数量，也规定了不同课程对学习方式的要求及其所占比例，对老年学校的教学活动等做出了全面安排。教学计划具体规定了老年学校应设置

---

① 李波 . 教育管理与案例分析 [M]. 上海：复旦大学出版社，2011：24.
② 范杰 . 对 S 小学教学管理的实地研究 [D]. 南京：南京师范大学，2015.
③ 教育部 . 高等学校教学管理要点 [R].http：//jwc.yznu.cn/93/15/c1861a37653/page.psp，1998：33.

的学科、课程开设的顺序及课时分配，并对学期、学年、假期进行了划分。

老年学校课程设置体现校本管理的特点，各类学校针对学员的需求特点、学校的资源情况，自主设置课程，避免出现课程设置单一且课程内容偏向消极性的老年保健、娱乐、休闲的情况。要构建科学化、特色化、高水平、系统化的课程体系，有效地、精准地满足老年人的多元化学习需求。根据老年人学习的目的，老年教育课程可以划分为五个档次：娱乐性课程、技能性课程、赏析性课程、学术性课程和文化素养性课程等。这种校本课程属于自下而上构建，更能体现以老年人为本的办学理念。需要注意的是，学校对课程设置的依据不能仅仅是学员的学习需求，强调适需性的同时，还需要体现引领性，这样才能有效激发学员的学习兴趣。

（三）老年学校的教学过程管理

老年学校的教学过程是老年教育教学活动开展的过程。教学过程管理就是对这一过程所涉及的各种要素及活动的管理。课堂是老年学校组织教学活动的载体，是教师给学员授课的地方。教学过程管理要在认真执行教学计划的前提下，认真抓好课堂教学，积极开展课外活动，确保高质量完成教学过程。对学校教学过程管理可以从以下几个方面进行优化与创新：

丰富教学形式。老年大学不同于普通学校，升学和考试的压力较少，传统课堂教学和课外活动互相补充，构成了老年学校教学的主要形式。在课堂教学中，要结合老年学员特点，针对不同教学内容，采取灵活多样的教学方法，充分调动学员的学习积极性；此外，开展与课堂内容有密切联系的拓展课堂活动是深化课堂教学的有效手段。把课堂教学成果向社会实践活动延伸，既能巩固学校里所学的知识，又能在实践中实现他们"老有所为"的愿望，既丰富了学习内容，又能提高大家的学习热情与积极性。如国画班的学员不满足于单一的课堂教学，那么可以通过外出参观、采风、考察等活动帮助他们寻找灵感、学习创作、陶冶情操。

提倡合作学习。合作学习可以充分发挥老年人的智力优势、经验优势、技能优势和人才优势。老年人在合作的过程中增加了与其他学员的交流，可以增强参与式和互动式学习的课堂氛围。教师在评价合作学习时应将小组评价和个体评价结合起来，发挥评价的正面导向作用，以便学员正确看待自己和小组的学习成果。

充分利用信息技术。在当下网络、大数据、人工智能的时代背景下，老年教育与信息技术的融合程度不断加深。一方面，信息技术的发展拓展了学校开展教学的可能性。学校可以开展网络课程或利用移动终端进行微课、微视频教学，让老年人足不出户就能参与学习。同时，将课堂教学与现代信息技术、多媒体教育技术结合，集中优质资源，开发老年教育网络平台，实现数字化高效教学。另一方面，信息技术的发展也对老年人的信息素养提出了更高的要求。在一些场合，老年人需要使用网络工具或智能设备，但他们往往"心有余而力不足"，在有效使用信息技术方面存在一定的困难。老年教育的一个宗旨就是要让老年人成为与现代社会相适应的"现代老人"。因此，学校应该对教学过程提出要求，重视对学员信息素养的培养，帮助老年人跨越数字鸿沟，同时提升老年人的信息甄别能力，避免陷入网络骗局。

（四）老年学校的教学质量管理

1. 老年学校教学质量管理的含义

教学质量管理是为保证培养规格，促使教学效果达到课程计划、教学大纲和教科书所规定的要求，对教学过程和效果进行指导、控制的活动。[①]教学质量管理是老年学校教学管理的核心，一般程序是：确定教学质量的标准，主要依据教学目标，使之分解、具体化；进行教学质量管理检查和评价，通过与教育质量标准的比较，发现问题，改进教学；进行教学质量分析，找出解决或改进教学的路线和方法；进行教学质量控制，依据分析结果，实施改进措施。

教学质量是学校工作永恒的主题，教学质量管理是学校管理工作的重要组成部分，教学质量管理的好坏直接影响教学效果。

2. 老年学校教学质量管理的方法

老年学校的教学质量管理应力求做到反应迅速、反馈准确、措施得力、解决及时，并坚持常规性教学管理与定期教学质量检查相结合，运用现代技术和评估手段，实现教学质量管理的规范化、科学化和制度化。

校长、教导处等教学工作的管理者，应经常检查和指导教师备课、上课、作业批改和课后辅导等教学常规工作的执行情况。

听课制度是评价教学质量的重要方法，可以帮助教学管理者深入了解任课教师的备课、授课等教学情况和课堂教学效果，及时掌握学员的学习

---

① 陆雄文. 管理学大辞典 [Z]. 上海：上海辞书出版社 , 2013：429.

动态，进一步提高课堂教学质量，提升教师队伍的教学素养。下面介绍了安徽省老年大学的听课制度。

听课制度举例

安徽省老年大学对学校管理者听课次数做出如下规定：校领导每学期深入课堂听课不少于两次，老年大学办公室工作人员每个月听课不少于一次，教学管理处工作人员每周听课不少于一次，教学助理需每天深入课堂了解教学情况，系主任每堂课都要随堂听课。在听课形式方面，可以采取独立听课和集体听课的方式。独立听课形式下，校领导和学校工作人员可随时到任意班级听课。集体听课是指学校组织公开课、观摩课、研讨课、汇报课等形式。集体听课由教学助理在每学期初制订计划，由教学管理处研究后报校领导，发相关人员。由教学助理到重点班级听课，系主任跟班听课。

听课过程中需要遵循以下要求：一是听课人随机选择听课的班级，不得事先告知被听课人。二是听课人要在上课前进入教室，遵守教学秩序，尊重任课教师，任何人听课均不得影响教师正常授课。三是听课采取跟踪方式，全面听课与重点听课相结合。对授课效果差、学员反映不好的教师，要实行跟踪听课，帮助改进，限期提高；不思改进或改进效果差的教师将做必要的调整处理。四是听课态度要认真，当堂写好听课记录。记清听课时间、班级、授课人、课题，记录教学全过程，并及时、认真、负责地做出课堂评价，填写在听课记录上。五是课后及时与授课教师交换意见。集体听课后，要组织评议，肯定成绩，指出不足，提出改进意见，达到在互动中借鉴，在提高中创新。六是善于发现和培养典型。对优秀课程要充分给予肯定，帮助总结经验，在学校宣传推广。七是一次听课原则上应达到一个课时。

除了听课制度外，教学管理者还可以定期或随机抽查教师的教学常规资料，及时检查和了解教师的教学进度，掌握教师教学任务的完成情况。还可以与学员沟通，定期召开学员代表座谈会，广泛听取学员对学校教学工作的意见和建议，了解教师执行教学常规工作的情况，收集到信息后再内部开会分析总结，为改善学校教学质量工作服务。

五、老年学校的学员管理

（一）老年学校的学籍管理

1. 老年学校学籍管理的含义

"学籍"中的"籍"原指书籍、册子，引申为个人对国家、组织、团体、单位、区域等的隶属关系，学籍除表明学生对学校的隶属关系外，还专指学生在校学习的资格。老年学校的学籍管理是根据有关规定对老年学员的入学资格、在校学习情况及毕业资格进行考核、记载、控制等的活动。老年学校的学籍管理既要符合党和国家制定的老年教育政策，又要贴合老年人的身心发展特点。不同的老年学校招生标准不同，如老干部大学主要面向离退休职工招生，在能容纳学员的情况下，可招收部分其他人员，学习期满由学校颁发结业证书，学习时间不足的不发证书。

2. 老年学校学籍管理的内容和功能

学籍管理制度是老年学校学生管理的一个重要组成部分，一般包括以下内容：新生入学资格审查和取得学籍的管理；新学期的注册管理；课程的考核和学业成绩管理；学生的学籍变动管理；毕业资格审查和证书授予管理。

在学制方面，一年至三年的都有，每个学校的具体安排不同。招生方面，各级各类老年大学（学校）享有一定自主权，不同地区的老年大学设定的入学资格存在差异，但有些条件是一致的。如山东老年大学的招生条件为：一是要自愿遵守学校规章制度；二是男性需满60周岁，女性需满55周岁；三是身体健康，无传染性疾病，无精神性疾病，具有完全行为能力，能自主学习，无须家人陪伴；四是年龄如果达到80周岁及以上，需有完全行为能力的近亲属签署《责任承诺书》后才可入学；五是选课有门数限制（为了学校课程资源的合理利用，每人选择的课程门数有上限），每人限报3门课程（含所有校区、分校）；六是回读限制，全校分基础班、提高班、研究班3个级别，高年级学员若要回读本专业低年级，则仅可报本专业相同级别的低年级班级。

3. 老年学校学籍管理的意义

首先，有利于学校管理服务水平的提高。对学籍管理相关制度进行反思和重构，可以使管理服务理念注入老年大学（学校）建设中，在学校规划和课程设计中补充老年人需要的知识，及时采取手段解决老年人生活中遇到的问题，使老年人的学习更适应社会的需要。

其次，有利于学校管理机制的灵活化。"目标管理能使管理者和被管理者都处于比较主动的地位，使管理有更大的容量，更多的灵活性，全体人员的主动性、创造性才能更好地发挥。"[①]在老年阶段，学生的身体和心理特征具有区别于其他阶段的特点，学籍管理制度要更适合老年人的学习情况。

（二）老年学员常规管理

老年学员常规管理是老年学员入校后接受的正常的、规范的基本管理工作。

老年学员在日常学习生活中需要遵守以下行为规范：一是坚持学校办学宗旨，发扬优良校风，树立正确的人生观和价值观。二是认真学习，快乐学习，用实际行动展示"老有所学，老有所为"的良好精神风貌。三是遵守社会公德，服从学校统一管理，积极为学校的发展建言献策。四是遵守学校规章制度，自觉维护教学秩序，爱护教学设备。五是保持教室内外整洁，非上课时间不得在教室内逗留。六是树立老年大学的主人翁意识，勤俭节约，爱护公物，讲究卫生，美化环境。七是尊师重教，团结同学，关心集体，助人为乐。八是积极参加学校组织的各项活动，努力运用学到的知识和技能为自身、为家庭、为社会服务，为和谐社会建设做贡献。

学校每年评选优秀学员，优秀学员需要符合一定的条件，如思想品德好、学习认真、成绩优秀或学有所为，坚持学完全部课程，到课率达到一定比例以上等。在满足这些条件的基础上，为学员公认并为班级服务工作热情的学员评为优秀干部。评选优秀学员、优秀班干部工作，可由班级或班主任推荐，多数学员赞同的基础上产生。

（三）老年学员自主管理

随着老年教育的蓬勃发展，老年学校规模不断扩大，老年学员人数不断增加，教学管理任务越来越重，而学校管理人员相对较少。因此，调动学委会、班委会和老年学校各社团的积极性，搞好老年学员民主自治，即自我管理、自我教育、自我服务，便成为学校建设与管理的重要途径。老年学员自主管理有利于推进学校民主建设，有利于提升学校管理效能，节约人力资源，还可以增加学员的参与感，调动其投身老年教育事业的积极性。学校为保证学员委员会日常工作的顺利开展，提供必要的保障支持。

---

① 张楚廷．学校管理学 [M]．长沙：湖南师范大学出版社，2000：340-349．

老年学员自主管理的组织主要有学员委员会和班委会两种形式。

学员委员会是在老年学校领导下，在学校教学管理部门的具体指导下开展工作，由优秀老年学员代表组成的学员自主、自治、自我管理的群众组织。很多老年大学成立学员委员会，协助学校进行民主管理，对学校教学活动实行民主监督。各班委员会是学员委员会的下级组织，接受学员委员会的指导，并向学员委员会反映情况，报告工作。即各班班委会是学员委员会的基层组织。

学员委员会一般通过群众推荐，民主选举产生一定数量的委员（男女比例适中），并按照实际工作需要设立学习部、宣组部、文体部、生活部等部门。学员委员会设主席1人，副主席若干人，各部设部长1人，委员若干人。学委会成员组成需要报经校领导审定后向全校公布。

学习部负责深入班级，对各班学习委员的工作进行指导和督促；了解教师与学员的教、学情况，反映他们的意见、要求；组织群众性的学术研讨、交流、展览活动。宣组部负责开展时事政治、政策法规的宣传活动，开展通讯报道和其他宣传工作；搞好学委会的组织建设；指导班委会的组建；开展精神文明创建和文明班级建设活动；协助学校开展学雷锋、志愿者活动等相关活动。文体部组织开展群众性的文体活动，联谊活动；协助校艺术团搞好文艺演出和文艺竞赛。生活部汇集、反映老年学员对学校生活管理方法的意见、要求；督促各班的班风建设。

学委会的正常运转需要有完善规范的配套制度。会议制度、分工负责制度、干部选拔制度、培训制度等一系列规章制度是实现学员自治管理的保证。学委会每学期召开一次会议，总结工作，交流经验，拟定新的工作计划，制定新的实施方案。学员委员会主席和部长有任期限制，定期要进行新一届领导班子的选举。学委会也有相关的考核制度，要表彰先进，发挥榜样示范作用，推动老年学员自主管理工作的开展。

六、老年学校的财务及后勤管理

（一）老年学校的财务管理

1.老年学校财务管理的含义

财务管理是法人或自然人对其合法拥有或依法控制的钱和物资进行有效的筹集和使用，并对这一过程中所发生的经济活动进行科学的预测、决策、预算、核算、控制、分析和审计，同时对过程中发生的经济关系进行妥善地沟通和协调的一项管理活动。[①]

老年学校财务管理是对财务活动、财务关系的综合管理，具体是指学校经费的筹集、分配、运用等财务活动以及其他方面的财务关系。[②] 老年学校财务管理要遵循一定的原则：贯彻执行国家和省市地方有关法律、法规和财务规章制度；坚持勤俭办学的方针；正确处理学校的发展需要和资金供给关系、社会效益和经济效益的关系；严格执行预算管理，健全财务手续，确保资产安全。

2. 老年学校财务管理的主要内容

（1）适应国家财政管理改革及政策，主动转变财务管理观念，提高资金使用的效益意识、节约意识、成本意识、风险意识。科学有效地运用财务管理的方法，有效地组织、指挥、监督和控制各种财务往来活动，更好地处理因财务活动而产生的各种经济关系。要主动配合政府部门对学校资金的使用检查和审计，对检查和审计提出的问题，要认真加以研究并按期整改。

（2）调整财务工作思路，制定和完善学校财务规章制度，明确工作职责，做好各项财务工作。认真处理财权与事权的关系，落实学校各层面的经济管理责任。老年学校财务工作的管理者，应适应财权与事权的统一，监督学校各项资金、财产、物资的使用状况。定期进行财务分析，如实反映学校财务状况，分析学校资金的使用效益。

（3）合理编制学校年度预算。学校预算是根据学校发展规划编制的年度财务收支计划，包括收入预算和支出预算。预算管理是老年学校财务工作的核心，要按照财务改革的要求，严格管理预算的编制、上报、执行、调整、监控以及分析评价等工作环节。预算编制坚持量入为出、收支平衡，保证基本支出的合理需要，保障重点工作和重大项目的支出需要，厉行节约，讲求绩效。收入预算，参照上年度预算执行情况及本年度收入增减因素测算编制；支出预算，根据学校正常开展教育教学等活动及发展需要和财力进行测算编制。各学校的年度预算经财政主管部门审核批复后执行。

---

① 韦德洪. 初级财务管理学 [M]. 上海：国防工业出版社，2009：3.
② 张少波. 老年教育管理学 [M]. 上海：同济大学出版社，2014：154.

山东老年大学预算表构成

我国政府举办的老年大学以一般公共预算财政拨款收入为主，预算表以年为单位进行编制。以山东老年大学为例，年度预算表包含以下几个部分：

（1）本年度收支预算总体情况，分别说明学校收入预算和支出预算的整体情况。

（2）一般公共预算财政拨款支出预算情况。支出项目按科目归类。

（3）政府性基金预算财政拨款支出情况。

（4）"三公"经费财政拨款预算情况。包含因公出国（境）经费、公务接待费、公务用车购置及运行费。

（5）其他重要事项的情况说明，包含对机关运行经费（用于购买货物和服务的各项资金，包括办公及印刷费、邮电费、差旅费、会议费、福利费、日常维修费、专用材料及一般设备购置费、办公用房水电费、办公用房物业管理费、公务用车运行维护费以及其他费用）、政府采购情况、国有资产占有使用情况和绩效目标设置情况的详细说明。

（4）依法多渠道筹集资金，满足学校事业发展的资金需求。同时，合理配置学校资源，加强固定资产管理，使之纳入制度化管理的轨道，定期进行全面清查盘点，防止资产闲置、流失，减少重复购置。对整个老年教育办学系统而言，学校经费来源有政府财政预算和定补、企事业单位自筹和营业外支出、办学单位创收、接受社会捐赠、适当收取学费以及利用公共资源等。但目前各个老年教育办学单位经费来源渠道一般比较单一，如公办老年学校主要是政府投入，社会组织很少介入，来自社会的赞助也比较少。同时，鉴于老年教育的公益属性和老年人群体普遍收入较低，办学单位的收费一般较低。[①] 经费投入的不足成为制约老年学校发展的主要瓶颈。《老年教育发展规划（2016—2020 年）》中提出："要切实拓宽老年教育经费投入渠道，形成政府、市场、社会组织和学习者等多主体分担和筹措老年教育经费的机制。"老年学校可以按照规定适当收取学费，增加自身创收，与老年教育发展基金加强联系，拓宽办学资金的筹集渠道。

（5）做好收支日常管理。收入是指学校开展教育教学活动依法取得的

---

① 杨晨，李学书. 多元办学形势下老年教育微观管理发展与创新研究 [J]. 职教论坛，2016(18)：57-62.

非偿还性资金。支出是指学校为开展教育教学及其他活动发生的各项资金耗费和损失，根据具体用途归类。老年学校必须严格按照国家有关政策规定依法组织收入；各项收费必须严格执行国家规定的收费项目和标准；收费必须使用专用票据。学校依法依规取得的各项收入应当全部纳入单位预算，统一核算、统一管理。老年学校的支出应当严格执行国家有关财务规章制度规定的开支范围及开支标准；一切支出均应取得有效票据；必须严格按财务审批程序方可办理报销；不得以计划数和预算数代替支出；对于大宗物品的采购、集中的人员经费支出，达到一定限额后，必须召开会议研究，经学校领导书面批准后方可组织实施。

（二）老年学校的后勤管理

1. 老年学校后勤管理的含义

"后勤"一词于最早用于军事管理，19 世纪 30 年代处于战争年代，后勤就是指通过国家经济动员，对武装力量提供保障，后来延伸到社会的各个行业领域当中，指能为社会的其他行业提供物资条件、生活保障和服务的部门。我国现行的学校管理体制是一个历史产物，沿用了战争年代军事管理的一些做法和制度，将军队管理中的后勤保障与供应的概念移用于学校管理。[①]

老年学校的后勤管理，在学校管理中占有重要地位和作用，既是学校教学工作得以常态运行的保证，同时也是学校与社会联系和沟通的纽带。老年学校的后勤管理要在规章制度内良性运行，满足学校整体发展的需要。

2. 老年学校后勤管理的特点

社会性。一是后勤管理与社会存在密切的联系，无论是教学物资、设备、能源还是人员、技术、信息等资源都需要社会来提供。二是社会化是后勤管理的发展防线。社会化主要体现在对各种社会资源的优化配置，提高资源的利用效率，是在有限的资源内提高社会服务质量。

经济性。后勤管理要遵循开源节流、增收节支的原则。注重勤俭节约、杜绝浪费，精打细算，发挥资产最大效益。

服务性。后勤管理虽然是一项管理活动，但它同时也是服务工作。学校后勤工作做得好，可以为学校的整体发展提供良好的物质基础，推动教

---

① 王梅南 . 中小学后勤精细化管理研究 [D]. 天津：天津大学，2014.

学和其他工作有序开展；同时，在为师生服务的过程中，后勤部门也应该做到热情、文明、行为规范，给予老年学员无微不至的关爱和帮助。

复杂性。后勤管理工作繁杂，涉及的范围比较广泛，诸如物资、设备、饮食、医疗、卫生、环保、安全等其他综合服务工作都由后勤部门管理。后勤管理的工作往往要涉及其他部门，不仅有纵向联系，还有横向联系，往往一项工作需要很多部门协作完成，这都体现了后勤管理的复杂性。

与高校相比，老年学校的后勤管理存在管理不规范、信息化程度较低等问题。老年学校管理者要引进和借鉴先进的管理理念和方法，不断调整、变革、发展，促进学校后勤管理向科学管理迈进。

老年大学（学校）后勤管理面临的问题

一是规范化管理不到位。后勤管理工作事务多、烦琐而又时间不固定，整天闲不着。上至校园整治、校舍改造；下至室内外电气设备、教学设备、演出设备维修调试等等；乃至厨房用具、饮食管理都得筹划得面面俱到；水龙头、水管子、下水道都得管理到位；办公用品、教学用品必须完善，缺一不可；学员报名、学员收费、学员报销发票，都得处理得井井有条；学员报名收费的计算机软件开发、会计的收支，与报名收费的业务衔接，必须步步到位。目前，看似管理很规范、责任较明确、任务能落实，但也存在精细化管理不够，还停留在粗放式管理的模式上，落实不到位或产生的后续问题多，必须进一步完善管理、细化管理。

二是"严管理"背后的不利因素。"严管理"是当今管理模式的一种积极的管理方法。"严管理"在道理上来讲是符合情理的，会出现责任强、效率高的效果。但仔细分析，有弱项所在。积极的因素必须与科学的管理融为一体，才能产生良好的效果，否则，出现效率与质量不对等。如水龙头坏了，工作人员马上去修，修好了，看似效率很高，但过几天又坏了，再抓紧修，过几天又坏了，原因是水龙头质量不好造成。这就是效率很高，但成效不好的结果。

三是节约与浪费也成正比。必须用哲学的观点去看待事物。因为任何事物都有它的绝对性和相对性，这双重性的存在，往往会给人们造成一种错觉，即非对即错，非好即坏，非此即彼。按常规思维，节约比浪费好，节约与浪费不能画等号。从实践唯物主义的视界，运用社会实践的观点去透视矛盾同一性。矛盾同一性是一个包含矛盾转化的辩证过程。从事物的发展进程分析说明了矛盾同一性与矛盾转化的内在关系密切相关。如买空调，不能认为是买便宜的最好，结果质量不好，维修率高；或者功率太低，用一个温度达不到，用两个浪费了，都是计划不周造成。

四是计算机管理工作不到位。计算机管理是社会的一大进步，是提高社会生产力的有效工具，在各行各业的管理工作中都起着重要的作用。在老年大学教学管理中的应用，也起到了不可低估的作用。但不能形成系统化、规范化、常态化。诸如，网上报名，是新起点，程序不太完善、烦琐，一些学员不接受或者接受能力受到限制；当前第四课堂的网络教育，呈现出资源不足、拓展不足、能量不足的局面；亟须在程序方面升级换代，资料方面推陈出新，受教育者方面广泛普及。

3. 老年学校后勤管理的主要内容

老年学校的后勤管理主要内容一般包括以下方面：一是教育教学设备的管理，包括申请、审批、购买、验收、登记、保管、领用、维修保养等工作。日常向师生提供工作、学习、生活各种后勤保障工作，包括提供各类教学用品、办公用品、学习用品、生活用品等。二是创设良好的校园环境，包括校园环境的洁化、绿化和美化。三是负责学校安全保卫、建设平安校园，制定并宣传突发事件应急处理预案，组织突发事件应急演练，妥善处置突发事件。

（1）老年学校的教育教学设备管理。老年学校的教育教学设备管理需要重点把握以下环节：日常要合理统筹教室、教学设备等物资的使用，定时查看设备等物资的状态，出现损坏时要及时记录、上报并维护；物资采购与验收过程要按规章进行。由专人负责教学用具保管，全面负责保管、登记工作；对一般物品要严防损坏、变质和丢失；物品应存放有序、账物对号、妥善保管，以便于定期收发检查；对库存材料每学期盘点一次，做到账物相符。教学物资在领用时应根据教学需要，实行计划领取；领取数量必须详细记录，剩余物品必须及时退还。

（2）老年学校的卫生管理。学校卫生管理是为了达到预期的卫生目标，对学校卫生工作进行计划、组织、检查的活动，目的是确保师生身心健康和教学工作的正常进行。[①] 老年学校的卫生管理内容涉及教学卫生、环境卫

---

① 顾明远. 教育大辞典 [Z]. 上海：上海教育出版社，1998：658.

生、食宿卫生、预防保健、医疗卫生等方面。

老年学校要照顾老年学员的年龄特点，推进学校卫生逐步制度化、标准化。卫生管理工作主要有以下任务：一是制定学校卫生工作计划，使师生员工在共同的目标下有序地开展工作。建立、健全学校卫生管理体制，制定卫生规章制度，对学校各项卫生工作进行考查与监督；二是提高卫生保健人员的专业素质，定期开展医疗知识的培训，加强医务室等硬件设施的建设；三是从全面了解、把握每一个学员的健康状况出发，建立学员健康档案，要求学员认真填写家庭联系方式、既往病史、药物过敏史等内容，在保护隐私权的前提下，由学校及班主任掌握；四是加强健康卫生宣传教育，如定期举办"突发伤病的自救与互救"等讲座，聘请红十字会工作人员来校为学员、班主任、工作人员讲解心脏病、意外伤害等突发性伤病自救与互救的常识，增强自救和互救能力。

新冠疫情对老年学校的卫生管理工作提出了新的要求。中国疾控中心在《新型冠状病毒肺炎流行病学特征分析》中指出，老年人是新冠肺炎的易感人群和高危人群，治愈和康复难度相对于年轻人更大。在抗击新冠疫情的战役中，老年学校要强化阵地意识、战斗精神和冲锋状态，在当地党委和政府领导下，依法依规做好学校疫情防控工作。一是科学安排开学工作。疫情没有得到基本控制前不开学，学校基本防控条件不具备不开学，师生和校园公共卫生安全得不到切实保障不开学。在正式开学前，要严格做到充分掌握人员摸排信息、充足供应物资、落实防控和应急隔离相关措施，确保平稳有序。二是通过系统性、广泛性的宣传教育，让老年人了解疫情基础知识，掌握疫情防控动态。目前，国家卫健委发布《新型冠状病毒防控指南》（第一版）重点对老年人提出防控指南。老年学校应通过宣传引导，帮助老年人弥补身体机能退化的弱点，掌握不同场景的防控技巧。

（3）老年学校的安全管理。老年学校的安全管理工作包括学校各类设施设备，电器电线的安全使用，饮食卫生安全，各种物资的防盗、防失等工作。老年大学的学员多是年高体弱、行动迟缓的长者，学校要时时绷紧安全这根弦，建立安全保卫长效机制，及时发现消除事故隐患。

建立安全工作网络，明确责任落实。要构建以学校各处室为主线，横向到边、纵向到底的安全工作网络，对学校安全工作实行全员、全方位、全过程的安全管理。加强对班主任与学员、教学与校园的安全督促和管理。

与班主任签订"平安校园"责任书，强化班主任工作职责，及时了解掌握校园安全情况。

落实检查评估制度，维护老年学员权益。定期对学校安全设施、教学活动场地、教学器材等进行检查，提高预见性，尽量把突发的安全事故消灭于萌芽状态。坚持管理人员跟班制度、值班制度，坚持工作人员周碰头、月例会制度；组织校内校外活动要进行安全评估，没有安全保障的坚决不搞，将风险降到最低限度。

从老年人安全的角度出发，科学开展工作。如原则上80岁及以上的学员不参加校外教学和社会活动；鼓励85岁及以上的学员在家自学，学校按时寄发教学资料等。切实关心老年人在学校、社会和家庭的安全，确保老年学员在校安全，有效推进平安校园建设。

高效协同，建立应急机制。主动联系相关单位，确保突发情况发生时，信息及时传递反馈，不同部门高效协作应对突发情况。对于一些可能出现的安全问题要集中讨论，制定应急处理方案。有计划地对工作人员进行应急技能培训，如普及急救、消防、交通、电气等安全知识。

加强安全宣传教育。有计划地开展以"平安校园"建设为主题的系列活动，进一步提高师生的安全意识，营造预防安全事故的氛围。制定值班制度，明确工作职责。值班人员要做好值班记录，发现问题要及时处理，定期召开安全会议，总结阶段工作的成果和不足，要经常性举办安全教育讲座，提高全校师生的安全意识。

拓展阅读

徐州老年大学副校长葛维琴在其撰写的《老年大学后勤管理向科学管理迈进的路径》中提出了当前老年大学要建设高水准后勤管理的五型后勤。请阅读并思考，谈谈你对促进后勤管理科学高效的理解。

提升后勤服务管理能力，一是在工作中注重后勤服务管理，夯实服务载体，通过营造良好的校园环境，达到育人效果。二是提升后勤服务的文化承载能力，积极寻求后勤服务文化与校园文化的高度融合，做到物质建设、精神文化建设协调发展，让"冰冷"的设施设备、环境布置、服务项目等硬性条件亦能够体现文化内容、焕发文化活力、散发文化温度。三是提升后勤服务的创新能力，突破提供传统后勤服务的模式，利用新媒体平台，拓宽服务范围，创新服务模式。四是提升后勤服务感动能力，后勤服务的本质和底色就是要为全校师生员工服务，做好保障工作，在全员全过程监督管理体系构建过程中，坚守让师生对后勤服务满意的同时，注重发挥后勤服务的"正能量"，争取做好"感动服务"。

为了建设高水准的后勤管理，她认为学校的后勤服务要从传统供给型向现代服务型转变，要从满足基本需求向和谐舒适转变，后勤坚持"甘于人后，勤于人先"，重点建设"五型后勤"。

一是规范管理，强化制度，建平安型后勤。以规范管理为目标，以制度建设为抓手，牢固服务理念，严格服务标准，细化监督考核，重点推进预防机制建设，抓好安全风险分级管控、安全隐患分级治理，积极构建覆盖全方位、全过程的后勤服务安全管理网络。在学校综合治理中，通过加强预防工作机制，切实把每一类风险都控制在可接受的范围内，把每一个隐患都治理在形成之初，把每一起事故都消灭在萌芽状态，做到建设前关心、建设后放心的平安后勤。

二是精益求精，质量先行，建设品质型后勤。以服务产品标准化、服务队伍职业化为目标，根据行业规范，推进后勤服务标准化建设，完善后勤内部服务质量监控体系，做好后勤特色品牌建设，积极推进后勤服务进学院、进师生，开门办后勤。树立生态化经营理念，进一步强化餐厅饮食服务过程管理，真正做到绿色采购、绿色加工，提供师生放心的绿色餐饮、品质化服务，为师生营造健康优美的生活和学习环境，打造"师生满意、员工认同、学校放心"的后勤服务生态，提升后勤服务品质。

三是技术革新，建设智慧型后勤。推行智能化管理，将进一步深化数字化能源监控系统在学校日常运行与管理中的应用。在服务中以"管理手段数字化，后勤保障设施现代化"为目标，按照科学规划、统筹安排、突出重点、讲究实效的工作原则，积极运用"互联网＋"思维和技术手段，提高后勤服务与管理效率，建立后勤服务数据库，打造丰富的网络宣传平台、沟通平台、服务平台，通过新技术的融入创新，实现由传统汗水后勤向现代智慧后勤转型。

四是积极开展后勤服务思想文化建设，建设文化型后勤。坚持"后勤文化无时不在、后勤文化无所不在、后勤文化无事不在、后勤文化无人不在"的后勤文化观和育人工作"人人有责"的后勤育人观，在全体员工中大力宣传学习学校发展理念，推进后勤精神层面的文化建设。以"勤学堂"为载体，打造"工作学习化，学习工作化"平台，开展师生互动，锤炼后勤文化，发挥育人功能。

五是注重微观管理的重要性，建设制度型后勤，必须打造一个制度健全、管理严格的集体。后勤工作每天面对的工作纷繁复杂，要想从这些琐事中抽身而出，最有效的办法就是依靠微观管理制度。完善并下发各项制度有助于提高后勤工作效率，使各项工作有据可依；后勤对于某些具体事务可依实际情况做好监管与统计，做到工作前首先要做好计划，学会统筹安排，做到每日"朝计划，晚总结"；领导安排的事情做好记录，逐件落实，以防遗漏；端正态度，工作中要学会开动脑筋，主动思考，主动工作，提前预想；工作无小事，要积极探索和总结适合自己的工作方法和思路，在纷繁的工作中更加游刃有余。

回顾与思考

1. 我国的老年教育有哪些形式？各有什么特点？

2. 什么是老年大学？介绍一所老年大学。

3. 学校内部组织有哪几种形式？各有什么特点。

4. 学校内部管理可以分成哪些制度？

5. 教师激励的方法有哪些？

6. 什么是学员自主管理？自主管理有哪些形式？

7. 后勤管理有哪些特点？

8. 新冠疫情对老年学校管理带来哪些挑战？该如何应对？

第十一章
老年教育研究概述、方法及问题和趋势

　　老年教育研究是老年教育学学科建设的重要"阵地"。学术研究的深度、广度关涉学科建设的基础的稳定性。因此，学习老年教育学有必要掌握老年教育学领域的理论研究内容。本章将从老年教育研究概述（阶段进程、研究主题）、老年教育研究方法以及研究问题和趋势三个方面展开介绍。

第一节　老年教育研究概述[①]

一、老年教育研究的阶段进程

我国老年教育研究的热点随着时代的发展而不断变化，根据 CiteSpace 生成的热点关键词突现图谱（如图 11.1 所示），我们大致将老年教育的研究划分为四个阶段，分别是 1980—1987 年、1988—2002 年、2003—2009 年、2010—2019 年。

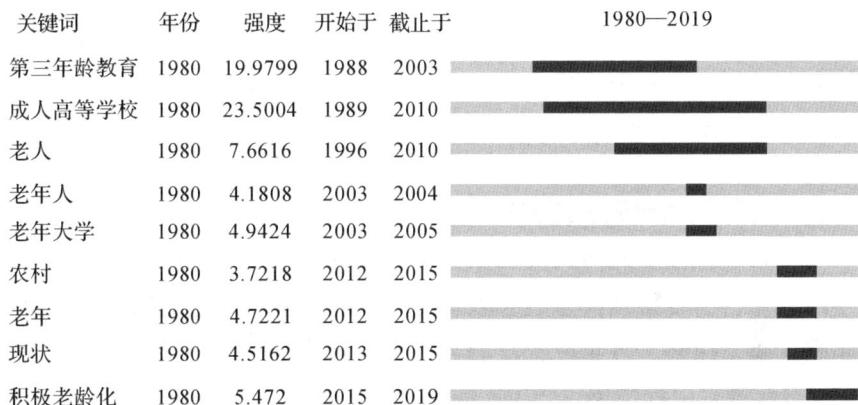

关键词	年份	强度	开始于	截止于	1980—2019
第三年龄教育	1980	19.9799	1988	2003	
成人高等学校	1980	23.5004	1989	2010	
老人	1980	7.6616	1996	2010	
老年人	1980	4.1808	2003	2004	
老年大学	1980	4.9424	2003	2005	
农村	1980	3.7218	2012	2015	
老年	1980	4.7221	2012	2015	
现状	1980	4.5162	2013	2015	
积极老龄化	1980	5.472	2015	2019	

图11.1我国老年教育研究热点主题突现

第一阶段是老年教育发展的萌芽阶段（1980—1987 年）。这一时期国家的发展处于百废待兴阶段，科学技术的落后、大范围的文盲和思想观念的阻碍使得老年教育长期处于被忽视的状态，直到 1980 年，黄志成在《外国教育资料》上发表《世界正在重视老年人的教育》，算是中国第一篇正式介绍老年教育的文章，到 1987 年，相关研究依旧较少，依旧处于摸索阶段。

第二阶段是 1988—2002 年。这一时期是老年研究的热点不断涌现的一

[①] 本节部分内容摘自《我国老年教育研究的主题透视与展望——基于 CNKI 与 CiteSpace 的可视化分析》一文，详见：孙立新，叶长胜. 我国老年教育研究的主题透视与展望——基于 CNKI 与 CiteSpace 的可视化分析 [J]. 终身教育研究，2020，31(2)：49~57.

个时期。1988 年，杜子才在《老年学杂志》上发表了《试论当前老年教育的几个问题》，同年 10 月，中国老年大学协会在武汉成立 ①，中国的老年教育进入了起步阶段。在该阶段，与老年大学具有联系的第三年龄教育、老年学校都显现出较高的突现指数。

第三阶段是从 2003—2009 年。自 2003 年党的十六大报告提出要形成全民学习、终身学习的学习型社会，促进人的全面发展，并且中国人民大学率先开设了老年学专业，专门招收培养老年领域的研究生，大量文章"围绕全面小康社会目标加快教育事业发展"以及"老龄问题"展开了深入的研究，相关国际国内会议高达百余次，期刊及硕博士论文也达数百余篇。

第四时间段是 2010—2019 年。2010 年颁布的《国家中长期教育改革与发展规划纲要（2010—2020 年）》提出要构建灵活开放的终身教育体系，并且明确提出要重视老年教育后，我国老年教育的研究更加深入和细化，期刊数量达到了千余篇，硕博士论文有 200 余篇，并且核心期刊载文量也显著提高。学者们开始广泛关注农村老年教育、社区老年教育、老年教育与学习型社会的构建等各个方面，显示出老年教育蓬勃发展的势头。

二、老年教育研究主题分析

我国老年教育研究的关键词主要集中在老年大学、社区老年教育、第三年龄教育、学习型社会、继续教育、课程设置等，研究的内容可归纳为老年教育模式探索、老年教育发展与终身教育体系构建、老年人学习需求研究、老年教育课程构建、老年人继续社会化研究五个方面。

（一）老年教育模式探索

老年教育模式不仅体现了教育的一般属性，还有着自身独特的发展特点，对老年教育模式的研究主要涉及两方面的内容：一是围绕老年教育的承办主体，对老年教育承办主体的现状和问题进行分析，提出解决策略；二是推陈出新，将当下的一些新技术、新理念融入老年教育中，形成老年教育模式的改革和创新。

首先，老年教育承办主体主要包括社区和老年大学，老年大学采用的是传统的面对面教学的班级授课制，避免不了对传统模式的沿袭和套用，

因此使得老年大学的定位目标模糊，发展局限①；国家虽然大力支持发展老年教育，但目前仍然处于能够实现老有所乐但未能实现老有所为的阶段，而且在发展过程中容易忽视弱势群体，因此要健全老年教育的管理机构和老年教育的课程设置；在老年大学中增添老年网络教育；此外还要运用多种办学力量形成多元化办学格局，教学方式也要灵活多样，使老年受益群体覆盖面更广泛②。

其次，社区老年教育是普及老年教育的有效途径，社区老年教育的形式包括社区老年学校、社区老年活动中心和社区老年娱乐室，具有参与感强、归属感强和便捷性等特点。③推进社区老年教育是构建学习型社会的必然选择，也是扩大老年教育覆盖面的有效途径，应该共建共享，推动社区老年教育资源整合，借助各类学校、科研机构、社会团体的社会资源和相关职能部门推进探索创新的社区发展方式，将社会工作的方法引入社区老年教育。④

最后，随着现代信息技术的发展，远程教育实现了老年教育模式的创新，是实现老年教育现代化的一个必然趋势和发展多元化老年教育的有效途径。⑤但是老年远程教育受到传统观念、学习成本、人机交互的机械性以及网络平台优劣的影响。另外，网络信息过载症和网络意识形态冲击现象也对老年人网络教育形成了威胁。因此在现阶段只能作为一个辅助性的教育模式。此外，构建老年网络协作学习生态体系还需要克服技术、资源和老年人参与三方面的障碍，做好学习主体子系统、学习资源子系统以及网络内部系统的建设以及社会生态环境的协调和优化。⑥

（二）老年教育发展与终身教育体系构建

1999 年 1 月 13 日，国务院批转教育部《面向 21 世纪教育振兴行动计划》，提出老年教育是终身教育的最后一部分，如果日益庞大的老年人口不能参与

---

① 姜红艳.21 世纪初期我国老年大学教育目标研究 [D]. 武汉：华中科技大学，2004.

② 李冬梅，张雄林.论我国老年大学的发展与对策 [J]. 现代商贸工业，2008(3)：216-217.

③ 胡庆莲，宋晚生.终身教育视阈下我国老年教育发展模式探究 [J]. 山西广播电视大学学报，2016，21(4)：2-6.

④ 鲍忠良.社区教育视野下的老年教育问题与策略探究 [J]. 继续教育研究，2014(9)：48-50.

⑤ 孙立新，乐传永.嬗变与思考：成人教育理论研究 70 年 [J]. 教育研究，2019，40(5)：123-132.

⑥ 陈曙.老年网络协作学习生态体系的构建：逻辑、关键与通路——基于关联主义的视角 [J]. 远程教育杂志，2015，33(2)：88-96.

到教育中，则终身教育体系缺少最后环节。① 对老年教育发展与终身教育体系构建的研究主要分为价值和策略两个方面。在价值上，老年教育的出现弥补了学校教育在老年阶段的空白，为老年人提供了学习新知识、提高修养的精神场所，没有一个以老年人为对象的教育层次，就谈不上创建全民学习、终身学习的学习型社会。② 从陶行知的教育理念出发，老年教育最重要的成就在于使人养成不断进取的决心，教育是为了培养求知欲，学习是为了生活，只要活着就要学习。在终身教育理念下，老年教育是自主自助的成人教育向生命晚年的延伸，是构建共享、共融、共建的和谐社会的重要条件。③ 但是在老年教育这一阶段，教育支持形式单一，课程内容有待丰富，为使老年人有序地加入到终身教育体制的构建中来，应该尽可能多地开展社区、广播、电视、报纸、杂志等教育活动，在课程内容方面做到实用性技能和娱乐性活动相结合④；对老年人实施退休前的准备教育、退休后的教育以及对待死亡的教育；要积极促进教育公平，尊重每一个年龄段人的受教育权利，通过构建科学的理论体系促进老年教育的实现。

（三）老年人的学习需求

老年人的学习需求决定了老年教育发展的方向和特点，影响着老年教育实施的主要内容和教学方法，是老年教育目标现实构建的核心依据。⑤ 老年人的教育需求会随着老年人的物质水平、文化水平、教育观念、闲暇时间以及空巢家庭的逐步增加而不断增长。⑥ 老年人学习需求的研究主要分为两个部分：一是老年人学习需求的分类，二是满足老年人学习需求的策略和建议。在研究老年人学习需求这一领域，老年人的学习需求可以分为贡献社会的需求、追求生活品质的需求、人际交往的需求，通过这一理论构

---

① 陈乃林，孙孔懿. 终身教育的一项紧迫课题——关于我国老年教育的若干思考 [J]. 教育研究，1998(3)：65-68.
② 王胜民. 发展老年教育营造终身学习环境 [J]. 石油化工管理干部学院学报，2004(2)：57-58.
③ 程仙平. 终身教育理念下我国老年教育的若干思考 [J]. 西北成人教育学报，2012(5)：18-21.
④ 邢琰. 老龄化社会下我国终身教育发展体系的建构 [J]. 继续教育研究，2017(9)：13-15.
⑤ 李洁. 老年教育目标的现实建构——基于老年学习者需求的阐释 [J]. 继续教育研究，2019(3)：25-31.
⑥ 岳瑛. 老年教育需求量及潜在需求量分析 [J]. 中国老年学杂志，2012，32(20)：4607-4609.

思为老年人学习需求的定量研究奠定基础[①]；从教育供给的角度出发，老年大学的学费、课程、校址、教学设施等方面与老年人学习需求的匹配也需要着重考虑教育供给是否适合老年人的身体机能、认知以及老年人的学习动机[②]。从老年人的主观幸福感出发，应该根据老年人的学习需求打造老年人学习圈、职业圈、社交圈和传承圈以提升老年人的成就感和幸福感，罗彤彤、乐传永还提出，一部分老年人希望接受知识技能培训发挥余热，一部分老年人希望参加老年人文体娱乐活动，还有一部分老年人希望通过教育来维护自身权利，因此教育不能一刀切。[③] 关于老年人学习需求的现状，研究者多通过实证研究的方法对各地区老年人学习需求进行统计分析，提出应以老年人的学习需求为导向推进老年教育多层次、差异化的发展[④]；在建立"养、依、为、学、乐"有机结合的社区老年教育模式，为社区老年教育提供各种力量参与的教育条件的同时，应鼓励老年人参与学习活动的安排与设计，以真正反映他们的学习意愿，培养他们独立自主的能力，形成自助管理的老年教育方式[⑤]；此外，当前信息化背景下老年人的学习需求可能会发生新的变化，一方面，要注意到老年人学习新知识、掌握新技术的需要，另一方面，还要加强网络监管，培养老年学员的信息安全意识。

（四）老年教育课程研究

课程设置是老年教育的基本内容，也是构成老年人精神生活的主要内容。我国对老年教育课程研究的起步较晚，但是其设置和建设总体正朝着规范化、科学化和合理化的方向前进。[⑥] 对于老年教育的课程设置，学者们主要从现状和特征出发探寻隐藏在其背后的发展问题，为老年教育课程改革指明方向和提供建议。老年大学的课程设置具有门类齐全，并逐步向专

---

① 喻燕刚.老年人学习需求类型的研究——基于浙江老年人 [J].科教导刊 (中旬刊)，2019(4)：150-151.

② 杨亚玉，欧阳忠明.老年大学教育供给与老年人学习需求匹配的案例研究 [J].职教论坛，2018(8)：93-100.

③ 罗彤彤，乐传永.论老年教育支持服务体系的构建——基于社会支持理论 [J].中国成人教育，2015(2)：8-12.

④ 岳瑛，暴桦.关于老年大学学员学习需求情况的调查报告 [J].天津市教科院学报，2003(6)：55-59.

⑤ 刘廷欣.城市社区老年教育现状分析与对策研究 [D].天津：天津大学，2007.

⑥ 岳瑛.《老年教育发展规划》对老年大学课程设置的启示 [J].天津市教科院学报，2018(3)：54-57.

业领域跨进；热门课程已经成型，经典课程已成特色；新课程逐渐趋向于高科技、高品位的特点，但是还存在着盲目性和随意性、定位不当以及理论研究尚未深入等特点；此外，当前老年教育课程趋于同化，针对性不强，课程内容对学习型社区的建设联系不紧密，需要在课程门类、目标内容和实施评价方面对课程设置进行重新规划①；还有学者提出目前社区老年教育的课程建设还处于起步阶段，存在师资、结构、资源、教学方法、评价机制不健全等问题，因此要有规划性地遵照课程设置的要求，走出一条"从无到有、从有到优、从优到精"的内涵式发展道路②。因此，在课程设置方面，首先要依据课程目标科学设置课程，满足关于学习者、社会生活和学科发展的需求；其次要突出并细分老年人的学习需求，设置退休准备教育、生活适应教育、死亡教育等完整的课程体系③；从理论取向、基本模式和课程设置的视角分析中外老年教育发展的差异，中国老年教育的发展应该促进老年人的社会参与、整合社会力量形成老年人生命团体、以"赋权增能"为基点建立较为完善的课程体系④；除此之外，基于开放大学的建设和发展，从网络课程开发的视角出发，学者们不仅在研究国内外网络课程设计以及老年人的障碍与学习需求的视角下探讨了老年网络课程设计的理念、原则、技术规范和设计流程⑤，而且通过对老年人网络课程资源的需求和特征进行了分析，整理出了一套老年网络课程设计模式并投入使用。还有学者从参与式课程开发的角度，以地区特色开发课程为例，构建了多方协力、共同设计、互教互学的老年教育课程开发的模型。⑥

（五）老年人继续社会化问题研究

通过对社会参与、老龄事业、积极老龄化等关键词的分析，我们发现，继续社会化也是当前老年教育的研究热点问题之一。继续社会化是指老年群体在退休之后继续学习新规范、适应新角色、形成新的社会关系的过程。老年教育不仅能使老年人在接受教育的过程中与他人建立联系，促进老年

---

① 徐博闻.社区老年教育课程建设研究 [J].继续教育，2018，32(10)：73-76.
② 陈春勉.老龄化背景下社区老年教育课程建设研究 [J].成人教育，2016，36(9)：69-72.
③ 岳瑛.老年大学课程设置的探讨 [J].中国老年学杂志，2011，31(20)：4077-4079.
④ 王英.中外老年教育比较研究 [J].学术论坛，2009，32(1)：201-205.
⑤ 俞佳飞.网络课程无障碍设计研究 [D].上海：华东师范大学，2011.
⑥ 赵师敏，陈鑫佳.参与式老年教育课程开发模型构建研究——以"传家宝——隔代教育面面观"特色课程开发为例 [J].当代继续教育，2017，35(2)：58-62.

人的社会参与，而且还为老年人服务和奉献社会提供了重要的学习平台。[①]
关于老年人继续社会化，学者们的研究主要集中于老年社会化的问题以及
积极老龄化背景下老年人继续社会化的解决策略。老年人的角色转换总是
存在一种衰退性的趋势，致使老年人产生挫败和丧失感，需要通过继续社
会化获得再适应社会的能力[②]；农村老年教育在重视程度、教育质量和经费
投入方面有所欠缺，影响了老年人的社会化进程[③]；老年人继续社会化进程
呈现出老年人适应性下降、角色转变困难、社会交往途径狭窄、代际冲突
凸显以及死亡恐惧加深等主要特征，而当前的老年教育机构在促进老年人
继续社会化方面存在很多问题[④]。对此，需要以发展老龄事业为背景，提出
老年教育工作者应该与养老服务工作者共同合作，统筹利用教养资源，在
借鉴养老服务体制机制中探索老年教育社会化和产业化的发展道路[⑤]；在教
学上结合积极老龄化的未来指向，将老年教育贯穿人生的每个阶段，建立
世代沟通型学习模式[⑥]；在管理方面应在严格规范各项教育活动的同时采取
特色的管理手段保障老年继续社会化的顺利开展。

① 彭川宇，曾珍.老年教育与老年人社会参与之关系及其对策探究 [J].老龄科学研究，
2017，5(8)：35-42.
② 夏云瑞.终身教育与老年人继续社会化 [J].新西部 (理论版)，2012(4)：133-134.
③ 宋瑛璐.老年社会化背景下农村老年教育发展研究 [J].成人教育，2016，36(4)：15-19.
④ 孙立新，罗彤彤.困境与出路：老年教育促进老年人继续社会化研究 [J].职教论坛，
2014(6)：28-31.
⑤ 叶忠海，马丽华，杜君英，等.在老龄事业大局中发展老年教育的思路和对策 [J].当代继
续教育，2016，34(2)：4-7.
⑥ 焦佩.从积极老龄化看终身教育中的老年教育转型 [J].中国成人教育，2016(4)：130-133.

第二节 老年教育研究方法

一、文献研究法

（一）基本内容

文献是指包含记录有知识的一切载体，即把人类知识用文字、图形、符号、声频和视频等手段记录下来的所有资料，既包括如图书、报刊、学位论文、档案、科研报告等书面印刷品，也包括像文物、影片、录音录像带、幻灯片等实物形态的各种材料。[1] 一般将文献分为零次文献、一次文献、二次文献和三次文献。零次文献一般是指当事人所撰写的第一手资料，如个人的日记、手稿、笔记等；一次文献即原始文献，是指直接记录世界活动行为经过的研究成果，不一定是研究者亲身经历的，比如，专著、学术论文、学位论文、研究报告等；二次文献是指检索性文献，一般是指对一次文献进行加工，整理或摘录内容要点，从而形成的系统性的文献，一般包括题录、书目、索引、提要等，它具有报告性、汇编性和简明性的特征；三次文献又称为参考性文献，是在二级文献检索的基础上对某一范围内的一次文献进行系统的加工整理，并概括论述的文献，如动态综述、专题述评、进展报告等，具有概括性、综合性和参考性的特点。[2]

与之相应的研究方法称为文献研究法，也称情报研究、资料研究或文献调查。它是指对文献资料的检索、搜集、鉴别、整理、分析，形成事实科学认识的方法。[3] 文献法是一种古老而又富有生命力的科学研究方法。搜集研究文献的方式主要有两种：检索工具查找方式和参考文献查找方式。检索工具查找方式指利用现成（或已有）的检索工具查找文献资料。现成的工具可以分为手工检索工具和计算机检索工具两种。手工检索工具主要

---

① 袁振国．教育研究方法 [M]．北京：高等教育出版社，2000：149.

② 邵光华，张振新．教育研究方法 [M]．北京：高等教育出版社，2012：69.

③ 杜晓利．富有生命力的文献研究法 [J]．上海教育科研，2013(10)：1.

有目录卡片、目录索引和文摘；参考文献查找方式又称追溯查找方式，即根据作者文章和书后所列的参考文献目录去追踪查找有关文献。

积累文献方式可以通过做卡片、写读书摘要、做笔记等方式，有重点地采集文献中与自己研究课题相关的部分。常用的卡片有目录卡、内容提要卡、文摘卡三种形式。写读书摘记与读书笔记既是积累文献的方法，又在某种意义上是制作文献的方法。因为在读书摘记和笔记中渗透了学习者的思维活动，它有时是第二手文献的构成部分，有时又是新的第一手文献的创造过程，是在研究过程中形成的"半成品"。读书摘记以摘记文献资料的主要观点为任务，因不受篇幅限制，它比卡片式的内容提要详细得多。研究者在读到一些较有价值的文献，或者读到一些在主要观点和总体结构上很有启发的资料时，就可采用读书摘记的方式，把其主要观点和结构的框架摘记下来。摘记的重点在"摘记"，不在于"评价"。在积累文献的过程中应该注意以下三点要求：（1）文献积累内容应努力做到充实和丰富；（2）积累文献应该有明确的指向性，即与研究目标或课题假设有关；（3）积累文献应该全面。研究者不仅搜集课题所涉及的各方面的文献，还应注意搜集由不同人或从不同角度对问题的同一方面做出记载、描述或评价的文献，不仅搜集相同观点的文献，还应搜集不同观点、甚至相反观点的文献。

（二）基本步骤与要求

1. 基本步骤

一般情况下，文献研究法包括的基本环节有：提出研究选题（课题）、研究假设、检索与梳理文献、撰写与修改文献综述。提出研究选题或假设是指依据现有的理论、事实和需要，对有关文献进行分析整理或重新归类研究的构思；研究设计首先要建立研究目标，研究目标是指使用可操作的定义方式，将课题或假设的内容设计成具体的、可以操作的、可以重复的文献研究活动，它能解决专门的问题和具有一定的意义。检索与梳理文献即围绕研究选题，确定有效关键词、主题词，从而搜集、整理老年教育相关文献。撰写文献综述即通过对已有文献的分析、概括，以"述""评"结合为原则，撰写综述性文章。

这里以《近二十年我国社区老年教育研究的回顾与展望》①为例,对文献法在老年教育领域的运用展开介绍。

（1）研究选题。以"社区老年教育"为研究选题,目的在于梳理、掌握近20年来社区老年教育理论研究的主题、特点以及今后的发展趋势。

（2）文献检索与梳理。以"老年""社区教育"为关键词,基于CNKI高级检索项,对全部数据库文献进行跨库检索,共得到全部文献759篇（时间跨度为1994—2018年）:期刊论文637篇,硕博士论文55篇,报纸32篇,国内和国际会议35篇。对每篇文章研读和分析后,剔除全部文献中的重复稿件和与研究不相关的文献,剩余文献198篇（时间跨度为1999—2018年）:期刊论文135篇,硕博士论文28篇,国内和国际会议9篇,报纸26篇。以社区老年教育的198篇文献为研究对象,并对每篇文献的研究对象、研究方法、研究问题与研究结论及其内在逻辑性进行研读梳理。

（3）文献综述的撰写。通过对198篇文献的整理与分析,主要从社区老年教育的概念与理论基础、特点与功能、教育模式、现存问题与解决策略等方面展开综述。通过分析与综合文献资料,可见研究者关于社区老年教育的研究取得了全面而深入的进展。未来研究者需要在保持以往研究成果的基础上,继续提高研究层次、加大社区老年教育特色化和本土化实践力度、探索和深入农村社区老年教育研究。

2.基本要求

（1）搜集老年教育相关的文献应当客观、全面,仔细斟酌搜索的主题词（关键词）;

（2）以老年教育相关主题检索文献时,要选择针对性以及相关度强的文献,对一些信息简介或与主题无关的文献应进行筛选;

（3）老年教育相关文献的撰写要注意提纲挈领,突出重点,能够让老年学习者以及研究者"看得懂""读得明白";

（4）"一图胜万言",要在研究成果中适当使用统计图表,更加浅显易懂;

（5）在文献综述的写作过程中不能混淆文献中的观点和作者个人的思想。

---

① 王林艳,王强.近二十年我国社区老年教育研究的回顾与展望[J].中国成人教育,2018(12):139-142.

（三）文献研究法的优缺点

1. 主要优点

（1）文献法超越了时间、空间限制，通过对古今中外的文献进行调查可以研究极其广泛的社会情况。文献研究法可以研究那些年代久远无法再现或接触不到的调查对象，如古代教育家、已发生过的教育现象等，这一优点是其他研究方法所不具备的。[①]

（2）文献法主要是书面调查，如果搜集的文献是真实的，那么它就能够获得比口头调查更准确、更可靠的信息，避免了口头调查可能出现的种种记录误差。

（3）文献法是一种间接的、非介入性调查。它只对各种文献进行调查和研究，而不与被调查者接触，不介入被调查者的任何反应。这就避免了直接调查中经常发生的调查者与被调查者互动过程中产生的种种不足。

（4）文献法是一种非常方便、自由的调查方法。文献调查受外界制约较少，只要找到了必要文献就可以随时随地进行研究；即使出现了错误，还可通过再次研究进行弥补。

（5）文献法效率高。文献调查是在前人和他人劳动成果的基础上进行的调查，是获取知识的捷径。它不需要大量研究人员，不需要特殊设备，可以用比较少的人力、经费和时间，获得比其他调查方法更多的信息。因而，它是一种高效率的调查方法。

2. 主要缺点

（1）许多文献的价值难以判断，质量难以把握。无论是报纸上的各种报道，还是官方的统计资料，常常会隐含个人的偏见、作者的主观意图，从而造成各种偏误，影响文献资料的准确性、全面性和客观性。

（2）有些文献资料很难获得，而且往往是越有价值的文献越难搜集。如一些文献不对外公开，所以对于某些特定的社会研究来说，往往很难获得足够的资料。

（3）对于一项专门的调查研究来说，已有的文献往往不够系统、全面、无法自圆其说地说明问题，特别是一些历史性文献。[②]

---

① 杜晓利. 富有生命力的文献研究法 [J]. 上海教育科研，2013(10)：1.
② 杜晓利. 富有生命力的文献研究法 [J]. 上海教育科研，2013(10)：1.

二、访谈调查法

（一）基本内容

访谈调查法是指研究者通过与研究对象面对面，或者采用电话、网络等方式进行口头交谈的途径来获取调查资料的一种研究方法，通过访谈调查研究，可以了解研究对象的态度、情感、思想观念等。[①] 因研究问题的性质、目的或对象的不同，访谈法具有不同的形式。根据访谈进程的标准化程度，可将它分为结构性访谈和非结构性访谈。结构性访谈即标准式访谈，是按照一定的计划、步骤，对被访者进行规范化的提问。非结构性访谈即自由式访谈，在访谈之前，只是确定一个主题，但是没有详细的计划和流程，可以根据现场的变化而适时调整问题以及进度。

（二）基本步骤与要求

1.基本步骤

访谈调查法的步骤一般包括访谈前的准备、选择访谈对象、正式访谈以及访谈后材料整理四个环节。一是访谈前的准备，主要包括制订访谈计划；确定访谈方式；考虑访谈内容以及与被访者商讨访谈的时间、地点、场合等；准备访谈工具，如提纲、记录表以及一些录音设备；对访谈者进行访谈技能培训等。二是选择访谈对象。选择访谈对象是访谈调查的一个重要环节，根据研究目的和主题以及内容确定所需的研究对象以及数量，比如在实施《老年人学习满意度调查研究》的访谈时，应该优先选择老年学员和老年教育教师，并不一定需要选择教学管理者、政府相关管理人员，因为他们较少参与到老年学员的学习中，难以了解老年学员的现状等。三是正式访谈。主要是根据之前的准备，与被访者进行正式的交流。在正式访谈中，要注意言谈举止等，要充分信任被访者，同时要建立融洽的访谈气氛，做好访谈记录（笔记、录音等）。比如在实施《老年人学习满意度调查研究》的访谈时，应该先介绍自己的身份信息，表明自己的访谈目的；对于听力较差的老年人，需要选择一个较为安静的教室，提问声音大一点；并在访谈中做好被访者信息、重要表述等方面的记录工作等。四是访谈资料的整理。通过对访谈现场记录以及录音设备的处理，对整体的访谈材料进行一个总结与回顾，从而选择适合研究选题的内容材料。下面以具体案例来说明老年教育研究中的访谈调查法的具体步骤。

---

① 邵光华，张振兴.教育研究方法[M].北京：高等教育出版社，2012：118-125.

老年学员学习成效调查的访谈内容

一、确定访谈目的

通过访谈掌握一手的研究材料，从而了解老年学员学习效果如何，老年人满不满意，影响老年人学习效果的因素。

二、确定访谈对象

S老年大学舞蹈班、书法班、诗词班等12个班级20名老年学员（包括各班班长1名）以及任教老师4名。

三、构建访谈内容（问题）

（一）老年学员访谈问题

1.你是哪个班级的？

2.你参加老年教育多长时间了？为什么想参加老年教育活动？

3.你感觉入学以来，自己发生了哪些变化？（可以从身心、生活态度等方面谈谈）

4.你对这些因老年学习而产生的变化感到满意吗？

……

（二）任教老师访谈问题

1.你是教哪个学科的？

2.你从事老年教育教学多少年了？

3.你认为老年人参加学习之后的变化大吗？具体体现在哪些方面？

4.你认为引起这些变化的因素有哪些？请详细说说。

……

四、注意事项

1.该访谈为半结构性访谈，访谈者可以根据以上内容进行发散，围绕研究目的适当进行追问，深入了解信息；

2.注意在访谈中应该充分尊重被访者，一些敏感问题尽量避免；

3.在提问中，尽量不使用暗示性或者引导性较强的言语词句等。

2.基本要求

在老年教育领域，访谈的对象一般涉及的群体有老年学员、老年教学教师、老年学校管理者以及政府部门领导者。由于老年教育有其自身的特殊性，特别是在访谈老年学员时，由于年龄大、言语不清晰、头脑反应慢等，因而在访谈中应该注意以下几点要求：

第一，主动发出邀请，语气应热情，自我介绍简洁明了；主动与老年人打招呼，尊重老年被访者。

第二，要有耐心，不应轻易打断或者放弃与被访者的访谈过程。

第三，要营造和谐的交谈氛围，以适当方式消除老年人的紧张、戒备心理，有时应主动出示身份证等文件。

第四，注意声音声调和语速。老年被访者的身体机能，尤其是听力会衰退，因而研究者在与老年人交流时，要注意声音适宜、语速适中，保证老年人能够听懂所表达的问题和内容。

第五，要注意倾听老年人的言语。老年人脱离社会劳动生活，交流的机会会慢慢减少，因此在访谈中，有老年人会说一些与研究主题无关的内容，这时不应打断，而是要注意聆听老年人的表达，真诚地对待老年人，并随时获取一些有用信息。

第六，调研者应保持2人及以上，既保证交流的顺畅，也要保证材料记录、设备使用情况良好，要如实准确地记录访谈内容，不曲解受访人（老年学员）的回答。

（三）访谈调查法的优缺点

1. 优　点

第一，具有灵活性。访谈者以口头形式向被访者（老年学员）提出相关问题，从其回答中收集一手资料，这种方式灵活多样，可以根据研究者的回答以及所处的情境对访谈问题等做出适当的调整。

第二，具有准确性。访谈调查可以给予被访者充足的时间考虑所要回答的问题，能够使调查的材料更加准确。

第三，具有较强的真实性。因为访谈者与被访者多是面对面交流，因此能够更加了解研究对象，根据研究对象的语言反应进行记录，从而其具有较强的可靠性与真实性。

第四，访谈调查法不受书面语言与预设答案的限制，容易进行深入调查，能够获取较深层次的问题以及所需的信息，同时也能够通过被访者的语言、动作、表情等挖掘其潜在的信息。

2. 缺　点

第一，访谈法需要专门的技巧，需要对访谈者展开专门的培训，尤其是针对老年人访谈时，因访谈对象的特殊性，还需要访谈者熟悉老年人的生理情况、行为习惯等，具有较高难度。

第二，搜集的材料带有较强的主观性，在研究运用中容易失真。

第三，由于访谈调查要求被访者当面作答，这会使被访者感觉到缺乏隐秘性而产生顾虑，尤其对一些敏感的问题，比如老年人的财产情况、子女情况等，往往会使被访者回避或不作真实的回答。

第四，由于不同访谈员的个人特征不同，可能引起被访者的心理反应，从而影响回答的内容；而且访谈双方往往是陌生人，也容易使被访者产生不信任感，以致影响访谈结果。

第五，就老年人而言，可能存在语言不通的问题，即被访者（主要指老年人）会有较强的方言，访谈者不一定能听懂。

三、问卷调查法

（一）基本内容

问卷调查法也称"书面调查法"，或称"填表法"，这是用书面形式间接搜集研究材料的一种调查手段。它是实证研究中研究者用来收集资料的一种常用方法，以语言为媒介，使用严格设计的问题或表格，收集研究对象的资料。问卷调查法适合那些标准化的问题，适用于描述调研和解释性研究。[①] 问卷法大多用邮寄、个别递送或集体分发等多种方式发送问卷。由调查者按照表格所问来填写答案。一般来讲，问卷较之访谈表要更详细、完整和易于控制。问卷主要分为封闭式问卷和开放式问卷。封闭式问卷是把问题的答案事先加以限制，只允许在问卷限制的范围内进行挑选。开放式问卷由自由作答的问题组成，问题情境开放，非固定应答题。

一份完整的问卷包括四个要素：一是标题，即整张问卷的标题，集中反映了调查内容；二是前言，即指导语，用以说明调查目的、答题方式范例、注意事项等；三是问题，即问卷内容，问题是调查内容的转化与呈现形式，是问卷调查法的核心内容，问题由研究目的、研究假设决定，直接反映调查内容，问题之间的关系反映了调查内容的维度结构；四是结束语，一般包括答谢词和问卷回收方法说明两个基本部分。

（二）基本步骤与要求

1. 基本步骤

第一步，在分析课题问题、研究目的与研究假设的基础上，确定调查

---

① 陶永明. 问卷调查法应用中的注意事项 [J]. 中国城市经济，2011(20)：305-306.

研究的内容，分析这些内容所涉及的研究变量，然后根据研究变量的定义确定调查的具体内容与结构关系。比如，在开展《老年人教育参与与主观幸福感的相关性研究》时，涉及的变量主要是"教育参与"和"主观幸福感"，那么根据其操作性定义可以形成表 11.1 的调查结构。

表 11.1　《老年人教育参与与主观幸福感的相关性研究》调查结构

类目	一级维度	二级维度
教育参与	教育投入	学习年限
		课程数目
		教育费用
	学习氛围	教师教学能力
		师生间的关系
		学员间的关系
	学习体验	学习的专注程度
		学习的兴趣程度
		学习的主动程度
		挑战困难的程度
		学习的重要程度
主观幸福感	身心健康体验	身体健康体验
		心理健康体验
		心态平衡体验
	适应满足体验	家庭氛围体验
		人际适应体验
		知足充裕体验
		社会信心体验
	自我发展体验	成长进步体验
		目标价值体验
		自我接受体验

第二步，编制老年教育相关的调查问题。在问题设计时应该充分考虑老年人的实际情况，问题应该浅显易懂，不宜过长过多；题目中的用语尽量符合老年人的语言表达习惯等，比如在《老年人教育参与与主观幸福感的相关性研究》中，问题有"与没参加老年教育前相比，现在碰到不开心的事情时，我能很快打起精神来"，能够让老年人听得懂，"感到亲切"。

第三步，对调查问题进行排序。通常的排序方法有：时间顺序、难易顺序、类别顺序、交叉顺序。一般情况下，为让被调查者避免同类题目的暗示，采取交叉顺序排列题目。在题目排序中，尽量保证题目之间的相关性不要过强，要有明显的区分度，这样更能适合老年人的认知特征，帮助他们做出较为精准、实际的判断与选择。

第四步，征求意见，初步修改。征求研究者与实践者的意见，集思广益，修改不合适的题目。在该过程中，不仅要从专业性方面考虑问题设置是否合理，还应该关照老年人的语言习惯、理解能力，尽量使问卷的设计贴合老年学员的实际情况。

第五步，进行试测（预试），再次修改。为检验问卷是否有效和适合被试，预试和修改是必要的；包括根据预试结果进行项目分析（题项分析）、效度分析（因素分析）、信度分析，修订一些不合适的项目；在研究报告中，一般要对预试和修改的情况加以说明。在预测过程中，若调查对象是老年人，应在问卷发放的同时要和老年人有密切的交流，搜集老年人关于问卷设计、题目设置等的问题。

第六步，正式测试。包括发放问卷、回收问卷、统计结果。在正式测试中，要和老年人讲清楚调查的目的、填写要求等。

第七步，分析调查数据，撰写调查报告（学术论文等）。

下面以"老年人教育参与与主观幸福感的相关性研究"为例，对问卷调查法的操作步骤进行介绍。

老年人教育参与与主观幸福感的相关性研究[①]

一、确定调查目的

本研究旨在通过调查接受老年教育的老年群体的受教育状况和幸福感情

---

① 李硕. 教育溢价视角下老年人教育参与与主观幸福感的相关性研究［D］.宁波：宁波大学，2020.

况，收集相关数据信息，研究参与教育或培训的老年人的幸福感情况。以老年人主观幸福感作为教育收益，来探究老年人参与教育与主观幸福感间的相关性，以期体现教育对于提升自身的幸福感具有积极正向功能。

二、问卷编制

本研究中的因变量是老年人的主观幸福感，包含适应满足体验、身心健康体验和自我发展体验。适应满足体验主要从家庭氛围、人际适应、知足充裕、社会信心四方面的体验来进行测量；身心健康体验主要从身体健康、心理健康和心态平衡三方面的体验来测量；自我发展体验主要从成长进步、目标价值、自我接受等方面的体验来测量。量表共包含 10 个项目，采用 6 点计分，从 1 "很不同意"到 6 "非常同意"，得分越高，表明老年人主观幸福感越强。

三、样本选择

正式调查采用分层抽样法，对 N 市 55 岁及以上参与老年大学的老年人进行现场调查，以班级为单位随机发放问卷。

四、调查问卷的发放与回收

随机发放问卷 500 份，问卷完成后，统一收回，最终收回问卷 468 份，其中无效问卷 32 份，有效问卷 436 份，有效率为 93.16%。

五、报告撰写

2. 基本要求

基本要求主要涉及调查问卷的问题表述、问题设计以及答案设计三个方面。

（1）问题表述。问题的内容要具体，不要提抽象、笼统的问题，以避免老年人理解不了问题；问题的内容要单一，不要把两个或两个以上的问题合在一起，避免老年人答非所问；表述的语言要通俗，不要使用不常用或者过于学术化以及老年人难以理解的语言；表述问题的语言要准确，不要使用模棱两可、含混不清或容易产生歧义的语言或概念；表述问题的语言应该尽可能简单明确，不要啰嗦；表述问题的态度要客观，不要有诱导性或倾向性语言；要避免使用否定句的形式表述问题。

（2）问题设计。设计的问题必须符合客观实际情况；需围绕调查课题和研究假设设计最必要的问题；需符合被调查者回答问题的能力，尤其是针对老年人的问卷。凡是超越被调查者（老年人）理解能力、记忆能力等方面的问题，不应该提出；应考虑被调查者是否自愿、真实回答问题；凡被调查者不可能自愿、真实回答的问题，不应该直接提出。

（3）答案设计。答案应该与询问问题具有相关关系；需具有相同层次的关系；应该穷尽一切可能的、起码是一切主要的答案，答案是互相排斥的；需是被调查者能够回答、也愿意回答的。

此外，针对老年人的问卷调查还应该注意字体应该较大、调查题目不应设置过多以及言语要通俗易懂等。

（三）问卷调查法的优缺点

1. 优　点

问卷调查法的优点有如下四点：（1）调查结果容易量化；（2）问卷调查的结果方便利用 EXCEL、SPSS 等数据处理软件进行统计处理与分析；（3）如果量表的信度和效度高、样本数量大，研究者可以收集到高质量的研究数据；（4）问卷调查对于被调查者的干扰较小，可行性高。[①] 此外，问卷调查适合大范围调查，问卷回收率较高，且调查成本较低等。

2. 缺　点

（1）由于问卷调查的主动权在被调查者，因此部分被调查者有可能随意作答或不予回答。尤其是老年学员，问卷的填写对他们而言具有一定的难度。（2）常用的结构性问卷通常较为标准化，限制自我表达，有时不能够真实反映被调查者的"心声"，此外获取的材料、数据等也不一定深入详尽，可能会遗漏一些细致、深层的信息。（3）发放的问卷是由被调查者自主作答，调查者一般不会当场检查答案的正确或者遗漏，这样容易出现被调查者漏答、错答等一些问题。（4）对于一些老年人而言，问卷字体的设置、问题的表述不一定能够适应老年人等。下面以具体案例来说明老年教育研究中问卷调查法的具体内容。

---

① 袁方，王汉生．社会研究方法教程 [M]．北京：北京大学出版社，2004：254.

老年人教育参与与主观幸福感的相关性研究调查问卷（节选）①

尊敬的中老年朋友：

您好！感谢您在百忙之中填写此份问卷。我们正在进行一项关于老年人参与教育和主观幸福感现状的调查研究。请根据提问，结合您自己的实际情况对本问卷的题目做出选择，同时恳请您按照问卷各部分的作答要求进行选择，不要遗漏任何题目。

本问卷所收集的资料仅供学术研究之用，您的参与会对我们的研究提供很大帮助，我们承诺对您的所有信息绝对保密，敬请放心填写。在此非常感谢您的支持与帮助！

祝您：身体健康，幸福快乐！

一、个人基本信息问卷

请在符合您实际情况的数字代号上打"√"。

1.您的年龄是：① 50～59 岁；② 60～69 岁；③ 70～79 岁；④ 80 岁及以上

2.性别：①男；②女

3.您现在的婚姻状况是：①有配偶；②无配偶

4.您的居住情况是：

①独居；②与老伴一起居住；③与子女一起居住；④与老伴及子女一起居住；

⑤住养老机构（敬老院或老年公寓等）。

5.您自己每月可支配的收入是（人民币）：

① 1000 元以下；② 1000～2000 元；③ 2000～4000 元；⑤ 4000 元以上

6.您的文化程度是：

①小学及以下；②初中及以下；③高中（含中专、职高）；

④大专；⑤本科及以上

二、主观幸福感

1.参加老年大学后，我感到现代社会给我们老年人提供的机会和选择越来越多。（单选）

---

① 摘自宁波大学教师教育学院李硕《教育溢价视角下老年人教育参与与主观幸福感的相关性研究》一文，有增改，在此向原作者致谢！

①很不同意；②不同意；③有点不同意；④有点同意；⑤同意；⑥非常同意

2.自从参与老年大学后，与周围的人相比，我对自己感到很满意。(单选)

①很不同意；②不同意；③有点不同意；④有点同意；⑤同意；⑥非常同意

3.参加老年大学后，我觉得我自己过得每一天都有意义。（单选）

①很不同意；②不同意；③有点不同意；④有点同意；⑤同意；⑥非常同意

4.自从参加老年教育活动后，感觉自己变得更坚强、更有能力，越来越能够跟上社会的发展了。（单选）

①很不同意；②不同意；③有点不同意；④有点同意；⑤同意；⑥非常同意

5.与没参加老年教育前相比，现在碰到不开心的事情时，我能很快打起精神来。（单选）

①很不同意；②不同意；③有点不同意；④有点同意；⑤同意；⑥非常同意

6.自从参加老年教育活动后，每当自己的身体健康状况不佳时，我没有感到很烦恼了。（单选）

①很不同意；②不同意；③有点不同意；④有点同意；⑤同意；⑥非常同意

7.自从参加老年大学后，我越来越乐于参加各种集体活动，结交到了许多新朋友。（单选）

①很不同意；②不同意；③有点不同意；④有点同意；⑤同意；⑥非常同意

8.参加老年大学后，我感到我自己的一些看法变得越来越全面。（单选）

①很不同意；②不同意；③有点不同意；④有点同意；⑤同意；⑥非常同意

9.参加老年大学后，我感到我对"吃亏是福"的理解更深了。（单选）

①很不同意；②不同意；③有点不同意；④有点同意；⑤同意；⑥非常同意

10.自从参加老年大学后，我与家人（父母、爱人、子女、孙辈）的沟

通交流越来越好。（单选）

①很不同意；②不同意；③有点不同意；④有点同意；⑤同意；⑥非常同意

对您抽出宝贵时间填写本问卷再次表示感谢！

四、个案研究法

（一）基本内容

个案研究是指对某一个体在特定情形下的特殊事件，广泛、系统地搜集有关资料，从而进行系统地分析、解释、推理的过程。[①] 个案研究法亦称个案历史法，是持续研究某一个体或团体行为的一种方法。它包括对一个或几个个案材料的收集、记录，并写出个案报告。一般包括个案跟踪、个案追因、个案谈话、个案会诊[②]、个人作品分析等类型。

个案研究法具有以下几点特征：（1）调研对象的单独性。一般来说，个案研究聚焦于一个个体或者群体进行研究，不会广泛研究多个群体行为或者事件，因此，研究对象较为单一。（2）研究实施的深入性。个案研究的任务是从研究对象的调查中找出研究问题的表现、原因并提出解决策略。因此，基于单独个体的研究，需要更加深入地了解研究个体的行为、事件以及相关的历史背景、生活环境等，达到多方位、多维度、多层次的标准。（3）研究手段的多样性。个案研究法的特殊性在于研究对象的单一，因此想要得到全面有效的信息、材料，往往需要调查者使用不同的手段进行。这些研究手段（方法）包括观察、访谈、文献阅读等。

（二）基本步骤与要求

1. 基本步骤

个案研究法的基本步骤包括确定研究问题、选择个案、资料的收集与分析以及撰写个案研究报告等。

首先，确定研究问题是实施个案研究的前提，只有知道自己需要解决什么问题、把握问题的本质和关键才能较为精准地选择研究对象，确定研究个体或者群体。该步骤中，要注意老年教育领域问题的特殊性，明确研

---

① 郑金洲，等 . 学校教育研究方法 [M]. 北京：教育科学出版社，2003：190.
② 个案会诊研究是研究者通过集体讨论，就某一学生的行为、某一教育问题或某一教育事件进行分析研究，从而发现研究对象的特点及发展趋势，并得出改进方案的一种研究类型。

究对象是老年人，因此，确定研究问题时应始终围绕老年人的生活、学习的实际情况展开。

其次，选择研究的对象，确定研究样本。这一过程是个案研究法的关键。选择什么样的个案会影响研究过程的开展和研究结论的生成。在个案选择的过程中需要始终围绕"研究问题"来开展，保证个案选择的精准性、有效性以及代表性。在选择老年人这一群体的研究样本时，要提前进入老年大学、老年社区、老年活动中心等场所了解老年人的学习、生活习惯，为样本的精准选择奠定基础。

再次，个案资料的收集与分析。详尽、细致的个案资料是生成准确研究结论的重要保障，在个案研究资料的搜集过程中，要秉持全面性、深入性原则，要对个案进行全面了解，广泛收集与之有关的资料。那么这些资料，比如老年学员的背景性资料、心理性资料以及当前研究问题相关的一些其他资料，在资料收集过程中，应该完整、准确地记录研究对象的详细信息。

最后，个案研究结果的撰写。个案研究结果的撰写即研究报告或学术论文等形成过程，在这一过程中不仅需要个案的具体情况，比如个体的基本情况、问题内容的概述等，还需要对问题的分析与原因探讨、基于教育视角提出来的建议等。

下面以《老年大学教育供给与老年人学习需求匹配的个案研究》为例对个案研究的操作步骤进行分析。

老年大学教育供给与老年人学习需求匹配的个案研究[①]

一、确定研究问题

以《老年大学教育供给与老年人学习需求匹配的个案研究》一文为例，确定个案研究的问题为"老年大学教育供给与老年人学习需求匹配情况如何？"，呈现老年大学教育供给者和老年学员的看法与诉求，并以此为切入点，探讨影响老年大学教育供给与老年人学习需求匹配的因素，寻求老年大学教育供给匹配老年人学习需求的策略。

二、选择个案

所选择的是一所省会城市的老年大学——N老年大学。N老年大学是在

[①]　案例摘自江西科技师范大学杨亚玉《老年大学教育供给与老年人学习需求匹配的个案研究》，有增改，在此向原作者致谢！

借鉴其他地区老年大学发展经验的基础上建立的，综合了当前我国老年大学的特点，具有一定的代表性。N老年大学成立于2004年，是一所专为退休人员开办的"大学"，已是全国示范老年大学。N老年大学目前有两个校区在招收学员，总占地面积19905平方米，共有55间教室，该市政府正在筹建第三个校区，建筑面积近5万平方米。N老年大学的设施相较区老年大学较为完备。N老年大学开设的班级有304个，7个系，64个专业，聘用的老师156名，共有学员2万人次。

三、个案资料的收集与整理

本研究中收集数据时主要采用的具体方法包括观察法、访谈法、问卷法、文献搜集法。（1）观察法。展开开放式、无结构的非参与式观察。在不同时间段，以局外人的视角，尽可能让自己全面地看待问题。通过观察，抽离出具体问题，并据此设计调查问卷和访谈提纲。（2）访谈对象分为两组，一组是N老年大学三位行政人员（Q校长和Z科长）；一组是N老年大学学员，根据做问卷调查的基本情况选取5位老年学员。（3）文献资料搜集。主要搜集与老年大学教育供给相关的文献，包括国家、省、地方等各级政府颁布的一些老年大学教育供给的文件、政策、发展统计年鉴、门户网站资料、招生简章、学校相关会议记录等；学校教学安排、教学计划、教学总结、老年人学习总结等；老年学员参与的活动视频、照片、学校文化墙宣传、教学视频、照片等。

四、研究报告的撰写

具体参见杨亚玉《老年大学教育供给与老年人学习需求匹配的个案研究》一文（江西科技师范大学硕士学位论文）。

2. 基本要求

在对资料进行分析与收集的过程中，需要注意资料的选择要准确、全面；分析方法的选择要综合考虑研究问题的性质、资料特征、时间安排等；考虑问题要客观，一般来说，个案研究具有较强的主观性，因此在资料分析中要避免这一倾向。涉及老年人时，还应该考虑如何适应老年人群体；如何观察老年人的学习行为；如何保证搜集老年人群体材料的准确性以及丰富性；如何克服交流中的语言障碍等。

（三）个案研究优缺点

1.优　点

（1）个案研究的优势在于其具有针对性，因为个案研究的对象一般来说比较单一，那么，研究者有充裕的时间去了解研究对象的各方面信息，那么，对所研究的问题来说，也就更加具有针对性，其结果更加能够反映、解决教育的现实问题。（2）了解研究对象各方面的信息，进而全面和深入地加深对它们的认识；有助于澄清概念和确定变量，从而有利于做进一步实证研究。（3）能够发现"规则之外"的特殊之处，拓展行为、事件认识的广度等。

2.缺　点

（1）个案研究比较孤立，每个案例都有其不同的特点，因此所调研的结果，在实际的教学生活中难以验证；（2）由于个案研究的案例一般较少，缺乏一定的代表性，因而难以得出比较普遍泛化的结论，并且所得出的结论会被质疑；（3）个案研究通常用的是质性分析方法，研究者的主观能动性发挥余地较大，其结果也难以量化、标准化、规范化，因此研究结果会受到研究者的能力、价值态度、知识结构的影响，主观性较强；（4）研究结论的效度取决于所获得的个案资料的正确性。这种方法不正确的概率颇高，特别是对于年纪大的个案来说，要将幼年时所发生的事件的前因后果正确无误地回想起来很不容易，大多数人会对以前的内容进行加工。

下面以具体案例来说明老年教育研究中的个案研究法的具体内容。

Z老年学员的故事（具体案例）[①]

"像我们这些爱学习，以前苦于没能好好学的人，终能在老年大学里圆了人生的大学梦，学习是快乐的，我将继续努力，在老年大学里汲取更多知识，以后一定会取得更好成绩……"

——Z学员说

1.起始：追梦坎坷

Z今年55岁,是访谈对象中年龄最小的,高中毕业,前几年户口改革之后,Z学员由农民户口转为居民户口,目前在xx区居住,离江北区比较近,现

---

① 案例摘自宁波大学教师教育学院崔雅歌《城市老年人学习成效研究——基于若干老年学员的个案分析》一文，有增改，在此向原作者致谢！

在辗转在江北区的几所老年大学学习，文学、写作、电脑、摄影、拼音都在学，每天的生活安排得非常充实。Z学员先后有两次学习机会，都没能实现愿望。1988年他做外包工时偶然发现业余大学的招生广告，欣喜地在当年5月份报名入学，拿着学校发的学生证上了两堂课，无奈学习时间没保障，只能放弃；等到2008年在卖场工作时，Z学员知道自己有机会参加职工业余大学学习，结果因报名人数不足一个班级，取消开班，他想学习的愿望就此破灭。Z学员原本计划2013年退休之后立刻参加老年大学，但是由于被通知要补交十几万的养老金，Z学员又辛苦工作了两年，终于在与学习分离36年之后于52岁这年重新踏入了学校的大门。

2.之中：不如人意

Z学员在2015年秋天开始在xx老年大学进行学习。第一年的时候，Z学员对学习一无所知，凭着对写作的喜欢，参加了写作班，结果上课了才知道是文学欣赏班，算是阴差阳错，也学到了不少知识。由于学员建议更换教师，学校就邀请了一位大学老师作为主讲老师……这是Z学员参加老年学习的第一年，直接影响了Z学员对于老年大学教师的要求，此后他参加其他老年大学的课程，由于有先前学习经历的对比，Z学员对某些教师不是很满意，感到非常失望……

3.回望：成长与收获

小时候没有学过拼音让Z学员倍感遗憾，他觉得自己是文盲，没知识，自学又让他觉得困难重重。Z学员认为，想要学好写作就必须打好拼音基础，在市老年大学两年都没有报上拼音课，在听说B学校有拼音课之后就赶紧报名参加，其中的奔波与坎坷只能自己体会。听完拼音老师的课之后，Z学员感到如释重负，一年的拼音学习，让她基本打好了拼音基础，认识了不少生字词，并且能够操作电脑键盘……

五、课堂观察法

（一）基本内容

课堂观察法是指研究者或观察者带着明确的目的，凭借自身感官如眼睛、耳朵等及有关辅助工具如观察表、录音录像设备等直接从课堂情境中收集资料的一种教育研究方法。课堂观察是一种科学的观察，它不同于一般意义上的观察。课堂观察是在一般观察基础之上发展起来的一种特殊的调研技术，它有明确的观察目的，除了运用个体的视觉观察，往往还需要一些特殊的观察工具，并在观察之前进行精心的设计与组织，从而获得一般观察无法获取的信息。通常而言，观察的类型有直接观察与间接观察。直接观察是观察者直接进入课堂情景进行的观察，间接观察是指研究者借助录音录像设备进行观察的方法。此外，根据不同的划分标准，还有参与观察、非参与观察、结构观察、准结构观察、非结构观察、开放性观察以及聚焦式观察等不同的类型。[①]

（二）基本步骤与要求

1.基本步骤

课堂观察法一般包括界定研究问题、制订观察计划、开展观察与记录、整理分析、记录资料、撰写研究结论等环节。

界定研究问题即立足于老年教育研究，弄清楚课堂观察需要解决什么问题，并从问题出发，确定研究目的和对象。诸如，老年学员的课堂学习行为表现如何，老年学员学习投入度如何等。

制订观察计划。观察计划要对课堂观察的具体内容、时间、方法、使用工具以及注意事项进行规划与说明。

实施观察与记录。在观察中，观察者或研究者需要进入课堂教学的现场，按照原定计划进行观察，在观察的过程中，要充分运用各种器官或者辅助手段，获取老年学员及教师在课堂上的行为表现。在这里需要注意时间取样和事件取样。时间取样是指在特定的时间内观察所发生的教育现象，并对这一时间段内发生的行为表现进行全面记录。事件取样，即在特定的时间里对事件的过程进行完整的记录。在观察记录的过程中，需要及时记录，保证记录真实详尽、具体系统，能够反映课堂行为的事实。[②]

整理分析资料，撰写研究成果。对老年学员的课堂观察材料（文字记录、录音录像、视频资料等）进行详细、全面的整理，并基于研究问题开展有效的提取与筛选，将老年教育、老年学员、老年教学等有效的信息与材料运用到调研报告的写作中，并基于资料的分析、研究，梳理、总结问题产生的原因，提取有针对性的意见，推进老年教育教学的发展。

---

① 郑金洲，等.学校教育研究方法 [M].北京：教育科学出版社，2003：101-105.
② 邵光华，张振新.教育研究方法 [M].北京：高等教育出版社，2012：194-197.

2. 基本要求

课堂观察需要做好充分的准备工作，比如课堂观察工具的制作、仪器的准备与使用、观察地点的联系与选择等；要注重观察的客观性，根据课堂发生的实际行为进行记录，而非由观察者主观想象；要注重课堂观察记录的准确性与全面性，包括人物信息、环境信息、教学信息、行为表现、语言表达、情绪流露等。

（三）优缺点

1. 优　点

它能通过观察直接获得资料，观察的资料比较真实。在自然状态下的观察，能获得生动的资料。观察具有及时性的优点，它能捕捉到正在发生的现象，能搜集到一些无法言表的材料。

2. 缺　点

课堂观察只能凭借观察者的感官及有关辅助工具（如观察量表、录音录像设备）观察可视、可感、可知的直观现象与行为，不能观察隐性的内容（诸如师生的心理变化）。对观察者有较高要求，课堂观察需要观察者接受一定的专业培训，具备相应的观察技能，要求观察者能集中心智观察，及时、准确地收集相关信息，随时做出记录，这是对观察者在专业知识与自身特质方面的要求。此外，还需要外部支持，比如视听设备等。下面以具体案例来说明老年教育研究中课堂观察法的具体内容。

B老年大学课堂观察记录（案例）[①]

时间：6月14日上午8：30-10：00

地点：书画室

班级：拼音班（普通话）

应到人数：未知

实到人数：10人

课堂内容：复习本学期学的内容

教材：教师打印的讲义

---

① 案例摘自宁波大学教师教育学院崔雅歌《城市老年人学习成效研究——基于若干老年学员的个案分析》一文，有增改，在此向原作者致谢！

一、背　景

8：12分我到了书画室，今天上午有拼音课，只有一位女学员在，我走过去跟她聊天，了解到她是江东区的，原来在民安校区上课，车过来不太好坐，江东那边好像也没有拼音班，就出门早了点，早点过来，她评价这边学习氛围好，每个街道社区都有老年大学，比江东那边好，现在跟鄞州合并了，也不好抢课，江北老年大学她没有抢到，人太多了，不好抢。她普通话不好，小时候没有学过拼音，所以普通话说得不好，自评是班里面最差的，其他人都学得很好。8：32分，班里有10个学员，都是女学员，电扇开着，教室前方有一块活动的大黑板，黑板后面的墙上贴着拼音课教学安排表、开班备案表、书画班值日表，学员来了之后基本没有凑在一块儿聊天，进班之后，都把桌子和椅子擦了擦。

二、人　物

教师：女性教师，30多岁，北京大学法学学士，总是面带微笑，看上去比较有亲和力，不间断地跟学员有交流。

学员：10位女学员，上课过程都非常认真。

三、活　动

第一阶段：分组练习，站在教室前方中央位置（本阶段为复习巩固）

第一组：4个人一块儿读一首现代诗，每个人一小节，老师提醒说情绪要先酝酿一下，完毕之后，老师评价说非常好。

第二组：读古体诗《关雎》，明显比现代诗读得磕磕绊绊，多次出现中断，咬字不清，有的字音不准，但还是读完了，读的过程中她们之间会相互确认一下这个字读得准不准。老师评价说这首诗有点难度，翘舌音、平舌音都需要注意，不是特别流畅，有个别字音读错，个别咬字注意，回家要练，古体诗是有难度的。

第三组：《沁园春·雪》2人，读得比较好，没什么大问题。全部练习完之后，学员说让老师再把古体诗念一遍，老师笑着说我也很紧张的，然后就示范了一遍，说回去之后要把生僻字再练一下。

第二阶段：小说练习，他们有提前发的讲义（本阶段为新内容）

1.解决生字词

老师大致把小说讲了一下，要有情绪、分人物、有对话，诵读要注意。然后先让大家看一下这篇小说写的什么内容，每个人的心理特点是什么，确认每个人的身份是什么。学员一直在跟着老师走，拿着讲义和笔都很认真，不时跟老师有交流，会问一下哪个字怎么念。之后，分段了解生字词，老师在黑板上写出生字词，标好注音，学员在下面也拿笔记拼音，嘴里不断念着拼音，中间有一个管理老师来班里看了一下上课的情况，停留了一会儿就走了。解决完生字词后，老师先第一遍领着学员读生字词；第二遍指读，调整她们的发音……整篇小说过完一遍，学员们开始自由朗读，老师会走到学员中间，不断有学员问老师字词怎么读，学员们学得非常认真，都在一字字、一段段地读。学员自由练习后，齐读了一遍。一节课之后，有两位学员提前走了。

六、其他研究方法

（一）教育行动研究法

教育行动研究法是一种日益受到人们关注的融教育理论与实践于一体的教育研究方法，它是一种适应小范围内探索教育问题的研究方法，其目的不在于构建理论体系、归结规律，而在于针对教育教学实践中的问题，通过行动来加以解决，以提高教育教学实践的质量，推动教育教学改革的深入。[1] 它的特点主要有：一是实践性。行动研究把解决实践问题放在第一位，并在实践中找出解决问题的方法，因此它具有较强的实践性。二是具有较强的合作性。行动研究通常将不同的主体，比如实践者与研究者结合起来，倡导研究者不仅要深入实践一线，而且要使教育实践者成为实践情境的研究者，向一线实践者学习、请教，因此具有较强的合作性。三是具有较强的开放性。在行动研究中，基于研究目的，在实践中出现新情况、新问题时，可以及时调整方案，并且适时地更改研究的方向，边行动边研究。

基本的实施环节包括：第一，从日常的老年教育教学情境中确定、评价和形成有意义的问题，比如在教学过程中发现何种课程既能让老年人学有所得又能学有所乐，如何组织形成课程集群的问题。第二，与老年教学有关人员（教师、老年机构管理人员等）初步讨论和协商，形成初步的意向。比如，将上个环节所提出的问题，同老年教育教师、学校主管领导、专家学者展开讨论，形成相应的教育行动方案。第三，查阅老年教育领域相关

---

① 寇冬泉，黄技. 行动研究法及其操作程序与要领 [J]. 广西教育学院学报，2003(3)：26-30.

文献，从同类研究中汲取经验教训，包括他们的目标、程序以及遇到的问题等。就以上问题查阅相关文献资料，围绕"老年人学有所得又能学有所乐，如何组织形成课程集群的问题"总结实施教育行动研究的具体程序、注意事项等。第四，重新修改和定义老年教育相关问题，将以上问题修改、概括为"乐学课程建设研究"。第五，选择研究程序，如取样、材料选择、研究手段的确定等，以及围绕"乐学课程建设研究"选取实施行动研究的课程、班级等。第六，选择评价方法。评价方法的选择要符合老年人的学习特征，不能将普通教育学的评价方法不加考虑地运用到老年教育的教学评价中。第七，正式实施，比如在实施"乐学课程建设研究"的过程中，时刻注意记录各种问题、重要表现等。第八，撰写教育行动研究报告，并开展课题评价。以"乐学课程建设研究"为例，撰写《乐学课程建设研究》报告，并开发出一定数量的乐学课程专业群，形成相应的理论研究成果等。

（二）教育叙事研究法

教育叙事研究有广义和狭义之分。广义上的教育叙事研究是指通过对有意义的教学事件、教师生活和教育教学实践经验的描述分析，发掘或揭示内隐于日常事件、生活和行为背后的意义、思想或理念。狭义上的教育叙事是指教师"叙说"自己在教育活动中的个人化的教育"问题解决"和"经验事实"，并在反思的基础上转变自己的教学观念和行为。教育叙事研究关注的不仅是客观规律，更多的是参与者的生活体验、心理情感、内在生成等。[①]该研究方法的特点有：（1）教育叙事研究所叙述的内容是已经过去的教育事件，而不是对未来的展望。内容是实际发生的教育事件，而不是教育者的主观想象。（2）教育叙事研究特别关注叙述者的亲身经历，对某个人或某个群体的行为做出解释和使其合理化。（3）教育叙事研究所报告的内容具有一定的"情节性"，注重故事的完整性。[②]

基本的实施步骤有：

确定研究问题。教育叙事研究的过程始于聚焦一个值得探究的老年教育问题，并根据研究问题来组织材料。

选择研究对象。选择研究对象是研究得以进行的保证。在教育叙事研

---

① 邹小英. 教育叙事研究在中国 [D]. 重庆：西南大学，2008.
② 邱瑜. 教育科研方法的新取向——教育叙事研究 [J]. 中小学管理，2003(9)：11-13.

究中，要尤其注重选择合适的被研究者，与其建立良好的研究关系。通常而言，选择好的合作伙伴是教育叙事研究的重要一步。涉及老年人时，应该考虑其实际生活情况，与其多多沟通交流，注重情感融合，一起参与老年人的部分生活、学习活动等。

进入教育情境，实施研究。进入研究现场就意味着走进教育活动及其行为事件。研究现场是教育叙事研究获取真实资料的直接来源。在老年教育领域，其教育情境多发生在老年大学（老年学校），因此，研究者要与老年大学等教育机构（单位）建立良好的关系，提前了解老年人的学习成效等情况，并在教育现场密切关注老年学员的各种行为等。

整理分析资料。叙事研究强调的是对事件本身的分析，是基于资料事实进行的符合材料实际的分析。否则，研究就偏离了叙事研究规范的要求。在整理分析资料的过程中，研究者一项重要的任务是从所收集的大量资料中寻找出"本土概念"，使研究的内容更加具有特性。

撰写研究报告。研究报告的撰写既包含研究者对所观察到的"事"的故事性描述，也包含研究者对"事"的论述性分析。教育叙事研究强调细致的描述和深刻的分析，应展现叙事"故事"的丰富性、生动性以及完整性。

第三节 老年教育研究存在问题及其发展趋势

一、老年教育研究存在的问题

我国老年教育在数十年的发展中，已经在理论研究方面取得了较大成绩，但是存在一些不足，较为典型的问题有以下几个。

（1）研究成果不够系统，整体研究质量有待提升。当下，老年教育研究成果数量颇多，但是相对于普通教育、高等教育而言，这些研究成果还不够聚焦，缺乏一定的系统性，研究成果的质量有待提升。造成该问题的原因有：一是老年教育研究处于"边缘"地位，关注老年教育理论研究的学者不多，优秀学者更是缺乏，难以形成研究的"领头雁效应"，导致多数研究成果很零散。二是当前社会价值取向上存在强烈的功利主义倾向，注重"前端教育"，不注重"后端教育"，注重人对社会的生产和贡献，而生产能力减弱时，其价值却被忽视。表现为人们对老龄化社会问题关注较多，对于老年人口的教育权利和需求研究较少。[①] 三是老年教育的研究整体上呈现出逐年上升的趋势，但研究质量还有待加强。老年教育研究方面的高级别期刊较少；相关领域学者的"质量意识"缺乏，为了"发文章而发文章"，存在一定的功利性倾向；"书斋式"的理论文章较多，而实践性较强的文章匮乏，调查研究深度不够。

（2）研究视角较为狭窄，缺乏多学科视角和多样化的研究方法。多数研究成果局限在教育学领域，缺乏多学科视角解读老年教育的有关理论和实践。实际上，老年教育作为社会教育的一种形式，可用社会学视角去审视；老年教育的对象是老龄人群，他们与其他阶段人群的身心特点有很大差异，应加强心理学角度研究；老年教育工作的开展离不开规范化的管理，可以加强管理学视角的研究；考虑到老年教育的社会价值取向和本质属性等问

---

① 张惠．我国近十年老年教育研究述评 [J]．职教论坛，2016(33)：51−56.

题，应从哲学视角去研究……此外，已有成果所用的研究方法主要是理论思辨多，调查研究、个案研究、比较研究、量化研究较少。[①]

（3）协作研究尚需进一步加强。目前老年教育的研究机构遍布全国，但大多数机构来源于高校，来自基层单位的较少。同时，理论研究者与基层实践工作者的合作成果较少，存在理论研究与实践研究脱节的现象。高校学者的教育理念难以传达到基层，不能及时对教育实践发挥指导作用，老年教育实践问题也难以反馈到高校等。

此外，老年教育研究还存在区域研究发展不平衡、发表期刊缺乏且级别不高等问题，这些是今后我国老年教育研究亟须注意、解决的困境。

二、老年教育研究趋势

（一）加强老年教育研究者的合作

分析老年教育领域研究者的合作情况可以发现，研究者之间的合作主要有两方面的原因：一是研究者属于同一研究单位，研究方向为同一领域；二是研究需要从其他学科中借鉴研究成果，或者需要借鉴其他学科的研究方法，从而与其他单位相互合作。因此，在未来的研究中需要推动老年教育研究者从"独立创作"走向"多元合作"。首先，实现研究机构内部资源的整合，培养研究机构内部学术团队，尤其要注重研究生科研后备力量的培养，在加强与导师之间合作的同时形成生生之间相互合作的模式。其次，发挥老年教育研究领域优秀学者的带头作用，以优秀学者为桥梁，定期举办以老年教育为主题的学术会议，挖掘学者们的合作潜力，促进不同研究机构学者之间的学术交流和科研合作。最后，教育理论与教育实践应该是一种相互滋养的新型关系，老年教育的研究不仅要在理论上加强合作，还需要与实践相互影响，强化与老年教育实践工作者之间的合作，使研究结果更具现实指导意义。

（二）运用多样化的研究方法

老年教育研究一直偏重理论思辨式的研究模式，在一定程度上导致了思维方式的固化，老年教育研究多处显现出相关学科的影子，缺少自己领域的独特性，得出的结果难以指导实践。要深度剖析、解决教育实践问题，

---

① 张惠. 我国近十年老年教育研究述评 [J]. 职教论坛，2016(33)：51-56.

必须采用多元化的研究方法。首先，要加强老年教育的比较研究，发达国家长期教育实践与理论的发展为我国老年教育的开展提供了理论框架和技术路线的指导，通过研究发达国家的老年教育能够为解决目前我国老年教育发展存在的问题提供一些参考。其次，国内老年教育的体制机制和资源供给也存在地域差异，各地区老年教育发展质量不均衡，在做好国别比较的同时也应该注意到区域老年教育的比较研究。最后，借助问卷调查等方法有助于研究者具体测定老年教育活动进程，了解老年人学习参与的基本情况以及教育意向。但是由于老年人的特殊性和局限性，再加上语言条件的限制，很多情况下难以对老年人进行问卷类的量化研究，因此当问卷调查实施困难时，可采用观察、访谈、个案分析、教育实验等方法综合分析老年教育的发展现状，克服单个调查方法存在的弊端，做到定量研究与定性研究相结合，提高研究的科学性和调查结果的准确性。

（三）创新老年教育研究视角

老年人的思想观念、文化需求、社会适应性等都具有相对独立性，会随着个人经验和社会发展而不断变化，因此，老年教育研究必须从老年人个体和社会两个层面进行多方面、跨学科的思考。但是就目前学者关注的主要内容而言，大多还是从教育学的角度出发，虽然这些成果能够帮助我们认识老人教育的一些问题，然而随着现代社会知识更新和社会结构的变化日益加快，越来越多的问题需要从新的视角和新的学科入手。因此，要扩大老年教育的研究视域，从心理学的角度来看，老年教育应该提高老年人的自我效能，强化老年人的心理资本；从经济学的角度来看，老年教育应该发力促进老年人力资源的开发；从健康学的角度来看，老年教育应该致力于培养老年人良好的身体和心理素质；从社会学的角度来看，作为社会参与的一部分，老年人有权通过教育实现积极社会化。通过多层次、多角度的探讨，才能准确把握老年教育的本质，拓宽老年教育的理论基础，完善老年教育的学科体系。

（四）拓展老年教育的研究内容

目前，老年教育的研究内容多从问题出发研究宏观领域的对策，整体呈现格式化和模块化。纵观我国老年教育各主题的发文数量和发文趋势，我们认为老年教育的研究应重点关注老年大学、社区老年教育和积极老龄化三个方面。"老年大学"这一主题涉及的时间跨度最长，由这一主题衍生生出来的相关话题也较为广泛，未来对于"老年大学"的研究也将保持稳步发展的趋势；对于"社区老年教育"和"积极老龄化"的研究为近10年出现的热点问题，涉及面较广，凝结出的关键词也较多，可以推断未来这两大领域将成为老年教育研究的前沿内容。中共中央、国务院2019年11月发布的《国家积极应对人口老龄化中长期规划》对老年教育研究工作的具体任务、对未来老年教育的发展起到了导向作用。首先，在中国这样的人口大国，老年人是尚未充分开发的宝贵资源，如何开发老年人口红利，将人口劣势转变为资源优势值得深究；其次，目前现有的老年教育资源较为稀缺，很多老年人处于"无学可上"的境地，受教育权利无法得到保障，未来的研究在打造高质量产品和服务供给的同时也应思考老年人受教育权利保障问题；最后，根据第七次全国人口普查（2020年）主要数据结果显示，乡村60岁、65岁及以上老人的比重分别为23.81%、17.72%，比城镇分别高出7.99、6.61个百分点。庞大的农村老年人口数量掣肘着老年教育的高质量发展，同时农村老年人普遍受教育程度不高，观念较为陈旧，也是发展老年教育必须攻破的难题，未来应该更加注重农民老年教育的问题，推动农村老年人参与到乡村振兴这一发展战略中来。

（五）协调发展老年教育的基础理论研究和应用研究

随着国家经济和社会、各类教育的协调发展，以及学习型社会的建设，老年教育必将伴随着人口老龄化的加速而更快发展起来，指导老年教育的基础理论研究也必将加快发展，老年教育的教育体系与体制研究、老年教育的功能与目的研究、老年教育教学原则与教学规模研究、老年教育的课程体系与教材研究、老年教育的管理与评估研究等将成为新的研究发展趋势。在老年教育基础理论研究发展的同时，对老年学校具体管理环节的研究，具体教育教学过程的研究，具体教材内容、教学方式和方法的研究，以及老年教育学科教学法等应用性研究也必将协调同步发展。老年教育的基础理论研究必将进一步推动老年教育事业的发展，老年教育的应用研究必将提高老年教育的教育教学质量，更加有利于老年人的身心发展和综合素质的提高，更加有利于和谐社会的形成。老年教育的理论研究的发展同时还会带动相关学科如老年社会学、老年心理学、老年卫生学、老年保健学等学科的运用与发展。[①]

回顾思考

1. 我国老年教育研究经历了哪几个阶段？每个阶段的特点是什么？

2. 书中概括了哪些老年教育研究主题？这些主题当下的研究现状如何？

3. 你能列举哪些老年教育研究方法？你如何理解这些研究方法？

4. 你能结合老年教育的实践，运用访谈调查法，撰写一份调研报告吗？

5. 你能利用所学知识编制一份老年教育学问卷吗？

6. 你认为今后老年教育学的研究趋势有哪些？为什么？

---

① 王志梅. 我国老年教育研究的回顾与前瞻 [J]. 成人教育，2007(9)：60-61.

参考文献

[1] 保罗·朗格朗.终身教育引论［M］.周南照，等译.北京：中国对外翻译出版公司，1985.

[2] 鲍忠良.社区教育视野下的老年教育问题与策略探究［J］.继续教育研究，2014（9）：48-50.

[3] 卜长莉.当前中国城市社区矛盾冲突的新特点［J］.河北学刊，2009，29（1）：128-131，144.

[4] 长沙市老干部大学.老年教育课堂教学论［M］.长沙：湖南教育出版社，2018.

[5] 曹颖.主动学习视角：老年远程教育推进策略研究［J］.中国成人教育，2020（6）：3-6.

[6] 曹正汉，聂晶，张晓鸣.中国公共事务的集权与分权：与国家治理的关系［J］.学术月刊，2020，52（4）：69-83.

[7] 曹志强，汤玲玲，王运彬.从普及到精准：移动互联时代老年大学信息素养类课程设置研究［J］.中国成人教育，2020（23）：49-54.

[8] 陈波.社会科学方法论［M］.北京：中国人民大学出版社，1989.

[9] 陈春勉.老龄化背景下社区老年教育课程建设研究［J］.成人教育，2016，36（9）：69-72.

[10] 陈福星，等.老年教育概论［M］.济南：山东人民出版社，2004.

[11] 陈桂生.回望教育基础理论：教育的再认识［M］.北京：北京师范大学出版社，2008.

[12] 陈金香.老年生命教青研究［D］.南昌：江西师范大学，2008.

[13] 陈珂.国外教育管理体制及发展趋势［J］.江西教育科研，2003（10）：

31-32.

[14]陈乃林，孙孔懿.终身教育的一项紧迫课题——关于我国老年教育的若干思考［J］.教育研究，1998（3）：65-68.

[15]陈琼，贺百花，沈婵.中法教育行政体制比较［J］.现代企业教育，2010（2）：187-188.

[16]陈世超.我国"老义化"视城下的老年生命教育研究［D］.金华：浙江师范大学，2015.

[17]陈曙.老年网络协作学习生态体系的构建：逻辑、关键与通路——基于关联主义的视角［J］.远程教育杂志，2015，33（2）：88-96.

[18]陈涛.老年社会学［M］.北京：中国社会出版社，2009.

[19]陈为新，朱晓雯.老龄化背景下台湾地区高龄教育研究概述［J］.现代远距离教育，2019（4）：9-13.

[20]陈文沛.老年大学课程设置与建设初探［J］.北京宣武红旗业余大学学报，2015（2）：55-59.

[21]陈孝彬，高洪源.教育管理学［M］.北京：北京师范大学出版社，2008.

[22]陈孝大.教育行政概论［M］.北京：中央广播电视大学出版社，2001.

[23]成有信.教育政治学［M］.南京：江苏教育出版社，1996.

[24]程仙平.面向2035：老年教育现代化发展审视与路向——以浙江省为例［J］.教育理论与实践，2020，40（31）：9-13.

[25]程仙平.终身教育理念下我国老年教育的若干思考［J］.西北成人教育学报，2012（5）：18-21.

[26]褚宏启，张新平.教育管理学教程［M］.北京：北京师范大学出版社，2013.

[27]邓磊.我国高师综合科学教育专业课程设置框架的建构研究［D］.重庆：西南大学，2011.

[28]丁红玲，宋谱.关于建立老年教育学的思考建议［J］.当代继续教育，2019，37（4）：4-9.

[29]丁红玲，宋谱.老年教育公益性及实现路径研究［J］.职教论坛，2019（7）：98-102.

[30] 丁红玲.终身教育公益性及其有效实现［J］.中国职业技术教育，2015（9）：74-78.

[31] 丁利娟."互联网＋"背景下社区老年教育的推进策略——以浙江平湖为例［J］.广州广播电视大学学报，2016，16（5）：11-15，107.

[32] 杜以德，等.中国成人教育学科体系结构及其分类研究［M］.北京：高等教育出版社，2006.

[33] 恩格斯全集（第42卷）［M］.北京：人民出版社，1979.

[34] 范杰.对S小学教学管理的实地研究［D］.南京：南京师范大学，2015.

[35] 冯建军.生命教育的内涵与实施［J］.思想·理论·教育，2006（21）：25-29.

[36] 付兵.老年教育的特点及组织实施［J］.中国成人教育，2001（8）：38.

[37] 高峰.对老年生命教育的思考［N］.中国老年报，2008-11-19（003）.

[38] 高敬霞.终身教育视野下老年教育问题研究［D］.昆明：云南师范大学，2013.

[39] 顾明远，石中英.学习型社会：以学习求发展［J］.北京师范大学学报（社会科学版），2006（1）：5-14.

[40] 顾明远.教育大辞典（增订合编本）［M］.上海：上海教育出版社，1998.

[41] 黄富顺.高龄学习［M］.台北：五南图书出版股份有限公司，2004.

[42] 黄燕东.老年教育：福利、救济与投资［D］.杭州：浙江大学，2013.

[43] 黄燕东.老年教育与老年福利［M］.杭州：浙江工商大学出版社，2015.

[44] 籍献平，马少荣，朱全友.中国老年教育政策法规的演进［J］.河北广播电视大学学报，2020，25（2）：1-5.

[45] 贾玉霞，姬建锋.教育学［M］.西安：陕西人民出版社，2017.

[46] 姜红艳.21世纪初期我国老年大学教育目标研究［D］.武汉：华中科技大学，2004.

[47] 姜智，华国栋."差异教学"实质刍议［J］.中国教育学刊，2004（4）：

54-57.

[48]焦佩.从积极老龄化看终身教育中的老年教育转型［J］.中国成人教育，2016（4）：130-133.

[49]教育部普通高中思想政治课.思想政治必修4［M］.北京：人民教育出版社，2011.

[50]金生鈜.自由是教育的构成性价值［J］.教育发展研究，2015，35（8）：1-6.

[51]靳玉乐.课程论［M］.北京：人民教育出版社，2012.

[52]兰登·琼斯.美国坎坷的一代——生育高潮后的美国社会［M］.贾蔼美，等译.北京：社会科学文献出版社，1989.

[53]李秉德.教学论［M］.北京：人民教育出版社，2011.

[54]李波.教育管理与案例分析［M］.上海：复旦大学出版社，2011.

[55]李德明，陈天勇，吴振云，等.城市空巢与非空巢老人生活和心理状况的比较［J］.中国老年学杂志，2006（3）：294-296.

[56]李红霞.积极老龄化视域下我国老年教育的发展研究［D］.太原：山西大学，2020.

[57]李洪俊，李晓岩.美国科学课程资源质量评估及启示［J］.外国教育研究，2019，46（10）：86-100.

[58]李家成，程豪.互联互通：论终身教育体系中教育机构间的关系［J］.中国电化教育，2021（1）：58-65.

[59]李洁.老年教育目标的现实建构——基于老年学习者需求的阐释［J］.继续教育研究，2019（3）：25-31.

[60]李洁.我国老年教育政策法规：回顾、反思与建议［J］.终身教育研究，2019，30（4）：51-60.

[61]李若晶.老有所学·老有所乐·老有所为［N］.山西日报，2018-10-30（009）.

[62]李汪洋，等.教育管理学［M］.海口：南海出版公司，2004.

[63]李向荣，杨雪红.社区老年教育问题研究［J］.中国成人教育，2017（17）：132-135.

[64]李学书.发达城市老年大学课程适切性研究［J］.职教论坛，2016（33）：45-50.

[65]李学书.中外老年教育发展和研究的反思与借鉴[J].比较教育研究，2014，36（11）：54-59，68.

[66]李雁冰，钟启泉.课程评价论［M］.上海：上海教育出版社，2003.

[67]林智中，马云鹏.课程评价模式及对课程改革的启示[J].教育研究，1997（9）：31-36.

[68]刘春惠.泰勒课程评价模式述评［J］.北京邮电大学学报（社会科学版），2001（2）：47-50，64.

[69]刘丽，周雅露.新时代开放大学社区老年教育课程教学模式探析[J].江西广播电视大学学报，2019，21（2）：18-21.

[70]刘丽.高等学校预算管理方法探讨［J］.教育财会研究，2004（2）：11-13.

[71]刘全礼，等.教师行为概论［M］.北京：中国轻工业出版社，2016.

[72]刘廷欣.城市社区老年教育现状分析与对策研究［D］.天津：天津大学，2007.

[73]刘仲林.跨学科学导论［M］.杭州：浙江教育出版社，1990.

[74]卢明.城镇老年教育模式问题的研究［D］.天津：天津大学，2009.

[75]陆雄文.管理学大辞典［Z］.上海：上海辞书出版社，2013.

[76]陆有铨.躁动的百年［M］.济南：山东教育出版社，1997.

[77]罗金才，王信泰.终身学习益己利国——兼谈老有所学[J].成人教育，2013，33（10）：122-123.

[78]罗彤彤，乐传永.论老年教育支持服务体系的构建——基于社会支持理论［J］.中国成人教育，2015（2）：8-12.

[79]罗志强.20世纪六七十年代美国社区学院老年教育研究［J］.当代继续教育，2019，37（1）：36-41.

[80]马娟.现代老年人智力的衰退与发展——关于卡特尔晶体智力—液体智力理论的质疑［J］.心理学探新，2004（1）：54-58.

[81]马克思.1844年经济学哲学手稿［M］.北京：人民出版社，2005.

[82]马丽华，叶忠海.中国老年教育的嬗变逻辑与未来走向［J］.南京社会科学，2018（9）：150-156.

[83]马良生.探索远程教育服务老年人群新模式——开放大学发展老年教育的实践［J］.中国远程教育，2015（9）：71-76.

[84] 马伟娜，等.中国老年教育新论［M］.杭州：浙江大学出版社，2019.

[85] 马壮.新课程改革背景下在职教师培训的理论与实践——以河南省为例［J］.中国成人教育，2011（15）：87–89.

[86] 梅蕾.我国城市社区老年教育研究［D］.成都：四川师范大学，2010.

[87] 穆光宗，张团.我国人口老龄化的发展趋势及其战略应对［J］.华中师范大学学报（人文社会科学版），2011，50（5）：29–36.

[88] 欧阳忠明，李书涵.代际学习项目如何运行？——行动者网络理论视阈下的个案研究［J/OL］.现代远程教育研究.http://kns.cnki.net/kcms/detail/51.1580.G4.20210326.1010.014.html.

[89] 欧阳忠明，李书涵.欧洲代际学习项目的跨个案研究［J］.宁波大学学报（教育科学版），2020，42（6）：8–17.

[90] 潘懋元，王伟廉.高等教育学［M］.福州：福建教育出版社，2018.

[91] 庞维国.论学生的自主学习［J］.华东师范大学学报（教育科学版），2001（2）：78–83.

[92] 裴娣娜.教学论［M］.北京：教育科学出版社，2007.

[93] 彭川宇，曾珍.老年教育与老年人社会参与之关系及其对策探究［J］.老龄科学研究，2017，5（8）：35–42.

[94] 彭希哲，胡湛.公共政策视角下的中国人口老龄化［J］.中国社会科学，2011（3）：121–138，222.

[95] 溥存富，李飞虎.社区教育概论［M］.成都：西南交通大学出版社，2018.

[96] 齐伟钧.海外老年教育［M］.上海：同济大学出版社，2014.

[97] 全国老年大学协会.中国城市老年大学研究［M］.北京：高等教育出版社，2010.

[98] 全国十二所重点师范大学.教育学基础［M］.北京：教育科学出版社，2014.

[99] 邵光华，张振新.教育研究方法［M］.北京：高等教育出版社，2012.

[100] 申花.无锡开放大学老年教育实践经验探析［J］.南京广播电视大

学学报，2018（1）：9–12.

[101]施良方.理论课程的基础、原理与问题［M］.北京：教育科学出版社，1996.

[102]石中英.教育哲学的责任和追求［M］.合肥：安徽教育出版社，2007.

[103]史万兵，教育行政管理［M］.北京：教育科学出版社，2005.

[104]司荫贞.简论老年教育的性质与特点［J］.北京成人教育，1999（8）：32–34.

[105]宋亦芳.成人高等教育实施分时教学的思考与探索［J］.成人教育，2012（7）：22–23.

[106]宋瑛璐.老年社会化背景下农村老年教育发展研究［J］.成人教育，2016，36（4）：15–19.

[107]孙立新，乐传永.嬗变与思考：成人教育理论研究70年［J］.教育研究，2019，40（5）：123–132.

[108]孙立新，罗彤彤.困境与出路：老年教育促进老年人继续社会化研究［J］.职教论坛，2014（6）：28–31.

[109]孙立新，叶长胜.我国老年教育研究的主题透视与展望——基于CNKI与CiteSpace的可视化分析［J］.终身教育研究，2020，31（2）：49–57.

[110]孙绵涛.教育政策学［M］.武汉：武汉工业大学出版社，1997.

[111]孙雅楠.山西省太原市老年大学教师培训体系研究［D］.昆明：云南师范大学，2018.

[112]谭冉，朱志远.基于国外经验的安徽省老年大学课程设置优化策略［J］.安徽广播电视大学学报，2018（3）：68–71.

[113]檀传宝.制度缺失与制度伦理——兼议教育制度建设［J］.中国教育学刊，2005（10）：14–15，39.

[114]唐莹，瞿葆奎.教育科学分类：问题与框架［J］.华东师范大学学报（教育科学版），1993（2）：1–14.

[115]唐玉春.上海隔代抚育中老年人学习需求影响因素研究［D］.上海：上海师范大学，2019.

[116]汪娟，许丽英.不同类型社区老年教育课程建设研究［J］.当代继

续教育，2017（3）：45–49.

[117] 王冰．新加坡乐龄教育探析［D］．长春：东北师范大学，2012.

[118] 王春燕，霍玉文．代际学习：促进老年人积极老龄化的重要途径[J]．河北大学成人教育学院学报，2017，19（3）：34–40.

[119] 王道俊，郭文安．教育学［M］．北京：人民出版社，2016.

[120] 王浩．基于养教结合的老年教育策略研究［J］．中国成人教育，2014（21）：101–102.

[121] 王梅南．中小学后勤精细化管理研究［D］．天津：天津大学，2014.

[122] 王梦云，翟洁．英、法、美老年教育模式比较研究［J］．中国成人教育，2017（7）：114–117.

[123] 王鹏飞．基于健康素养的老年大学健康教育课程建设研究［D］．上海：华东师范大学，2020.

[124] 王清爽，等．中国老年教育学［M］．石家庄：河北人民出版社，2018.

[125] 王荣纲、曹洪顺．老年心理与教育[M]．青岛：青岛海洋大学出版社，1994.

[126] 王卫丽．河南省农村老年教育的问题与对策研究［D］．郑州：河南大学，2015.

[127] 王旭．英国老年教育及其借鉴［J］．成人教育，2011，31（12）：122–124.

[128] 王英，谭琳．"非正规"老年教育与老年人社会参与[J]．人口学刊，2009（4）：41–46.

[129] 王英．社区老年教育问题研究：社区社会工作视角的分析［J］．成人教育，2009，29（2）：44–45.

[130] 王英．中国社区老年教育研究［D］．天津：南开大学，2009.

[131] 王英．中外老年教育比较研究［J］．学术论坛，2009，32（1）：201–205.

[132] 王元．老年教育课程质量评估框架构建研究［J］．高等继续教育学报，2020，33（2）：59–64.

[133] 王志刚．城市社区老年大学办学定位的分析——以乐山市市中区

老年大学为例［J］.乐山师范学院学报，2010，25（5）：111-114.

[134]王志梅.我国老年教育研究的回顾与前瞻[J].成人教育，2007(9)：60-61.

[135]韦德洪.初级财务管理学［M］.上海：国防工业出版社，2009.

[136]吴本连.自主学习方式影响大学生体育学习效果的实验研究［D］.上海：华东师范大学，2010.

[137]吴德刚.关于马克思主义人的全面发展学说的再认识［J］.教育研究，2008（4）：3-8.

[138]吴德刚.中国全民教育问题研究——兼论教育机会平等问题［M］.北京：教育科学出版社，1998.

[139]吴思孝.我国老年教育的历史追溯与未来展望——基于政策发展视角［J］.成人教育，2019，39（6）：42-48.

[140]肖菲.老年大学课程与现代信息技术的融合研究［D］.昆明：云南大学，2018.

[141]谢菁.基于老年人学习需求的老年教育课程体系建设研究［D］.昆明：云南大学，2017.

[142]谢维新.可持续发展视角下的老年教育管理路径优化探究——基于上海市长宁区街镇老年学校调研的思考［J］.成人教育，2021，41（2）：37-42.

[143]谢宇.老年教育特色项目建设路径构建策略［J］.宁波广播电视大学学报，2020，18（4）：1-4.

[144]邢琰.老龄化社会下我国终身教育发展体系的建构［J］.继续教育研究，2017（9）：13-15.

[145]熊必俊，郑亚丽.老年教育学与老年教育［M］.北京：科学技术文献出版社，1990.

[146]徐影.教育学考研应试宝典［M］.北京：北京理工大学出版社，2019.

[147]许世平.生命教育及层次分析[J].中国教育学刊，2002(4)：7-10.

[148]薛耀煊.高等学校后勤社会化体系研究[M].西安:陕西人民出版社，1998.

[149]杨晨，李学书.多元办学形势下老年教育微观管理发展与创新研

究［J］.职教论坛.2016（18）：57-62.

[150] 杨德广.建立老年教育学刍议［J］.教育研究，2018，39（6）：16-23.

[151] 杨德广.老年教育学［M］.北京：人民教育出版社，2016.

[152] 杨德广.美国老年教育的发展及启示［J］.世界教育信息，2017，30（4）：34-38.

[153] 杨官明，教师价值认同：学校教师管理的基点［J］.当代教育科学，2009（16）：43.

[154] 杨庆芳.我国老年教育发展探究——基于积极老龄化的视角［M］.北京：知识产权出版社，2014.

[155] 杨秋兰.中小学青年教师激励机制研究［D］.济南：山东大学，2020.

[156] 杨日飞.教育哲学实践性的涵义、现状及其实现［D］.呼和浩特：内蒙古师范大学，2008.

[157] 杨雪飞.论社区老年教育"品质课程"建设的实践路向——以宁波江北区为例［J］.宁波广播电视大学学报，2019，17（3）：1-4.

[158] 杨亚玉，欧阳忠明.老年大学教育供给与老年人学习需求匹配的案例研究［J］.职教论坛，2018（8）：93-100.

[159] 姚美雄.教师素质训练和专业发展研究［M］.成都：四川大学出版社，2018.

[160] 叶澜."新基础教育"论：关于当代中国学校变革的探究与认识［M］.北京：教育科学出版社，2006.

[161] 叶澜.教育概论［M］.北京：人民教育出版社，1993.

[162] 叶瑞祥，卢璧锋.老年大学教学论［M］.广州：广东高等教育出版社，2016.

[163] 叶忠海，马丽华，杜君英，等.在老龄事业大局中发展老年教育的思路和对策［J］.当代继续教育，2016，34（2）：4-7.

[164] 叶忠海.创建学习型城市的理论和实践［M］.上海：上海三联书店，2005.

[165] 叶忠海.老年教育若干基本理论问题［J］.现代远程教育研究，2013（6）：11-16，23.

[166] 叶忠海 . 老年教育学通论［M］. 上海：同济大学出版社，2014.

[167] 叶忠海 . 社区教育学基础［M］. 上海：上海大学出版社，2000.

[168] 叶忠海 . 学习型城市建设研究［M］. 上海：同济大学出版社，2011.

[169] 叶忠海 . 中国当代老年教育发展研究［M］. 上海：华东师范大学出版社，2019.

[170] 叶忠海 . 中国老年教育发展的若干基本问题［J］. 河北师范大学学报（教育科学版），2017，19（5）：47–50.

[171] 尤瑞 . 生死取向的老年生命教育课程设计研究［D］. 上海：上海外国语大学，2019.

[172] 俞佳飞 . 网络课程无障碍设计研究［D］. 上海：华东师范大学，2011.

[173] 袁兵 . 锦江区培育"养教结合"社区养老模式案例研究［D］. 成都：电子科技大学，2019.

[174] 袁振国 . 教育研究方法［M］. 北京：高等教育出版社，2000.

[175] 原艳 . 养教结合的城市社区老年教育模式构建研究［D］. 福州：福建农林大学，2018.

[176] 约翰·洛克 . 教育漫画［M］. 北京：人民教育出版社，1985.

[177] 岳瑛，暴桦 . 关于老年大学学员学习需求情况的调查报告［J］. 天津市教科院学报，2003（6）：55–59.

[178] 岳瑛 . 教育学视阈中的老年教育［M］. 武汉：湖北科学技术出版社，2012.

[179] 岳瑛 . 老年教育心理［M］. 武汉：湖北科学技术出版社，2013.

[180] 岳瑛 . 老年教育需求量及潜在需求量分析［J］. 中国老年学杂志，2012，32（20）：4607–4609.

[181] 岳瑛 . 外国老年教育发展现状及趋势［J］. 外国教育研究，2003（10）：61–64.

[182] 查有良 . 教育模式［M］. 北京：教育科学出版社，1993.

[183] 张东平 . 老年教育社会学［M］. 上海：同济大学出版社，2014.

[184] 张鉴 . 老龄化社会低龄退休老年人实现"老有所为"对策研究［D］. 天津：天津大学，2016.

[185]张金宝.老年教育促进老年人心理健康的探索［J］.中国成人教育，2017（24）：125-127.

[186]张瑾，韩崇虎.多属性视域下我国老年教育管理发展和创新研究[J].职教论坛，2019（1）：92-97.

[187]张娜.中国老年大学的现状及反思［J］.高等函授学报（哲学社会科学版），2011，24（11）：78-80.

[188]张仁杰.关于中日老年教育政策法规发展的比较研究［J］.广东开放大学学报，2019，28（3）：1-5，19.

[189]张瑞，刘志军.教师：不可或缺的课程评价主体[J].课程·教材·教法，2008（8）：11-16.

[190]张少波，李惟民.老年教育管理学［M］.上海：同济大学出版社，2014.

[191]张少波.老年教育管理学［M］.上海：同济大学出版社，2014.

[192]张铁道，张晓.老年教育的现状与发展需求调研报告——以北京市为例［J］.老龄科学研究，2015，3（5）：52-61.

[193]张文范.加强现代老年教育制度建设——在中国老年大学协会第三期校长研修班上的主题报告［J］.老年教育（老年大学），2011（9）：5-8.

[194]张戌凡.老年人力资源开发的结构动因、困境及消解路径［J］.南京师大学报（社会科学版），2011（6）：35-41.

[195]张一晓.美国老年教育之演进［D］.西安：陕西师范大学，2009.

[196]赵师敏，陈鑫佳.参与式老年教育课程开发模型构建研究——以"传家宝——隔代教育面面观"特色课程开发为例［J］.当代继续教育，2017，35（2）：58-62.

[197]郑金洲，等.学校教育研究方法［M］.北京：教育科学出版社，2003.

[198]中国老年大学协会课题组.中国老年教育学若干问题研究［M］.银川：黄河出版传媒集团，2013.

[199]周珍.基于老年人学习需求的教学管理策略探究——以嵊州市老年教育为例［J］.山西广播电视大学学报，2019，24（2）：95-100.

[200]朱芬郁.高龄教育概念、方案与趋势［M］.台北：五南图书出版股份有限公司，2011.

[201] 朱亚勤. 信息化背景下老年教育课堂教学模式与教学方法的探究——以上海市松江区为例 [J]. 广州广播电视大学学报，2017，17（1）：21-25，109.

[202] 邹小英. 教育叙事研究在中国 [D]. 重庆：西南大学，2008.

[203] J. Gordon，G. Halasz，M. Krawczyk，etc.Case Network Reports—Key Competences in Europe：Opening Doors For Lifelong Learners Across the School Curriculum and Teacher Education [R].Warsaw，Agnieszka Natalia Bury，2009.

图书在版编目（CIP）数据

老年教育学/孙立新,叶长胜,姚艳蓉著. —— 杭州:
浙江大学出版社, 2022.5（2023.10重印）
ISBN 978-7-308-22551-9

Ⅰ.①老… Ⅱ.①孙… ②叶… ③姚… Ⅲ.①老年教
育－教育学 Ⅳ.①G777

中国版本图书馆CIP数据核字（2022）第065389号

老年教育学

孙立新　等著

策划编辑	曲　静
责任编辑	蔡圆圆
责任校对	许艺涛
封面设计	雷建军
出版发行	浙江大学出版社
	（杭州天目山路148号　邮政编码：310007）
	（网址：http://www.zjupress.com）
排　　版	浙江大千时代文化传媒有限公司
印　　刷	杭州高腾印务有限公司
开　　本	710mm×1000mm　1/16
印　　张	26.5
字　　数	417千
版 印 次	2022年5月第1版　2023年10月第4次印刷
书　　号	ISBN 978-7-308-22551-9
定　　价	68.00元